经管核心课程系列

新编国际金融管理学
International Financial Management

朱叶 编著

復旦大學出版社

新 版 说 明

国际金融管理学(International Financial Management)的边界和内容仍存在争议,理由是基于不同视角得出的结论可能存在差异。本书基于跨国公司管理者的视角来界定并构建内容。

近年来,我国面临的国际经济环境和金融环境发生了巨大变化,中国企业已成长为跨国公司集群中一支颇具竞争力的团队,经济风险、政治风险加剧了跨国公司的不确定性。因此,基于跨国公司管理者视角,国际金融管理学的边界和内容远超公司金融。

第一,全书的框架。结合跨国公司面临的国际经济和金融环境,将全书内容分成五大块。它们依次为:外汇市场及外汇风险管理、资金跨境转移管理、国际直接投资管理、国际长期融资管理、国际证券投资管理。

第二,外汇市场和汇率风险。这是经营跨越国界的公司无法绕开的话题。一方面,跨国公司享受外汇市场的便利性;另一方面,它们需积极面对汇率风险。本书按照外汇市场、汇率决定、汇率预测、外汇风险度量和外汇风险管理的基本逻辑安排知识点,将交易风险、经济风险和会计风险三类外汇风险管理内容串联起来(第二、第三、第四、第五和第六章)。

第三,资金跨境转移管理。跨国公司资金跨境转移呈常态化趋势,涉及货款跨国收付、国际投资、国际融资等。因此,本书基于更宽泛的资金跨境转移概念,来讨论资金跨境转移的目的和路径(第七章和第八章)。

第四,国际直接投资管理。由于国际经营环境和金融环境复杂多变,国际资本预算等技术手段屡屡止步于国际直接投资决策,因此,跨国公司越来越偏好和注重投资环境评价。本书在介绍国际资本预算(第九章)的同时,强调国际投资环境评价的作用(第十章)。

第五,国际长期融资管理。跨国公司具有全球配置资本的特质,因此,本书按先"国际长期融资管理"(第十一章)后"国际资本配置策略"(第十二章)的顺序来安排知识点。

第六,国际证券投资管理。跨国公司是国际资本市场的重要参与者,同时又扮演投资者和融资者两个角色。本书重点介绍跨国公司钟情于国际证券组合投资的理由和做法。

第七，中国故事和元素。许多中国跨国公司（包括中国概念公司）活跃在国际舞台上，其中，1 642家（截至2023年4月）跨国公司先后登陆包括港交所、纽交所、伦交所等在内的境外主要股票市场。在国际债券市场常常能够看到中国跨国公司的身影，它们也是海外收购和国际直接投资的重要参与者。如何嵌入中国故事和元素？本书做了两个尝试：一是以专栏形式呈现通俗、易懂、应景的中外案例，既方便读者理解，也与书中的理论和做法呼应；二是介绍中国的规则和做法。这些专栏、规则和做法基本覆盖了本书的所有章节。

本书的编撰和出版得到复旦大学出版社的大力支持，在此表示衷心感谢。

朱 叶

2025年3月于复旦园

目　录

第一章　总论 ……………………………………………………………… 1
【学习要点】/ 1
第一节　为什么会有跨国公司 / 1
第二节　公司经营国际化的主要路径 / 6
第三节　跨国公司的经营环境 / 10
第四节　国际金融管理的架构 / 16
本章小结 / 20
关键词 / 20
习题 / 20

第二章　资金跨境流动和外汇市场 ……………………………………… 21
【学习要点】/ 21
第一节　资金跨境流动 / 21
第二节　外汇市场 / 33
本章小结 / 44
关键词 / 45
习题 / 45

第三章　汇率决定和预测 ………………………………………………… 47
【学习要点】/ 47
第一节　政府对汇率的影响 / 47
第二节　汇率决定 / 56
第三节　国际套利与平价条件 / 62
第四节　汇率预测 / 64
本章小结 / 73
关键词 / 74
习题 / 74

第四章 货币交易风险管理 …… 76

【学习要点】/ 76
第一节 交易风险识别和度量 / 76
第二节 交易风险对冲 / 78
本章小结 / 91
关键词 / 92
习题 / 92

第五章 货币经济风险管理 …… 94

【学习要点】/ 94
第一节 经济风险识别 / 94
第二节 经济风险度量 / 96
第三节 经济风险对冲 / 101
本章小结 / 109
关键词 / 109
习题 / 109

第六章 货币会计风险管理 …… 111

【学习要点】/ 111
第一节 会计风险识别和度量 / 111
第二节 会计风险对冲 / 117
第三节 套期保值会计 / 122
本章小结 / 126
关键词 / 126
习题 / 127

第七章 国际营运资本管理 …… 128

【学习要点】/ 128
第一节 现金和应收账款管理 / 128
第二节 国际短期融资管理 / 136
本章小结 / 151
关键词 / 151
习题 / 151

第八章　资金跨境转移管理 … 153

【学习要点】/ 153

第一节　资金跨境转移计划 / 153

第二节　资金跨境转移方式 / 156

本章小结 / 171

关键词 / 171

习题 / 171

第九章　国际直接投资管理 … 173

【学习要点】/ 173

第一节　国际直接投资的基本逻辑和动因 / 173

第二节　国际直接投资的模式 / 179

第三节　国际资本预算 / 186

第四节　实物期权与对外直接投资 / 199

本章小结 / 204

关键词 / 205

习题 / 205

第十章　国际投资环境评价 … 207

【学习要点】/ 207

第一节　国际直接投资环境评价 / 207

第二节　国际投资环境风险评估和管理的新框架 / 215

本章小结 / 227

关键词 / 227

习题 / 228

第十一章　国际长期融资管理 … 229

【学习要点】/ 229

第一节　国际金融市场结构 / 229

第二节　跨国公司长期融资的路径和原则 / 233

第三节　国际债券融资 / 235

第四节　国际股票融资 / 246

第五节　国际信贷市场 / 256

本章小结 / 260

关键词 / 260

习题 / 261

第十二章　国际资本配置策略 … 262

【学习要点】/ 262

第一节　最小化全球资本成本 / 262

第二节　构建目标资本结构 / 267

第三节　融资风险的对冲策略 / 273

本章小结 / 282

关键词 / 283

习题 / 283

第十三章　国际证券投资管理 … 285

【学习要点】/ 285

第一节　国际证券组合投资的收益和风险 / 285

第二节　国际证券组合投资的汇率风险 / 291

第三节　跨国公司的意愿和做法 / 296

本章小结 / 305

关键词 / 305

习题 / 306

参考文献 … 307

第一章
总　论

【学习要点】
1. 全球化和跨国公司。
2. 企业国际化的途径。
3. 跨国公司的机遇与挑战。
4. 跨国公司是如何创造价值的?
5. 如何理解国际金融管理?

20世纪70年代以来,人们生活在一个越发国际化和全球化的世界中,国际贸易自由化推进了消费模式国际化,不出国门就能消费和体验来自世界各地的产品和服务;跨国公司[①]对超额利润的追求致使商品和服务的生产没有了国界,产品尤其是高技术产品完全产自一个国家和地区已经变得不可思议;追求低成本和规避风险的偏好使得包括跨国公司在内的参与者可以在国际金融市场这一更大的平台上配置资金或实施组合投资。显然,国际贸易和跨国公司的活动(如FDI)是世界经济一体化的主要助推器。以美的集团为例,截至2023年12月31日,该集团已在海外10个国家设有17个海外研发中心;拥有21个海外生产基地,实现了全球生产和交付;产品出口至全球超过200个国家及地区,海外营收占总营收的40%以上;海外员工人数超3万。在国际化进程中对外直接投资、国际投资环境评价、跨国资本预算、国际融资管理、金融风险管理、政治风险管理、国际证券投资等,是美的集团无法绕开的问题,也是基于跨国公司管理者视角的国际金融管理的主要内容。因此,在介绍国际金融管理内容之前,我们需要依次了解几个重要问题:为什么会有跨国公司?公司经营国际化的主要路径是什么?跨国公司面临哪些机遇和挑战?

第一节　为什么会有跨国公司

20世纪的后50年里,出现了重要的大型经济主体——跨国公司。其中,既有我们熟知的梅赛德斯-奔驰、雀巢、壳牌、丰田汽车、联合利华等老牌跨国公司,也有微软、苹果、谷歌、腾讯、华为、比亚迪等新兴跨国公司。跨国公司是经济全球化的产物,其活动又助力经济全球化。

---

① 跨国公司是从事国际经营活动的经济实体的总称,它包括发展较高阶段的跨国公司(multinational corporation)。在本书中,跨国公司特指跨国公司或多国公司,它们在多个国家开展经营业务。

一、全球化的背景

(一) 国际经济交往格局发生变革

19世纪末开始,国际经济交往格局先后发生过两次重大变革。

第一次变革发生在19世纪末,由于国内缺乏获取超额利润的投资机会,发达经济体出现了大量的过剩资本,资本家便将这些过剩资本转向海外,使国际经济联系在国际分工和商品交换基础上向前推进了一大步,国际交往中的主角——国际贸易开始让位于资本输出。绝大部分输出资本通过中间渠道投向其他国家,即以间接投资(借贷资本输出)为主。

第二次变革始于第二次世界大战以后,资本输出的形式发生了变化,对外直接投资(FDI)替代了对外间接投资。由于对外直接投资引发经营国际化以及垄断资本的扩张,因此,跨国公司成了第二次世界大战后对外直接投资的主体。跨国公司为东道国提供优质产品和服务,利用其品牌优势、规模优势、营销和分销的灵活性,来获取远高于东道国同类企业的收益。同时,全球选址、全球采购和生产的灵活性和便利性使得跨国公司的营运成本保持在一个较低的水平上。

(二) 经济全球化引发的诸多变化

20世纪80年代起,全球所有的开放经济体都被卷入了全球化的浪潮。随着公司经营国际化的迅猛发展,各国经济之间的依存度日益提高,人员、商品、劳务和资本在全球自由流动的各种障碍日益减少,全球经济一体化进一步得以发展。由此引发了以下世界范围内的变化:全球化金融市场的形成,公司跨境收购兼并此起彼伏,新兴市场国家纷纷采取自由市场经济政策,越来越多的国家遵循全球市场经济苛刻的行为原则和标准。

第一,金融服务等领域的管制进一步得以放松。经营国际化推动了资本国际化,国际资本大规模流动极大地促进了国际金融市场的发展。20世纪八九十年代,国际资本市场和金融市场一体化程度渐高。以英美为代表的西方各国纷纷放松或废除对利率和其他金融领域的管制,开放国内金融市场,为资本的跨国界流动提供了平台,同时,这些国家的低利率政策又提供了充足的资金来源。标志性的事件有:日本于1980年解除了对外汇市场的管制;东京股票交易所和伦敦证券交易所分别于1985年和1986年开始接纳几家外国经纪公司作为其成员;伦敦股票交易所于1986年废除了固定的经纪人佣金;美国于1998年废除了《格拉斯-斯蒂格尔法案》,允许混业经营。韩国、墨西哥等国家也开始允许外国人直接投资其金融市场。

第二,金融市场全球化的兴起。随着许多国家解除对金融市场管制,以及对金融服务领域进一步放松管制,包括外汇期货和期权、国际债券、国际股票、国际互助基金、外国股票指数期权和期货等在内的金融创新工具纷纷涌现,出现了不受外币所属国金融、外汇政策限制,可以自由筹措资金,进行外汇交易,实行自由利率,无须缴纳存款准备金的各种境外金融市场,如欧洲债券市场、国际股票市场等。计算机和通信技术的进步为金融市场日益全球化和不断自由化提供了技术保证,大大降低了市场参与者获取信息的成本。

跨国公司身处金融市场国际化的新环境中。一方面,跨国公司的国际投资和融资变得更为容易,既可以利用国际金融市场对其投资组合进行分散化运作,如构建具有更大风险分散效应的国际证券投资组合,又可以在国际金融市场上实现资本的有效配置,如发行国际债券或发行国际股票；另一方面，跨国公司必须承受由国际金融市场不完全性（market imperfections）所带来的利率、汇率等金融风险。

第三，全球性的价格与服务竞争进一步加剧。经济一体化要求开放经济体能够遵循和适应世界经济的秩序与要求，推动其跨国公司积极面对竞争，而不是回避。在美国，面对国内国外同业的竞争压力，包括IBM、GM、GE、Coca-Cola等在内的美国传统老牌跨国公司为了维持其竞争地位和能力，被迫进行公司再造、新技术的投资开发以及市场战略的重塑。在中国，政府有意识地将一些有特质的大型企业推向国际舞台，安排它们在国际股票市场挂牌。例如，中移动、中石化、中石油等通过发行ADR在美国纽交所挂牌，中国银行、中国工商银行等在香港联交所挂牌，以及另一些跨国公司发行GDR，在英国、瑞士等国的股票交易所上市交易。

第四，国际并购此起彼伏。事实上，始于1993年的全球企业并购潮势头一直未减。据联合国贸发会议报告，1993年之后的20多年，跨国公司的购并金额以每年约40%的速度增长，2000年全球跨国公司并购总额就已过万亿美元。贝恩公司《2023年全球及中国并购市场报告》显示，2022年全球并购市场的总交易规模为3.8万亿美元，其中战略交易规模为2.6万亿美元。中国跨国企业扬帆出海，实施海外收购，如联想收购IBM的PC业务、中联重科收购世界第三大混凝土机械制造商——意大利CIFA公司。中国市场与全球趋势一致，2022年战略交易的金额为3 040亿美元。

第五，贸易自由化程度加快。国际贸易是各国间传统的经济联系，从1950年开始，全世界出口占GDP的比重不断攀升，从1950年的7%上升至2014年的26.2%。国际贸易增长速度几乎达到世界GDP增长速度的3倍。这说明，为获得国际贸易利益，越来越多的国家实行自由市场和开放经济政策，即便曾经一度实施保护主义政策的国家也纷纷采用自由市场经济政策[①]。

（三）全球化与跨国公司相伴而生

从上文的全球化背景中，我们可以清晰地发现，跨国公司与全球化相伴而生，跨国公司是现代经济全球化浪潮的产物。仅以20世纪90年代为例，据联合国1999年报告，全球跨国公司的母公司约6万家，其境外的分支机构超过50万家。跨国公司的FDI以每年10%的速度增长，但国际贸易仅以3.5%的速度增长。1/3的全球产量以及2/3以上全球贸易与跨国公司有关或是跨国公司所为。1999年以来，全球跨国公司总数的增长速度很快，据UNCTAD发布的 *World Investment Report*（2017），全球已有超过10万家跨国公司。

从20世纪90年代初期开始，越来越多的跨国公司把过去多国发展战略调整为全球发展战略，其海外资产、海外收入和海外雇员等跨国指数大大提高。1994—2004年，全球最大100家跨国公司的海外资产从约40%提高到约53%，1995—2004年全球100大跨国公司的跨国指数则从约49%提高到约57%。在中国，跨国公司的国际化程度也在快速提升，据《中国跨国公司100大及跨国指数分析报告》，2023年中国跨国公司100强的平均跨国指数为15.90%，比2022年提高0.31个百分点，比2011年提高4.69个百分点。

值得注意的是，全球化对跨国公司的影响具有两面性。一方面，跨国公司是全球市场体

[①] 切奥尔·S. 尤恩，布鲁斯·G. 雷斯尼克. 国际财务管理（原书第8版）[M]. 赵银德，刘瑞文，赵叶灵，译. 北京：机械工业出版社，2018：11.

系中极其重要的一系列经济发展成就的主要贡献者。据 OECD(2018)的研究,跨国公司及其国外分支机构贡献了全球产出的 33%、全球 GDP 的 28%、全球就业的 23% 以及超过 50% 的全球出口贸易。另一方面,跨国公司又是触发许多尖锐的实践问题的始作俑者。当今世界面临的不少问题,如经济不平等、气候危机、新型国家安全等,都与跨国公司密切相关。目前,对跨国公司的规制还面临很多真空。

二、跨国公司如何创造价值

得益于全球化,跨国公司通过全球商务,即通过独立的公司内部管理中心来分配和协调全球性的资源,从公司整体最优化的角度对海外子公司的生产、市场以及财务活动进行决策,来创造公司价值,实现公司目标。以跨国公司视角,就是能够在最节约成本的地方生产,在最能创造利润的地方销售,在资本最便宜的地方筹集资本,而不用担心国界问题。显然,开放的市场、高质量的战略管理以及低成本的资本是实现这一目标的三个关键性驱动因素,也是跨国公司成为全球竞争性开放市场的主要竞争者的必要条件。显然,经济和金融全球化为跨国公司的价值创造及其竞争地位的奠定提供了重要的外部条件。

(一)开放的市场

所谓开放的市场,是指允许劳动力、资本、技术、创新和企业家精神能够跨境自由流动和竞争,它是跨国公司价值创造的最基本条件。中国在 1979 年之后的改革开放四十多年里,通过吸引外资、引进技术,以巨大的市场来换取世界各国跨国公司的资金和技术。一方面,中国经济高速增长;另一方面,跨国公司(包括中资跨国公司)迅速成长和壮大,实现了双赢。这完全得益于市场的不断开放。

(二)优良的战略管理

所谓优良的战略管理,是指发现商机之后,运用前瞻性的规划和熟练的领导技巧来设计、开发和执行公司战略。尽管这些能力不宜量化,也缺乏规律可循,但是优良的战略管理对跨国公司价值创造也是至关重要的。杰克·韦尔奇卓越的战略规划和管理艺术创造了美国通用电气曾经的辉煌,松下幸之助卓越的创新和领导力为日本松下电器奠定了之后雄霸几十年的基础,张瑞敏卓越的战略管理能力确保海尔公司始终位于中国全品类家电行业的前列。显然,知名的跨国公司都具有被广泛认可的战略领导和管理素质。

(三)获取资本

所谓获取资本,是指跨国公司拥有从外部获得可承受资本的现成途径。资本可以使所需投资获得技术和战略,并在全球市场上得以扩张。若没有获取资本的能力,上文提及的开放的市场和卓越的领导能力便失去了用武之地。如果跨国公司缺乏获得廉价、丰富的资本的现成途径和渠道,那么,它不可能成为世界上多数竞争性开放市场的主要竞争者。

将以上三个关键性驱动指标作为维度进行搭配,我们可以得到三类不同特质的跨国公司,即最高层跨国公司、中间层跨国公司和最底层跨国公司。

最高层跨国公司也称"全球性跨国公司",是指具有被广泛认可的战略领导和管理素质,拥有获取低成本资本的现成途径,并且是世界上多数竞争性开放市场的主要竞争者(龙头企业)。成熟经济体的知名跨国公司被认为处于该层级,如苹果、微软、谷歌、雀巢等公司。

中间层跨国公司是指在全球同业中迅速成长的竞争者,但是它在某个关键性驱动因素上面临一些障碍。例如,它在获取低成本的资本方面尚有一些障碍。迅速成长国家的跨国公司往往被认为处于该层级,如中国的海尔、TCL等。

最底层跨国公司是指不断打入新市场,且开始受人关注的跨国公司,但是,它在全部三个驱动性因素上,仍存有一定的障碍和限制。新兴经济体的跨国公司往往被认为处于该层级。

三、跨国公司存在的理由

在全球化进程中,比较优势、市场不完全等并没有被消除。事实上,世界市场是相当不完全的,存在法律限制、信息不对称、过高交易和运输成本、税制差异等多种壁垒,这些壁垒仍然阻碍人员、商品、劳务和资本跨国流动。因此,跨国公司必然会竭尽所能利用比较优势以及市场不完全,将其转化成跨国公司的有利机会和竞争力。跨国公司在运用这些机会上比国内企业具有先天优势,这也是跨国公司生生不息的逻辑起点。

(一) 比较优势

一国的比较优势来自本国劳动力技能、资本获得途径与技术的结合,它是全球商业增长的基本原则。目前,全球采购的范围已遍布世界的各个角落。许多成熟经济体(如美国、法国、德国)的跨国公司都将技术性工作外包给传统新兴经济体(如中国、印度、墨西哥)的供应商。这完全可以用比较优势来予以解读。

软件业就是一个很好的例子。为了培育和发展软件业,印度鼓励和欢迎各国经营软件的跨国公司在印度建立子公司和独立公司,形成了印度软件业,其特点是高效且成本低廉。印度软件业不仅提供定制软件,也提供其他信息技术服务。因此,印度已经成为世界最大的定制软件和其他信息服务的供应国和外购地。究其原因,是因为印度建立了比较优势,印度有大量接受过高等教育、懂英语的软件工程师或程序员,但他们的薪酬只是同类职位美国或德国或法国同事的一小部分,同时,国际电信和互联网络的过剩容量和低成本进一步提升了印度软件业为全球服务的跨国便利。可以说,印度软件业具有成本上的相对优势。

(二) 市场不完全

事实上,产品市场、生产要素(如土地、劳动力、资本、技术、数据)市场和金融市场都具有不完全性。究其原因:一是由实物设施与技术方面因素造成,如信息覆盖面的大小与程度、信息传递的及时性与完整性、交通条件的便利性等都存在差异;二是垄断市场结构造成的不完全,如商品存在明显差异、公司拥有的特殊市场技能和专有技术在数量和质量上存在差异;三是地区国家的干预和政策可能造成市场分割,形成市场的不完全性。

市场不完全为跨国公司提供了获利机会,跨国公司会竭尽所能,充分利用市场的不完全实现自身的目标。例如,跨国公司可以凭借其规模经济、优良的管理与技术、差异化产品和雄厚的金融实力等竞争优势,击垮本地竞争者。

市场不完全会形成套利机会,出于对新产品市场、价格相对被低估的生产要素以及先进技术与管理技能的青睐,公司会进行对外直接投资(FDI),并转变成一家跨国公司。一旦其在国外建立了子公司或独立机构,那么,它在利用自身内部信息网络识别系统和运用市场机会上就比国内企业处于更为有利的位置①。

第二节 公司经营国际化的主要路径

企业走向全球化的根本动因是利益驱使。具体而言,通常可以归纳为创造内部市场、取得规模效益、减少经营风险和建立全球信息网四个方面,它们引导企业向国际化的深度和广度发展。从企业全球化的历史沿革看,出现过的模式主要有四种:基于出口的全球化模式、基于合同的全球化模式、基于投资的全球化模式、基于战略联盟的全球化模式。

一、基于出口的全球化模式

基于出口的全球化模式从向海外出口产品开始,然后在国外设立销售机构和服务机构、建立批发体系,直至在海外建厂生产。企业国际化进程可用图 1-1 表示。

图 1-1　企业国际化进程

第一,出口。出口是企业国际化进程的起点,大量的实证研究证明了这一结论。企业通过选择向某国外市场出口产品,可以借此了解有关国际产品市场的供需情况、市场竞争状况、销售渠道以及国际金融市场等方面的情况。这是一个积累经验的阶段,企业在这个阶段所需投入的资本较小,所承受的经营风险较低。同时,出口也是跨国公司常用的一种国际经营方式,如波音、空中客车、上海江南造船厂、中国中车集团有限公司、华为、美的集团等很多大型的跨国公司的出口收入是其主要的收入来源。

第二,设立销售机构和服务机构。销售机构和服务机构通常是在对外国市场的深度和广度有了进一步了解之后设立的。随着对国外市场了解的深入以及与外商交往的增多,企业可以摆脱出口代理商和其他贸易中介机构,直接与国外代理商进行交往,建立合作关系,考虑在相关国家建立自己的销售机构和服务机构,提高其产品知名度和市场占有率。

第三,建立海外批发体系。在设立销售机构和服务机构之后,随着产品知名度和市场占有率的提高,企业必然会考虑在海外设立批发体系,来控制和调配自己的产品。

第四,海外生产。世界各国的种种贸易限制会对上述诸多环节形成一定的约束,从而使企业在上述各阶段不能充分发挥其产品在海外的销售潜力。为此,企业必然寻求海外生产的通道,即在某个或某些国家直接投资设厂或使用许可证管理合同方式进行生产、经营和销售,来实现收益的最大化。海外生产是企业国际化的必经之路,其路径见图 1-2。

值得注意的是,不是所有的企业都必须按部就班地遵循以上程序才能走完国际化的历程,各个企业进入国际市场的具体步骤和条件应该根据内部市场效率、规模效率的保证程度、经营风险的大小和全球信息网效用等进行综合判断。

---

① 迈克尔·H. 莫菲特,阿瑟·I. 斯通希尔,戴维·K. 艾特曼. 跨国金融原理(第 3 版)[M]. 路蒙佳,译. 北京:中国人民大学出版社,2011:14-15.

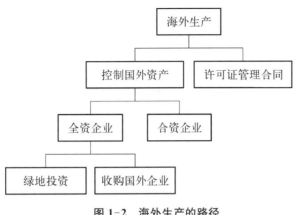

图 1-2　海外生产的路径

二、基于合同的全球化模式

基于合同的全球化模式是指许可证管理合同(见图 1-2),也称授证。它是指跨国公司与海外被授证者签订合约,允许海外被授证者有偿使用其商标、店号、技术、专利、经营管理模式、特许经营权等进行经营活动的一种投资活动。其中,特许经营权是指要求公司为获得定期收益而提供专业化的销售或劳务策略、技术支持和可能的首期投资。例如,美国肯德基、麦当劳、必胜客等在海外的加盟店(它们同时设有数量不等的直营店)可以视作这些跨国公司向当地的经营者提供了特许经营权。近年来,中国火锅和奶茶品牌也在做这种尝试。例如,海底捞、小肥羊等进驻美国商场,喜茶、蜜雪冰城等落地迪拜、开罗等,深受食客喜爱。

许可证管理合同的最大优点是,公司不用花费大额投资就可以进入外国市场。

三、基于投资的全球化模式

基于投资的全球化模式是指企业通过直接对外投资(FDI),即通过绿地投资或海外兼并收购方式实现国际化(见图 1-2)。

绿地投资也称创建投资或新建投资,是指外国投资者在东道国境内依照东道国的法律设置的部分或全部资产所有权归外国投资者所有的企业,它是最传统的 FDI 模式。例如,2019 年 8 月 27 日,美国零售业巨头开市客(COSTCO)在上海新建了第一家中国分店。绿地投资需要投入巨资,且面临外汇风险和政治风险,但公司可以借此在海外建立起一个永久性的基地。

近二三十年来,国际金融市场的发展为企业国际化提供了另一种途径,即国内公司可以通过收购海外企业的资产或股权,直接获得海外目标公司资产的支配权或控制权。例如,2014 年 TCL 收购了日本三洋在墨西哥的工厂,2015 年加大投资新建了模组车间,2016 年投了 SMT(表面贴装)的线体。鉴于大屏幕电视从中国运输到北美的物流成本高,加上还有关税,因此,2019 年 TCL 便在墨西哥基地积极扩大彩电产能,尤其是提升大尺寸产品的产能。但是,海外收购具有政治风险,近几年中资企业海外并购(尤其在美国)屡屡受挫就是一个很好的明证。

四、基于战略联盟的全球化模式

战略联盟是指国内企业和海外企业为实现某种战略目标而签订的合作协议(见图 1-2)。

对中国读者来说,中外合资企业或中外合作企业是中国早期引进外资的最常见的战略联盟,许多外资企业(如德国大众、美国通用汽车等)就是通过这种战略联盟进入中国的。

国内企业与海外企业签订战略联盟的目标各异。就海外企业而言,既有降低产品开发成本和风险,以及分摊新产品开发风险的考虑,也有规避东道国某些壁垒的考量。例如,为保护本国幼稚产业(如中国的 TMT 行业),新兴经济体通常会采取外资禁入的姿态,最多以战略联盟的方式应对。出于保护本国特殊产业(如日本的农业)的考虑,成熟市场经济体也有此对策。就国内企业而言,构建战略联盟或为了提升知名度以便向海外渗透,或为了产品升级换代等。

可见,国内企业国际化的路径颇多,伴随着企业国际化进程,企业的经营活动、投资活动以及融资活动全面国际化。

专栏 1-1

特斯拉入华十年

2014 年 4 月 22 日,特斯拉在中国开始首批交付,起售价约 73 万元人民币/台。埃隆·马斯克专程从美国飞来,亲手将钥匙交到第一批 Model S 车主手中。第一批中国车主只有 15 人,其中包括小米创始人雷军、理想汽车创始人李想等。自此,特斯拉开启了中国市场对电动车的新认知。

2014 年,中国汽车市场的新能源渗透率仅为 0.32%。就在这一年,埃隆·马斯克提出了要在中国建设特斯拉工厂的计划。2014 年起,特斯拉在中国的交付呈逐年上升趋势,2014—2016 年特斯拉累计在华交付 2.12 万辆车;2017 年特斯拉在中国销售超过 2 万辆,相当于前三年总和;2019 年特斯拉在华销量约为 5 万辆。

与此同时,埃隆·马斯克积极筹备超级工厂计划。2018 年 7 月 10 日,特斯拉公司与上海市政府、上海临港管委会共同签署了纯电动车项目投资协议。2019 年 1 月 7 日,特斯拉上海超级工厂正式开工建设。2020 年 1 月 7 日,埃隆·马斯克在特斯拉上海超级工厂出席特斯拉中国制造 Model 3 首次交付仪式。2021 年,特斯拉上海工厂再度扩产,投资总额达 12 亿美元。

特斯拉上海超级工厂形成产能后,2020 年特斯拉在华销量翻近 3 倍,达 14.8 万辆,成为中国市场电动车销冠;2021 年翻倍增长至 32.07 万辆;2022 年和 2023 年,特斯拉中国市场销量分别为 43.98 万辆、60.37 万辆,同比增长 37.1%、37.3%。

2023 年 12 月 7 日消息,特斯拉正计划重新开启上海第三期汽车工厂的建设。目前,上海超级工厂的年产量约为 110 万辆左右,特斯拉第三期汽车工厂建成后,将进一步提升上海超级工厂的产能。

问:你认为特斯拉在中国采取的全球化模式是什么?它为何不采用战略联盟方式?

五、跨国公司的组织形式

就跨国公司的高级组织形式而言,跨国公司由母公司、分公司、子公司等组成,在跨国公司的分支机构中,通常必须拥有一定数量的海外子公司和分公司。母公司通常在母国注册,是跨国公司中拥有直接投资权、对子公司和分公司拥有控制权的法人组织,全面组织和管理跨国公司在海外的全部经营活动。分公司替母公司在其所在国(母国或外国)从事各项业务,但它是不具有法人地位的非独立经济实体,其经营活动直接受母公司控制。子公司是在其所在国(母国或外国)注册的法人组织,受母公司控制,母公司有权对子公司的各项经营活动进行管理和决策。

跨国公司的母公司和子公司是通过特定的管理模式进行协调的。经过较长时间的历史演变,跨国公司的管理模式分为两大类:一是分别按职能、地区、产品等单项指标划分的管理模式;二是由上述单项指标组合而成的混合管理模式。

(一)职能管理模式

职能管理模式一般按照管理职能分设生产、市场和财务三大部门,各职能部门负责人分别主持其国内外的一切相关事务(见图1-3)。该模式有利于提高各职能部门的专业化水平,减少管理层次,强化跨国公司统一核算。这是发达经济体国家的跨国公司所采用的传统的管理模式。该模式权力太过集中,且不便于各职能部门之间的协调,目前采用的跨国公司不多,且多为中小型跨国公司。

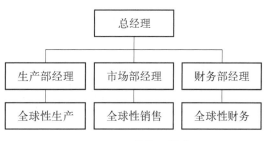

图1-3 职能管理模式

(二)地区管理模式

地区管理模式按照地区或国家分设部门,由各分管地区部门的副总经理主持和协调本地区的生产经营活动和各相关职能部门的工作(见图1-4),并直接向总经理汇报。微软、谷歌、德意志银行、华为、联想等跨国公司都采用这种管理模式。地区管理模式能够加强地区内各分支机构的联系与配合,有利于跨国公司及时根据地区内经营环境的变化做出相应的调整策略。该模式适合在各地区经营同类产品或差别不大的产品且通信条件较好的跨国公司。地区管理模式的缺点是不利于公司全球性整体利益的协调。

图1-4 地区管理模式

(三)产品管理模式

产品管理模式按照产品的类别或不同工序等级分设部门,由分管各产品部门的负责人主持和协调本产品在世界范围内的各种经营活动(见图1-5),并直接向总经理汇报。该管理模式便于促进新产品的研发,适合产品多样化、分销市场不同、产品技术要求高的跨国公司。但是,产品管理模式加重了公司内部协调的难度,不利于公司进行整体调整。

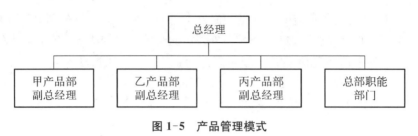

图 1-5　产品管理模式

（四）混合管理模式

混合管理模式按照几个单项（如产品、地区）混合分设部门，由各分管部门的负责人管理协调该部门在世界范围内的经营活动（见图 1-6）。该模式弥补了单项管理模式的种种缺陷，是产品管理模式、地区管理模式和职能管理模式的综合。该管理模式具有较大的灵活性，可以根据跨国公司内外部环境的变化做出相应的调整。随着跨国公司多样化经营的发展，混合管理模式越来越为跨国公司所青睐。

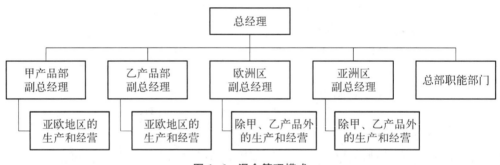

图 1-6　混合管理模式

在上述跨国公司的管理模式中，财务部经理进行跨国公司金融管理的模式有集权管理模式和分权管理模式两种。在集权管理模式下，各子公司的现金管理、应收账款管理、存货管理、融资决策以及资本性支出都由母公司的财务经理控制。然而，由于信息不对称的缘故，母公司财务经理对子公司的了解不如子公司的财务经理，因此，集权管理模式可能造成母公司决策失误。在分权管理模式下，子公司的财务经理在现金管理、应收账款管理、存货管理、融资决策以及投资决策方面保持独立性，但会引发较高的代理成本。为此，有些跨国公司采用兼有两种模式优点的做法。例如，现金管理由设在母公司的现金管理中心（若公司设有财务公司，则归财务公司集中管理）集中管理，而其他流动资产项目由分公司自行管理。又如，允许子公司的财务经理自行做出决策，但必须受母公司财务经理的监督。

第三节　跨国公司的经营环境

相对于国内企业，跨国公司的投资决策、融资决策以及资产管理的平台更大，因此，跨国公司的经营环境可以归纳为两层意思：一是跨国公司的机遇较多；二是跨国公司面临的风险较大。

一、跨国公司的机遇

(一) 国际投资机遇

跨国公司的国际投资包括对外直接投资(FDI)和国际证券投资,它们的盈利模式不同。

1. 对外直接投资的机遇

由于国与国之间存在相对比较优势,因此,跨国公司可以在全球范围内选择适宜进行直接投资(FDI)的国家或地区,以获取高额投资回报。为便于理解,下文仅从三个方面来解释跨国公司国际直接投资带来的益处。

第一,品牌优势。跨国公司尤其是成熟经济体的跨国公司,其产品都有着极高的品牌知名度。例如,奔驰、宝马、耐克、阿迪达斯、苹果、宝洁等一大批我们熟知的知名企业的品牌,它们拥有一大批拥趸,客户忠诚度高。品牌优势带来高的价格溢价,消费者愿意支付高溢价来获得独特的消费体验。对外直接投资使得跨国公司在海外可以最大限度地利用品牌优势获得高溢价。

第二,灵活的生产和营销模式。跨国公司通过对外直接投资,使其全球布局更为合理。因此,它可以从全球战略出发安排自己的经营活动,在世界范围内寻求市场以及进行生产布局,定点专业生产,定点销售产品,以牟取最大的利润。例如,日本丰田汽车在日本、美国、墨西哥、中国,以及欧洲都有生产基地,当美元对日元升值但对墨西哥比索贬值时,为减少汇率风险,丰田公司可以通过增加美国生产基地的产量或增加墨西哥生产基地的产量,同时减少日本生产基地的产量,来满足美国的汽车供应。

第三,国际避税。跨国公司的对外直接投资还有一种特殊的目的,即建立避税港公司,此类公司一般不进行实质性的生产经营活动,其功能是按照避税的要求对跨国公司的各类资金活动进行调拨。例如,某连锁店欧洲总部在荷兰,2012年仅缴纳70万欧元公司所得税。原因在于它采用了复杂的避税工具组合,这些手段包括收取专利和版权费(将知识产权赋予其荷兰子公司)、资本弱化(通过大量举债以增加税前扣除)、转移定价等,把在英国、法国等国获得的大量利润隐藏得无影无踪。

> **专栏1-2**
>
> **星巴克的避税策略**
>
> 星巴克总部规定,所有海外经营的星巴克分公司或子公司,每年都需要向总部支付商标使用费,即按年销售额的6%支付给星巴克总部作为商标使用费。例如,英国星巴克的这项支出减少了星巴克英国公司的应纳税所得额,同时,星巴克总部又会把所得的知识产权费(商标使用费)转移到税率很低的国家(如星巴克爱尔兰分公司),纳入该国星巴克公司的应纳税所得额,以支付相对较低的税费。
>
> 问:这种基于避税诉求的组织结构设计是否是当今主流?

2. 国际证券组合投资的机遇

跨国公司还可以利用国际金融市场进行国际证券组合投资。由于各国的经济发展状况、经济金融政策等存在较大的差异,因此,不同国家的债券之间、股票之间以及债券与股票之间的相关程度较低,其相关系数远低于一国债券之间、股票之间以及债券与股票之间的相关系数。

显然,若构建一个由不同国家发行的债券和股票构成的国际证券组合,那么,就可以获得更大的风险分散效应。但值得注意的是,国际证券组合会产生汇率风险。通常来说,国际证券组合的风险分散效应高于国际证券组合投资所承受的外汇风险,即跨国公司可以在风险一定的条件下获得更高的投资回报。

(二) 国际融资机遇

1. 融资灵活性强

跨国公司有着国内企业所不能比拟的宽广的融资平台,融资灵活性强。在国际金融市场上,跨国公司既可以运用国际贸易融资、通过离岸信贷市场或通过离岸票据市场获得短期资金,也可以通过发行外国债券和欧洲债券、发行国际股票、举借国际信贷等方式筹集中长期资金。

2. 资本成本最小化和资本可得性最大化

跨国公司的融资渠道多于国内企业,且可以在世界范围内配置资金,以较低成本获得资金的机会或可能性较大。跨国公司较低的资本成本就是其价值增值的源泉之一。尽管跨国公司融资机遇的增加伴随着更多的风险,如汇率风险和利率风险,但是,跨国公司的特质、国际视野以及中介机构的有效服务能够使其在评估和管理这些风险时,远比其国内竞争对手有优势。即便因融资风险过大而放弃国际融资,跨国公司的处境也不会比其国内竞争对手更糟。

> **专栏 1-3**
>
> ### 柯达公司的国际融资
>
> 1987年3月,柯达公司希望通过国外非美元融资,筹集7 500万美元资金,澳大利亚债券市场年利率为7.5%,比美国国内债券市场年利率低1.25%。因此,柯达公司决定委托美林证券在澳大利亚发行总面值为2亿澳元的零息债券,发行价格为面值的54.125%。扣除1.125%的发行费用,柯达公司实得1.06亿澳元。
>
> 鉴于澳大利亚是一个资源型国家,澳元对美元具有很大的不稳定性,为锁定汇率风险,柯达公司同时与美林证券签订了一份互换合约,将汇率风险转移给了美林证券。互换合约的主要内容为:期初,美林证券将按照即期汇率 A$1= $0.705 9,兑成7 500万美元,换取柯达公司的1.06亿澳元;然后,每隔半年,柯达公司按照年利率7.35%的固定年利率支付给美林利息,共计10期;期末,柯达公司再用7 500万美元从美林处换回2亿澳元用以还本付息。

> 问：柯达公司实际融资成本是多少？你认为美林证券该如何规避柯达公司转嫁过来的汇率风险？

二、跨国公司面临的风险

当公司经营跨越国界之后，它将面临比国内企业多得多的风险。其中，有两类风险是绕不过去的，即外汇风险和政治风险。

(一) 外汇风险

外汇风险是指跨国公司的资产和负债的价值受货币价值不确定性(汇率波动)的影响。20世纪70年代初，许多国家开始放弃固定汇率制，转而实行与美元挂钩的浮动汇率制。在几乎所有的货币对美元都实行浮动汇率制的情形下，货币价值的持续波动导致了货币风险的全球性增长，使跨国公司承受外汇风险。跨国公司的外汇风险主要表现在三个方面。

第一，交易风险(transaction exposure)。交易风险是指由汇率波动而引起的货币现金流价值的变化，国际贸易、外汇借款以及远期外汇买卖等外汇交易都会引发交易风险。当跨国公司处于外币收款人地位时，会面临外币应收账款的等值本币因外币贬值而减少的风险；当跨国公司处于外币借款人地位时，必须承受外币升值所带来的风险，即必须用更多本币买入外汇偿还债务的风险。由于交易风险有害，且容易度量，因此，跨国公司可以借助金融市场套期保值工具(如远期合约、货币期货、货币期权以及货币互换)进行此类风险的对冲和管理。但是，使用套期保值工具也会产生交易风险，如远期外汇买卖会因汇率的非预期变化而产生交易风险。

第二，会计风险(accounting exposure)。会计风险又称为折算风险(translation exposure)，是指汇率变动对跨国公司合并报表的影响。跨国公司在编制合并会计报表时，首先要求对国外子公司的会计年报按本位币进行折算。在折算过程中，需同时使用不同的汇率(历史汇率[①]和现行汇率[②])对不同的会计分项进行折算，由于历史汇率和现行汇率不同，用本币计量的国外子公司的资产负债表会出现不平衡现象，若资产的本币合计额小于负债与股东权益的本币合计额，便出现了汇兑损失；反之，产生汇兑收益。值得注意的是，不是所有的会计风险都需要进行对冲和管理，只有真正有害的会计风险才需进行套期保值。

第三，经营风险(operating exposure)。经营风险是指公司价值对汇率变化的敏感度。汇率变动影响企业价值的基本路径为：汇率变化会引发跨国公司收入和成本的变化，公司的自由现金流(FCFF)将随之发生变化，进而影响公司的价值(公司价值可以理解为自由现金流的贴现值)。例如，某中国跨国公司在美国投资了一家独资企业，假定其最终产品全部满足美国客户，但其原材料全部从中国进口，且用人民币计价。那么，当人民币对美元贬值且当其他条件不变时，该跨国公司用人民币计量的收入增加，成本不变，其自由现金流也将增加。此时，汇率变动对企业价值的影响是正面的；反之，则是负面的。但是，经营风险不易

---
① 历史汇率是指业务发生时的中间价。
② 现行汇率是指决算日的中间价。若12月31日为决算日，那么，12月31日的中间价就是现行汇率。

度量,且具有长期性,因此,在经营风险大小不明确的情形下,直接使用金融市场上的套期保值(即金融性套期保值)工具来对冲风险不是明智之举。合理的做法是,先使用非金融市场工具对冲,如采用合理选择厂址、选择低成本原材料基地等进行经营风险管理,剩余的经营风险可采用金融市场工具来对冲。

(二) 政治风险

政治风险(political exposure)由三个层面的风险构成,即企业层面、国家层面和全球层面。

1. 企业层面

企业层面的政治风险是指跨国公司的目标与东道国政府的治理目标发生冲突所带来的风险。东道国在引进外资时,有许多既定的诉求,同时会有担忧,如境外跨国公司是否会损害本国经济发展,是否会侵害国家主权,是否会控制本国关键行业,是否会造成东道国汇率的波动,是否不愿聘用国内高管和工人。事实上,由于跨国公司的目标与东道国政府的治理目标不可能完全同步,因此,冲突在所难免。为尽可能减少这一层面的风险,跨国公司可能的做法有两种:

第一,签订投资协议,界定相关政策。例如,跨国公司可以事先与东道国政府商议和确定双方各自的权利与责任。

第二,在做出国外直接投资决策后,精心安排后续的经营战略。例如,为避免东道国政府发难,跨国公司应该始终牢牢控制东道国最在意的商标、技术等核心的东西。

2. 国家层面

国家层面的政治风险包括转移风险和文化制度风险。转移风险主要是指东道国因外汇管制所带来的风险;文化制度风险与东道国所有权结构、人力资源定额、宗教传统、腐败、知识产权保护状况、保护主义(国防、农业、幼稚产业、关税壁垒、非关税壁垒)有关。对于前者,跨国公司可以采用有效合理的资金转移方式来应对,如采用背对背贷款以及平行贷款,但是,在外汇管制严格的东道国,应对的办法不多。对于后者,跨国公司应该满足东道国在所有权结构和人力资源定额上的要求,尊重东道国的宗教传统,但是,在东道国腐败、知识产权保护状况和保护主义方面,跨国公司的应对办法不多。

3. 全球层面

全球层面的政治风险包括恐怖主义与战争、反全球化运动、环保问题、贫穷和黑客袭击。全球化的跨国公司必须面对这一层面的政治风险,但是,对冲这一层面风险的空间不大、代价很大。以跨国公司视角,通过重构其全球供应链来应对可能的恐怖主义和战争,尽最大可能履行社会责任来应对反全球化运动、贫穷和环境问题。

三、跨国公司的目标及其冲突

(一) 跨国公司目标

关于跨国公司的目标,也有两种说法:一是股东至上;二是利益相关者至上。前者是指股东财富最大化,后者是指增进利益相关者(包括股东、雇员、供应商、消费者等)的整体利益。近年来,越来越多的跨国公司开始更加关注利益相关者至上理念,强调公司的社会责任。对跨国公司来说,为实现目标,公司管理者应该关注公司前景(公司前景可以用诸多价值驱动因素来描述,如创新、质量、顾客服务、管理技能、联盟、产品和服务研发、流水线操作技术、品牌价值、雇员关系、环境和社群意识),并设法将公司前景的展望传递给投资者。

(二)跨国公司的目标冲突

由于母国与分散在世界各地的子公司所在的东道国之间存在诸如文化、法律、观念等方面的差异,因此,要使股东财富最大化,跨国公司的付出一般大于国内企业。由于跨国公司具有更多的利益相关者(包括东道国政府、当地和海外竞争对手等),且每个利益相关者都有自己的目标。因此,跨国公司会受到利益相关者的制约和限制,它们会面对一般冲突(即股东和管理者之间的冲突和股东和债权人之间的冲突)之外的其他冲突,承担为减少潜在利益冲突而发生的代理成本。也就是说,跨国公司在实现其目标的过程中,须承受更多的代理成本。现从三方面予以说明。

第一,环境限制。每个国家都制定和推行自己的环境限制规定,环境保护已成为各国的共识,不少国家会对外国母公司在当地建立的子公司实施各种不同程度的环境限制。例如,欧洲国家强制实行严厉的反污染法。所有类似的这些环境法规会使跨国公司的海外子公司在降低污染方面增加投入,稍有失误便会遭到巨大索赔,从而增加成本,降低企业盈利,对跨国公司整体目标的完成不利。

专栏1-4

跨国企业负责任商业行为准则

经合组织《跨国企业负责任商业行为准则》(以下简称"《准则》")是各国政府向跨国企业提出的建议,旨在鼓励企业对经济、环境和社会进步做出积极贡献,并最大限度地减少企业的运营、产品和服务可能对《准则》所涵盖事项所产生的不利影响。《准则》涵盖了商业责任的所有关键领域,包括劳工权利、环境、贿赂、消费者利益、信息披露、科学技术与创新、竞争和税收。

经合组织于2023年6月8日发布了更新版《准则》。新版《准则》贯穿气候变化、生物多样性、技术、商业诚信和供应链尽责管理等多个关键领域,更新了有关负责任商业行为的建议,并更新了负责任商业行为国家联系点的实施程序。

问:为什么要强调跨国公司商业行为的社会责任?

第二,法规限制。每个国家的经济增长模式各异、资本市场成熟度不同,资本自由流动的程度有别,因此,这些国别差异必然会体现在其税收制度、货币兑换规则、股利汇回规则等方方面面,并以法律法规的形式条文化。例如,新兴经济体普遍采取较为严格的外汇管制措施、执行缺乏弹性的税收政策。显然,跨国公司遵循这些苛刻的法规很可能会减少其现金流,但违反东道国法规的成本更大,将会遭受民事或刑事的惩罚。因此,东道国现行法规限制以及未来法规限制的潜在变化都将使得跨国公司不易把握其整体目标。

专栏 1-5

苹果公司缘何又被罚了 1 000 万欧元?

德国《明镜》周刊 2018 年 10 月 25 日报道称,意大利反垄断机构 24 日宣布,他们调查发现苹果"有计划地淘汰"自家生产的智能手机,借此刺激客户购买新手机。这种做法是"有计划地淘汰",以加快客户换手机的速度,违反了意大利《消费者保护法》的相关条例。为此对苹果公司开出 1 000 万欧元罚单。

问:你认为苹果公司该如何应对?

第三,道德限制。每个国家的文化不同,文化的一元化程度也存在差异,因此,没有一种适合所有国家的统一的商业行为标准。如果"受贿"被东道国默认的话,那么,一些外国的子公司可能在行贿政府官员的过程中获得诸如税收优惠等方面的好处,遵纪守法的外国子公司可能在和参与行贿的其他外国子公司的竞争中处于下风。

专栏 1-6

美国的《反海外腐败法》

《反海外腐败法》于 1977 年出台后,已经成为美国监管当局打击跨国公司海外贿赂等腐败案件的利器,因为该法所针对的不仅仅是涉外美国企业和在美海外企业,还包括在美国上市的外国企业的海外商业行为。目前,医药行业、石油、天然气、生物工程等,是美国海外反腐的重点关注领域。例如,药物审批、生产、进出口、定价、销售及营销环节,需要东道国公共部门审批,这种做法被一些美国媒体认为容易滋生腐败现象。

问:美国监管当局为何如此关注跨国公司的商业道德?

显然,最大化股东财富并不是跨国公司除股东之外的利益相关者的目标,股东的目标经常会与其他利益相关者的目标相悖。因此,跨国公司在追求其目标的过程中,需承担更多的代理成本。事实上,母公司很难对分散在世界各国的子公司实施有效管理,这也是跨国公司承受较高代理成本的原因所在。

第四节 国际金融管理的架构

随着公司经营的国际化和金融市场的国际化,通胀、利率变动、汇率波动、税制差异、全球经济不确定性等外部因素对公司的影响日益加剧,并渗透公司的各种决策。一方面,跨国公司的活动更加丰富多彩;另一方面,跨国公司的环境变得扑朔迷离,使跨国公司价值创造过程变得越来越复杂。近年来,基于跨国公司的国际金融管理越来越受关注。

一、国际金融管理形成的基本线索

我们可以通过公司经营的国际化和金融市场的国际化进程来探寻国际金融管理形成的线索。

(一) 公司经营国际化是国际金融管理形成的现实基础

公司经营的国际化源于进出口贸易活动。19世纪之前,公司的国际经济活动以商品贸易为主,与之相随,产生了外汇资金的结算业务。于是,外汇资金管理和国际贸易融资便成了国际金融管理最早的内容。

19世纪开始,成熟经济体出现了资本过剩的现象。从19世纪60年代开始,有剩余资本的国家开始在海外直接投资建厂,至19世纪末,出现了现代意义上的跨国公司。第二次世界大战结束后,国际直接投资(FDI)出现了巨大的增长。跨国公司在选择资金投放方向时,必然关注汇率波动、利率变动、政治风险等对FDI产生的影响,跨国公司的这种资金投放极具风险性。为此,国际金融管理增加了国际直接投资管理的内容。

企业经营国际化之后,其内部管理体制就需要优化。例如,为了提高跨国公司的现金使用效率,降低现金的转移成本和汇率风险,跨国公司需选择合适的现金管理制度。如果仅仅是为了减少现金转移成本,则应该选择现金分散管理制度,即将现金结余留存在跨国公司各分支机构内。如果仅仅是为了提高现金使用效率,则应该选择现金集中管理制度,将各分支机构的现金结余全部移存至跨国公司的现金管理中心,由该中心统一调度,或对外进行短期投资,或在跨国公司内部进行调度。于是,包括现金管理在内的国际营运资本管理内容成了国际金融管理的又一个重要内容。

第二次世界大战之后,科学技术得到了迅速发展。科技进步对经济发展起着巨大作用,发达经济体的公司在研发方面不惜投入巨资,获得了技术上的优势,并借此在国内取得了高额利润。为了利用这些技术优势在海外寻求超常收益,跨国公司考虑将技术转向国外。20世纪60年代以后,国际技术转让速度加快,技术价格的确定和技术转让费的收支方式成了热点问题,国际技术转让费的收支管理自然变成了国际金融管理的内容。

(二) 金融市场的国际化是国际金融管理形成的助动器

19世纪之前,伴随着国际贸易的发展,以外汇市场为主要形式的国际金融市场初步形成,为国际贸易提供了包括国际结算、货币兑换、票据贴现等金融服务。该阶段的国际金融市场仅仅是国内金融市场的延伸,并不具备明显的不同于国内金融市场的特征。在这一阶段,公司可以借此进行国际结算并实施国际贸易融资,公司流动资金管理开始体现出国际性。

19世纪,伴随着英国工业革命,欧洲经济迎来了大发展,国际金融业务的范围从单纯为国际贸易融资的格局中得到拓展,逐渐出现了国际性的资金借贷市场和直接融资市场。经过之后近百年的建设,伦敦、纽约和苏黎世在19世纪末或20世纪初开始渐渐成为世界著名的三大国际金融中心。于是,公司的融资灵活性大大增强,增加了长短期国际融资的渠道,公司也拓展了国际投资的空间,将投资领域扩展至国际金融市场。公司在投资和融资方面增加了国际性。

第二次世界大战期间,美元取代英镑地位,成为世界主要货币,美国开始成为世界经济霸主以及最大的资金供应国。第二次世界大战以后,美国采取了严格的金融管制措施,同时,欧洲地区的经济得到了恢复,这些因素促成了美元资金流向欧洲市场。大量欧洲美元的产生又促成了欧洲货币市场、欧洲信贷市场、离岸债券市场的诞生。离岸市场使得传统的国际金融市场步入了一个新阶段,资金借贷交易在这个市场上实现了真正意义上的国际化。20世纪70年代以后,不受货币所属国金融、外汇政策限制以及实行自由汇率的离岸市场在全球范围内扩散。在该类市场上,参与者自由筹集资金,自由进行外汇交易。跨国公司的迅速发展正逢其时,它们的国际融资和国际投资空间得以充分拓展。与此同时,金融市场的国际化所特有的汇率不断波动的特征也成为跨国公司必须正视的问题。汇率预测、外汇风险管理等成为跨国公司的"必修课"。

可见,国际金融管理是企业经营国际化和金融市场国际化的产物。20世纪70年代以后,国际金融管理在短时间内形成了一个新的研究领域。

20世纪80年代开始,国际金融市场出现了一些新特点:利率波动加大,金融衍生工具使用频繁、快速,私人资本向发展中国家的大量涌入。20世纪90年代,货币市场和资本市场全球一体化进程得以进一步发展,中国公司开始在香港联交所挂牌以及在美国通过发行美国存托凭证方式挂牌。20世纪90年代的亚洲金融危机以及2007年开始的全球金融危机给跨国公司带来了深远的影响。2024年1月,世界银行最新发布的《全球经济展望》报告显示,本应是全球发展突飞猛进的十年将近过半,但全球经济2024年底交出的答卷将令人遗憾——这是30年来全球国内生产总值(GDP)增速最慢的五年。所有这些变化和影响都已经或将成为国际金融管理的研究内容。

二、国际金融管理的基本内容

从公司经营国际化和金融市场国际化的进程看,国际金融管理是公司经营国际化和金融市场国际化的要求。

有关国际金融管理的系统研究和教学首先出现在20世纪70年代的美国,"International Financial Management"和"Multinational Financial Management"等课程反映了国际金融管理的研究成果和市场对这些知识和技能的需要。在我国,"International Financial Management"和"Multinational Financial Management"最初被分别译成"国际财务管理"和"跨国公司财务",但在金融学界,"国际金融管理""跨国金融管理""跨国公司金融"的译法被广泛接受。本书选用"国际金融管理"的称呼。

学界对国际金融管理内涵的认知差异不大。美国金融学家Cheol S. Eun在其著作中认为,国际金融管理由国际金融市场、外汇风险及其管理、跨国公司财务管理等内容组成;Kirt C. Butler认为,国际金融管理由国际金融环境、衍生证券与货币风险管理、跨国经营的风险管理、跨国经营的估值、国际组合投资和资产定价等构成;Jeff Madura认为,国际金融管理包括国际金融环境、汇率的决定、汇率风险及其管理、国际流动资金管理、国际长期资产和负债管理等内容;Cheol S. Eun等认为,国际金融管理包括外汇市场和汇率决定、货币衍生工具、外汇风险及其管理、国际金融市场和机构、跨国公司财务管理等;Alan C. Shapiro认为,国际金融环境、外汇风险管理、国际营运资本管理、国际投资分析、国际融资决策等构成国际金融管理的主要内容。

本教材基于上述共识梳理和安排国际金融管理的内容,具体如下。

第一,国际金融环境。国际资本市场(包括国际债券市场、国际股票市场、国际信贷市场)、国际货币市场、衍生品市场、外汇市场等组成了一个特有的国际金融环境。跨国公司的投资决策、融资决策、资产管理等活动越来越多地与这些国际金融市场发生关联,复杂多变的国际金融环境在为跨国公司创造了许多机遇的同时,也增加了许多风险。

第二,外汇风险管理。跨国公司与国际产品市场、与子公司和国际金融市场的往来最终都可以归结为资金往来,汇率变动可能致使跨国公司蒙受货币风险。因此,外汇风险管理成为跨国公司一个重要而敏感的问题,它贯穿整个跨国公司资金活动的全过程。外汇风险的类别、外汇风险受险程度的测定和外汇风险管理方法是外汇风险管理的主要研究内容,篇幅较大。

第三,流动资产管理。跨国公司流动资产管理比单纯的国内企业复杂得多。跨国公司的内部流动资产与独立客户流动资产的管理要求完全不同。跨国公司的内部流动资产管理具有很大的灵活性和特殊性,可以从公司整体最优角度进行跨国公司的内部流动资产管理。现金管理和应收账款管理是跨国公司流动资产管理的主要内容。跨国公司流动资产的流动性和易变性更强。一方面,考虑到国际金融环境的复杂性,跨国公司必须基于全球性战略角度确定各流动资产的持有水平,进行有效配置;另一方面,为了避免流动资产的安置风险以及减少流动资产的转移成本,跨国公司必须确定最佳安置地点、转移方式以及选择合适的币种。

第四,流动负债管理。跨国公司短期融资的渠道广,其融资背景是广阔的国际货币市场。也正是如此,外汇风险、税制因素和政治风险等将制约跨国公司短期融资决策。短期国际融资管理主要讨论国际贸易融资、离岸信贷市场融资、离岸票券融资以及短期国际融资决策。

第五,中长期国际融资管理。跨国公司拥有很强的中长期融资灵活性,资金来源众多,包括公司内部融资、母公司所在国资金、子公司所在国资金和国际资本市场上的资金。以低成本和低风险筹集资金是跨国公司中长期融资决策的基本要求,也是显示其国际竞争力的重要依据。该部分主要内容包括国际资本市场(包括国际债券市场、国际股票市场、国际信贷市场)、衍生品市场、外汇市场的工具、机构和交易,跨国公司的资本结构和资本成本,跨国公司全球性融资战略等。

第六,国际直接投资管理。国际直接投资管理面临的风险大,投资环境复杂。该部分内容包括国际投资方式、国际投资环境评价、对外直接投资以及国际资本预算等。

第七,国际证券投资策略。跨国公司越来越多地依赖国际资本市场。国际资本市场已经成为跨国公司重要的融资和投资场所。有数据显示,若按美元衡量,目前全球国际证券组合投资已超过国际直接投资(FDI)。这部分内容包括国际证券组合投资的基本原理,以及跨国公司钟情于国际证券组合投资的理由和做法。

尽管学界对国际金融管理的基本内容达成了共识,但在如何串联和安排这些内容上又有着不同的经验和理解。本书同时使用两条线索串联国际金融管理的内容。

第一,将价值增值或 NPV 法则作为第一条主线。如果以最大化股东财富作为跨国公司的目标,那么,跨国公司就需要以能否为股东带来价值增值为其行为准则。

第二,将风险管理作为第二条主线。跨国公司的行为充满变数和风险,风险管理既是跨国公司的主要内容,也是跨国公司基业长青的保证。

本章小结

20世纪50年代以后,最重要的经济主体——跨国公司出现了。跨国公司拥有众多的海外子公司,它们的特征、动机、发展战略以及运营环境不同于仅在国内从事经营的公司。

对跨国公司来说,由于母公司与分散在世界各地的子公司的东道国之间存在诸如文化、观念等方面的差异,因此,要使股东财富最大化,跨国公司管理者的付出更大,会受到各种因素的制约和限制。

跨国公司成了第二次世界大战后对外直接投资的主体。跨国公司的大量涌现已成为第二次世界大战以后国际经济中突出的现象。20世纪80年代起,全球所有的开放经济体都卷入了全球化的浪潮,各国经济的依存度日益提高,生产要素在全球自由流动的各种障碍日益减少,全球经济一体化进一步得到发展。

从跨国公司直接投资发展的历史沿革看,企业国际化是从向海外出口产品开始,然后在国外设立销售机构和服务机构,授证、建立批发体系,直至在海外建厂生产。

跨国公司的管理模式可分为两大类:一是分别以职能、地区或产品单项指标划分的管理模式;二是上述各类指标组合而成的管理模式。

跨国公司的投资、融资决策以及资产管理的平台很大,因此,跨国公司的机遇较多,但其面临的风险较大。

关键词

跨国公司　企业经营国际化　风险管理　经营环境　汇率　金融环境　经济一体化

习题

1. 企业经营国际化的主要原因有哪些?
2. 简述跨国公司的价值创造过程。
3. 为何跨国公司面临的代理成本较国内企业大?
4. 企业国际化的模式主要有哪几种?请分别举出一例。
5. 请说明外商投资企业在中国采取本土化策略的理由。
6. 跨国公司的经营目标是什么,其受到的限制主要有哪些?
7. 什么是外汇风险和政治风险?
8. 如何看待某些知名跨国公司的海外商业贿赂?
9. 请用一例说明中国跨国公司海外并购的主要障碍。

第二章
资金跨境流动和外汇市场

> 【学习要点】
> 1. 跨国公司是资金跨境流动的重要载体。
> 2. 资金跨境流动的方式。
> 3. 跨国公司为什么需要关注母国和东道国的国际收支?
> 4. 外汇市场能为跨国公司提供什么服务?

跨国公司经营国际化必然引发资金跨境流动,如对外直接投资、国际融资、国际贸易结算、投资收益划转等,资金跨境流动离不开运转良好的金融市场(包括外汇市场)。尽管金融市场国际化程度渐高,但资本跨境流动仍然存在许多限制和阻碍,因此,资金跨境流动是跨国公司绕不过去的话题,同时,必须正视对资金跨境流动具有重要影响的外汇市场。

第一节 资金跨境流动

在最近的几十年时间里,商品市场、服务市场和金融市场的全球一体化程度逐渐提高。就商品市场而言,世界经济正转向依赖国外销售、国外资源以及跨国合作等路径来实现扩张和稳定。就服务市场而言,通信、信息技术和金融服务的跨国贸易也有巨大增长。信息技术的发展降低了影响资本流动的实体性和制度性壁垒,便于金融市场的一体化。全球一体化加剧了货币交易。其中,部分增长来自进出口贸易的增加,但大部分增长来自引入了新的金融市场和使交易便利化的金融工具①。跨国公司是资金跨境流动的重要载体和参与者。

一、国际收支

如何来度量资金跨境流动的规模和状况呢?国际收支(balance of payment)是一个不错的选项。由于国际收支平衡表是记录国际收支的载体,因此,我们可以通过阅读国际收支平衡表来了解一国资金跨境流动状况,以及跨国公司的贡献度。

(一)国际收支平衡表的账户结构

1. 国际收支表中的主要商务交易

在国际收支平衡表中,主要反映两种商务交易:一是实物资产交易,即一国用商品(如汽车、电脑、手表、纺织品)和服务(如银行服务、咨询服务、旅游服务)交换另一国的其他商品

---

① 科特·C.巴特勒.跨国财务(第3版)[M].赵银德,张华等,译.北京:机械工业出版社,2005:22-24.

和服务或货币的交易;二是金融资产交易,即一国用金融要求权(如股票、债券、贷款、公司出售和购买)交换另一国的其他金融要求权或货币的交易。

表 2-1　2023年中国国际收支情况　　　　　　　　　　　　单位:亿美元

	贷　方	借　方
经常账户		
1. 出口		
1.1　商品	31 792	
1.2　劳务	3 321	
1.3　初次收入和二次收入	2 775	
2. 进口		
2.1　商品		−25 853
2.2　服务		−5 399
2.3　初次收入和二次收入		−4 105
3. 单方面转移		
资本和金融账户		
4. 资本账户	2	−5
5. 金融账户		
5.1　直接投资	427	−1 426
5.2　证券投资	113	−822
5.2.1　权益性投资	74	−552
5.2.2　债务性投资	66	−221
5.2.3　衍生证券净值	−27	−49
5.3　其他投资	−407	447
6. 储备资产		−48
净误差和遗漏		−379

资料来源:国家外汇管理局。

2.国际收支平衡表的账户结构

国际收支是一个类似于家庭或企业可以用于记录收入和支出的簿记过程。即以复式记账法对一个国家在某一时期内的国际经济交易(包括实物资产交易和金融资产交易)所做的统计记录。例如,在中国凡引起本国外汇收入的项目,如商品出口,被记录为正(贷方);凡引起本国外汇支出的项目,如对外直接投资支出用负号(借方)记录。不同的国际经济交易所使用的账户是不同的。

国际收支平衡表由五个子账户构成(见表2-1):经常账户①、资本账户、金融账户、官方储备账户和净误差与遗漏账户。其中,经常账户、资本账户和金融账户是三个基本子账户,官方储备账户记录政府的货币交易,净误差与遗漏账户是用来维持国际收支平衡表的平衡的。

(二) 经常账户解读

1. 经常账户的内涵

经常账户反映本年度发生的所有收入流和支出流的国际经济交易。经常账户包括四个子项目,即商品贸易、服务贸易、收入(包括利息、股利以及国外投资利得方面的收入和支出)和单方面转移。

第一,商品贸易。商品贸易是指商品进出口,也称有形贸易。它是最古老的、最传统的国际商务交易形式。中国巨额的贸易顺差就得益于此。由表2-1可知,2023年,我国商品出口额和进口额分别为31792亿美元和25853亿美元,顺差5939亿美元。

第二,服务贸易。服务贸易是指服务的进出口,也称无形贸易。银行向出口商和进口商提供的金融服务、本国企业在其他国家提供的基建服务、航空和旅游公司提供的旅游服务等是最常见的国际服务贸易。由表2-1可知,2023年,我国服务贸易出口额和进口额分别为3321亿美元和5399亿美元,逆差2078亿美元。

第三,收入。收入是指以前各期取得的,与投资有关的经常项目收入(包括利息、股利以及其他投资收益)。此外,收入还包括支付给非居民职工的薪酬。

第四,单方面转移。它是指国家之间单向转移——赠与或补助。例如,中国政府向非洲国家的援助。

有形贸易和无形贸易是经常账户的主体,经常账户的首要因素是贸易余额,即商品和服务出口与进口的差额。新兴经济体提到的贸易余额(BOT)通常仅指商品贸易进出口余额,贸易余额中的赤字代表了进口商品的价值比出口商品的价值大;相反,盈余则反映了出口商品的价值比进口商品的价值大。但是,成熟经济体的贸易余额中还包括大量服务贸易进出口差额。例如,美国的服务贸易收入一直有盈余,归功于其提供的优质教育服务和金融服务。

专栏2-1

美国持续贸易逆差究竟为哪般?

1998年以来,美国货物和服务贸易逆差从2450亿美元一路走高。截至2022年,逆差额较上一年飙升12.2%至9481亿美元,创历史新高。2023年,美国的贸易逆差显著

---

① 经常账户是本国与外国交往中经常发生的国际收支项目,表明一个国家有关商品与劳务国际贸易的状况,或者说,经常账户是一种计量国家间国际贸易余额的手段。

> 收窄,但仍高达 7 734 亿美元。这一情形深受美国公共部门和私人部门关注。曾几何时,美国传统制造业(钢铁、汽车、纺织品、制鞋业等)独步天下,也是美国雇佣工人最多的行业。但是,20 世纪 80 年代开始,长期的商品贸易赤字见证了美国传统工业的衰落。
>
> 问:从比较优势理论的视角,你认为这是必然的吗?

2. 经常账户与重要经济变量的相互影响

经常账户反映了一国与另一国之间真实资源的转移状况,在整个国际收支中占有主要地位,往往会影响和制约国际收支的其他项目。经常账户还极大程度地影响着一国经济,而影响经常账户的主要因素有通胀、汇率、国民收入和政府限制等。

(1) 通胀

通胀是指商品和劳务的货币价格总水平持续明显上涨的过程。如果一个国家的通货膨胀率相对高于贸易对手国家的通货膨胀率,那么,在其他因素相同时,它的经常账户余额将会下降。理由是,本国通货膨胀率高,该国消费者和公司很可能会购买更多的国外商品,同时该国对其他国家的出口额会下降。相反,如果一个国家的通货膨胀率相对于与其进行贸易的国家的通货膨胀率下降,在其他因素相同时,它的经常账户余额将会增加。原因是本国通货膨胀率相对较低,该国消费者和公司很可能会更多购买本国商品,同时其他国家对该国商品的进口额将会增加。

(2) 汇率

汇率是指用一种货币单位计量另一种货币的价值。经常账户余额,尤其是贸易余额对汇率变动非常敏感。如果一个国家的货币相对于其他货币升值,那么,在其他因素相同时,它的经常账户余额会下降。理由是,一国货币坚挺,该国出口商品对于进口国家来说价格上升,出口就会减少。相反,如果一个国家的货币相对于其他货币贬值,在其他因素相同时,它的经常账户余额就会上升。理由是,一国货币疲软,该国出口商品对于进口国家来说价格下降,出口便会增加。同时,本币的疲软使本国消费者和公司购买外国商品的价格提高,这也会减少本国对进口商品的需求,产生叠加效应,推升本国经常账户余额上升。

(3) 国民收入

国民收入是反映一国一定时期内投入的生产资源所产出的最终产品和服务的市场价值或由此形成的收入的一个数量指标。如果一个国家国民收入的增长速度高于其他国家的相应水平,在其他因素相同时,该国的经常账户余额会下降。当实际收入水平(对通货膨胀调整后)上升时,该国商品消费会上升①。相反,如果一个国家的收入水平增长速度低于其他国家的相应水平,在其他因素相同时,该国经常账户余额会上升。

(4) 政府限制

政府限制主要指贸易限制,包括关税和配额等措施。如果一个国家对进口商品征收关税,那么,进口商品的价格就会明显提高,国内居民的消费意愿转向消费国内商品。因此,在征收或提高关税没有招致其他国家报复的情形下,该国的经常账户余额将增加。除关税外,

---

① 值得注意的是,在现实经济中,商品消费上升很可能反映了对海外商品的需求也在增加。

政府还可以通过实施配额或者最大进口限额,以减少从外国的进口。这种措施对一国经常账户余额的影响效果和关税相似。

事实上,上述对贸易余额产生影响的各因素是相互作用的,它们对于贸易余额同时产生的影响是复杂的。例如,一国的高通胀率在降低本国经常账户余额的同时,也对该国货币产生贬值压力。而一国本币的疲软又可以改善本国的经常账户,因而可以部分抵消通货膨胀对经常账户的影响。除此之外,任何影响外国对本国商品和服务需求的因素都会改变贸易余额头寸,进而影响经常账户。

(三) 资本账户解读

资本账户(capital account)和金融账户(financial account)原先是合在一起的,它记录了金融资产的所有国际经济交易。资本账户是国际货币基金组织(IMF)要求在国际收支平衡表单列的账户。资本账户记录金融资产转移以及非生产性/非金融性资产的购买和处置。例如,与房地产等固定资产购买和出售有关的资本跨国转移。值得注意的是,这部分资本的交易规模不大。例如,2023年中国的资本账户余额约为3亿美元(见表2-1)。

(四) 金融账户解读

1. 金融账户的内涵

金融账户反映除资本账户已记录之外的其他金融资产的国际经济交易。金融账户包括直接投资、证券投资和其他投资三个子项目。

第一,直接投资。直接投资可以采取在国外直接建立分支企业的形式(绿地投资),也可以采用购买国外企业一定比例(如10%)以上有投票权股份的形式(并购)。当预期的国外投资收益大于资本成本时,国际直接投资就会发生。国际直接投资对汇率变动非常敏感。如果A国对B国的货币升值,那么,用A国货币衡量的B国资产变得便宜,坚挺的货币将诱发A国的公司大量购买B国的资产。A国公司的行为引发了A国资本流出,A国的资本账户余额将减少。由表2-1可知,2023年中国对外直接投资约为1 426亿美元,其中,对外股权性质直接投资1 109亿美元(非金融部门对外股权性质投资917亿美元,金融部门对外股权投资191亿美元)。2023年,接受来华直接投资约427亿美元。

专栏2-2

清华紫光集团收购西部数据受挫

20世纪80年代开始,外资涌入美国,其中很大一部分是为了购买美国的企业。任何国家对外资都怀有两重心态,即接纳和排斥,美国也不例外。其中,排斥的理由有两点:担心引发美国民粹主义,以及基于美国国家安全的考虑。

2016年2月,清华紫光集团终止了成为美国数据存储集团——西部数据(Western Digital)最大股东的38亿美元投资计划。该集团的一个部门表示,将放弃2015年9月达成的一宗交易,按照协议,该集团原本会收购西部数据约15%的股份。西部数据表示,在美国外国投资委员会(Committee on Foreign Investment in the United States,简称 CFIUS)决定调查该交易之后,与清华紫光达成的交易已破裂。按照协议,清华紫光原本能通过该交易获得在西部数据董事会提名一位董事的权利。西部数据表示,双方均无须支付解约金。这是 2016 年第二宗因美国外国投资委员会审查而破裂的交易。

问:近年来,中资企业频频举牌美国企业,但屡屡受挫。对此,你是如何解读的?

第二,证券投资。证券投资的主要对象是股本证券(指未达到10%的直接投资标准的股权投资)和债务证券,后者又可以进一步细分为期限在一年以上的中长期债券、货币市场工具和其他派生金融工具。显然,证券投资的目的是逐利,而非为了获得控制权。例如,中国政府购买大量美国国债。近年来国际证券交易活跃的原因主要有两个:一是各国放松资本管制,二是投资者对分散投资风险的渴求。由表 2-1 可知,2023 年来华股票投资和来华债券投资分别约 74 亿美元和 66 亿美元,对外证券投资(含股票和债券)约 773 亿美元。从对外证券投资的主要渠道看,一是境内非银行机构和个人通过"港股通"和"基金互认"等渠道净购买境外证券 408 亿美元;二是境内银行等金融机构直接净购买境外股票和债券 187 亿美元;三是合格境内机构投资者(QDII 及 RQDII 等)投资非居民发行的股票和债券合计 178 亿美元;四是投资境外主体发行的"熊猫债",以及通过"沪伦通"等渠道净增持境外证券 34 亿美元。

第三,其他投资。其他投资是指所有直接投资、证券投资或储备资产未包括的金融交易,包括长期和短期贸易信贷、贷款、货币和存款等方面的交易。在其他因素不变的条件下,如果一国的利率下降,该国就会发生资本流出。但由于利率的下降会引发该国货币的升值,因此,资本流出会减缓甚至不发生。其他投资对利率和汇率的变动都很敏感。

2. 金融账户与重要变量之间的关系

第二次世界大战后,西方成熟经济体的资金跨国转移规模越来越大,金融账户在国际收支中的地位也日益重要。影响金融账户的因素(即影响资本流动的因素)主要有资本管制、利率及预期汇率变动。

(1) 资本管制

资金跨境流动受国家施加的资本管制的影响。例如,一个国家的政府能够对本国投资者在国外投资所得课以特别税,这种额外税负迫使本国投资者停止向国外输出资金,因而增加了本国的金融账户余额。然而,其他国家也会对其本国投资者施以类似的税收予以报复,其结果是,各国投资者在外国的投资均减少。

(2) 利率

资金跨境流动还受利率的影响。在本国货币不贬值的情况下,如果一国的利率水平高于其他国家的利率水平,为追求超额利润,资金就会流向高利率国家,该国的资本账户余额将增加。如果一国的高利率被预期货币贬值或多或少抵消一部分,那么,该国金融账户余额的变动不会太大。

(3) 预期汇率变动

证券投资者对汇率变动的预期也可以影响金融账户。如果一个国家的本币有望走强,外国投资者会愿意投资于该国的证券以求从币值变动中获利,该国的金融账户余额将会增加。相反,如果一个国家的本币预期走软,在其他因素不变时,该国的金融账户余额会下降。

事实上,影响金融账户余额的各因素之间也是相互作用的,它们对金融账户的综合影响是复杂的。例如,当一国的利率高于其他国家利率时,由于资本管制限制了资本流动,外国投资者即使想投资于该国也不可能,该国的金融账户余额并不会因其利率高而得到改善。而且,如果该国货币有贬值预期,那么,其金融账户余额甚至可能下降。

(五) 官方储备解读

官方储备[①]是指一国货币当局持有的,用于国际支付、平衡国际收支和调节其货币汇率的国际间可以接受的一切资产。这些储备通常由国际贸易和金融交易中的主要货币(即硬通货)构成。平衡国际收支总余额以及干预外汇市场是各国持有官方储备的主要目的。

1. 平衡总余额

一国可以通过增加或减少其官方储备来平衡国际收支的盈余或赤字。如果一国因国际收支赤字而必须向外国进行净支付,该国央行就会减少黄金、外汇、特别提款权等官方储备资产,或向外国央行再借款。如果国际收支发生盈余,该国央行就会归还部分外国债务,或者从国外获得额外的储备资产。在固定汇率制下,经常账户余额与资本和金融账户余额之和在数量上等于官方储备的变化,仅符号相反。也就是说,当官方储备账户余额为零的情况下,资本和金融账户的盈余或赤字必须等于经常账户的赤字或盈余。

2. 干预外汇市场

如果一国希望维持其货币在外汇市场上的价值,那么,该国会出售黄金、外汇、特别提款权等官方储备资产来买入该货币。此举将增加对该货币的需求。如果一国想低估该国货币,就可以抛出该国货币,同时买入黄金、外汇以及特别提款权等官方储备资产。此举将增加该国货币的供应。

(六) 净误差和遗漏

从理论上讲,根据复式记账记录,收支总体是平衡的,但实际上,由于经常账户和金融账户的数据是分别收集和记录的,因此,会产生误差。净误差和遗漏的作用是单一的,即为了确保国际收支平衡表保持平衡。

二、跨国公司为什么需要关注母国和东道国的国际收支

国际收支是一个非常重要的指标,它会影响国内生产总值、就业水平、价格水平、汇率和利率等重要的宏观变量,同时,它也会受这些变量影响。该信息的受众颇多,包括公司管理者、投资者、消费者和政府官员等。就跨国公司而言,公司管理者可以使用国际收支指标来推测和判断世界各国与本国的特定类型贸易或金融贸易的增长和健康状况,以及需要借此来

---

① 在1945年布雷顿森林体系出现之后,国际储备资产包括除黄金之外的外汇、特别提款权以及在国际货币基金组织(IMF)的储备头寸。目前,IMF成员国所持有的官方储备资产中,外汇占比超过90%,黄金占比很小。在外汇储备中,美元所占份额最高,但是,美国持续的贸易赤字以及外国投资者所持货币的分散化需求正在削弱美元的霸权地位。

预测东道国因国际收支状况变化而改变其经济政策的可能性[1]。

从上文关于国际收支的叙述中,我们可以得到这样的启示:国际收支传递了一个国家关于竞争力水平、增长潜力等诸多方面的信息[2]。

第一,国际收支传递了一国货币需求和供给状况的信息。假如一个国家的出口大于进口,那么,在其他条件不变的情况下,意味着该国的货币供给低于外汇市场对该货币的需求,该货币面临对其他货币升值的压力。假如这个国家的进口大于出口,则情况恰好相反。

第二,一国的国际收支状况有助于预测该国的市场潜力,尤其是短期市场潜力。假如一个国家出现巨大的国际收支逆差,那么,为改善国际收支状况,该国最有可能采取限制进口和资本流出的措施,也可能采取引进外资以扩大出口的政策。假如一国出现巨额外汇顺差,那么,扩大进口、放松外汇管制等是该国最有可能的政策取向。

第三,一国国际收支是其汇率压力的重要指标。持续出现大规模贸易赤字的国家有时会采取本国货币贬值的策略,以提升其出口的竞争力,但是,竞争性贬值策略并非一定是损人利己的良策。读者可以运用J曲线来理解其可能的结果。

第四,一国的国际收支状况显示了其在国际经济中的竞争力。假如一国国际收支连续出现逆差,可能的解释是,该国的国内企业缺乏国际竞争力。

第五,一国的国际收支状况与资本跨国自由流动的程度有关。资本跨国自由流动程度对一国的国际收支平衡是至关重要的,但是,它是一把双刃剑。超额资本流出(如1997年泰国经济和金融危机引发的资本外逃)给相关国家造成巨大汇率压力;大规模的金融账户流入(如2006年外资涌入泰国)也会引发相关国家的汇率上涨,危及其出口竞争力,甚至引发经济与金融危机。

专栏 2-3

中国为什么对证券投资资本流入实施限制?

由于发达国家的平均实际利率低于长期平均值,以及发达国家债券市场的收益率偏低,因此,泛滥的闲置资金热衷于新兴市场国家(尤其是亚洲国家)的债券、股票和房地产市场。2006年,高流动性资金如潮水般涌入新兴市场国家,推动了这些国家和地区货币币值的上涨,大大影响了这些国家和地区的出口竞争力。因此,有效资本控制(即阻止资本流入和超额货币增长,同时有消除对货币的压力)是这些国家和地区的当务之急。中国的证券市场颇受境外投资者青睐,为有效控制资本流入,中国于2002年和2011年分别实施QFII、RQFII制度,只允许境外合格投资者在中国进行证券投资。

问:你认为中国此举是否有助于稳定汇率?

跨国公司关注国际收支的意图非常明确,跨国公司财务经理通过了解国际收支状况,可以在经营国内和国外业务时,既能发现公司的增长机会,又能找出潜在的问题。

---

[1] 迈克尔·H. 莫菲特,阿瑟·I. 斯通希尔,戴维·K. 艾特曼. 跨国金融原理(原书第3版)[M]. 路蒙佳,译. 北京:中国人民大学出版社,2011:94.

[2] 切奥尔·S. 尤恩,布鲁斯·G. 雷斯尼克. 国际财务管理(原书第8版)[M]. 赵银德,刘瑞文,赵叶灵,译. 北京:机械工业出版社,2018:48.

三、跨国公司资金跨境流动的方式和动因

上文已述,国际收支与跨国公司资金跨境流动有很大关联,因此,我们借助国际收支平衡表,可以清晰地理解跨国公司资金跨境流动的方式。资金跨境流动包括货币跨境流动和国际资本流动。前者是指国际商品和劳务交换引发的货币所有权的跨境转移,如由商品进口和出口引发的货币流通;后者是指资本从一个国家或地区转移到另一个国家或地区,如发行国际债券引发的资金跨境流动。显然,与货币跨境流动不同,国际资本流动是通过货币资本的国际转移,仅仅实现了货币使用权、支配权的暂时国际让渡,并未发生货币所有权的国际转移。当然,作为一种国际经济活动,国际资本流动也是以盈利为目的的,它是以使用权的有偿转让为特征的。

(一) 货币跨境流动

货币跨境流动是一种最常见的资金跨境流动方式,它由商品和服务进出口贸易引发。由我国2023年国际收支(见表2-1)可见,2023年全年商品和服务贸易出口总额分别为31 792亿美元和3 321亿美元,进口总额分别为25 853亿美元和5 399亿美元。中国货币跨境流动的规模巨大,产生了3 800多亿美元的贸易顺差,跨国公司是商品和服务贸易的重要参与者,也是贸易顺差的贡献者。

(二) 国际资本流动

国际资本流动包括资本流出和资本流入。资本流出是指资本从国内流向国外,资本流入是指资本从国外流向国内。与第二次世界大战结束时期相比,当代国际资本流动发生了巨大变化。随着金融市场一体化程度的日益提高,跨国融资行为大增,各国金融市场之间的依赖性大大增强,证券交易所之间的合作和联系得以改善,以并购、合资等形式的跨国投资大增。这从根本上改变了资本流动跟随国际贸易演进的传统模式,并显示出国际资本流动带动国际贸易发展、推动世界经济发展格局演变的趋势。

以我国2023年国际收支(见表2-1)为例,来华直接投资和来华证券投资分别为427亿美元和113亿美元,对外直接投资和对外证券投资分别为1 426亿美元和822亿美元。其中,直接投资引发的国际资本流动主要由跨国公司所为,证券投资引发的国际资本流动主要由跨国金融机构推动。

(三) 资金跨境流动的动因

货币跨境流动和国际资本流动的动因不尽相同。货币跨境流动由商品和服务贸易引发,因此,货币跨境流动的动因由国际贸易的目标决定,如出口创汇,满足民生的进口等。国际资本流动的动因则是为了获取高额利润。由于世界经济发展的不平衡性,各国资本的预期收益率必然存在差异,追逐利润最大化的本性,驱使资本(包括投资性资本和投机性资本)从一国流向另一国。如果一国资本的预期收益率高于他国,在其他因素相同的情况下,资本便会从他国流向该国;反之,如果一国资本的预期收益率低于他国,且有较大风险(如政局不稳或政治体系多变),不仅外国资本会从该国抽逃,而且本国资本也势必大量外流。可见,资本从预期收益率低的国家或地区流向预期收益率高的国家或地区,是国际资本流动的最基

本逻辑。除此之外,还有其他一系列因素也对国际资本流动产生重大影响。

1. 资本供求

从国际资本的供求来看,有的国家出现大量相对过剩的资本,这些国家(大多为经济发达国家)相对过剩的资本就会流向预期收益高且投资环境较好的海外国家或地区。与此同时,有的国家(大多为发展中国家)经济落后,金融市场又不成熟,国内资金远远不能满足经济发展的需要,这些国家急需引进外国资本来满足经济发展的需要。可见,资本的大量过剩和巨大需求,是影响国际资本流动的重要因素之一。中国改革开放四十年(尤其是前二十年),引进了大量的外资,既满足了中国巨大的资金需求,也为发达国家的剩余资金找到了生财之道。

2. 利率与汇率

利率和汇率是市场经济运行中的两大经济杠杆,对国际资本的流动方向和规模都有十分重要的影响。

利率的高低在很大程度上决定了金融资产的收益水平,进而作用于国际间的资本流动。出于对利润的渴望,资本总是从利率较低的国家流向利率较高的国家,直至国际间的利率大体相同。即当达到无套利均衡时,国际资本流动才会停止。

汇率的波动则会通过改变资本的相对价值,对国际资本流动产生影响。如果一国的货币贬值,以该国货币表示的金融资产价值就会降低;如果一国的货币增值,以该国货币表示的金融资产价值就会上升。投资者往往根据自己对汇率变动的预期,将其所持有的金融资产从一种货币形式转换成另一种货币形式,进而导致资本从一个国家或地区转移到另一个国家或地区。

利率和汇率密切相关,它们往往分别或共同作用,促使资本在国际间流动。

3. 经济政策

一国政府为引导和协调国民经济发展所制定的经济政策,对国际资本流动的影响也很大。为调节国际资本流动的方向和规模,政府可能采取或松或紧的外汇管制,并分别制定国内、国外的投资政策和指南。在世界经济不景气或国际经济关系不稳定时期,各国独特的经济政策对国际资本流动产生的影响更为显著。例如,在1997年亚洲金融危机中,中国独善其身,这在一定程度上与中国当时采取的严格资本管制以及稳定人民币的汇率政策有关,短期资本流动无法畅通无阻,国际炒家缺乏炒作人民币的条件。

4. 风险防范

在现实经济生活中,由于金融市场具有不完全性,存在种种缺陷和各种消极因素,投资者面临的风险随时可能出现,这种风险往往会对资本的安全和价值造成不利影响。为规避风险,大量资本则会从高风险的国家或地区转向低风险的国家或地区。例如,不稳定的政府通常不愿或没有能力保护产权,投资者便会将资金调离政局不稳的国家或地区。又如,一国经济由高速增长转为低速增长时,投资者会考虑退场或转场。此时,资本通常表现为从一国流出。

四、资金跨境流动的影响

第二次世界大战后,资金跨境流动规模的扩大和速度的加快,不仅对各国经济产生举足轻重的影响,而且对整个世界经济的发展也产生了重大影响。根据资金使用期限的长短,可分为短期资金跨境流动和长期资金跨境流动两大类型。它们产生的影响各不相同,跨国公司非常需要这方面的认知。

(一)短期资金跨境流动的影响

短期资金跨境流动是指期限为1年以内(含1年)或即期支付资金的流入和流出。这种资金跨境一般需借助有关信用工具,并通过现代通信方式来进行。这些信用工具包括货币现金、活期存款、国库券、可转让的银行定期存单、商业票据和银行承兑票据等。

1. 短期资金跨境流动的方式

贸易资金流动、银行资金流动、保值性资金流动和投资性资金流动是短期资金流动最重要的流动方式。贸易资金流动是最早出现的短期资金跨境流动方式,它与其他的本质差别是,贸易资金流动实现了货币所有权的转移,而其他方式实现了货币使用权、支配权的暂时有偿国际让渡。

贸易资金流动由国际贸易往来的资金融通和结算引起。一般而言,这种短期资金跨境流动是从商品进口国向出口国转移。

银行资金流动由各国金融机构经营外汇业务引起。各国金融机构运用套汇、调期等方式从事外汇经营业务时,必然会引起资金在国际间的转移。

保值性资金流动由短期资金持有者规避风险引起。短期资金持有者出于汇率风险、政治风险等考虑,为避免损失而将资金在国际间进行转移。

投资性资金流动由短期资金持有者套利需要引起。短期资金持有者会利用国际市场上汇率、利率、黄金和证券价格波动,通过买空卖空方式进行套利,从而引起资金在国际间的转移。

2. 短期资金跨境流动的重大影响

由于短期资金流动速度快、变化期限短,因此对世界经济的影响是复杂而多层面的。

第一,短期资金流入有助于减少国际收支逆差;相反,短期资金流出则有助于减少国际收支顺差。

第二,由于短期资金的流动性强,并且对货币政策的变化反应灵敏,因此会大大降低各国货币政策的效力。

第三,国际短期资金流动有利于贸易双方获得必要资金以及进行债权债务的结算,从而保证国际贸易的顺利进行。

第四,短期资金尤其是投机资本在国际间迅速和大规模流动,会造成各国利率与汇率大起大落,加剧国际金融市场的动荡局面,对国际直接投资产生巨大影响。

第五,短期资金流动还会对全球性的国际金融局势产生重大影响,特别是为了投机而发生的短期资本流动,在一定程度上加快了世界经济波动的传递速度,扰乱了正常的国际金融秩序。

> **专栏 2-4**
>
> **资本跨国自由流动的程度和 1997 年亚洲金融危机**
>
> 在中国香港回归之前,怀着成为亚洲金融中心的梦想,泰国制定了一系列政策,包括取消外汇管制,把泰铢/美元汇率改为市场浮动制。此政策吸引了以美元为主的海外资金涌入泰国,大量低息出借给泰国的企业和个人。但是,这些资金并没有进入泰国实业领域,大都用于炒股票和地皮,以及满足个人消费。不久,泰国经济出现了严重泡沫化。
>
> 华尔街金融大鳄开始出手做空泰铢,他们首先向全球各大金融机构拆借泰铢,大量抛售泰币。泰国央行设法通过买入泰铢来稳住汇率,无奈泰国当时外汇储备仅有区区 330 亿美元,于是,泰铢贬值一发不可收拾。泰铢一跌,先前借钱给泰国人的欧美各大金融机构纷纷要求泰国借款者提前还款,那些借款者承受巨大的汇率风险。泰国哀鸿遍野,出现了银行挤兑、股市狂泻、房地产大量缩水的衰败现象。借款者被迫卖掉优质资产和股权来偿还债务,于是,华尔街的金融大鳄们取得各种抵债资产并以极低价格买入股票、土地、酒店、办公大楼等优质资产。例如,正大集团当时被迫卖掉莲花超市大部分的股权以偿还债务,英国乐购集团趁机低价买下,并更名为乐购莲花超市。
>
> 随后,金融危机从泰国蔓延到印度尼西亚、马来西亚、菲律宾等东南亚国家。这些国家的基本情况与泰国相似,因此,很快成为国际炒家做空的下一轮目标。
>
> 问:此事件已过去 20 多年,想来还是后怕。你从中得到的重要启示是什么?

(二) 长期资金跨境流动的影响

长期资金跨境流动是指期限在 1 年以上的资本流入和流出,包括跨国直接投资、国际证券投资和国际贷款三种类型。世界生产力的发展和国际分工的深化是引起长期资金跨境流动的主要原因。

由于长期资金跨境流动期限长、资本金额数量大,因此,对当事国以及世界经济的长期稳定和持续发展有较大的影响。

第一,对输出国的影响。长期资金跨境流动可以推动资本输出国的商品和服务出口,能够提高资本输出国资本的边际效益,有利于破除贸易保护主义壁垒,有利于提高国际地位。但同时也使资本输出国增加了潜在的竞争对手,在一定程度上影响其国内经济发展,并且还会碰到意想不到的投资风险(如政治风险和经济风险)。

第二,对输入国的影响。长期资金跨境流动可以解决资本输入国(东道国)资金短缺的困难,扩大东道国的产品出口,为东道国增加就业机会,提高东道国工业化水平,改善国际收支。但大量外国长期资本进入会使东道国的民族工业受制于外国资本,丧失经济政策的自主权,增加对外国资本的依赖性,并可能引发债务危机。对资源掠夺性开采和占领东道国市场是长期资本的本质要求,这会危及东道国经济的长期稳定持续发展。

第三,长期资金跨境流动使国际金融市场日趋成熟。具体有三点理由:一是资本输出与输入增加了国际间货币资本流动的数额,从而为国际金融市场规模的扩大提供了前提条件;二是国际资本流动涉及投资、证券、借贷、外汇和黄金等许多方面,国际金融市场的业务范围进一步被拓宽;三是随着国际资本流动,各种金融机构得以成长和发展,极大地提高了国际金融市场的效率。

第四,长期资金跨境流动加快了全球经济一体化的进程。例如,欧洲统一大市场以及美加墨自由贸易区的形成,是全球经济一体化进程中的阶段性成果。这些成果的取得,与它们内部成员国之间的资本频繁流动是密不可分的。

第二节 外汇市场

资金跨境流动离不开外汇市场。外汇市场将两个不同国家或地区的金融市场连接了起来,也将两个离岸市场连接了起来。如果没有外汇市场,跨国公司的贸易结算无法完成,资金跨境流动无法达成,也无法实现规避汇率风险的目的。外汇市场跨越全球,随着昼夜交替,外汇交易"一路迁徙"。外汇交易每天始于悉尼和东京,后移至中国香港和新加坡,转战巴林后,向西转至法兰克福、苏黎世和伦敦等外汇市场,然后,跃过大西洋登陆纽约,再一路向西去到芝加哥,最后到达旧金山和洛杉矶。本节介绍外汇市场的功能、结构、参与者、交易工具、交易机制等。

一、外汇市场的功能和结构

(一) 外汇市场的功能

外汇市场是指由外汇需求者和供给者及其买卖的中介组成的买卖外汇的交易场所和网络,它是本国货币与外国货币相互兑换(也包括任何两种或两种以上货币的相互兑换)的场所。外汇市场分场内市场和场外市场,以场外市场为主。场外市场没有具体场所,是一个全球性的交易网络,交易者和各国央行通过该网络进行货币买卖。在主要国际金融中心,都有外汇市场的存在。国际清算银行(BIS)调查显示,2022年4月场外交易市场日均外汇交易量为7.5万亿美元,创历史最高水平,场外市场占全部外汇交易量的98%,同时期场内市场(交易所)期货和期权日均交易量为1 517亿美元。按2001—2022年的日平均外汇交易额排名,前5名为伦敦、纽约、新加坡、中国香港和东京,因此,全球最大的外汇市场在伦敦和纽约。在外汇市场上,参与者之间进行着各种类型的外汇交易。具体而言,外汇市场的功能主要体现在七个方面。

第一,为国际经济贸易往来提供货币兑换和结算的便利,实现购买力的转移。如图2-1所示,跨国公司母公司通过进口或出口在国际产品市场上进行交易,或通过对外直接投资、追加投资、内部贷款、股利支付、偿还贷款等方式与海外子公司发生资金往来,或在国际金融市场上进行国际证券投资、发放国际债券、发放国际股票等。其中,贸易交易所引发的贸易款项需由外汇市场完成结算,资金往来需通过外汇市场才能完成对流,实现购买力转移。

第二,作为外汇买卖的媒介。外汇市场为外汇这一特殊商品的买卖提供了一个集中的

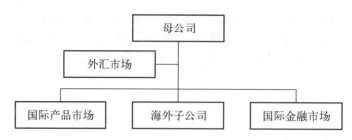

图 2-1　母公司与国际产品市场、海外子公司和国际金融市场交易图

场所,如果缺乏此类场所,外汇买卖的任何一方要寻找另外一方就需要花费很多时间和精力,外汇交易的效率将大为下降。

第三,平衡外汇供求,形成汇率体系。外汇市场可以形成汇率变动机制,对外汇的供求起着平衡作用。

第四,干预的渠道。外汇市场是当今各经济体调节国际收支的重要渠道,通过各种手段影响外汇市场供求和外汇汇率的变动,进而达到调节国际收支乃至平衡货币供求的目的。

第五,提供国际贸易信用。在国际贸易中,许多交易由于各种原因无法或无须立即结清,因此,外汇市场可提供各种形式的信贷和资金的融通。例如,基于银行承兑票据和信用证的国际贸易融资。

第六,外汇市场是国际贸易和国际金融的核心,连接了不同的金融市场(见图 2-2)。外汇市场将美国国内金融市场和中国国内金融市场连接了起来,美国国内金融市场上的资金需通过外汇市场才能流向中国国内金融市场。

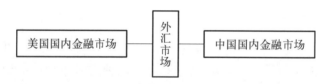

图 2-2　国际金融市场的资金对流

第七,外汇市场提供最小化汇率风险的机制。外汇市场为贸易交易以及资金跨境往来提供了防范货币风险和进行套期保值的手段。简单来说,外汇市场提供了"套利"和"避险"的便利,外汇交易者可以将外汇风险转移给另一个更愿意承担风险的交易对手。

可见,正是由于外汇市场的存在,货币资金才得以在国际间进行划拨转移,国际间的债权债务才得以清偿,中长期国际资本才得以流动,而跨国界的短期资金融通也因此得以实现。外汇市场在消除汇率风险方面也起到重要作用。因此,外汇市场是国际金融市场中发展速度最快、交易规模最大的一个重要组成部分。

(二) 外汇市场的结构

外汇市场可分为场外和场内两个市场①。场外外汇市场由两个层面组成,即银行间市场

---

① 场内外汇市场的"场"是指交易所。例如,芝加哥商品交易所,提供外汇期货和外汇期权服务。截至 2024 年 8 月,我国尚无外汇场内市场。外汇衍生品主要在场外外汇市场交易,2023 年 12 月,我国即期外汇累计成交 7.07 万亿元人民币(等值 1.00 万亿美元),外汇衍生品累计成交 13.47 万亿元人民币(等值 1.90 万亿美元)。

（又称批发市场）和客户市场（又称零售市场）。外汇市场的两个层面（见图2-3），第一层面是指银行与一般顾客之间进行外汇交易的场所，客户市场（customer market），第二层面是指银行同业之间进行外汇买卖的场所，即银行间市场（interbank market）。

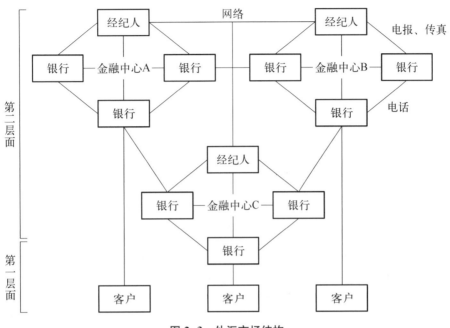

图2-3 外汇市场结构

第一层面又称外汇零售市场，是外汇市场存在的基础。银行与客户之间的合同金额通常是量身定做的，所涉金额通常不大。该市场的基本特点是：在银行柜面上交易；银行对不同的客户分别买入或卖出不同类型的外汇；没有最小交易金额限制；每笔交易较为零散；银行是外汇供给者和需求者的中介；银行赚取买卖差价且所报买卖差价较大。

国家外汇管理局的统计数据显示，2023年12月，中国外汇市场（不含外币对市场，下同）总计成交20.54万亿元人民币（等值2.89万亿美元），其中，银行对客户市场成交3.36万亿元人民币（等值0.47万亿美元）。2023年1—12月，中国外汇市场累计成交252.58万亿元人民币（等值35.85万亿美元）。与外汇市场交易总额相比，外汇零售市场规模不大。

第二个层面又称外汇批发市场，是外汇市场的主体。该市场的基本特点是：以由电报、电话、传真、网络等现代通信设施构成的无形市场（交易网络）为主；有最小交易金额的限制（如欧洲美元买卖最低交易量是100万美元），单笔交易通常金额很大；银行所报买卖差价较小；星期一至星期五24小时交易不间断；有时交易可以是在银行与银行之间一对一直接进行，有时交易是通过经纪人进行；该全球交易网络中存在诸如伦敦、东京、纽约等多个国际金融中心。银行同业之间的交易占外汇交易总额的90%以上，因此，外汇市场主要是指进行外汇交易的银行间市场。

场外外汇市场又有广义和狭义之分。广义的场外外汇市场是指银行之间、银行与外汇经纪人之间以及银行与一般顾客（进出口商等）之间进行的外汇交易场所，包括第一层面和第二层面两个外汇市场。以中国为例，该外汇市场的交易额巨大（见表2-2）。狭义的外汇市场仅指第二层面的外汇市场。

表 2-2　2015—2023 年中国银行间外汇市场交易额　　　　　单位：亿美元

年　份	中国银行间外汇市场交易额
2015	135 489
2016	168 498
2017	203 365
2018	248 454
2019	291 196
2020	299 345
2021	368 676
2022	345 001
2023	358 480

数据来源：国家外汇管理局。

外汇市场还可以分成即期和远期外汇市场。即期外汇市场是指外汇交易必须在两个营业日内完成交易的外汇市场，在这个市场内，外汇买卖成交后的两个营业日以内办理交割手续。各金融中心对交割的规定不尽相同，有的要求在当日办理货币交割，日本及亚洲地区多在第二个营业日交割，而欧美各国通常要求在交易后的两个营业日以内交割。远期外汇市场是指外汇交易需在 3 个或 3 个以上营业日，甚至在未来某个营业日内完成交易的外汇市场，在这个市场内，买卖双方先订立合同，规定买卖外汇金额、汇率和支付时间，到规定时间再按合同办理交割。这种交易在买卖契约订立时，双方无须立即支付本国货币或外汇，而是预先约定价格于将来特定日期办理交割。

外汇市场还有场内和场外之分。前者是指从事外汇交易的当事人能在固定的交易场所内和规定的营业时间里进行外汇买卖，如芝加哥国际货币市场。后者是一个借助于电话、电报、传真和计算机终端等现代化通信设备将所有客户连接起来的交易网络。目前，场外外汇市场更具典型性和普遍性。

外汇市场比其他任何市场都更具有国际性。第一，外汇市场的外汇交易网络没有空间的限制。迅捷又便利的现代通信技术将各国的外汇市场连接了起来，任何一个外汇市场上的有关货币交易或汇率变动的信息能在转瞬之间传遍世界各地。第二，外汇市场不受时间的限制。例如，整个欧洲的外汇市场统一了营业时间，它与北美和亚洲外汇市场的营业时间相互衔接并有部分重叠。从全球意义上讲，外汇市场 24 小时不停运转。第三，外汇的供给和需要往往是在全球范围取得平衡的，该市场上的价格不易被垄断，具有高度的竞争性。

当今世界，外汇市场发生了重要的变化。首先，外汇交易规模迅速扩大，交易手段越来越现代化；其次，外汇衍生工具交易活跃，市场风险增大；第三，汇率预测与交易决策更加困难，新的理论和方法能否取得预期效果还有待检验；第四，中央银行对外汇市场的干预能力下降。

二、市场参与者

外汇市场参与者主要有五类：中央银行、银行外汇交易商、非银行外汇交易商、银行客户、外汇经纪人。

（一）中央银行

中央银行在外汇市场上通过购买或支出该国的外汇储备，来影响本币的交易价格。它在外汇市场上参与市场交易活动有其意图，具体可从两个方面来理解。

第一，影响汇率，尤其是汇率的短期走向。中央银行根据国家政策需要买进或卖出外汇，以影响汇率走向。例如，运用外汇储备购买本国货币，使本币的供应量减少，从而使本币升值。中央银行的这种外汇买卖活动实际上扮演了外汇市场最后交易者的角色，因汇率不能充分调整（即达不到市场均衡汇率的水平）而导致的外汇供求差额会由中央银行以购进（当供大于求时）或售出（当求大于供时）外汇的方法来平衡。

第二，对外汇市场进行监督、控制和引导。中央银行作为管理者介入外汇市场，买卖外汇，干预外汇市场。具体说，通过制定和运用法规、条例等对外汇市场进行监督、控制和引导，使外汇市场上的交易有序地进行，并能最大限度地符合本国经济政策的需要。

显然，中央银行参与外汇市场的动机不是为了获利，而是以有利于国民利益的方式影响本币汇率，甚至不惜为此承担外汇交易损失。

（二）银行外汇交易商

银行外汇交易商和少数非银行外汇交易商很活跃，它们是外汇市场的核心。它们既在银行间市场上经营，也在客户市场上经营。这些交易商是外汇市场最重要的活动主体，它们之间的竞争缩小了买卖差价，有助于提升外汇市场的效率。

银行外汇交易商主要由大型银行扮演，其外汇部门既是"外汇交易商"，又是"外汇做市商"。大型银行在外汇市场上主要从事两方面的外汇经营活动：一是代客进行市场交易，目的是赚取差价或赚取佣金（手续费）；二是银行自己设立一个外汇部门，与本国货币中心的银行和世界上其他货币中心的银行进行外汇交易，自行买卖自己擅长的货币（包括轧平头寸、投机、套汇和套利等），并在政策规定的交易限额内维持这些货币头寸，目的是利用外汇市场赚取利润，同时控制其在从事外汇业务中产生的外汇头寸，从而自主地买进或卖出外汇。

银行外汇交易商也包括中小银行，其参与银行间市场，但不一定作为做市商。中小银行的主要目的是，通过与大型银行进行交易，自行买卖那些客户最关注的货币，来抵消与客户的零售交易，但不会维持大量的货币头寸。

（三）非银行外汇交易商

非银行交易商是指非银行金融机构，如投资银行、共同基金、养老基金、信托投资公司、保险公司、财务公司等。这些非银行金融机构逐渐成为银行间市场的主要参与者之一，在成熟经济体，非银行外汇交易商的外汇交易量占银行同业交易量的50%。

在外汇市场上，大部分外汇交易是在银行间市场上完成的，交易时所报的汇率又称为批发汇率。例如,中国2023年外汇交易总额为358 480亿美元,其中,银行间外汇交易额为305 745美元,占交易总额的85%。银行间外汇交易活跃的原因有二。银行与非银行外汇交易商的外汇交易,绝大部分属于投机性和套利性交易,或通过某一种货币的价格走势,或利用汇率的临时性偏差来获取收益。因此,银行和非银行外汇交易商经常需要通过外汇市场交易来增加或减少外汇持有量。这是理由之一。银行交易商为了改善其自身的资产和负债的货币结构,调整所持有的各种外汇头寸,也需要在外汇市场上通过买卖外汇来实现。这是理由之二。

(四)银行客户

银行客户众多,包括跨国公司、旅游者和私人投资者等,他们同样是外汇市场的主要参与者。在外汇交易中,银行客户或为最初的外汇供应者,或为最终的外汇需求者,为实施特定的经济交易或为获取商业利益进行外汇交易。

跨国公司进入外汇市场主要有两方面原因:一是兑换与其国际化经营有关的现金流。出于结算需要,跨国公司的外汇收入和外汇支出需要在外汇市场上兑换,其对外投资以及外币债权和债务也都需要通过外汇市场进行交易。二是通过外汇交易来规避外汇风险或进行套期保值。企业国际化经营形成了许多在未来某个时点收入或支付某一固定数量的外币合约,如一定数量的债权和债务,公司为此面临汇率风险。外汇市场为其提供了套期保值的手段和工具。

此外,海外留学人员和旅游者以及旅居国外的侨民也经常在银行柜台兑换不同的货币。这些都是外汇零售交易的对象。

私人投资者为自身利益而进行外汇交易,或希望通过汇率变化获益,或试图从不同市场的即期汇率差异中获益。私人投资者在投资和套利的实践中,有时会委托银行进行交易。例如,以一家公司名义或以个人身份,通过银行完成外汇交易,他们通过对外币升值或贬值的预期,在外汇市场上买入(或卖出)外汇,在适当时候再把外汇卖出(或补回),以谋取利润。

(五)外汇经纪人[1]

外汇经纪人(foreign exchange broker)是指外汇买卖中间商(人),一般都以收取佣金为目的,在外汇市场上主要充当在从事外汇买卖的银行之间或银行与顾客之间进行牵线搭桥的中间人,扮演为买卖双方接洽外汇交易的角色。

外汇经纪人的主要职能是将需要外汇和供应外汇的银行联系起来,为市场参与者提供买进或卖出的"集合点",使买卖双方都能在可以接受的价格上迅速找到交易对象,并安排双方的交易,从而使外汇市场的运行效率得到很大的提高。与银行不同的是,外汇经纪人在外汇交易中不拥有头寸,仅作为中间商,不参与具有风险的投资。

经纪人熟悉和了解市场上很多交易商的报价,通过经纪人的服务,银行外汇交易者等一些主要市场参与者就能避免暴露身份,有时还可以掩藏其交易意图[2]。然而,自1982年开

---

[1] 外汇市场的大部分交易是在银行同业之间进行的,英美国家的商业银行并不直接面对面的打交道,从事外汇交易,而是通过外汇经纪人作为银行同业交易的中介,大多数交易是由外汇经纪人来安排成交的。在发达国家的每个外汇交易中心,都存在若干个经中央银行批准专门从事中介业务的外汇经纪人。

[2] 科特·C. 巴特勒. 跨国财务(第3版)[M]. 赵银德,张华等,译. 北京:机械工业出版社,2005:28-29.

始,随着路透社先后推出屏幕交易系统和语音平台,以及 EBS 公司提供撮合平台,银行外汇交易商和非银行外汇交易商进行的银行同业交易主要通过诸如路透社、EBS 公司搭建的平台(俗称"电子经纪")完成。因此,目前专业经纪公司越来越少。

三、银行同业市场外汇交易机制

由于银行间市场是外汇市场的主体,因此,为了说明外汇交易机制,下文基于银行间市场分别从即期外汇交易、远期外汇交易、互换交易等多方面予以说明。

(一)即期外汇交易机制

1. 即期交易

银行市场上的即期交易是指买入外汇,一般于交易后第二个交易日在银行之间进行交割和付款。即期外汇交易由 SWIFT(全球同业银行金融电讯协会)[①]作为交易媒介的市场完成,90% 的即期交易都属于国际银行间的交易,且绝大部分在纽约、伦敦和东京三大外汇交易中心完成。在交割日,世界上大多数美元交易都通过纽约的电脑化清算所银行同业支付系统(clearing house interbank payments system,简称 CHIPS)结算。例如,一家美国银行在周二签订合同,约定将 200 万英镑转到伦敦一家银行的账户上,若即期汇率是 GBP1.2/1USD,那么,周四美国银行将 200 万英镑转至伦敦银行的账上,伦敦银行同时将 240 万美元转至美国银行的账上。

由于纽约、洛杉矶、芝加哥、伦敦、苏黎世、法兰克福、巴黎、东京、中国香港、新加坡等地都建有外汇市场,它们分散在世界各地,当其中一个市场闭市时,正是另一个市场刚开市时,且在时间上有重叠部分,因此,外汇市场可以视为 24 小时不间断运作。对于在全球主要外汇市场设有分支机构的国际银行而言,它们可以在 24 小时中进行外汇交易。这样的连续外汇交易可以避免因持有太多外汇而遭受隔夜汇率变动的损失。国际清算银行每三年会进行一次全球范围内的外汇市场交易量和交易结构调查。据国际清算银行统计,2004 年全球即期外汇交易日均交易额为 0.6 万亿美元,2007 年日均交易额已超过 1 万亿美元,2019 年日均交易额约为 1.98 万亿美元,2022 年日均交易额约为 2.25 万亿美元。即期外汇交易额约占全球外汇日均交易额的 30%。

汇率多变,即期外汇交易面临较大风险。因此,出于银行内部控制以及执行相关银行法规的需要,银行无一例外地限制每位外汇交易员的权限,并设定其交易限额。

2. 即期汇率报价方式

即期汇率(spot rate)又称现汇汇率,是指交易双方在成交后当日或两个营业日以内办理外汇交割时所采用的汇率。由于受各国时差的影响,加上各国外汇技术操作的差异,即期汇率有时会受短暂性汇率波动的影响,而使即期外汇交易偏离即期汇率所能达到的交易结果。

[①] 1977 年,美国、比利时等 17 个国家的大型商业银行和外汇经纪商组成了一个外汇交易市场,并建立了由电话、电报、卫星传讯系统组成的一种电脑通讯与信息系统,简称 SWFT。SWIFT 的三个中心分别设在美国、荷兰和比利时。通过 SWIFT,国际银行间的外汇交易与转账得以非常迅速地完成。

即期汇率由银行间对不同外币的供给和需求决定，外汇报价（汇率）可以用直接标价法[①]和间接标价法[②]两种方式表示。两种标价方法之间存在着倒数关系。在美国等成熟经济体的外汇市场上，为了方便交易，往往同时采用两种报价方法。

从银行买卖外汇的角度来区分，外汇的价格分成买入价（buying rate or bid price）和卖出价（selling rate or offer price or ask price）。在外汇市场上，报价银行一般采用同时报出买入汇率和卖出汇率的双向报价法（two-way price）。在所报出的两个汇率中，前一数值较小，后一数值较大。在使用直接标价法时，外币折合本币数额较少的汇率是买入价，外币折合本币数额较多的汇率是卖出价，例如，买入价 RMB7＝USD1，卖出价 RMB7.1＝USD1。间接标价法的情况刚好相反，例如，买入价 RMB1＝USD0.142 8，卖出价 RMB1＝USD0.140 8。买入价和卖出价的算术平均数称作中间价（medial rate or middle rate），如中间价 RMB7.05＝USD1。中间价并不是在外汇买卖中实际使用的成交价格，而是为了方便远期升水或贴水的计算，以及在新闻报道或理论叙述中显得更加简洁才使用的。此外，中间价还有一个重要作用，那就是在会计核算中用作将外币余额折算成本币数额的汇率。

在任何既定时点，银行的外汇买入价低于卖出价，即交易中介总是对外汇贱买贵卖。买入价与卖出价之间的差额，称作买卖差价（spread）。买卖差价是银行经营外汇业务的营业收入，扣除开展这项业务所涉及的营业费用之后，余下的就是银行开展外汇业务的营业利润。由于买卖差价的存在，银行所报出的外汇牌价是"净价"，即它包括了所有的成本，在进行外汇交易时不再另外收取佣金等费用[③]。

3. 同业市场的通信

迅速发展的电信技术为银行间市场交易者提供了极大的便利，银行以及其他参与者主要依靠诸如路透社（Reuters）、德励财富（Moneyline Telerate）、彭博社（Bloomberg）等电信传讯系统获得外汇报价资料。它们对外汇买卖的报价是根据市场情况和其对外汇买卖的需求决定的。

2002 年 9 月，启动了持续连接结算（continuous linked settlement，简称 CLS）。该系统将几种主要货币的实时全额结算系统（real-time gross settlement，简称 RTGS）联系起来，实现当日交割，消除了外汇交易一方无法与另一方结算时的损失，也有助于规避外汇市场上的失信甚至欺诈行为。

（二）远期外汇交易机制

1. 远期交易

远期外汇交易通过合约方式，约定在未来某一特定的时日，以事前约定的远期汇率，将

[①] 直接标价法（direct quotation），又称应付报价法（giving quotation），即以一定单位的外国货币为标准，折算成若干单位本国货币的报价方法。例如，RMB7＝USD1。它的特点是，作为折算标准的外币金额始终保持不变，其兑换成本币的金额则随着两种货币相对价值的变化而上下变动，汇率的升降与本币对外价值的高低成反比关系。

[②] 间接标价法（indirect quotation），又称应收报价法（receiving quotation），即以一定单位的本国货币为标准，折算成若干单位外国货币的报价方法。例如，RMB1＝USD0.142 8。它的特点是，作为折算标准的本币金额始终保持不变，其兑换成外币的金额则随着本币与外币的相对价值的变化而上下变动，汇率的升降与本币对外价值的高低成正比关系。

[③] 银行在从事信贷业务时所报出的存款利率和贷款利率也有类似的情况，即由于存在存贷利差，银行不再收取佣金。至于贷款所涉及的其他诸如承担费和代理费等，银行还是可以收取的。

已约定数量的某一外币兑换成另一种货币。远期汇率的报价日通常为1个月、3个月、6个月、12个月的交割日,也有期限不标准或不完整的远期合约。目前,超过1年期的合约很常见,对于信誉良好的客户,银行愿意将期限延长至5年、10年甚至更长。

在合约有效期内,不管汇率如何变动,远期外汇交易的交割汇率是约定的远期汇率,因此,远期外汇交易能够规避外汇风险。

远期外汇合约在交割时,交易的一方可能因财务困难等原因而违约,交易的另一方(通常为银行)会因此遭受损失。从理论上讲,由于远期外汇交易属柜台交易(也称场外交易),缺乏保证金制度,因此,远期外汇交易存在严重的背信风险。在实践中,由于远期合约的一方大多为银行,银行会邀请律师介入其与交易对手签订远期外汇合约的过程。

第一,在合约签订之前,银行均需要对交易对手的信用记录进行调查。如果交易对手信用不够,银行会要求其进行资产抵押以换取银行的信任。如果交易对手的信用良好,那么,银行会给予其一定的信用限额,交易对手利用该额度与银行签订远期外汇合约。

第二,双方就合约中诸如远期汇率、到期日、履约面值等有关事项进行商议,还就违约的惩罚方式和力度进行约定。

第三,双方正式签订远期外汇合约,该合约开始正式生效。

由于银行对远期外汇合约进行有效管理,加之违约的代价高昂,因此,一旦合约一方因其对汇率的走势误判而遭受损失时,其可能的做法是采用逆向方式对冲,或与银行协商取消合约以尽可能减少损失。

2. 远期汇率报价

远期汇率(forward rate)又称期汇汇率或远期价格,是适用于远期外汇交易的汇率。它是指买卖双方按所签合同,规定在两个营业日以后的未来某个确定日期或某段时间内(一般以30—90天为期)办理外汇交割时所采用的汇率。外汇远期交易属于预约性交易,由协议双方按预订的汇率、币种和金额进行清算,不受汇率变动的影响。在一个有效率的外汇市场上,远期汇率是市场现时做出的、对未来即期汇率的无偏估计或预测[①]。

远期外汇报价有两种方式:一是直接标价法或间接标价法[②],二是基点(也称换点)报价法。远期外汇的直接标价法与即期外汇的直接报价方式类似,此处仅作简单介绍,不再赘述。基点报价由即期汇率和外汇升水(forward premium)或贴水(forward discount)决定。

(1) 直接报价法(outright rate)

该报价法和即期汇率的直接报价法相同,亦即直接报出远期汇率的买入价和卖出价。银行对顾客(如进出口商)的报价通常采用这种方法。此外,少数国家或地区(如日本、瑞士等)的银行同业间的交易也采用直接报价法。

一般来说,由于远期交易从成交到交割的时间长于即期交易,因而远期汇率变动的机会多、风险大,从而使得远期汇率的买入价与卖出价之间的价差大于现汇的买卖价差,即存在一个溢价。例如,即期汇率买入价 RMB7=USD1,1个月远期汇率买入价 RMB7.1=USD1,

---

[①] 无偏预测的概念对于企业外汇风险管理具有很突出的实用意义。例如,某公司在远期汇率的基础上规划其外汇交易时,就可在某种程度上忽略日常的汇率波动,因为在某一特定时期所产生的账面外汇损失会由另一时期的账面外汇收益来抵消。

[②] 直接标价和间接标价是倒数关系,下文以直接标价法为例予以说明。

3个月远期汇率买入价 RMB7.3＝USD1，不同期限的交易价格存在一个溢价，这是对所承担的更高汇率风险的补偿。

(2) 基点(swap point)或远期差价(forward margin)报价法

这种报价法不是直接报出远期汇率的买入价和卖出价，而是报出远期汇率高于或低于现汇汇率的点数，即采用基点的形式来报价。这种报价方式实际上就是以"基点"①形式报出的远期汇率与即期汇率之间的差额，即升水或贴水的绝对数额。基点报价法流行于美国、英国、德国、法国等。远期汇率与现汇汇率之间的差价称为基点差价或远期差价。根据远期汇率高于、低于和等于现汇汇率，又可将远期差价分为升水、贴水和平价。采用基点报价法迅捷、省事，理由是，虽然期汇汇率和现汇汇率都可能发生变化，但期汇汇率与现汇汇率之间的差却可能不变。例如，两者发生同步变化。在外汇市场上，银行通常只报出即期汇率和升贴水数值，然后再计算远期汇率，即

$$远期汇率＝现汇汇率＋升水$$

$$远期汇率＝现汇汇率－贴水$$

如果交易货币在远期外汇市场上的价值高于其在即期外汇市场上的价值时，就按远期升水进行交易。直接标价法下，远期外汇汇率等于即期汇率加升水。假如中国银行给出如表2-3的基点报价表。

表2-3 中国银行的基点报价表

即 期 汇 率	30 天基点	90 天基点	180 天基点
RMB7＝USD1	60/80	90/140	150/180
RMB10＝GBP1	70/50	100/80	120/90

那么，就美元对人民币的汇率变动而言，每一到期日的买卖基点都是上升的，意味着美元对人民币有升水。鉴于1个基点为0.01%，因此，30天美元买入和卖出价分别是7.006元人民币和7.008元人民币；90天美元买入和卖出价分别是7.009元人民币和7.014元人民币，180天美元买入和卖出价分别是7.015元人民币和7.018元人民币。

如果交易货币在远期外汇市场上的价值低于其在即期外汇市场上的价值时，就按远期贴水进行交易。直接标价法下，远期外汇汇率等于即期汇率减贴水。

同样，由表2-3可知，就英镑对人民币的汇率变动而言，每一到期日的买卖基点都是下降的，意味着英镑对人民币有贴水。因此，30天英镑买入和卖出价分别是9.993元人民币和9.995元人民币；90天英镑买入和卖出价分别是9.990元人民币和9.992元人民币，180天英镑买入和卖出价分别是9.988元人民币和9.991元人民币。

(三) 互换交易机制

互换交易(swap)也称掉期交易，它为银行提供了一种可以缓和外汇远期交易风险的工

---

① 一个基本点为万分之一(0.000 1)。基于这个原因，在外汇报价中，小数点后面的零不能随便省略。

具。银行间市场的互换交易是指同时买入和卖出不同交割日的既定金额的外汇,且买入和卖出为同一个对象。目前,互换交易占银行同业外汇交易的一半。常见的互换有三种类型:即期-远期互换、远期-远期互换和不可交割远期。

1. 即期-远期互换

即期-远期互换是指在同一个外汇市场上同时进行买卖期限不同而金额相同的外汇。即交易商在即期市场买入货币,同时在远期市场卖出相同金额的货币。

即期-远期互换运用广泛,但交易作用无外乎三个:一是有利于进出口商进行套期保值;二是有利于证券投资者进行货币转换,规避汇率风险;三是有利于银行消除与客户单独进行远期交易所承受的汇率风险。

例 2-1 中国银行某客户为一家跨国公司,需支付 5 000 万美元购买机器设备,同时预计其在 6 个月后有一笔约 5 000 万美元的出口收入。该公司人民币资金宽裕,但美元资金不足。

为解决自身美元收入、支出的时间匹配问题,该公司与中国银行叙做了一笔人民币外汇互换交易。中国银行为客户在近端换入 5 000 万美元,同时在到期日换出 5 000 万美元。合约规定,根据即期汇率 7.12,公司在近端为换入美元需支付人民币 35 600 万元;另外,根据中国银行 6 个月掉期报价 50BP,公司可在到期日换回人民币 35 625[(7.12+0.005)×5 000]万元。通过该笔互换交易,满足了该公司自身本外币头寸调剂需求。

2. 远期-远期互换

远期-远期互换是指交易商在远期市场买入货币,同时在远期市场卖出相同金额的货币。比如,交易商卖出 10 万英镑远期,在 2 个月后以 GBP1.2=USD1 交割美元,同时,买入 10 万英镑远期,在 3 个月后以 GBP1.18=USD1 交割。若利率平价关系成立,买入价和卖出价之差与利差相同。

3. 不可交割远期合约

不可交割远期合约(non-deliverable forward,NDF)是一种衍生金融工具,用于对那些实行外汇管制国家和地区的货币进行离岸交易。通常,由银行充当中介,交易双方基于对汇率的不同看法,签订不可交割远期合约。该合约到期时只需将约定汇率与实际汇率(到期即期汇率)的差额进行交割清算,结算货币一般为自由兑换货币(以美元居多),而无须对 NDF 的本金进行交割。

这种合约主要用于实行外汇管制国家的货币。其中,人民币 NDF 存在于中国境外的银行和客户间的远期市场,常用于衡量海外市场对人民币升值或贬值的预期,帮助未来有人民币支出或收入的客户对冲汇率风险。

例 2-2 假定在中国有业务或部门的一家美国跨国公司,由于汇率风险,与交易对手签订了 NDF。为此,交易双方确定交易的名义金额、远期汇率、到期日。合约名义金额为 RMB1 000 万元,约定汇率(远期汇率)为 RMB7.08=USD1。

在到期日前两天,确定人民币的即期汇率,假定无本金交割远期合约到期日的即期汇率为 RMB7.1=USD1。在到期日,双方根据到期即期汇率和约定远期汇率之间的差额计算损益,由亏损方以可兑换货币(通常为美元)交付给受益方。该合约的即期价值为 141.24

(＝1 000/7.08)万美元,远期支付的金额为140.84(＝1 000/7.1)万美元。也就是说,该多头头寸持有者可获取0.4万美元。

四、外汇市场信息

(一) 外汇市场信息的主要载体

实时外汇市场信息对市场参与者来说很重要,主要的商业信息提供者是德励财富、路透社和彭博社,它们为参与者的办公场所提供电脑服务屏幕,让参与者了解外汇"实时"价格以及相关的新闻事件。

此外,《金融时报》《华尔街日报》等全球各大报刊也会刊登汇率信息,这些信息包括前两个交易日的即期汇率、远期汇率,它们为市场参与者研究汇率报价提供了帮助。

(二) 交叉汇率

国际上用于国际结算的、交易活跃的货币不多,那么,对那些交易不活跃的货币,我们如何来确定它们与其他货币之间的比价呢？它们的汇率需要通过与广泛交易的第三种货币之间的关系来确定。例如,一家委内瑞拉进口商需用欧元支付从德国购买的一批货物,若委内瑞拉玻利瓦尔与欧元没有报价,那么,就需要寻找交易广泛的第三方货币。假定报价为:0.8欧元/美元,2 000玻利瓦尔/美元,那么,交叉汇率的计算过程如下:

$$\frac{0.8\text{欧元/美元}}{2\ 000\text{玻利瓦尔/美元}} = 0.000\ 4\text{欧元/玻利瓦尔}$$

在金融刊物中,经常用矩阵来表示交叉汇率,见表2-4。

表2-4 主要货币的交叉汇率

	美 元	欧 元	英 镑	日 元
日本	110.73	135.34	203.85	—
英国	0.543 20	0.663 9	—	0.004 91
欧盟	0.818 10	—	1.506 2	0.007 39
美国	—	1.222 3	1.841 0	0.009 03

由表2-4可知,购买1单位表内货币所需的各种货币的金额。例如,购买1欧元,需要日元135.34元,或英镑0.663 9元,于是,在无套利均衡情形下,日元与英镑的交叉汇率为135.34/0.663 9＝203.85。否则,将出现三角套利的情形。

本章小结

国际收支的重要组成部分是经常账户和资本账户。经常账户是一种计量国家间国际贸易余额的手段。一个国家的经常账户受到通胀、汇率、国民收入和政府限制的影响。资本账户是计量国家间长期和短期资本投资的手段。一个国家的资本账户受资本管制、利率和预期汇率变动的影响。

第二次世界大战后,国际资本流动规模的扩大和速度的加快,不仅对各国经济产生举足轻重的影响,而且对整个世界经济的发展也产生了重大影响。国际资本流动有多种形式。按照资本使用期限的长短,可分为短期国际资本流动和长期国际资本流动两大类型。短期国际资本流动和长期国际资本流动的影响各不相同。

外汇市场提供了一国货币兑换成另一国货币(俗称外汇交易)的有形组织和制度组织。外汇市场跨越全球,随着昼夜交替,外汇交易"一路迁徙"。外汇市场将两个不同国家或地区的金融市场连接了起来,也将两个离岸市场连接了起来。

外汇市场是本币与外币或者两种以上的货币相互买卖或交易的场所,它的存在促进了国际贸易和金融交易的发展。外汇市场的参与者主要有:中央银行、商业银行、非银行金融性公司、证券经营者、外汇经纪人及其他外汇供求者(包括外汇个人投资者)。在外汇市场,最基本的交易活动有即期、远期和互换交易三种。

关键词

国际收支　经常账户　资本账户　金融账户　资本外逃　资本控制　国际资本流动
外汇市场　银行间市场　直接定价　间接定价　即期交易　远期交易　互换交易

习　题

1. 经常账户的主要子账户有哪些?请各举一个借方和贷方的例子。
2. 金融账户的主要子账户有哪些?请各举一个借方和贷方的例子。
3. 两国发生以下几种交易,请问哪些应该计入经常账户的子账户,哪些应该计入资本和金融账户的子账户?
(1) 一家美国的大学向中国学生提供全额奖学金。
(2) 一家德国的共同基金购买了中国的股票。
(3) 一名中国旅游者使用银联卡支付其在巴黎的餐费。
(4) 一家中国公司将收入存入瑞士的银行。
(5) 一家中国企业从澳大利亚进口一批葡萄酒。
(6) 一个美国人在中国找了一份教授英语的工作,中国聘用机构用人民币支付了其工资。
4. 有些国家有经常账户盈余,但是,在流动性泛滥的情形下,这些国家会发生货币贬值,这其中的逻辑是什么?
5. 最近20多年来,美国经常账户的赤字持续走高,但美元币值一直处于稳定状态,这其中的逻辑是什么?
6. 你即将去欧洲留学,准备将手中的1万元人民币兑换成欧元,已知报价的即期汇率:

6.9 人民币/1 美元;0.91 欧元/1 美元。

(1) 人民币与欧元的交叉汇率是多少?

(2) 你能换多少欧元?

7. 欧元与美元的即期、1个月远期报价、3个月远期报价、6个月远期报价为:1.12—1.13,5—10,7—14,11—20。

(1) 计算买价和卖价的完全报价。

(2) 从即期报价到远期报价的价差变化中,你读到了什么?

8. 美国 LSU 公司以投机目的购买了欧元买入期权。如果实施这些期权,LSU 公司将立即在即期市场卖掉欧元。每份期权都是以每单位 0.03 美元的期权费购入,清算价为 0.55 美元。LSU 公司计划直至到期日才考虑是否实施期权,当然,它只有在实施期权有利可图时才会实施该期权。在下表中,根据到期日可能出现的欧元市场即期汇率,填入 LSU 公司每单位所能赚取的净利润(或亏损)。

到期日欧元可能的即期汇率	该汇率发生时 LSU 公司每单位的净利润(亏损)
$0.56	
$0.58	
$0.60	
$0.62	
$0.65	
$0.67	

第三章
汇率决定和预测

> 【学习要点】
> 1. 汇率制度的类型。
> 2. 通胀和利率如何影响汇率？
> 3. 国际套利。
> 4. 汇率变动可知吗？

前文已述，跨国公司离不开外汇市场。一方面，外汇市场可以满足跨国公司国际结算等资金跨境流动之需；另一方面，外汇市场为跨国公司规避汇率风险以及套利提供了可能。跨国公司的经营活动受汇率波动的影响很大，其可能的结果之一是，虽然用外币计量的绩效看似光鲜亮丽，但用本币计量的绩效却差强人意。因此，跨国公司应该知晓影响汇率变化的诸多因素，进一步了解汇率变动的基本逻辑。本章首先介绍政府干预如何影响汇率的变动，以及这种变动对经济状况的影响。然后，介绍有关汇率的一系列重要的平价关系，便于读者理解汇率是如何决定的以及汇率预测的基本原理。

第一节 政府对汇率的影响

政府的政策会影响汇率，而汇率的变化也将影响一国的资源配置、经济运行及金融市场等。因此，本节主要介绍汇率制度及其优缺点、政府对汇率的直接及间接干预、汇率变动对经济状况的影响。

一、汇率制度

（一）汇率制度的类型

汇率制度（exchange rate regime or exchange rate system）是指一国货币当局对本国货币汇率的确定、变动方式和变动范围等所做的一系列安排或规定。各国设计汇率机制和管理汇率的机构多为中央银行。汇率制度有不同的分类，IMF 目前的做法是，将全体成员实施的汇率制度分成十小类，并归为四大类：硬钉住汇率制度（hard peg）、软钉住汇率制度（soft peg）、浮动汇率制度（floating）、其他管理安排（other managed arrangement）。

1. 十小类汇率制度

表 3-1 显示了 2016—2018 年 IMF 成员采用各类汇率制度的占比，我们以此为例来看十小类。

表 3-1　IMF 成员采用汇率制度统计表　　　　　　　　　　　　　　　　（%）

年份	无独立法定货币制度	货币局制度	传统钉住制度	稳定化安排	爬行钉住制度	类爬行钉住制度	水平带内钉住制度	浮动制度	自由浮动制度	其他管理安排
2016 年	7.3	5.7	22.9	9.4	1.6	5.2	0.5	20.8	16.1	10.4
2017 年	6.8	5.7	22.4	12.5	1.6	5.2	0.5	19.8	16.1	9.4
2018 年	6.8	5.7	22.4	14.1	1.6	7.8	0.5	18.2	16.1	6.8

（1）无独立法定货币制度

无独立法定货币制度（exchange arrangements with no separate legal tender）表示一国采用另一国货币作为唯一法定货币（如将美元、欧元、澳元作为法定货币），或者成立货币联盟。货币联盟（如欧元区、非洲法郎区、东加勒比货币联盟）共同使用同一法定货币。IMF 成员中，采用无独立法定货币汇率制度的占比约 7%。

（2）货币局制度

货币局制度（currency board arrangement）是指货币当局以法律形式承诺，按照固定汇率来承兑某一特定外币。货币发行量必须依据外汇资金多少而定，且以外货资产作为其全额保证，货币发行当局没有中央银行的一些特征。例如，中国香港的联系汇率就是货币局制度，将 USD/HKD 的汇率保持在 7.75—7.85 的范围。

（3）传统钉住制度

传统钉住制度（conventional fixed peg arrangement）是指一国名义汇率可以钉住另一国货币或一篮子货币，这一汇率制度没有承诺汇率保持不变，汇率可以围绕中心汇率［中心汇率也称"外汇平价"，是指两个或两个以上国家的官方对它们货币之间的汇率规定的固定比价。］在小于 1% 的狭窄幅度内波动。货币当局通过直接干预（即买卖外汇）或者间接干预（如运用利率政策、外汇管理、约束外汇交易的道德规劝或其他公共机构干预）来维持固定的平价。IMF 成员中，采用此汇率制度的占比超过 20%（见表 3-1）。

（4）稳定化安排

稳定化安排（stabilized arrangement）通常被认为是一种类钉住安排（peg-like），该制度要求无论是对单一货币还是对货币篮子即期市场汇率的波幅要能够保持在 2% 的范围内至少 6 个月。

（5）爬行钉住制度

爬行钉住制度（crawling peg）是视通货膨胀情况，允许货币逐渐升值或贬值的一种汇率制度。在此制度下，平时汇率是固定不变的，但视通货膨胀的程度而定，必要时可每隔一段时间做微小的调整。中心汇率可以调节，调整的规则和参数是公开的，必须向 IMF 报告。IMF 中，采用此类制度的成员占比不高（见表 3-1）。

（6）类爬行钉住制度

类爬行钉住制度（crawling like arrangement）的最小变化率要求大于稳定化安排下的变化程度，并且升值或贬值是连续、充分的单边变化，要求汇率相对于一个在统计上识别的趋势必须保持在 2% 的狭窄范围内至少 6 个月。同时，中心汇率根据所选择的经济指标做周期性调整,波动区间基于中心汇率可以是上下对称的,也可以上下不对称。以色列等国家采用此制度安排。

(7) 水平带内钉住制度

水平带内钉住制度(pegged exchange rate within horizontal bands)是指钉住中心汇率,汇率围绕中心汇率波动,其波幅至少达到1%,或最高汇率和最低汇率之间的波动幅度超过2%水平。采用此制度的IMF成员占比很少(见表3-1),丹麦等少数国家采用此汇率制度。

(8) 浮动制度

浮动制度(floating)是指汇率变化大部分由市场决定,没有明确或者可预期的变化路径。外汇市场的干预目标不是维持某个目标汇率,而是为了阻止汇率过分的波动。采用此类制度的IMF成员占比不低(见表3-1)。

(9) 自由浮动制度

自由浮动制度(free floating)是指货币当局对外汇市场很少干预,只有在市场无序的情况下,才进行干预。如果IMF没有这方面清楚的信息,则归为浮动制度。非欧元区的西方成熟经济体(美国、英国、日本、加拿大等)和一些新兴经济体(巴西、韩国、南非等)采用此汇率制度。

(10) 其他管理安排

其他管理安排(other managed arrangement)是剩余项,无法归入上面任意类别的情况归为此项。

2. 四大类汇率制度

IMF将上述十小类汇率制度进行合并归类后确立了四个大类,分别是硬钉住汇率制度、软钉住汇率制度、浮动制度和其他管理安排。

表3-2 IMF成员各种汇率制度占比 (%)

汇率制度	2017年	2018年	2019年	2020年	2021年
硬钉住汇率制度	12.5	12.5	12.5	12.5	13
无独立法定货币制度	6.8	6.8	6.8	6.8	7.3
货币局制度	5.7	5.7	5.7	5.7	5.7
软钉住汇率制度	42.2	46.4	46.4	46.9	47.7
传统钉住制度	22.4	22.4	21.9	21.4	20.7
稳定化安排	12.5	14.1	13.0	12.0	12.4
爬行钉住制度	1.6	1.6	1.6	1.6	1.6
类爬行钉住	5.2	7.8	9.4	12.0	12.4
水平带内钉住制度	0.5	0.5	0.5	0.0	0.5

续 表

汇率制度	2017年	2018年	2019年	2020年	2021年
浮动汇率制度	35.9	34.4	34.4	32.8	33.2
浮动制度	19.8	18.2	18.2	16.7	16.6
自由浮动制度	16.1	16.1	16.1	16.1	16.6
其他管理安排	9.4	6.8	6.8	7.8	6.2

资料来源：IMF。

表3-2显示，硬钉住汇率制度包括无独立法定货币制度和货币局制度，软钉住汇率制度包括传统钉住制度、稳定化安排、爬行钉住制度、类爬行钉住制度和水平带内钉住制度，浮动汇率制度包括浮动制度和自由浮动制度，其他管理安排是剩余项，包含无法归入上面任意类别的情况。

根据IMF《2021年汇率安排和汇率限制年报》，固定汇率制下的软钉住汇率制度和浮动汇率制度占主导，IMF成员（国家和地区）中超过80%采用的是这两种汇率制度（见表3-2）。采用硬钉住汇率制度的国家或地区占比约13%，包括中国香港、格林纳达、保加利亚和东加勒比货币联盟（ECCU）等。

（二）汇率制度选择原则

一个国家对汇率制度的选择要与该国的具体情况相匹配。汇率制度的选择是个既复杂又重要的问题，在学界和业界尚无统一看法[①]。一般来讲，成熟经济体的汇率制度选择主要取决于政策目标、经济结构特性、政策制定者的可信度与环境的性质（是确定性的还是随机性的）。新兴经济体的汇率制度选择不仅要考虑与成熟经济体相同的因素，还要考虑诸如国际收支、保护外部竞争地位等因素，约束条件更多。

每个国家在选择汇率制度时总有一些共同的理念、原则和方针，以下四个方面是每个国家共同遵循的[②]。

第一，本国经济的结构性特征。大多数新兴经济体由于历史、地理等方面的原因，对外贸易和金融往来主要集中在某一个或少数几个成熟经济体，或主要使用某一种或少数几种外国货币。为了使贸易和金融关系得以稳定发展，免受汇率频繁波动的不利影响，新兴经济体通常使用本国货币钉住某一主要贸易伙伴的货币[③]。中国在2005年之前就采取这种汇率制度（2005年7月，中国人民银行宣布我国开始实行以市场供求为基础、参考一篮子货币进行调节、有管理的浮动汇率制度）。

第二，特定的政策意图。政策意图在汇率制度选择上发挥了重要作用。例如，当一国政府面临高通胀压力时，采取硬钉住或软钉住汇率制度有利于控制国内通货膨胀。反之，采取

---

① 有关争议可参见《国际金融》教材中有关汇率制度选择的相关内容。
② 姜波克. 国际金融[M]. 北京：高等教育出版社，1999：234.
③ 吴丛生等. 国际财务管理[M]. 北京：北京大学出版社，2006：71.

浮动汇率制则会出现相反的结果,这是因为一国高通胀会导致本国货币不断贬值,本币又通过成本机制、收入工资机制等因素进一步加剧本国的通胀。

第三,地区性经济合作情况。一国与他国的经济合作情况也对汇率制度选择产生重要影响。例如,一国与他国保持着非常密切的贸易往来关系,那么,选择硬钉住或软钉住汇率制度显然是上乘之举,因为此举更有利于两国各自经济的发展。

第四,国内外金融市场一体化程度也会影响汇率制度选择。当国内外金融资产具有高度的替代性时,就会通过利率平价影响汇率制度选择。在这种情况下,究竟是选择硬钉住或软钉住汇率制度还是浮动汇率制,则取决于冲击源和冲击的性质。

此外,一国的经济开放程度、政策制定者的可信性程度等也都影响汇率制度的选择。因此,我们就能理解这样一个事实:一个经济体尤其是新兴经济体,不同时期的汇率制度选择是变化的。

专栏 3-1

印度与IMF"发生冲突"

2023年12月31日,日经亚洲网站发表了"印度与国际货币基金组织(IMF)就卢比稳定问题发生冲突"。

该报道称,2023年12月18日,IMF发布了一份有关印度经济形势的年度报告,时间涵盖2022年12月至2023年10月。IMF认为印度卢比汇率事实上已经由市场决定的浮动汇率制转变为有管理的汇率制,于是将印度实际汇率制度从"浮动制度"调整为"稳定化安排"。IMF给出的理由是:

第一,汇率的灵活性是吸收外部冲击的第一道防线,干预应仅限于应对无序的市场状况,但在报告所涉期间,卢比兑美元汇率保持了非常窄幅的波动,这表明外汇干预很可能超过了应对无序市场状况所需的水平。

第二,印度在出售美元方面的干预超过了IMF官员认为必要的程度。2022年,卢比兑美元的汇率还在73—83范围大幅波动,但2023年初之后,这一波动区间大幅收窄,变成81—84,即使是非专业分析师,也可能怀疑外汇市场是否受到操纵。

印度储备银行(央行)对IMF更改印度汇率制度分类的做法强烈不满,认为IMF"不正确,也不符合实际情况""强烈不同意(IMF)工作人员的评估"。印度官员给出的理由是:

第一,输入性通胀是影响印度整体通胀的关键因素,因此央行必须积极管理卢比波动。

第二,IMF有选择地使用了数据,其评估仅限于2022年至2023年的6—8个月,如果从2—5年的长期角度来看,其评估将是失败的。

问:你如何看待IMF将印度实际汇率制度从"浮动"调整为"稳定化安排"的做法?

资料来源:改编自观察者网. 过度干预外汇市场? 印度与IMF"发生冲突"[EB/OL]. http://m.guancha.cn/internation/2023_12_31_720915.shtml.

二、政府的直接和间接干预

由于汇率是以一种货币来表示的另一种货币的价格,汇率的变化将影响在国际范围内进行交易的商品和劳务的价格,进而对一国的资源配置和经济运行产生重要的影响。基于对宏观经济调控的需要,各国政府大多会对外汇市场进行官方干预,影响外汇的供求,维持汇率稳定或有意地通过汇率变动来实现自身的某种经济目标,使汇率波动局限于政策目标范围内,而不是建立在自由市场所确定的水平上。

政府干预外汇市场和维持汇率稳定的能力取决于其中央银行拥有的外汇储备量。这种干预虽无法从根本上改变汇率的长期变动趋势,但对汇率的短期走向所起的作用是不容忽视的。政府经常对外汇市场进行干预,包括直接干预和间接干预。

(一) 政府的直接干预

在开放市场经济条件下,中央银行和财政部进入外汇市场进行公开买卖,对汇率变化的影响是最直接的,效果也是比较明显的。但直接干预要求中央银行拥有必要的外汇储备和资金实力。同时,这种干预方式虽然能在短期内对汇率的走势产生较大影响,但不能从根本上改变汇率长期变动趋势。

以美国为例,美联储促使美元贬值的直接干预办法就是在外汇市场上将其储备货币美元兑换成其他外币,给美元带来贬值压力。这种做法是美联储对其外汇市场的直接干预。如果美联储希望美元升值,它可以在外汇市场上把外币兑换成美元,给美元造成升值压力。中央银行在外汇市场上公开买卖,直接干预汇率的效应如图3-1所示。

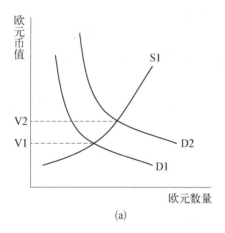 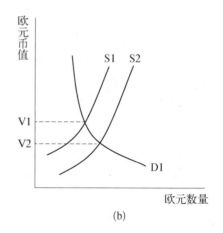

(a)　　　　　　　　　　　　(b)

图3-1　政府直接干预的效应

图3-1(a)显示,美联储用美元兑换欧元,在外汇市场上反映为对欧元的需求增加,欧元需求曲线向外移动(从D1到D2),这给欧元带来升值压力(从V1到V2);(b)的情形刚好相反,美联储用欧元兑换美元,在外汇市场上反映为可供出售的欧元数量增加,欧元供给曲线向外移动(从S1到S2),这给欧元带来贬值压力(从V1到V2),即美元面临升值压力。

从上述分析可以看出,美联储在干预外汇市场的同时改变了货币供求状况,这实际是一种"消极干预"方式(non-sterilized intervention),即政府在干预外汇市场的同时不对货币供应进行相应调整。如果政府希望干预外汇市场,又保持本国货币供应不变,那它就会采用"积极干预"方式(sterilized intervention),即同时在外汇市场和国债市场上进行干预。

> **专栏 3-2**
>
> ### 澳大利亚央行干预外汇市场
>
> 澳大利亚土地广袤、物产丰富,其羊毛、乳制品、矿产品等享誉世界。澳大利亚是一个资源出口型国家,其出口额在 GDP 中所占比例很高。受大宗商品价格波动的影响,澳元波动频繁。例如,1992 年 4 月以前,澳元对美元一路看涨,且涨势平缓。但在 1992 年 3 月 30 日,当澳元对美元的汇率涨到 0.77 时,澳大利亚中央银行开始出手干预,在市场上抛售澳元买入美元。
>
> 问:你认为澳大利亚中央银行此举的逻辑是什么?

(二)政府的间接干预

间接干预是指政府不直接进入外汇市场公开买卖而进行的干预,常用的做法有两个:一是政府对利率等重要的金融变量进行调节;二是政府对汇率走势公开表达意愿。前者会改变不同货币资产的收益率,进而实现改变外汇市场供求关系以及汇率的干预目的;后者会因为政府对汇率走势发表公开意见或公布一些有意图的经济数据而改变外汇市场参与者的心理预期,进而达到干预市场的目的。

三、政府干预对经济状况的影响

政府干预会通过汇率变动来影响经济。由于贬值和升值的影响正好相反,因此,我们仅讨论一国货币当局决定贬值所造成的可能影响。

(一)对国际收支的影响

1. 对商品进出口的影响

在其他条件不变的情况下,一国货币贬值可使贬值国的产品相对于外国同类产品的价格降低,从而提高该贬值国商品在国际市场上的竞争力。如果一国的进出口商品需求价格弹性符合马歇尔-勒纳条件[①],则货币贬值就能改善贸易收支。这是一国货币当局决定贬值的主要目的所在。

2. 对无形贸易收支的影响

货币贬值之后,贬值国的商品、劳务、交通住宿、餐饮等价格相对于外国而言变得更便宜,从而吸引更多的外国游客。相比之下,贬值后外国的相应费用相对提高,本国居民出国

---

① 马歇尔-勒纳条件是西方汇率理论中的一项重要内容,它表明,如果一国处于贸易逆差中会引起本币贬值。本币贬值会改善贸易逆差状况,但需要的具体条件是进出口需求弹性之和必须大于 1。

旅游的人次数会相应减少,其他方面的无形支出也同样减少了。

3. 对国际资本流动的影响

对直接投资而言,只要不造成汇率不稳定和经济金融危机,贬值一般会有利于吸引外国直接投资。理由是,一定的外资在本币贬值后可购买更多的投入品。对短期资本流动而言,贬值能否吸引更多的外资流入,主要取决于人们对该国货币今后变动趋势的预期。如果预期进一步贬值,则会导致外资流出;如果预期贬值已到最低点,今后相当长时期不会再贬值,甚至可能升值,则会吸引外资流入。

(二)对国内经济的影响

1. 对国民收入的影响

传统理论认为,成功的货币贬值对经济的影响是扩张性的。如果贬值国处于有生产要素闲置的非充分就业状态,那么,货币贬值后由于净出口增加,在其他条件相同的情形下,会导致实际国民收入的增加。如果贬值国的经济已处于充分就业状态,那么,贬值除非能提高劳动生产率,否则只能引起物价上升而不会带来国民收入的实际增加。

2. 对资源配置的影响

贬值会对资源配置产生影响。首先,一国本币贬值后,其出口商品需求上升,导致出口商品本币价格上升;同时,其进口商品本币价格上升将带动进口替代品价格的上升。于是,整个贸易品(tradable commodities)部门①的价格相对于非贸易品(non-tradable commodities)部门的价格就会上升,从而使贸易品部门的利润和收入上升,引起生产资源从非贸易品部门转移到贸易品部门,其结果使贸易品部门在整个经济中所占的比例增大,从而提高贬值国对外开放的程度。其次,一国货币贬值后,可以取消贸易保护措施,如降低关税、取消进口配额等,使国内外同行展开公平竞争,从而提高生产效率,使资源配置更为合理。最后,一国货币贬值后,原先因本币定值过高而受到损害的产业也会得到正常发展②。

3. 对物价的影响

货币贬值的一个直接后果是对物价水平的影响。传统理论认为,在需求弹性比较高的情况下,一国货币贬值会提高进口商品的国内价格以及降低出口商品的国外价格。这种相对价格变化的结果是,国内外增加对本国商品和劳务的需求,进口减少,出口增加,生产出口商品和进口替代产品的产业将得以扩张。

但事实上,贬值将通过货币工资机制、生产成本机制、收入机制等导致国内工资和物价水平上升。例如,一国本币贬值后,进口商品(包括原材料、半成品、消费品)以本币表示的价格上升,这将带动国内同类商品价格的上涨,导致人们的生活成本上涨,于是,人们会要求更高的名义工资,工资水平的增加会进一步提升生产成本,致使物价进一步上涨。国内物价可

---

① 一国的商品可以分成贸易品和非贸易品。贸易品是指在不同地区间的价格差异可以通过套利活动消失的商品,制造业是典型的贸易品部门;非贸易品是指不同地区间的价格差异无法通过套利活动消失的商品,房地产部门是典型的非贸易品部门。

② 本币定值过高使出口赚取的外汇所兑换的本币过少,这相当于向出口行业征税。

能在需求拉动和成本推进的共同作用下上涨。贸易品价格的上升又会带动非贸易品的价格上升,从而使整个国内物品的价格普遍上升。

除此之外,贬值对货币供给、收入分配等也有影响,这可以从上述影响中推导出来。例如,贬值造成的国际收支盈余使货币供给增加,物价上涨不利于工薪阶层等。

(三) 对国际经济的影响

一国货币贬值在改善其贸易收支、增加国内产出的同时,恶化了贸易伙伴国的国际收支,并阻碍其经济增长速度。这很可能会造成贸易摩擦甚至引起相互贬值的汇率战。如果是经济不发达的小国进行货币贬值,对贸易伙伴国的影响通常可忽略不计。如果是储备货币发行国(如美国、日本等)的货币贬值,则会影响许多国家,甚至可能会影响国际金融的稳定和世界经济的景气度。如果一个国家的货币贬值会使相关的几个国家跟着贬值,那么,这种贬值也有可能引起世界经济和国际金融的动荡。

专栏 3-3

美国对日本的汇率战

第一场战役。1985年,美国通过广场协议,要求日元对美元升值。1985—1987年的两年里,日元累计升值超过了100%,重创了日本的制造业,这就是美国对日本展开的第一场金融战役。然而,美国没有就此收手。

第二场战役。1987年10月19日,美国股市遭遇"黑色星期一",创下当时的历史最大暴跌纪录。为了保持美国资本市场的吸引力,避免陷入危机,美国政府要求日本继续保持低利率和宽松的金融政策,建议日本通过扩大内需来刺激经济的发展。于是,日本开始降低利率,加大国内建设,日本银行的资金借贷利率降到历史的低点2.5%(持续了两年多)。经不起低利率诱惑,日本制造业纷纷向银行借款,然后投入虚拟经济领域,很快便吹大了日本资产泡沫。截至1989年12月31日,日经指数高达39 000点,东京地价创出新高,日本呈现一派泡沫式的巨大风险繁荣。

第三次战役。1990年1月,美国要求日本允许"华尔街"进入日本。金融大鳄高盛等纷纷进入日本,赚取日元升值利润,攫取资产泡沫效益,利用金融杠杆对赌等,最后,触破了日本资产泡沫,让日本陷入了20多年的萧条。

按照很多学者计算,当时日本的金融机构拥有的泡沫效益为15 000亿美元,可以为美国的财政赤字利用10年。也正是由于有了这些泡沫效益垫底,日本的机构投资家们才愿意承受巨额汇率差损失而继续投资于美国国债。而美国则在此期间减少了双重赤字,实现了经济的软着陆。

问:中国应该从中汲取什么有益的启示?

资料来源:改编自余丰慧. 贸易战演变到汇率金融战:汲取日本教训[J]. 百家号. 2018年4月29日。

上文仅仅就政府干预对经济的影响进行了直观的、简单的逻辑梳理，在是否有影响、如何影响以及影响究竟有多大等方面，业界和学界并未有一致的表述。

第二节 汇率决定

汇率由什么决定？汇率变化可以预测吗？这些都是跨国公司经营者、国际证券投资者、进出口商以及其他利益相关者每天面对的基本问题。通货膨胀和利率对汇率的影响极大，它们之间存在怎样的关联？本节主要介绍不同国家的商品价格和汇率的联系，以及利率与汇率的关系。

一、购买力平价

购买力平价理论(the theory of purchasing power parity，PPP)是最有影响力的现代汇率理论之一，也是国际金融最流行、最具争议的理论。它可以解释不同国家的商品价格和汇率的联系。该理论的前提条件是，两国均须实行自由贸易，并以贸易均衡状态下的汇率作为计算基础，同时也须考虑相关国家的通货膨胀问题，以确保真实汇率能反映两国物价变化状况。购买力平价理论有绝对购买力平价(absolute PPP)和相对购买力平价(relative PPP)两种形式。

(一)绝对购买力平价

绝对购买力平价理论是指通过比较不同货币表示的相同产品价格，人们可以确定在市场有效情况下存在的"真实"汇率或购买力平价汇率。显然，购买力平价基于一价法则(the law of one price)，即若相同产品或服务可以在两个不同的市场上出售，且不存在销售限制或产品在市场间转移时的运输成本，那么，两个市场上的产品或服务的价格应该相同。

例3-1 2024年1月，麦当劳"巨无霸"汉堡在中国的售价约为25元人民币/只，在美国的平均售价约为5.69美元/只。

在标准化生产下，两国的麦当劳"巨无霸"汉堡几乎是完全同质的。那么，我们可以用"巨无霸指数"①来定义人民币和美元的比价。即

$$\frac{\text{中国"巨无霸"的人民币价格}}{\text{美国"巨无霸"的美元价格}} = \frac{25}{5.69} = 4.39 \text{元/美元}$$

巨无霸指数所描绘的人民币与美元之间的汇率(俗称"隐含的购买力平价汇率")为4.39元/美元，显然，它与2024年1月的实际市场汇率(约7.1元/美元)之间存在差异，人民币对美元被低估。低估幅度为

$$\frac{\text{隐含汇率} - \text{实际汇率}}{\text{实际汇率}} = \frac{4.39 - 7.1}{7.1} = -38.1\%$$

尽管在用一价法则度量币值高估还是低估时巨无霸指数是一个好指标，但是，巨无霸指

---

① 巨无霸指数由《经济学人》命名，且每年计算并推送。

数是有缺陷的。一是它并未考虑各国原料、劳动力成本、税收政策等方面的差异；二是它仅仅给出了币值的当前值，无法给出币值的长期趋势。如果用一篮子商品的价格指数来代替单个产品价格指数，可能会避免单一产品价格指数出现的极端情形。

也就是说，在没有运输费用和官方贸易壁垒的自由竞争市场上，在国际间进行的商品套购活动能使同类、同质的一件商品具有相同的价格（以同一种货币计价），从而使一价法则[①]得以实现或维持。应该指出的是，商品套购活动是使一价法则得以实现或维持的内在市场调节机制，是有关国家的货币保持绝对购买力平价的基础。绝对购买力平价有时又被人们称作"一价定律"。

（二）相对购买力平价

相对购买力平价认为，绝对购买力平价对于决定当前的即期汇率帮助不大，而不同国家货币购买力之间的相对变化，是汇率变动的决定性因素。其基本原理是：若一国的通胀率高于其主要贸易国的通胀率，且汇率不变，那么，该国的出口商品和服务与外国可比商品和服务相比，竞争力下降，而从国外进口的商品和服务比价格更高的国内商品和服务更具竞争力。这将导致经常账户赤字，除非赤字被资本和金融账户的流量抵消[②]。

相对购买力平价认为：假如两国的预期通货膨胀率出现差异，那么，两国货币的名义汇率(nominal exchange rate)就应变动以补偿这种相对价格的变化，即两国通货膨胀率之差的变化倾向于被数量相等但方向相反的即期汇率的变化抵消，从而使两国货币的实际汇率(real exchange rate)维持不变。例如，美国的通胀率高于中国1%，那么，根据相对购买力平价进行预测，美国货币对中国货币将每年约贬值1%。

相对购买力平价的公式为

$$e_f = (1+I_d)/(1+I_f) - 1 \tag{3-1}$$

式(3-1)中，e_f 表示外币价值的变化百分比，I_d 表示本国的物价指数，I_f 表示外国的物价指数。购买力平价还有一个更为简单的公式，即

$$e_f \approx I_d - I_f \tag{3-2}$$

实证研究表明，用相对购买力平价理论来解释长期汇率的变动要比解释短期汇率的变动更为准确；换言之，随着分析时段的拉长，相对购买力平价理论的预测能力不断得到改善。另外，由于该理论仅基于货币性经济变量之上，因而它更适合解释由于货币性因素的冲击而引起的汇率变动（特别是在发生恶性通货膨胀时期），而在一国经济遭受实际性经济因素冲击的情况下，该理论解释汇率变动的适用性就比较差。

（三）不完整的汇率传递

理论上讲，购买力平价是指所有的汇率变化都会通过相等的价格变化传递到交易伙伴国。此时，汇率变化的传递是完整的。

[①] 一价法则由货币主义学派代表人物米尔顿·弗里德曼提出，可以说是绝对购买力平价的一种推论。
[②] 迈克尔·H. 莫菲特，阿瑟·I. 斯通希尔，戴维·K. 艾特曼. 跨国金融原理（第3版）[M]. 路蒙佳，译. 北京：中国人民大学出版社，2011：161.

例3-2 中国某服装厂生产一种优质全棉睡衣,人民币价格为100元/件,设即期汇率为6.82元/美元。

当衣服出口到美国时,睡衣在美国市场上的价格应该为按即期汇率转换成等值人民币的美元价值。即

$$\frac{100}{6.82} = 14.7 \text{ 美元/件}$$

根据汇率完整传递理念:如果人民币对美元升值5%,那么,睡衣在美国的价格也应该上升5%。此时,汇率变化的传递是100%。

情况果真是如此吗?实证研究对这一假说提出了质疑。事实上,人民币升值后,睡衣的美元价格上升幅度可能小于汇率变化的百分比,也就是说,汇率传递是部分的,而非100%。其原因颇多,现仅从公司利益最大化和需求价格弹性两方面予以说明。

第一,最大化公司利益的诉求。为了保持市场占有率,中国睡衣厂不愿因人民币升值而相对抬高出口市场上睡衣价格。因此,人民币升值5%时,睡衣的美元价格可能只上升了1%,甚至不变。

第二,需求价格弹性的影响。需求价格弹性是指商品需求量对商品价格变化的敏感度,用 $\%\Delta Q_d/\%\Delta p$ 表示。需求价格弹性大于1时,表示商品相对有弹性;否则,相对缺乏弹性。由于睡衣相对缺乏价格弹性,因此,美国市场上睡衣的美元价格上涨对客户需求影响不大。从这个意义上讲,人民币升值5%时,睡衣的美元价格上升5%未尝不可。

二、利率与汇率的关系

(一)费雪效应

1. 通胀与利率的关系

费雪效应(Fisher Effect)揭示了名义利率和预期通货膨胀之间的关系。该理论认为,一国预期通胀率的升高(或降低)将引起该国利率相同比例的升高(或降低),即有关国家的利率差异正好抵消两国预期通货膨胀率的差异。这个理论最早由美国经济学家阿尔文·费雪(Irving Fisher)提出,故得名费雪效应。

各国国内货币市场以及国际货币市场上的利率都是名义利率(nominal interest rate)。由于借贷活动中的利息都是以货币额来定值和收付的,而货币购买力作为一国物价水平的倒数,其本身的价值却经常在发生变动,这必然会影响利息收益或利息成本的实际价值。因此,各国的名义利率等于必要收益率加上对预期通胀率的补偿,投资者要求在利息收益中增加对预期通货膨胀率的补偿,特别是在通货膨胀已成为世界经济常态的情况下,这种诉求更为普遍,即

$$i = (1+\rho)[1+E(I)] - 1 = \rho + E(I) + E(I)\rho \quad (3-3)$$

式(3-3)中,i 表示名义利率,ρ 表示实际利率,$E(I)$ 表示预期通胀率。由于 $E(I)\rho$ 很小,可忽略不计,因此,式(3-3)可变换为

$$i = (1+\rho)[1+E(I)] - 1 = \rho + E(I) \quad (3-4)$$

目前,各国的名义利率都是在一定程度上包含有对预期物价变动的补偿。一国的名义

利率只有在扣除了对物价上涨的补贴或者对当地的通货膨胀率已做出调整之后,才代表借款人因借用资金而实际支付的真实成本或投资者的预期实际收益。

2. 各国预期通胀率的差异

当资本在国际间能够自由流动的情况下,各国的实际利率不会有多大差异。这种实际利率趋同的现象在资本能够自由流动的欧洲货币市场表现得尤为突出。但是,不同货币的名义利率可能存在着差异。名义利率上的不同仅仅反映两国在预期通货膨胀率上的差异。费雪效应可用公式表示为

$$i_d = \rho_d + E(I_d) + \rho_d E(I_d) \approx \rho_d + E(I_d) \tag{3-5}$$

式(3-5)中,ρ_d 为本国实际利率,I_d 表示本国的物价指数。

预期通胀率就是各国名义利率与实际利率之差,即

$$E(I_d) = (i_d - \rho_d)/(1 + \rho_d) \approx (i_d - \rho_d) \tag{3-6}$$

$$E(I_f) = (i_f - \rho_f)/(1 + \rho_f) \approx (i_f - \rho_f) \tag{3-7}$$

式(3-7)中,ρ_f 为外国实际利率,I_f 表示外国的物价指数。

在各国政府对国际资本流动加以限制(如外汇管制),进而使金融市场被分割或出现缺陷的情况下,上述均衡状态将被打破,即上述利率差异与预期通货膨胀率差异之间的均衡关系难以维持,它仅代表了市场运动的方向或趋势。

(二) 国际费雪效应

1. 利率与即期汇率的关系

1930年,费雪在《利率理论》一书中,将其原先提出的预期通货膨胀率等于名义利率和实际利率之差的观点扩展运用于开放性经济,形成了著名的国际费雪效应。

费雪认为,在开放经济条件下,假如市场运行是有效率的,投资者或投资商会充分利用他们所得到的各种信息来对未来的即期汇率进行无偏预期,并通过套利活动来赚取在有关国家之间存在着的利差收益。

例 3-3 假定以持有美元资产为主的某投资者购买了期限为8年、年利率为5%的欧元债券,放弃了期限为8年、年利率为6%的美元债券。假如欧元债券和美元债券无差异。如何解读该投资者的行为?

投资者放弃高收益美元债券的理由也许有不少,其中,投资者一定有这样的预期,即8年内欧元对美元至少每年升值1%,否则,投资欧元债券就不是一个好的选项。

对于投资者来说,果真有此等好事?根据国际费雪效应,若资本流动不受限制,美元债券和欧元债券投资就不会存在差异。理由是,全球投资者具有同等投资机会,他们通过竞争来消除套利机会,实现无套利均衡。

这就是所谓的国际费雪效应(International Fisher's Effect)。也就是说,即期汇率的变化百分比与不同国家资本市场上可比利率之差的关系必然为[①]

[①] 该推导过程为:假设资本自由流动,各国间的实际利率相同,即 $\rho_d = \rho_f$。将式(3-6)和式(3-7)代入式(3-3)或式(3-4),即可得式(3-8)和式(3-9)。

$$e_f = (1+i_d)/(1+i_f) - 1 \tag{3-8}$$

式(3-8)中，e_f 表示外币即期汇率的变化百分比，i_d 表示本国存款的利率，i_f 表示外国存款的利率。国际费雪效应还有一个更为简单的公式，即

$$e_f \approx i_d - i_f \tag{3-9}$$

2. 远期汇率

远期汇率(forward rate)是指未来某个日期(如 30 天、60 天、90 天、180 天、270 天之后)结算的外汇在今天的汇率报价(包括买入和卖出远期的外汇汇率)。根据式(3-8)，以 30 天远期汇率为例，其计算方法通常为

$$F = S_0 \times \frac{1 + i_d \times \frac{30}{360}}{1 + i_f \times \frac{30}{360}} \tag{3-10}$$

由式(3-10)可知，远期汇率由三个可观测的变量决定，分别是即期汇率(S_0)、外币年存款利率(i_f)和本币年存款利率(i_d)。因此，我们在获得三个可观测数项后，就可计算相应的远期汇率。

例 3-4 设即期汇率为 6.773 元/美元，30 天人民币存款利率为 3%(年化)，30 天美元存款利率为 2%(年化)。

30 天远期汇率为

$$F = 6.773 \times \frac{1 + 3\% \times \frac{30}{360}}{1 + 2\% \times \frac{30}{360}} = 6.778 \text{ 元/美元}$$

根据远期汇率和即期汇率，我们还可以计算远期溢价(forward premium)或远期折价(forward discount)，用年度标识的远期溢价(升水)或折价(贴水)的计算公式为

$$f = \frac{S_0 - F}{F} \times \frac{360}{\text{天数}} \times 100\% \tag{3-11}$$

根据式(3-11)可知，发生了远期折价，即

$$f = \frac{6.773 - 6.778}{6.778} \times \frac{360}{30} \times 100\% = -0.885\%$$

(三) 利率平价

1. 利率与远期汇率

利率平价(interest rate parity，IRP)理论[①]，又称利率裁定论和远期汇率论，这是一个有关货币市场与外汇市场均衡的理论，由凯恩斯提出。它阐释了外汇市场与国际货币市场之

---

① 利率平价理论(the Theory of Interest Rate Parity)，是由英国著名经济学家梅纳德·凯恩斯于 1923 年在深入研究利率与汇率之间的内在联系之后提出的。

间的联系。

利率平价理论的基本含义是：除去交易成本,风险与期限相似的证券的国家利率与外汇远期汇率溢价和折价应该大小相同,符号相反。也就是说,利率水平相对较高的国家的货币对其他国家货币的远期汇率为贴水(at discount),利率水平较低的国家的货币对其他国家货币的远期汇率则为升水(at premium)[①]。利率平价可用公式表示为

$$(F-S_0)/S_0 = (i_d - i_f)/(1+i_f) \tag{3-12}$$

式(3-12)[②]中,F表示远期汇率,S_0表示即期汇率,i_d表示本国利率,i_f表示外国利率。$(F-S_0)/S_0$表示升水(或贴水)。

如果用未来即期汇率的期望值$E(S_1)$替换远期汇率F,利率平价还可近似表示为

$$[E(S_1)-S_0]/S_0 \approx (i_d - i_f) \approx E(e) \tag{3-13}$$

例3-5 设英国伦敦货币市场存款年利率为8%,而美国纽约货币市场存款年利率为10%。设英国某跨国公司有100万英镑资金。即期汇率为£1＝\$2。

由于美国货币市场利率高于伦敦货币市场利率两个百分点,因此,套利行为将引发英镑升值。利率平价实现时的英镑远期汇率为

$$F \approx (i_d - i_f)S_0 + S_0 \approx (10\% - 8\%)2 + 2 = 2.04 \text{ 美元}$$

2. 基本逻辑

在各国货币能够自由兑换、国际资本能够自由流动的条件下,市场参与者的理性活动最终能促使国内外利率水平与即期汇率、远期汇率之间保持一种均衡关系,即外汇市场上的远期升(贴)水幅度基本上等于货币市场上国内外短期利率的差额[③]。当这种利率平价关系不能成立或得不到满足时,以赚取无风险利差收益或升水收益为目的的抵补套利活动(covered interest arbitrage)就会大规模展开。由于套利力量很强大,远期差价就会不断缩小,直到两种资产所提供的收益率完全相等,即远期差价正好等于两国利差。此时,利率平价成立,抵补套利活动停止。此时,在国内投资与在国外投资的收益是无差异的。

可见,利率平价关系得以实现或维持的内在市场机制是抵补套利活动。如果两国的利率平价关系基本得到满足,两国的货币市场和外汇市场处于均衡状态,那么,在这种情况下,不存在抵补套利的机会;反之,就会促进或推动抵补套利活动。值得注意的是,抵补套利活动有时会以另一种形式进行,即资金从利率较高的国家流向利率较低的国家,这时,远期外汇交易所赚得的升水肯定要大于在较低利率国家投资所蒙受的利差损失。

理论上讲,由市场不均衡所产生的抵补套利的机会不会存在太久,因为随着大规模抵补套利活动的展开,货币市场上的借贷利率及外汇市场上的即期汇率、远期汇率都会发生变

---

① 远期汇率与即期汇率相比,若有差额称远期差价(forward margin)。假如远期汇率比即期汇率贵,称远期升水(at forward premium);假如远期汇率比即期汇率便宜,称远期贴水(at forward discount);假如两者正好相等,则称平价(at par)。

② 该公式可通过抵补套利进行推导。

③ 更准确地说,假定外汇市场与货币市场处于均衡状态,在采用直接标价法的情况下,两国货币的远期升(贴)水率等于两国货币的利差与1加上外国的利率相除之商;而在采用间接标价法的情况下,则等于两国货币的利差除以1加上本国的利率。

动,原来在利差与升(贴)水之间存在的差额就会逐渐缩小,当其等于抵补套利的成本时,这种活动就会停止,有关市场之间的均衡关系重新得到恢复。所以说,虽然抵补套利活动是市场失衡的产物,但它本身又是促使市场重新恢复均衡的推动力量或调节机制。

3. 国际费雪效应的另一种表达

将国际费雪效应和利率平价相联立时,可以得到远期预期平价,即

$$(F-S_0)/S_0 = e_f \tag{3-14}$$

式(3-14)表示,任何远期升水或贴水都等于汇率的预期变动。如果投资者风险中性,那么,只要外汇市场信息有效,远期平价就能成立;否则,即使市场有效,该平价也必定成立。

第三节 国际套利与平价条件

货币的报价与该货币应具有的市场价格不一致时,市场就会通过国际套利对汇率进行调整以消除外汇市场上存在的这种差异。本节主要介绍抵补套利和未抵补套利的条件及其相关调整。

一、国际套利

狭义的国际套利(interest arbitrage)[①]是指利用两国短期利率之间出现的差异,将资金从低利率国家转移到高利率国家以赚取利差的外汇交易。例如,假定美国3个月美元定期存款的年利率为8%,英国3个月英镑定期存款的年利率为10%,又假定英镑对美元的汇率在这3个月内保持不变,则投资者就会将资金从美国转移到英国套取高额利息。但如果3个月后英镑对美元贬值到一定幅度,则该投资者不仅没有盈利,还可能亏损。

由于套利活动的存在,各国间利率的微小差异都会引起资金在国家间的迅速流动,各国利率因而会趋于一致。套利活动的这一作用对于各国经济政策(特别是货币政策和国际收支政策)的制定有着极为重要的意义,它使得各国政府可以通过对利率的调控来影响资本的输出和输入,从而影响国内经济以及调节本国的国际收支。

二、抵补套利

抵补套利(covered interest arbitrage)是为了避免汇率风险,将资金从低利率国转移至高利率国投资的同时,在外汇市场上卖出远期高利率货币,从而达到套期保值目的的外汇交易。也就是说,抵补套利是将套利交易和远期外汇交易结合起来的外汇交易活动。

例3-6 设英国伦敦货币市场存款年利率为8%,而美国纽约货币市场存款年利率为10%。设英国某跨国公司有100万英镑资金。即期汇率为£1＝$2。

该跨国公司如果将这笔资金存入伦敦货币市场,一年后的本息收入为100+100×8%＝108万英镑。但是,如果该投资者将英镑折成美元存入美国银行,在汇率不变的前提下,一

[①] 国际套利包括地点套利、三角套利、抵补套利、未抵补套利等多种形式,但地点套利和三角套利不在我们讨论之列。

年后可获美元本息共 $200+200\times 10\%=220$ 万美元,然后,再换成英镑计 110 万英镑,比直接投资伦敦货币市场多获得 2 万英镑的利息收入。这是典型的传统套利行为,无须同时进行套期保值。

再假设英镑对美元的远期汇率为 £1＝\$2.02,即远期英镑有升水(美元有贴水)。为了避免汇率风险,该跨国公司以 £1＝\$2 的即期汇率换入 200 万美元,并将其存入纽约银行,同时按 £1＝\$2.02 的远期汇率出售一年期的远期美元 220 万美元,则一年后套利者的英镑盈利为:$200(1+10\%)/2.02-100(1+8\%)=220/2.02-108\approx 108.9-108=0.9$ 万英镑。该跨国公司在消除了汇率风险后,可获净利 0.9 万英镑,较前面所述未抵补套利所得的 2 万英镑减少了 1.1 万英镑,这 1.1 万英镑即为套利者因美元有远期贴水而导致的汇率损失。

上述机会如果存在,就会吸引大量投资者从事抵补套利活动,直至美元远期汇率的贴水与英美两国的利率差幅相当,此时,套利者从美国高利率中获得的好处正好与他在美元贬值上遭受的损失相当,抵补套利就会停止,实现无套利均衡。

据此,我们可以推导出抵补套利的均衡公式为

$$(F-S_0)/S_0=i_H-i_L \tag{3-15}$$

式(3-15)中,F 表示远期汇率,S_0 表示即期汇率,i_H 表示高利率国家的年利率,i_L 表示低利率国家的年利率。式(3-15)表示远期汇率与即期汇率的差额占即期外汇汇率的比重(也称汇率的变动率)约等于两国利率之差。

将上述公式稍做变化,可得

$$F-S_0=S_0(i_H-i_L) \tag{3-16}$$

式(3-16)表明,一种外汇的远期升水或贴水为折算成本国货币的两国利率之差。

抵补套利无套利均衡的实现是有一定条件的。首先,市场应有足够外汇资金供套利者使用,直到出现均衡;其次,两国间的货币兑换及资金流动应不受限制,使套利活动能畅通无阻;最后,在外汇市场上不应存在严重的投机活动,因为投机因素会使投机者愿意承担一定的汇率风险,进而使两国间的利率与汇率偏离均衡状态。

三、未抵补套利

未抵补套利(uncovered interest arbitrage)是指不与掉期交易结合起来进行的单纯套利交易活动,具有投机的性质。也就是说,交易者将资金从利率低的货币市场转向利率高的货币市场,从而谋取利差收益。由于这种交易不必同时进行反向交易,因此要承受高利率国家货币贬值的风险。

例 3-7 承例 3-6,假设一年后英镑对美元即期汇率变为 £1＝\$2.01。

如果该跨国公司不对汇率风险进行抵补,一年后套利者的英镑盈利变为:$200(1+10\%)\div 2.01-100(1+8\%)=220\div 2.01-108\approx 109.45-108=1.45$ 万英镑,较前文所述抵补套利所得 0.9 万英镑增加了 0.55 万英镑。

由于有未抵补套利活动的存在,前述的抵补套利均衡公式就有可能不成立。设投机者预计未来的即期汇率为 S^*,根据与抵补套利类似的方法,可以推出未抵补套利的均衡公式为

$$(S^*-S_0)/S_0=i_H-i_L \tag{3-17}$$

式(3-17)表明,两国利率之差等于两国货币的汇率的预期升值幅度或贬值幅度。当 $S^* > F$ 时,即投机者预期的未来即期汇率高于目前市场上的远期汇率时,投机者就可能认为未抵补套利优于抵补套利。

在未抵补套利活动中,套利者对外汇风险并未作抵补,而是敞开外汇的多头头寸(long position)直至投资期满,届时再将外币投资本息在即期外汇市场上抛出换回本币。未抵补套利者在套取利差的同时,又在对有关货币未来的即期汇率"下赌",希望能再赚取到预期中的风险利润。然而,一旦对汇率的预测失败,未抵补套利者就可能会蒙受损失。与之相反,抵补套利所赚取的利润则是毫无风险的,它由借贷利差与远期升(贴)水率之间的差额构成。

未抵补套利不存在一种市场均衡状态,因为投机者对未来汇率走势的估计、对风险的态度通常是各不相同的。因而,未抵补套利不像抵补套利那样仅仅是一种可能性,而是外汇市场上实际存在的一种交易行为。

由此可见,在抵补套利的情况下,虽然避免了汇率下降的风险,但也失去了汇率上升带来的所有潜在利益;而未抵补套利虽然会承受汇率下降的风险,但一旦汇率上升,套利者既获得了利差,又尽享汇率上升的好处。

专栏 3-4

日本利差交易的逻辑

利差交易(carry trade)就是利用不同货币的利差谋取收益的交易方式。日本自 20 世纪 90 年代开始实行零利率,日本利率快速跌至 0%,而美国的利率则远在 5% 以上。为了追逐利差收益,国际投资者纷纷借入日元购买那些以其他币种(如美元)计价的高收益资产,希望从中获利。据估计,日元利差交易的规模可能高达数千亿美元。

需要注意的是,利差交易能够带来收益的前提条件是汇市波动必须平稳,因为利差交易者要承担汇率波动风险。如果汇率大幅波动,不仅汇差损失可能侵蚀掉利差交易收益,还可能使利差交易者血本无归。事实上,在 1995—1998 年,美元对日元汇率从 80 升至 140。由于正利差构成了这一交易策略总回报中的相当大一部分,因此,这一策略很快就被称为是日元利差交易。

问:你认为 1995—1998 年美元对日元升值的逻辑是什么?这种情形之后还出现过吗?

第四节 汇率预测

跨国公司的管理者对于汇率不确定性的反应有三种。第一种是泰然处之。虽然他们认为汇率风险是可分散的,但他们中的大多数不会像投资者那样进行分散投资,他们关注公司的是总体风险,而不仅仅是系统性风险。第二种是采取积极有效的风险管理措施。大部分管理者愿意借助金融市场工具或通过内部管理来对冲汇率风险。第三种是汇率可预测。他们试图预测汇率的未来走向,从而在汇率的走势对公司不利时进行套期保值、在对公司有利时面对风险。显然,汇率预测的准确性对在国际市场上采购原材料、组织生产、投资和融资的跨国公司来说,是非常重要的。那么,"汇率真的可以预测吗?"

一、汇率预测的分析框架

汇率决定非常复杂。前文分别介绍了国际收支以及一些重要的平价关系,它们给出了影响汇率的各种驱动性因素,提供了汇率决定的理论线索和分析框架,这对读者理解汇率预测有益。下文将分述基于国际收支方法的汇率预测分析框架,以及基于资产市场法的汇率预测分析框架。

(一) 基于国际收支方法的分析框架

经常账户平衡、证券投资、国际直接投资、汇率制度和官方货币储备都会影响汇率。

国际收支状况直接影响一国汇率的变动。如果一国国际收支出现顺差,对该国的货币需求就会增加,流入该国的外汇就会增加,从而导致该国货币升值。相反,如果一国国际收支出现逆差,对该国货币需求就会减少,流入该国的外汇就会减少,从而导致该国货币贬值。具体来说,在国际收支诸项目中,对汇率变动影响最大的除了贸易项目外,还有资本项目。贸易收支的顺差或逆差直接影响着货币汇率的上升或下降。

一国一旦持续出现大规模贸易赤字,该国政府有时会令该国货币贬值,变相降低出口商品价格,提升出口商品的国际竞争力。例如,20 世纪八九十年代,美国对日本的贸易连年出现逆差,致使美国贸易收支恶化,于是,美国政府对日本施压,迫使日元升值,而日本政府则使出浑身解数应对,防范日元过快升值。

(二) 基于资产市场法的分析框架

资产市场法假设外国人是否愿意以货币形式持有要求权取决于各种投资考虑或驱动因素。相对实际利率、经济增长前景、资产供给和需求、政治稳定性前景、投机与流动性、政治风险与控制等是汇率决定因素。例如,相对实际利率是国外债券和短期货币市场工具投资者的主要考虑因素,经济增长前景是跨国权益性投资(包括证券投资和国际直接投资)的重要考虑因素,政治安全对外国投资者(包括证券投资者和直接投资者)都至关重要,投机可能引发货币危机。

专栏 3-5

"9·11"事件后美国的汇率走势

1990—2000 年,受"非理性繁荣"的刺激,美元的名义汇率和实际汇率都处于强势。2001 年 9 月 11 日,发生了震惊全球的"9·11"恐怖袭击。该恶性事件导致美国长期增长和盈利前景被负面评价,悲观的预期收益引发了美国股市暴跌,强化了美国的负面前景。与此同时,美国一些大型企业的公司治理丑闻陆续曝光。

在这样的背景下,考虑到美国经济巨大的不确定性,大量外资从美国证券市场撤出。

> 在2002年1月中旬至7月中旬短短的半年时间内,相对于欧元,美元贬值了18%。
>
> 有学者认为,美国的经验告诉我们,汇率更多地取决于经济前景而非经常账户。理由是,汇率是在有效金融市场上交易的资产价格,和其他资产一样,汇率是对未来的预期,而非由当期贸易流量决定。
>
> 问:你认同该学者的说法吗?

除此之外,国际政治经济复杂性,社会与经济基础结构,政治、经济或社会事件等,它们影响汇率市场的机理也同样重要①。

(三)问题的复杂性

基于平价关系、国际收支方法和资本市场法的汇率预测分析框架,我们似乎可以看透汇率的未来走势,但是,现实情况的复杂性完全超乎想象。

对诸如美国在内的成熟经济体而言,由于它们拥有流动性高的大型资本市场和货币市场,因此,汇率在中长期较好地遵循了上述分析框架(尤其是基于资产市场法的分析框架)的基本逻辑。如果我们将目光移至新兴经济体,就会发现,它们只拥有流动性较差、规模较小的资本市场和货币市场。那么,新兴经济体能否使用上述分析框架来预测汇率呢?

1997年的亚洲货币危机为我们提供了一些新的启示。从表象看,国际收支失衡致使货币危机从泰国迅速蔓延到了印度尼西亚、马来西亚、菲律宾等东南亚国家。然而,其背后还有其他的一些因果关系。例如,远东国家当时的公司治理失当,许多当地企业被家族或团体控制,存在严重的裙带关系,当危机来临时,管理者必然牺牲少数股东和贷款人的利益,致使企业的失控一发不可收拾。又如,远东国家当时的银行稳定性与管理缺失,对银行监管放松,于是银行在经营中的核心作用被弱化,热衷于进行投机性投资。当危机来临时,大量企业面临倒闭、银行投机性投资失败。当企业急需"输血"时,银行几乎一筹莫展。

显然,在新兴经济体,尽管我们也可以用国际收支法和资产市场法来预测汇率,但必须注意的是,应同时关注其他一些变量(如流动性较差的资本市场、政治不稳定、公司治理、投机等②)。忽略这些变量,我们可能无法真正读懂和读好汇率的走势。

二、汇率预测原理

(一)经验性汇率行为③

1. 随机漫步假说

按照随机漫步假说,各个时期即期汇率的变化是随机的和不可测的,某一时点即期汇率的变化与之前的变化没有关系,均值为零,服从正态分布。货币升值和贬值的概率相同,明

---

① 迈克尔·H. 莫菲特,阿瑟·I. 斯通希尔,戴维·K. 艾特曼. 跨国金融原理(第3版)[M]. 路蒙佳,译. 北京:中国人民大学出版社,2011:197.

② 迈克尔·H. 莫菲特,阿瑟·I. 斯通希尔,戴维·K. 艾特曼. 跨国金融原理(第3版)[M]. 路蒙佳,译. 北京:中国人民大学出版社,2011:199.

③ 科特·C. 巴特勒. 跨国财务(第3版)[M]. 赵银德,张华等,译. 北京:机械工业出版社,2005:81-82.

天的即期汇率高于或低于今天水平的可能性是一样的。随机漫步没有记忆功能,新汇率一旦形成,那么下次再次发生升值或贬值的概率又相同了。

2. 汇率波动的可预测性

根据汇率波动的经验调查,简单的随机漫步不成立。事实上,研究者发现经验性汇率行为是这样的:第一,汇率的变化在任何一个时点上都服从正态分布;第二,在每一个时点,汇率变化的方差取决于最近一个时点上汇率变化的大小。他们认为汇率是可预测的,描述和展示这种汇率行为的方法是时间序列模型,或被称为自回归条件异方差模型(Generalized Autoregressive Conditional Heteroskedasticity Model,即 GARCH 模型)。"自回归条件异方差"这一统计学术用语通俗的语言表述就是"当期的方差取决于最近的汇率变化"。

在时点 t 处的 GARCH(p, q)过程的方差表达为

$$\sigma_t^2 = a_0 + \sum_{i=1}^{p} a_i \sigma_{t-i}^2 + \sum_{j=1}^{q} b_j r_{t-j}^2 \tag{3-18}$$

其中 a_0, a_i 和 b_j 对于所有 i 和 j 是常数,σ_{t-i}^2 表示从 $t-i$ 期的汇率方差,i 从 1 到 p;r_{t-j}^2 表示 $t-j$ 期即期汇率变化百分比的平方,j 从 1 到 q。

在每一个时点,该 GARCH 过程服从方差为 σ_t^2 的正态分布。而方差则取决于最近一期 σ_{t-i}^2 和 r_{t-j}^2。变量 p 和 q 分别表示影响 σ_{t-i}^2 和 r_{t-j}^2 时滞的最大值。

随机游走过程事实上是 GARCH 过程的一个特例,即汇率变化的均值为零,参数 a_i 和 b_j 在任何时滞上都为零,方差 σ_t^2 恒等于 a_0。但是,认识到汇率变化是自相关的,这一点更为重要。

(二)汇率预测方法

预测汇率的方法很多,大体可分为技术预测法,基本预测法,市场预测法三种。

1. 技术预测法

技术预测法是用历史的汇率数据来预测汇率,它是基于供给和需求的汇率预测法。该方法的基本思想是,汇率预测者在外汇市场上所能够观察到的汇率完全由供给和需求决定。汇率的技术预测法与股票价格的技术预测法非常类似,技术分析师通常用图表形式记录历史数据,并从图表化的历史数据中去推演未来可能的变动趋势。复杂的统计预测工具也被应用于汇率预测,例如,开发计算机软件(如 Excel、Forecast Pro、ARIMA)来预测汇率的历史趋势,用时间序列模型观测汇率的移动平均值等。

技术派认为,汇率不是随机变动的,其变动形式是重复和可辨认的。汇率变动的时间序列反映了所有可以获得的信息,既包括经济基本面信息,也包括预期、心理等信息。正是这些信息决定了需求和供给。因此,技术派相信汇率走势是存在某种模式的,是可以预测的。但如果汇率变动是随机游走的,那么,技术预测法在理论上是站不住脚的。

在外汇交易实践中,技术预测法运用广泛,尤其在经济基本面没有变化或在短时间内进行交易的情况下。一些外汇交易者确实使用技术预测法尝到了甜头,且获益颇丰。但该方法的缺陷也是显而易见的。

第一,交易者会承受较高的交易成本。交易成本主要体现在两个方面:一是交易者检测汇率走势耗时耗力;二是交易者需频繁买卖外汇,需要有足够的资本承受可能发生的损失。

第二,技术预测法不具有普遍性。某一技术预测模型被证明总能产生投机利润,并不意味着其他交易者也可以使用这一方法获益。

Stephen Goodman 对技术预测法的评价是"技术预测法一般不能准确地估计汇率走势"[①],因此,对跨国公司而言,这种方法并不是一种完美的预测工具。

2. 基本预测法

经济学家曾经对技术法嗤之以鼻,认为只有经济基本面才是决定汇率的唯一依据。基本预测法根据经济变量同汇率间的基本关系进行汇率预测。这些经济变量可能包括两个或两个以上国家的国际收支状况(如经常账户和预算盈余/赤字)、储蓄率、货币供给的增长、名义和实际汇率的差异、通货膨胀率、零售额、工业产量、资本利用率以及消费者信心等。基本预测法通常要用到计量经济模型。

基本预测法的"粉丝"坚信,外汇市场不是半强式有效市场。其理由是,在一个半强式有效市场中,价格能够及时反映所有公开信息,包括过去的价格、成交量、国际收支数据及其他信息。分析者无法从基于所有相关公开信息的汇率预测中获益。

(1) 基于购买力平价原理的基本预测法

最简单的基本预测法运用了购买力平价原理。根据购买力平价理论,某一时期外币价格的变化率应该反映该期本国通胀率与外币所属国同期通胀率的差异。可见,这种方法就是利用了这一平价关系。

例3-8 预期美国的年平均通货膨胀率为5%,中国为4%,设即期汇率为1美元/6.8元人民币。

根据购买力平价公式 $e_t/e_0=(1+i_d)^t/(1+i_f)^t$,我们可以直接计算两年后美元的汇率($e_2$)。即

$$e_2=6.8\times\frac{1.04^2}{1.05^2}=6.67 \text{元人民币}$$

(2) 基于敏感性分析的基本预测法

由于外币价格的波动受到许多因素影响,因此,我们就可以构建外币价格变动(或是汇率变动)的函数关系。为了简化讨论,假如汇率变动仅受两国利率差异和两国通胀率差异两个因素影响,那么,该函数关系为

$$e_t=b_0+b_1 INT_t+b_2 INF_{t-1}+\mu_t \tag{3-19}$$

式(3-19)中,e_t 表示 t 期汇率变动百分比,b_0 为一个常数,INT_t 表示 t 期本国实际利率与外币所属国实际利率之差,b_1 表示汇率变动对两国实际利率之差的敏感度,INF_{t-1} 表示 $t-1$ 期本国通胀率与外币所属国通胀率之差,b_2 表示汇率变动对两国通胀率之差的敏感度,μ_t 表示误差项。

---

① Goodman, S. H. Foreign Exchange Rate Forecasting Techniques: Implications for Business and Policy [J]. *Journal of Finance*, 1979, 34(5): 415-427.

利用式(3-19)进行预测可分为三个步骤。

步骤一：用一组历史数据取得 e_t、INT_t 和 INF_{t-1} 的值。

步骤二：使用第一步所获得数据进行回归预测，得到 b_0、b_1、b_2 三个回归系数值。

步骤三：运用以上数据以及回归系数值获取汇率变动的预测值。

由于未来是不确定的，预测的误差会错判汇率的走势，因此，可以使用敏感性分析。例如，某中国跨国公司为了预测美元币值的变化百分比，运用式(3-19)进行敏感性分析。

假如某中国跨国公司利用历史数据获得了回归系数值，如表3-3所示。

表3-3 中国某跨国公司的回归系数值

回归系数	估计值
b_0	0.02
b_1	-0.5
b_2	0.8

由表3-3可知，两国实际利率差异与美元波动呈负相关关系，两国通胀率差异与美元波动呈正相关关系。

在得到未来某一时期美元的变化率后，必须估计 t 期中美两国实际利率差额以及 $t-1$ 期中美两国通胀率差额，设 INF_{t-1} 为2%，t 期中美两国实际利差率差额的概率分布见表3-4。

表3-4 中美两国实际利差概率分布

概　率	可能结果
20%	-2%
50%	-3%
30%	-4%
100%	

根据表3-4的可能结果得出美元汇率波动的可能预测值，见表3-5。

表3-5 美元汇率波动的概率分布以及预测值

两国实际利率差额预测值	美元汇率波动预测值	概　率
-2%	2%+(-0.5)(-2%)+0.8(2%)=4.6%	20%
-3%	2%+(-0.5)(-3%)+0.8(2%)=5.1%	50%
-4%	2%+(-0.5)(-4%)+0.8(2%)=5.6%	30%

由表 3-5,结合概率,可以计算出美元汇率变动期望值。在此基础上,使用敏感性分析法测算美元汇率变动期望值对两国实际利率差额和两国通胀率差额的敏感度。

为提高汇率预测的可信度,一些学者试图构建更复杂的模型去预测汇率,结果却并不令人满意。主要原因有:

第一,在一个信息传递有效的市场上,汇率只会对最新的信息做出反应。

第二,再复杂的模型也会挂一漏万,很可能忽略了一些重要的变量。

第三,难以确认经济变量对汇率的影响时间。

事实上,基本预测法也不尽如人意,于是,经济学家们被迫重新审视技术法,并取得了关于技术法和基本法的一些共识。基本法是一种能够对汇率长期变动进行分析的方法,但在对汇率短期变动进行分析时,技术法可能更加重要。

3. 市场预测法

市场预测法是指基于市场的汇率预测方法,包括利用当前的即期和远期汇率来预测未来某一时点到期时的即期汇率。显然,之所以称为市场法的原因在于,汇率预测的依据是由即期和远期外汇市场提供的。有两个国际平价条件为我们提供了基于市场价格预测未来即期汇率的方法:一个是远期汇率;另一个是利率平价条件。

(1) 无偏的远期预测假说

远期汇率能够起到预测未来即期汇率的作用。例如,设欧元 30 天远期汇率为 1 欧元/11 元人民币。外汇投机者对 30 天之后欧元的未来即期汇率的普遍看法为 1 欧元/12 元人民币。投机者将按 1 欧元/11 元人民币的价格购入 30 天之后的欧元,期望在 30 天之后按未来到期即期汇率抛售欧元。投机者大量购买远期欧元的跟风行为会引起欧元远期汇率上升,汇率将上升至投资者预期的 1 欧元/12 元人民币。欧元汇率在这个位置上实现无套利均衡,投机者将无利可图。

大量的投机行为使得远期汇率接近于对未来即期汇率的预期值,远期汇率是未来即期汇率的无偏估计,即

$$E[S_t] = F_t \tag{3-20}$$

式(3-20)中,$E[S_t]$ 表示 t 期即期汇率的期望值,F_t 表示 t 期的远期汇率。

跨国公司如果相信远期汇率是未来即期汇率可靠的预测值,那么,就可以利用式(3-20)进行汇率预测。

(2) 基于利率平价条件的预测

这种方法利用利率平价关系对远期汇率进行预测。具体而言,预测者可以借助各国无风险利率的差异来确定利率平价条件下的远期汇率。例如,假如美国 1 年期无风险利率为 2%,中国 1 年期无风险利率为 3%,美元即期汇率为 1 美元/6.8 元人民币。那么,1 年后美元的远期汇率为

$$\begin{aligned} E(S_1) &= S_0[(1+i_d)/(1+i_f)] \\ &= 6.8[(1+3\%)/(1+2\%)] \\ &= 6.87 \text{ 元人民币} \end{aligned}$$

如果美国2年期无风险利率为2.2%,中国2年期无风险利率为3.3%,那么,2年后美元的远期汇率为

$$E(S_2) = S_0[(1+i_d)^2/(1+i_f)^2]$$
$$= 6.95 \text{元人民币}$$

市场预测法的优点在于任何人只要借助金融报刊就能对汇率走势做出自己的判断。如今,实时的远期汇率的获取渠道很多。但是,单纯依靠利率平价或远期汇率判断汇率走势显然是不全面的。

鉴于上述预测方法存在种种缺陷,汇率预测者们认为还可以将上述各种方法综合起来,一些跨国公司也综合运用汇率预测方法,于是产生了混合预测法(即同时使用几种方法进行汇率预测)。在利用混合法预测汇率时,给不同的方法分配权重,较可靠的方法给予较高的权重。这样,跨国公司的实际预测值便成了多种预测值的加权平均值。

(三) 预测效果的评价

评价预测效果需要计量预测误差。计量预测误差的方法很多,本书仅给出一种比较简单的计量公式,即

$$\text{误差百分比} = |\text{预测值} - \text{实际值}| \div \text{实际值} \tag{3-21}$$

式(3-21)中,误差采用预测值与实际值之差的绝对值,以避免可能出现正负相抵的情形。根据该公式获得的误差反映了绝对误差占实际值的百分比,该相对值指标简单明了,且便于在不同外币间进行预测效果的比较。

1. 跨时预测评价

为了更准确地获得汇率跨时预测的误差,可多观测几个期间,将每一期的误差百分比估计出来后计算这些期间的平均误差。这样,跨国公司在衡量预测误差时会更有把握。例如,某跨国公司在预测一个季度后的汇率水平时,它应该评估以前各季度运用多种方法预测结果的误差百分比。从汇率跨期预测的经验看,跨期预测误差尽管时大时小,但总体维持在一个稳定的范围内,没有走好或走坏的迹象。

2. 不同货币预测评价

不同货币预测误差大小可以通过对某一段时期内各种货币平均预测误差进行观察后获得。各种货币的预测准确度和精度是不尽相同的。有些货币的汇率长期波动较小,预测效果较好;而有些货币币值波动较大且很频繁,预测效果就会差一些。这对于跨国公司来说非常重要,因为它将影响公司对待不同货币交易所采取的风险管理策略。

3. 预测误差的确定

建立坐标,用作图方式描述预测误差的时间序列特征。将每个时点作为横轴,各时点上预测汇率与实际值之间的差额作为纵轴,负值表示低估,正值表示高估。若误差在一段时间内一直为正或负,则说明预测方法存在问题。

4. 预测误差的统计检验

根据国际费雪效应,远期汇率应该是未来即期汇率的无偏估计值。但是如果存在着对于远期平价的系统性和持续性的偏离,那么,这种偏离可以被改进,用来作为预测工具的远期汇率。

假如某一段时间即期汇率的变化百分比(SP_t)可以表示为

$$SP_t = (S_t/S_{t-1}) - 1 \tag{3-22}$$

远期升水或贴水为 $FP_t = (F_t/S_{t-1}) - 1$。远期平价要求 $E[SP_t] = FP_t$。对于远期平价的回归检验表示为

$$SP_t = \alpha + \beta FP_t + \mu_t \tag{3-23}$$

如果平价成立,则 $\alpha = 0, \beta = 1$。如果 $\alpha = 0, \beta > 1$,则说明远期汇率系统地比未来即期汇率低估;如果 $\alpha = 0, \beta > 1$,则说明远期汇率系统地比未来即期汇率高估。Froot 和 Thaler 曾用上述回归公式进行了 75 次实证研究,总结出 β 的均值为 -0.88[①]。更为完整的实证分析也表明相对远期平价的系统性、持续性偏离的确存在[②]。

(四) 有效市场下的预测

运用一定的方法进行成功的汇率预测是与有效市场假说不相符的。因为有效市场本身具有前瞻性,汇率在市场参与者对最新信息不断做出评估和反应的作用下会随机波动。因此,汇率运动是不可预测的,否则就会产生套利机会。问题是,外汇市场究竟是不是这样一个强有效市场?

根据有效市场理论:如果当下的汇率反映了历史汇率的趋势,同时又缺乏所有能够预测汇率走势的其他公开信息,那么,外汇市场是弱式有效。如果当下的汇率已经反映了所有相关公开信息,那么,外汇市场是半强式有效。如果当下的汇率已经反映了所有公开和非公开的信息,那么,外汇市场是强式有效。如果汇率是随机变动的,那么,现行汇率是未来即期汇率的期望值。根据平价关系,如果外汇市场有效,那么,当下的远期汇率就是在所有可用信息(I_t)基础上得出的未来市场汇率的期望值,即

$$F_t = E(S_{t+1} \mid I_t) \tag{3-24}$$

20 世纪 70 年代后,学界对外汇市场的有效性进行了大量研究。Cornell 和 Dietrich 等人的研究表明,外汇市场为弱式有效或半强式有效[③]。Richard Levich 对 14 家预测咨询机构进行研究后发现,投机者利用外汇预测获得了高额的收益,将原因简单归于运气似乎过于牵强[④]。Robert Cumby 认为,把超出 30% 的年报酬率差异全部归因于风险溢价也是令人难

[①] Kenneth Froot, Richard Thaler. Anomalies: Foreign Exchange[J]. *Journal of Economic Perspectives*, 1990, 4(3): 179-192.

[②] Cornell, W. Bradford. Spot Rates, Forward Rates, and Market Dynamics[J]. *Journal of Political Economy*, 1977, 5(1): 55-65; Bradford Cornell. Spot Rates, Forward Rates, and Exchange Market Efficiency[J]. *Journal of Financial Economics*, 1977, 5(1): 1161-1176.

[③] Cornell, W. Bradford, Dietrich J. kimball. The Efficiency of the Market for Foreign Exchange Under Floating Exchange Rates[J]. *Review of Economics and Statistics*, 1978, 60(1): 111-120.

[④] Levich, Richard M. Analyzing the Accuracy of Foreign Exchange Advisory Services: Theory and Evidence. NBER Working Paper No.w0336, 1979(4).

以置信的,因为同期美国股票市场的风险溢价估计只有约8%[①]。

如果认同有效市场假说,那么,以市场为基础的预测是最优的,此时,可以用即期汇率或远期汇率预测未来汇率。如果不认同有效市场假说,那么,技术预测法和基本预测法将是有效的汇率预测方法。

不管外汇市场是弱式有效还是半强式有效,为实施有效的汇率风险管理策略,跨国公司都有必要进行汇率预测。可能的做法是,对一年、两年或者更长时间后的汇率估计出不止一个可能值,从而确定各种可能的汇率波动范围,以评价公司经营业绩受到的影响程度并制定出相应的风险管理策略。

(五) 汇率易变性的预测

汇率易变性(variability)通常用汇率变化的标准差来表示。跨国公司不仅要预测汇率,而且需要确定预测值变动的可能范围,从而有助于其制定出应对不同情况的风险管理策略。通过对汇率及其标准差进行预测,可以得出预测的置信区间。预测汇率易变性的方法有两种。

第一种方法是用时间序列模型,通过计量方法来预测。通常在模型中,最新的数据应占有较高的权重。但是,由于造成汇率突然变动的政治和经济因素很多,因此,复杂的时间序列模型未必能够更准确地预测汇率的易变性。

第二种方法是从货币期权定价公式中得出汇率标准差。根据 Black-Scholes 期权定价公式,货币买入期权的期权费取决于即期汇率、期权执行价的现值、期权期限、汇率变动的标准差和无风险利率。假如其他参数已知,根据市场上某种货币的期权费就可以倒推出汇率变化的标准差。

本章小结

汇率制度是指一国货币当局对本国货币汇率的确定及其变动范围所做的安排或规定,各国选择的汇率制度大致可以概括为四类。

基于对宏观经济调控的需要,各国政府大多对外汇市场进行官方干预。政府干预外汇市场的方式包括直接干预和间接干预。在外汇市场上公开买卖外汇的直接干预方式能在短期内对汇率的变动产生较大影响,但不能从根本上改变汇率长期变动趋势。政府还能通过影响决定一国货币的其他因素来间接影响货币币值,干预汇率走向。

经济因素影响汇率,而汇率的变动也影响经济因素,包括对国际收支、国内经济及国际经济等多方面影响。

抵补套利是将套利交易和远期外汇交易结合起来的外汇交易活动;而未抵补套利是不与掉期交易结合起来进行的单纯套利交易。抵补套利避免了汇率下降的风险,但也失去了汇率上升带来的利益;而未抵补套利虽然会承受汇率下降的风险,但一旦汇率上升,就可获取财息双收的好处。

---

① Cumby Robert. Is It Risk? Deviations from Uncovered Interest Parity[J]. *Journal of Monetary Economics*, 1988(9): 279-300.

利率平价理论是一个有关货币市场与外汇市场均衡的理论,该理论认为汇率与利率之间的关系极其密切,利率水平相对较高的国家的货币对其他国家货币的远期汇率为贴水,利率水平较低的国家的货币对其他国家货币的远期汇率则为升水,这种密切关系是通过国际间套利性资金流动而产生的。

购买力平价理论认为,有关国家的预期通货膨胀率差异与货币的即期汇率变动率之间存在着一种内在联系,其均衡状态在某种程度上是靠商品套购活动来实现或维持的。尽管购买力平价是现代汇率理论中最有影响力的理论之一,但是该理论也存在着一定的缺陷。

国际费雪效应认为,未抵补套利活动所赚取的利差最终会随着有关国家的利率差异和即期汇率预期变动率之间的均衡关系的形成而变为零。

公司需要预测汇率走势,具体的方法包括技术预测法、基本预测法、市场预测法等。虽然实证结果表明,由于外汇市场是有效的,汇率通常是不可预测的,但公司仍乐此不疲,其目的并非在外汇市场上投机,而是尽可能预知未来的各种变数,并进行有效的汇率风险管理。

公司不仅需要获得汇率预测的点估计值,还要知道未来汇率变动的范围。对汇率易变性的预测可以得到在一定置信水平上的波动置信区间。

关键词

汇率制度　固定汇率制　浮动汇率制　直接干预　间接干预　抵补套利　未抵补套利　利率平价　购买力平价　一价定律　绝对购买力平价　相对购买力平价　费雪效应　国际费雪效应　汇率预测　基本预测法　市场预测法　技术预测法

习　题

1. 假设不论美联储的反应如何,都预计美国未来的通胀会下降。那么,如果联邦储备认为应当使美元与欧元的比价走软,你认为如何利用直接干预或间接干预达到此目的?

2. 比较固定汇率制、浮动汇率制、固定汇率下的可调整平价三种汇率制度之间的异同点。

3. 为什么在1997年东南亚货币危机期间,人民币汇率能维持稳定不变?

4. 政府如何利用直接干预改变某种货币的汇价?政府又是如何利用间接干预来改变某种货币的汇价?

5. 简述其他条件相同时,本币疲软对国内经济的影响。

6. 解释抵补套利的概念及其必要条件。

7. 在德国的法兰克福,美元对英镑的即期汇率为GBP0.834 3/USD,3月期远期汇率为GBP0.830 0/USD;与此同时,在欧洲货币市场上,3月期美元资金的年利率为5.75%,相同期限英镑资金的年利率为9%。

(1) 请运用利率平价理论来分析外汇市场和货币市场是否处于均衡状态?

(2) 假如不均衡,套利者如何进行抵补套利来获得毫无风险的利润?

(3) 随着大规模的抵补套利活动的展开,市场又是如何逐步恢复均衡的?

8. 如果欧元的即期汇率为$0.900,180天欧元的远期汇率为$0.911,180天法国的利率为6%,180天美国的利率为5%。问：在这些情况下，对法国投资者来说，套利是否有利可图？

9. 假定美国的一年期利率为11%，某个欠发达国家一年期利率为40%。假定美国银行愿意购买该国一年远期贴水为13%的货币。抛补套利值得考虑吗？在这种情况下，你有理由不从事抛补套利交易吗（不考虑税收影响）？

10. 解释购买力平价理论，并根据这一理论预测高通货膨胀国家的货币走向。

11. 利率平价理论揭示的是一种什么样的关系？实现或维持购买力平价关系的市场内在调节机制又是什么？

12. 假定外汇市场上最初的均衡汇率为1英镑兑换1.56美元。由于西方国家普遍发生通货膨胀，英国的物价指数从基期的100上升到目前的240；而在同一时段，美国的物价水平更是上涨到320。根据相对购买力平价理论，英镑与美元的新的均衡汇率应处于什么水平？

13. 解释国际费雪效应。假定美国利率高于外国利率，根据国际费雪效应，美元未来会坚挺还是会疲软？理由何在？

14. 说明利率平价理论、购买力平价理论和国际费雪效应之间的异同点。

15. 现在，假定可以得到下列信息：

	美 国	英 国
投资者所要求的实际利率	2%	2%
名义利率	11%	15%
即期汇率	/	$0.80
一年期远期汇率	/	$0.79

(1) 利用远期汇率来预测明年英镑币值的变化百分比。
(2) 利用预期通货膨胀差额来预测明年英镑币值的变化百分比。
(3) 利用即期汇率来预测明年英镑币值的变化百分比。

16. 假设英国利率高于日本利率，又假定利率平价存在。当你运用英镑的远期汇率预测英镑的未来即期汇率时，是否期望英镑升值？为什么？

17. 设外汇市场弱式有效，投资者是否可以利用技术预测法和基本预测法在外汇市场上获得套利机会？如果市场半强式有效，情况又将如何？

18. 对中国公司来说，假如在某一时间段里，大多数外币对人民币都有较大的升值空间。市场预测法是否会高估这一时间段的汇率实际值？

第四章 货币交易风险管理

> 【学习要点】
> 1. 交易风险识别。
> 2. 交易风险度量。
> 3. 管理交易风险。

汇率多变,且对跨国公司[①]合约的结算、现金流量以及公司价值产生影响。这就是常说的汇率风险,又称外汇风险或货币风险。外汇风险通常可分为交易风险、经营风险、会计风险。从本章开始,分三章依次介绍三类风险的识别、度量和管理。

第一节 交易风险识别和度量

外汇交易主要包括进出口贸易结算、外汇借贷和货币衍生合约,因此,货币交易风险很直观,风险识别比较容易,但在精确度量方面有些麻烦。

一、交易风险识别

交易风险是指一家公司以外币表示的合约现金流量兑换成本币后,已实现的本币价值对不可预期的汇率变动的敏感程度。那么,如何识别交易风险?此类风险不难识别,我们可以借助各类用外币表示的合约来甄别。以外币表示的合约主要有三类。

第一类,外币借款合约。例如,某中国跨国公司在美国发行外国债券 10 万张,面值 100 美元/张,期限 8 年,票面年利率 5%,一次还本付息,发行价 100 美元/张。目前汇率为 RMB6.85=USD1。跨国公司面临的交易风险可解读为:当美元升值,公司偿还本息时的等值人民币将增加。

第二类,进出口销售合约。例如,某中国跨国公司签订一份出口销售合约,金额为 GBP1 000 万元,结算方式为远期信用证,估计 60 天后结算,目前 RMB9.8=GBP1。同时签订了一份进口购货合约,金额为 JPY10 亿元,结算方式也为远期信用证,目前 RMB0.047 6=JPY1,估计 30 天后结算。这两笔合约的交易风险可这样理解:若英镑贬值,公司 60 天后应收账款变现后等值人民币将减少;若日元升值,公司 30 天后偿付应付账款的等值人民币将增加。

第三类,各类货币衍生合约,包括货币远期合约、货币期货合约、货币期权合约、货币互换合约等。例如,某中国跨国公司买入一份货币远期合约,合约金额 1 000 万美元,期限 1 个

---

① 此定义同样适用于组织和个人。

月,约定汇率 RMB6.89=USD1。该合约的交易风险可解读为:若合约履行日的美元贬值,与直接在外汇市场上买入美元相比,公司将面临多花费人民币履约的风险。

显然,上述三类外汇交易都有合约,我们通过阅读合约就能识别交易风险因何而产生,同时,也能知晓合约的金额(风险敞口)。

二、交易风险的度量

以外币表示的合约包括外币借款合约、进出口销售合约、货币期货合约、货币期权合约、货币互换合约等,这些合约的履约金额固定,但汇率变动具有不确定性,因此,销售合约现金流的结算、借款合约现金流偿付都会影响跨国公司本币现金流量。显然,外汇交易风险源于两个方面:一是汇率变动;二是存在净头寸,即外币交易敞口头寸不为零。因此,为了度量外汇交易风险,先要计量跨国公司各种外汇的净头寸,进而预测各种币种汇率变化的可能范围,然后综合确定外汇交易风险的大小。

(一) 度量各种外币净头寸

跨国公司的交易风险敞口头寸等于以某种外币定值结算或履约的合同现金流入与合同现金流出的差额。例如,一家中国跨国公司向美国客户销售一批产品,计1 000万美元,销售条件为"n/90"。根据这份"销售合约",3个月以后,中国公司将获得1 000万美元的现金流入,也形成了正1 000万美元的风险头寸,其将承受美元贬值的交易风险。又如,该中国公司向银行借入期限为半年、年利率为10%的外汇借款,计100万欧元。根据这份合约,该中国企业形成了负100万欧元的风险头寸,其将承受欧元升值的交易风险。

(二) 估计各币种汇率变动的范围

由于合约的履约金额是固定的(如上文提及的出口金额1 000万美元和外汇借款100万欧元),因此,确定单笔乃至多笔外汇交易的风险头寸并不难。然而,估计汇率变化的可能范围并非易事,它属于汇率预测。例如,一家中国跨国公司向美国企业进口一批产品,计500万美元,销售条件为"n/30",即期汇率为 RMB6.8=USD1。根据这份"销售合约",1个月以后,中国公司将支付500万美元。由于1个月后结算时的汇率不可知,因此,我们能识别该进口业务一定存在交易风险,但交易风险的大小并不容易判断,它有赖于汇率预测。汇率预测很困难,建议读者回看或查阅本书第三章关于汇率预测的原理。

(三) 认知总体交易风险

在知晓交易风险敞口头寸和汇率可能的变化范围后,我们就可以估计公司所承受的各种交易风险,但是,整体外汇交易风险并不是各币种交易风险的简单加总。

第一,跨国公司在某一时期常常同时发生多种外币交易,一种外币币值发生变动时可能引发其他外币币值同向或反向变动。例如,美元与日元、加元、英镑的相关性高,美元升值或贬值可能会引发日元、加元、英镑呈同向变化。因此,准确测定各币种汇率之间的相互关系和关联程度对计量跨国公司的交易风险也是十分重要的。货币变动的相关性可以用相关系数计量。

第二,我们可以将公司持有的各类交易风险敞口头寸视作资产组合,资产组合可以抵消各币种头寸之间的非系统性风险。具体说来,如果组合中各头寸方向相同(即同为流入或流出),那么这些币种币值相关性越高或为正,组合的总体风险就越高;如果组合中各头寸方向相反,则这些外币币值相关性越低或为负,组合的总体风险也就越低。

第二节 交易风险对冲

交易风险是有害的,因此,交易风险管理的重点在于如何避免外汇净头寸或外汇净资产的产生,以及在外汇净头寸或外汇净资产存在的情况下如何避免或减少由于汇率变动而可能遭受的损失。交易风险管理的核心是套期保值(对冲)。鉴于借助金融市场工具(如外汇远期合约、货币期货、货币期权、货币互换等)对冲交易风险是需要花成本的,为此,在实践中,先使用内部管理的做法对冲一部分交易风险,然后,再使用金融市场工具对冲剩余的交易风险。

交易风险的规避方法有两类:一类是公司内部交易的对冲方式;另一类是利用外部金融市场进行的套期保值。

一、交易风险的内部管理

(一)通过选择结算货币的套期保值

这一做法的实质是通过选择合适的结算货币来转移、共担、分散汇率风险,它常见于国际贸易结算。例如,有一家中国跨国公司向一家美国公司出口货物,货款3个月后支付。如果中国公司可以选择两种结算货币,那么,中国公司或定价2 100万元人民币,或根据3个月远期汇率(假如3个月美元远期汇率为RMB7=USD1)定价300万美元。值得注意的是,如果依据即期汇率RMB7.2=USD1换算出合同货款291.7万美元是欠妥的,因为按即期汇率确定合同价是有汇率风险的,公司并不能保证3个月后的即期汇率仍维持RMB7.2=USD1。

事实上,是以美元还是以人民币定价是一种零和游戏。如果美国公司同意中国公司对货物以人民币定价,则中国公司可完全避免这笔交易的汇率风险,外汇交易风险从中国公司转移到了美国公司的身上。如果美国公司在结算货币的选择中占上风,即以美元对货物定价,那么,中国公司将面临交易风险。但如果美元对人民币币值稳定,中国公司也可以接受甚至选择以美元对出口货物进行计价。也就是说,若以外币定价,那么,跨国公司应该对出口货物以硬通货定价,对进口货物以软通货定价。

值得注意的是,即便中国公司有结算货币选择权,也不一定会由此得益。理由是,假如美国公司答应以人民币付款,那么,对方一定认为,3个月后,这笔应付账款用远期汇率换算成美元的数额低于它愿意接受的美元最高定价。也就是说,设远期汇率为f(直接标价法),DP代表美国公司能够接受的美元最高价格,RP代表中国公司能够接受的人民币最低价格,那么只有当$RP/f \leqslant DP$时,美方才愿意成交。但若中国公司拥有充分信息,它会提高自己能够接受的人民币最低价位,直至$RP/f = DP$。在这一均衡点上,无论是以美元还是以人民币定价,没有哪家公司能够从中获得更多的利益。

(二)跨国净额结算

在跨国公司内部,母公司或其子公司的货币风险暴露可以相互抵消或被跨国公司的另一家子公司的货币风险暴露抵消。因此,跨国公司在确定内部可相互抵消的货币交易后,即通过对反向的货币风险暴露加总后,跨国公司所面临的整体交易风险会降低。

在现实经济中,一家跨国公司会持有多种外汇头寸的组合。例如,一家中国跨国公司可能持有一笔美元应收账款和一笔欧元应收账款,同时,持有一笔英镑应付账款和一笔加元应付账款。如果该中国公司用金融市场工具分别对四种外币头寸进行套期保值,那是非常不明智的。积极的做法是,仅对剩余的风险暴露用金融工具进行套期保值。我们都有这样的常识,一家企业既有外币应收账款又有外币应付款时,它应该仅对净货币风险暴露进行套期保值。因此,如果以上提及的四种外币具有很强的相关性,那么,这四种外汇头寸适用剩余风险暴露套期保值原则。

如何计算剩余风险暴露呢?跨国公司如果建立了现金管理中心[①],那么,该中心可以有效地运用跨国净额结算对交易风险进行管理。具体做法是,跨国公司内部交易产生的所有发票均送至现金管理中心,通过内部交易对冲后,求得剩余风险暴露。例如,中国某跨国公司在日本和法国拥有两家全资子公司,它们之间互相发生的关联交易见表4-1。

表4-1 跨国公司内部关联交易

收款公司	中国母公司	日本子公司	法国子公司	收款总额(美元)	收款总额(英镑)
中国母公司		USD200万	GBP400万	USD200万	GBP400万
日本子公司	USD100万		GBP800万	USD100万	GBP800万
法国子公司	USD300万	USD700万		USD1 000万	
付款总额	USD400万	USD900万	GBP1 200万	USD1 300万	GBP1 200万

假如美元汇率和英镑汇率分别为RMB7=USD1和RMB10=GBP1。由于英镑和美元具有很强的相关性,因此,我们可以将这些外汇头寸折算成等值人民币,据此计算剩余风险暴露。我们可以得到跨国净额结算后的现金流量(见表4-2)。

由表4-2可知,在未对冲之前,风险暴露总计42 200万元等值人民币(外汇资产和外汇负债头寸分别为21 100万元等值人民币)。通过现金管理中心的协调和对冲,风险暴露大幅降低,用等值人民币来计量的话,仅剩下总量为10 000万元等值人民币的剩余风险暴露。以中国母公司为例,其总风险暴露为8 200万元等值人民币,经内部应收款与内部应付款对冲后,其剩余风险暴露仅为2 600万元等值人民币。日本子公司和法国子公司的剩余风险暴露也可进行类似解读。之后,现金管理中心会寻求合适的方法(包括运用金融市场工具)对剩余风险暴露进行套期保值。这样,公司承受的总风险暴露大大下降,同时,进行套期保值的代价也大大降低。

---

① 现金管理中心是跨国公司现金集中管理的产物。该中心一方面在跨国公司各成员之间进行现金调配,另一方面替跨国公司对外进行融资和投资。可参见本书第七章相关内容。

表 4-2　跨国净额结算后的现金流量　　　　　　　　　　单位：万元人民币

收款公司	收款和付款总额		收款和付款净额	
	收款额	付款额	收款额	付款额
中国母公司	5 400	2 800	2 600	0
日本子公司	8 700	6 300	2 400	0
法国子公司	7 000	12 000	0	5 000
总　　计	21 100	21 100	5 000	5 000

(三) 内部套期保值

由上文可知,跨国公司一旦建立了现金管理中心,各子公司的套期保值决策权全部收归现金管理中心。由于各子公司是独立的经济实体,子公司管理者的绩效可能与子公司会计利润的高低有关,因此,跨国公司的各子公司有通过套期保值稳定其会计利润和经营现金流的愿望和需求。

跨国公司的现金管理中心可以满足各子公司套期保值的愿望。现金管理中心可以与各子公司签订内部套期保值合约(类似于外部金融市场上的货币期货合约、货币期权合约等),并向参与交易的子公司按市场价格收取费用。

子公司通过内部套期保值将交易风险转移给了现金管理中心,现金管理中心在对内部风险暴露进行抵消之后,再通过外部金融市场对剩余风险暴露进行套期保值。

内部套期保值灵活方便,满足了各子公司套期保值之需。同时,又可以避免跨国公司的风险暴露全部通过外部金融市场进行套期保值,免受高额佣金和买卖价差之累。

(四) 提前与延后结算

当一家跨国公司预计本币将要贬值时,应提前支付外币应付款,并延迟收回外币应收款,以避免外汇损失;而当公司预计本币将要升值时,应延迟支付外币应付款,并提前收回外币应收款,以获得外汇收益。由于跨国公司的外币应收账款和应付账款可以分成独立和内部两大部分,因此,下面分述这两类款项的提前与延迟结算策略。

1. 独立应收账款和应付账款的提前或延迟结算

独立应收账款和应付账款是指跨国公司与非关联企业发生交易而形成的外币应收款和应付款,独立应收账款和应付账款的提前或延迟结算必须建立在不违约的前提下。

例如,某一家中国跨国公司持有一笔美元应收账款,计 300 万美元,2 个月后到期。该公司准备提前至当下结算。应收账款提前结算的策略主要有保理、抵押以及协商三种。

如果采取保理方式,那么,公司可以将 300 万美元应收账款出售给银行。在应收账款质量有保障的情况下,在支付给银行 2 个月贴现息以及一定佣金后,该跨国公司可获得剩余款。如果采取抵押方式,那么,公司可将 300 万美元应收账款作为抵押物向银行借款。在应收账款质量有保障的情况下,该公司可以获得银行按应收账款一定百分比(通常为70%—80%)发放的贷款,贷款期限为2个月(与该应收账款账龄相同)。如果采取协商的做法,那么,该公司和交易对手(客户)重新协商,要求客户提前2个月付款,但该公司会承担一些成本,如向客户提供提前付款的折扣。

总体上来说,独立应收账款和应付账款的提前或延迟结算障碍较多。独立应收账款提前或延迟结算、应付账款提前或延迟结算手法不多,且往往受制于交易对手的意愿。交易对手并不会轻易放弃利益、承担额外风险,签订合同时一般会对条款作明确的规定。因此,此类策略的代价较大。

2. 内部应收款和应付款的提前或延迟结算

内部应收款和应付款是指跨国公司内部关联交易(包括应收许可权费、应收或应付材料费、应付利息和股息等)所形成的外币应收和应付账款。如果跨国公司的一切行为均以公司整体利益最大化为目标,那么,内部应收款和应付款提前或延迟结算策略通常能够获得很好的运用。

例如,某中国跨国公司有一家海外子公司(在德国),母公司向德国子公司销售了200万欧元的货物,销售条件为"$n/60$"。现在,中国跨国公司预计欧元将走软,因此,它会要求德国子公司提前向母公司支付货款,以避免欧元汇率下降导致的交易风险。如果欧元预计走强,母公司则会要求德国子公司延迟结算。

值得注意的是,这种做法不是没有代价的。内部应收款和应付款提前或延迟结算的一项成本是利差损失。仍以前述例子为例,假如德国货币市场的利率高于中国,且德国子公司目前资金短缺。德国子公司在提前还款的同时,还需按较高的利率筹集资金。从跨国公司整体利益角度看,公司在减少交易风险的同时,增加了利息成本。因此,提前抑或延迟结算,需对交易风险和利差损失进行权衡。

二、金融市场上的交易风险管理

套期保值的原理都是相同的。如果跨国公司使用金融市场工具对外币资产风险头寸进行套期保值,那么,跨国公司的目标是,期望利用金融工具价格的升值来抵消资产价格的下跌。设跨国公司拥有的资产为 X,用来对冲的金融工具为 Y,资产价值和金融工具价值的预期变动可以表示为

$$X \text{ 的价值} = \alpha + \delta \times Y \text{ 的价值} \qquad (4-1)$$

式(4-1)中,资产和金融工具的价值变动都是预期值,α 为常量,变量 δ 表示 X 的预期变动对 Y 价值预期变动的敏感性。

变量 δ 表示对 X 套期保值需要的 Y 数量,因此,变量 δ 称为套期比率(也称避险比率)。假设 δ 值为 -0.5,它就意味着,随着 X 价值下降1%,Y 的预期价值上升2%。也就是说,每投资1元 X,我们将投资0.5元 Y 进行对冲。这种 δ 套期保值被预期可完全抵消持有 X 的风险。但是,由于两种金融工具的价值在一定时间内发生变化,它们之间的关系也会发生变化,也就是说,δ 的值在一个时间段内并非保持不变。因此,若想实现风险最小化,必须适时调整套期比率。这种调整称为动态套期保值,但须关注由此发生的交易成本。

(一) 短期交易风险的套期保值

1. 远期合约套期保值

（1）一般原理

远期合约套期保值是指持有外汇多头的公司卖出远期外汇合约,而持有现货空头的公司买入远期合约的做法。目的在于使自己免受非预期汇率变动的影响,降低其所承受的交易风险。

例 4-1 一家中国公司于3月1日向一家英国公司出口一批合同金额为300万英镑的货物,英国公司将于3个月后以英镑支付货款。该中国公司资金成本为6%。有关金融市场的情况见表4-3。

表 4-3 金融市场相关情况

即期汇率：GBP1＝RMB10	3个月远期汇率：GBP1＝RMB9.9
3个月英镑贷款年利率：5%	3个月英镑存款年利率：4%
3个月人民币贷款年利率：3%	3个月人民币存款年利率：2%
3个月后的卖出期权的执行价格：GBP1＝RMB9.9	每英镑期权费：0.08元人民币

于是,该中国公司可以选择以GBP1＝RMB9.9卖出3个月的远期英镑,这样,3个月后该公司可确保得到人民币2 970万元。这一对冲操作的效果可以用3个月后的T型账户表示如下：

6月1日中国公司T型账户　　　　　　　　　　　　　　（单位：万）

应收账款	£300	远期合约付款	£300
远期合约收款	¥2 970		

由以上T型账户可知,英镑资产和负债相互抵消,该中国公司持有净资产人民币2 970万元。

套期保值的机会成本取决于未来的即期汇率,因此,在签订远期合同时是无法确知的。以例4-1为例,套期保值的成本其实是一种机会成本,它可能是30万元（当到期即期汇率为GBP1＝RMB10时）,可能是0（当到期即期汇率为GBP1＝RMB9.9时）,也可能是－30万元（当到期即期汇率为GBP1＝RMB9.8时）。通常,远期合约套期保值的机会成本率可表示为$(f_1-s_1)/s_0$,其中,f_1代表远期（如3个月）汇率,s_1和s_0分别代表以后（如3个月后）和目前的即期汇率。事实上,在一个有效的外汇市场中,远期合约的期望成本（价值）应该是0,也就是说,远期汇率应等于3个月后的即期汇率。否则,就会存在套利机会,正如我们在第三章汇率预测中所阐述的,这样的机会不会长时间存在下去。

（2）人民币远期结售汇

远期结售汇是指银行与企业约定在未来某一日期或某一时间段（期限大于2个工作日）以约定价格、金额进行人民币与外币的兑换交易,其中,远期结汇是指企业将外汇卖给银行,远期售汇是指企业向银行购买外汇。远期结售汇是最基础也是中国国内最早的外汇衍生产品。目前有两种做法。

第一,全额交割远期结售汇产品。银行与企业约定在未来某一日期或某一时间段,交易双方根据约定的远期汇率对合约本金进行本外币实际交付。企业可以用来锁定其未来结售汇交割的汇率,对于未来收付汇面临的汇率波动风险有较好的对冲效果,可起到"保护"企业利润的作用。

第二,差额交割远期结售汇产品。银行与企业约定在未来某一日期或某一时间段,交易双方根据约定的远期汇率和到期时的定盘汇率计算轧差损益金额,并以人民币进行交割。这适用于因跨境交易产生外汇风险敞口,但实际交易并不涉及外汇收支,以及境内机构合并境外子公司财务报表等外币资产负债风险套期保值的各类场景。

在中国,远期结售汇是跨国公司运用最多的汇率避险产品,理由有两点。一是远期是最简单、成熟的产品,是目前市场接受度最高的汇率避险产品。2021年银行对客户远期结售汇累计签约8 220亿美元,占银行对客户外汇衍生品(远期、掉期、期权)交易总量的63%。二是交易机制丰富,企业可以通过反向平仓、展期、差额交易更好地管理实需背景的变化。

2. 货币期货合约套期保值

货币期货合约套期保值和远期合约套期保值非常相似,即持有与现货市场头寸相反的货币期货市场头寸来实现对冲的做法。货币期货合约通常是场内交易,货币期货合约是标准化合约,即规定有标准货币、标准履约金额以及规定的到期日(见表4-4),因此,无法为套期保值者量身定做。此外,货币期货合约与远期合约相比还有一个很大的不同点,货币期货合约采用钉市操作。在实践中,货币远期合约适用于大宗交易,而货币期货合同更适于规避较小金额的套期保值。

表4-4　芝加哥国际货币市场(IMM)主要标准化的货币期货和货币期权

	币种	履约面值	到期日
货币期货	日元	12.5百万元/份	3、6、9、12月第三个星期三
	欧元	125 000元/份	3、6、9、12月第三个星期三
	英镑	62 500镑/份	3、6、9、12月第三个星期三
货币期权	日元	250 000元/份	3、6、9、12月第三个星期三的前一个星期六
	欧元	62 500元/份	3、6、9、12月第三个星期三的前一个星期六
	英镑	31 250镑/份	3、6、9、12月第三个星期三的前一个星期六
	加元	50 000元/份	3、6、9、12月第三个星期三的前一个星期六
	澳元	50 000元/份	3、6、9、12月第三个星期三的前一个星期六

承例4-1,如果采用在芝加哥国际货币市场上卖出货币期货合约进行套期保值,那么,应该卖出3月或6月英镑货币期货合约48份(每份英镑履约标准面值为62 500英

镑)[①]。例 4-1 中,中国公司的外币应收账款到期日与世界主要期货市场上的相关货币期货合约到期日不匹配,因此,中国公司采用场内货币期货合约进行套期保值无法做到完全套期保值。此时,需要进行 delta 套期保值。例如,设今天为 3 月 13 日,某公司有一笔债务,到期日是 10 月 26 日(共 227 天),债务金额为 1 000 万新加坡元,即期汇率为 0.601 美元,美国货币市场年利率为 6.24%,新加坡货币市场年利率为 4.04%。相关期货合约到期日为 9 月 11 日和 12 月 16 日。显然,债务到期日与期货合约到期日不匹配,为此,可采取货币期货+远期合约的策略,即购买到期日为 9 月 11 日的货币期货合约,之后,再买入 10 月 26 日到期的远期合约。

除到期日不匹配之外,场内货币期货合约的不完全套期保值还表现在币种不匹配,也就是说,风险暴露货币与套期保值的货币不一致。仍以例 4-1 为例,假设英镑为非主流货币,那么,英镑货币期货市场交易不活跃,直接运用英镑货币期货合约进行套期保值代价过高(即英镑期货交易的买卖价差较高)。因此,常常选择与英镑相关程度高且交易活跃的其他货币(如欧元)期货合约进行套期保值。这种做法称为交叉套期保值(currency cross-hedge)。尽管它可以减少套期保值的成本,但无法做到完全套期保值。

3. 货币市场套期保值

货币市场套期保值(money market hedge)是指通过现汇市场和欧洲货币市场来复制远期汇率市场的做法。这种方法适用于对到期日较远且交易量较小的币种。货币市场套期保值涉及借款、换汇和投资,其主要成本由两国利差决定。

例 4-2 承例 4-1,由于中国公司 3 个月后可收到货款 300 万英镑,因此现在可以按 5% 的年利率从银行借入 296.30 万英镑,然后兑换成等值人民币 2 963 万元(设即期汇率为 RMB10=GBP1),并以 2% 的年利率进行 3 个月的投资。3 个月后,该公司将取得 2 977.82 万元人民币,同时,收到英国公司到期货款 300 万英镑,正好用以偿还本息合计为 300 万英镑的借款。于是,中国公司最后的净资产锁定为 2 977.82 万元人民币,避免了汇率风险。这一对冲操作的效果可以用 3 个月后的 T 型账户表示:

6 月 1 日中国公司 T 型账户 (单位:万)

应收账款	£300	短期借款	£300
短期投资	¥2 977.82		

可见,英镑资产与负债相互抵消,该公司持有人民币净资产 2 977.82 万元。

货币市场套期保值的损益可以这样计算:人民币投资回收额减去 3 个月后偿还英镑借款的等值人民币。例如,当 3 个月后的即期汇率为 GBP1=RMB9.9 时,偿还本息合计 300 万英镑的债务需要等值人民币 2 970 万元,而人民币投资回收额为 2 977.82 万元,所以对冲净收益为 7.82 万元人民币。

[①] 如果中国公司的应收账款高于或低于 300 万英镑,那么,该公司应该卖出的英镑期货合约数很可能是个非整数。由于履约面值标准化的缘故,实际卖出合约将高于或低于应该卖出的合约数。于是,便产生了剩余风险或增加套期保值成本。

从理论上讲,当利率平价条件成立时,货币市场对冲净收益应该为零,货币市场对冲与远期对冲的效果和结果是一样的。但事实上,由于国际金融市场的不完善性,货币市场套期保值的结果与远期外汇市场的套期保值结果不一致在所难免。

4. 货币期权合约套期保值
(1) 一般做法

货币期权市场可分为场内交易市场和场外交易市场。场内货币期权合约规定有标准货币、标准履约面值以及到期日(见表4-4);场外货币期权合约则可据客户需要对履约面值、货币以及到期日进行量身定做。货币期权场外交易量远大于场内交易量。

迄今为止,我们探讨的都是在外汇交易风险头寸已知或确定能够实现的情况下,如何进行套期保值。然而,当公司无法确定未来某种外币现金流入(流出)到底能否实现时,货币期权合约便登场了,理由是其持有者可以视情形决定是否行权,具有风险不对称性。

例4-3 承例4-1,现假设中国公司于3月1日向英国公司提交了销售合同的竞标申请,但一个月后才能知道结果。在接下来的一个月内,中国公司不能确定自己能否获得这份销售订单,也无法知晓在6月1日能否得到300万英镑的货款。

于是,中国公司形成了一笔或有风险。这种不确定性对于选择套期保值策略具有重要影响。

如果中国公司任由汇率波动而不加防范,那么,即便中国公司最终竞标成功,英镑在一个月之内的大幅贬值会完全抵消中国公司预期的利润率。目前3个月远期汇率为GBP1=RMB9.9。如果4月1日的2个月远期汇率(即6月1日交割汇率)降到GBP1=RMB9.7,那么,该合同的人民币价值将从$300 \times 9.9 = 2970$万元降到$300 \times 9.7 = 2910$万元,损失60万元。

如果中国公司在3月1日采用远期合约进行套期保值,会产生新的交易风险,即一旦竞标失败,中国公司还是得在6月1日交割300万英镑,即只能通过在4月1日的货币期货市场进行对冲平仓来完成,而这可能造成巨大的损失。

货币期权合约解决了这一两难选择。中国公司可以在3月1日买入3个月的看跌期权,期权费$300 \times 0.08 = 24$万元人民币。在这种套期保值做法下,有四种可能的结果。

结果一,公司中标,且到期即期汇率低于执行汇率。中国公司将履行看跌期权,以执行汇率将300英镑兑换成等值人民币。

结果二,公司中标,且到期即期汇率高于执行汇率。中国公司将放弃看跌期权,以到期即期汇率将300英镑兑换成等值人民币。

结果三,竞标失败,且即期汇率低于执行汇率。中国公司将履行看跌期权,即中国公司首先以较低的即期汇率从现货市场购入英镑,然后再按较高执行价将英镑兑换成等值人民币获益。

结果四,竞标失败,且即期汇率高于执行汇率。中国公司将放弃看跌期权获益,且损失期权费用24万元。

货币期权合约还在其他方面体现其价值。例如,当外币贬值时,许多公司为了保持市场份额,都不愿意立即调高产品或商品的外币销售价格,而宁愿承担一些损失。由于未来的市场需求是不确定的,公司无法确定未来一段时间的销售额,因而无法通过外币远期合约、货币期货合约等进行套期保值。而货币看跌期权可以起到出其不意的效果,既可以帮助公司对冲汇率风险,又有可能帮助企业维持既定的利润率水平和市场份额。又如,如果他国竞争者的本国货币贬值,那么,中国公司可能会处于不利地位,即使中国公司并没有以该国货币计价的交易,也照样会受他国货币贬值的影响。如果中国公司购买了该种货币的看跌期权,那么,即便该货币贬值,中国公司还是可以用从货币期权上获得的利润补偿其在销售上的损失。

可见,在并不清楚该货币风险头寸的大小情况下,货币远期合约或货币期货合约的对冲交易很难操作。此时,货币期权合约可以大显身手。套期保值工具选择的通用法则大致可总结如下:

第一,如果一种外币的现金流出额已知,则买入外汇远期合约或货币期货合约;如果该现金流出额不确定,则买入货币看涨期权。

第二,如果一种外币的现金流入额已知,则卖出外汇远期合约或货币期货合约;如果该现金流入额不确定,则买入货币看跌期权。

第三,如果一种外币的现金流量部分已知而部分不确定,则用外币远期合约对冲已知的部分,用货币期权对冲不确定的部分,具体买入的货币期权履约面值应相当于这部分现金流量的最大值[①]。

(2) 人民币外汇期权

人民币外汇期权是银行与企业约定,期权买方在期初支付一定的期权费后,获得一项未来按约定汇率买卖外汇的权利。按交易方向可分为买入期权和卖出期权;按合约类型可分为看涨期权和看跌期权;按行权时间分为欧式期权、美式期权;按标的价格分为实值期权、平值期权、虚值期权等。人民币外汇期权适用于各类套期保值场景,适合风险偏好较低、有一定外汇衍生品交易经验(如远期产品)、愿意通过支付期权费以获得汇率保护的企业。

在人民币汇率双向波动环境下,人民币外汇期权能够满足企业套保需求。自2011年期权交易推出后,企业外汇期权交易量逐年增加,目前已经成为企业使用较多的一种汇率避险工具。2021年,我国企业外汇市场期权交易总量达3 446亿美元,占银行对客户外汇衍生品交易总量的26%。2021年,我国企业买入期权1 460亿美元,卖出期权1 986亿美元。

专栏 4-1

远期结售汇和货币期权的搭配

我国某A股上市公司是铝箔材十强企业,产品出口60多个国家和地区,年出口金额占总营业收入40%左右。该公司从2011年开始尝试套期保值类产品,执行套期保值制度防范汇率风险已有10多年,逐步从"随机性、阶段性"的粗放汇率风险管理方式发展至"定量化、定期化"的精细化汇率风险管理方式。

近年来,人民币汇率双向波动趋于常态化。该公司始终保持清醒的汇率风险意识,结合外币存款余额、应收账款等情况确定每个月的资金计划,规定每个月拟结汇金额的50%必须通过远期结汇合约锁定,10%—20%可搭配人民币外汇期权组合产品,在锁定

---

① Giddy, Ian H. The Foreign Exchange Option as a Hedging Tool[J]. *Midland Corporate Finance Journal*, 1983(Fall): 32-42.

销售利润"安全垫"基础上,保留一定的灵活性。

2020年春节过后,美元对人民币向上突破7,看空人民币情绪上涨,许多企业推迟结汇,但该公司始终坚持执行内部套保制度,保持合适的套保比例。随着我国统筹疫情防控经济率先复苏,人民币汇率回升,该公司又一次成功管理了汇率风险。

问:如何理解远期合约和货币期权搭配的效果?

资料来源:国家外汇管理局.企业汇率风险管理指引[EB/OL]. http://m.safe.gov.cn/safe/2022/0701/21156.html.

(二)长期交易风险的套期保值

1. 货币互换

(1) 一般做法

货币互换(currency swap)是指两个公司交换以不同货币表示的债权或债务,双方互相支付固定数额的利息,在到期日,将本金以约定的汇率换回的做法。货币互换可以看作一系列远期交易的组合,而且货币互换比远期合约或货币期货合约的期限更长,有的长达15年或更久。货币互换市场通常需要通过中介机构撮合交易,大银行和投资公司都有经纪人充当互换中介,中介需要承担某一方的违约风险,有时还会在缺乏一个交易方的情况下接受互换合同,自己充当合约交易方。

例 4-4 中国某跨国公司为了拓展业务,需筹集 2 000 万元人民币资金。某知名国际投资银行要求该中国跨国公司放弃在中国资本市场上的融资计划,并建议其在美国资本市场通过发行外国债券筹集资金,理由是美国资本市场上的名义利率低。为此,中国公司采纳了该投行的建议,并要求该投行负责其外国债券的承销业务。该投行共发行了总面值为 500 万美元,期限为 5 年的零息债券,发行价为面值的 60%(不考虑发行费)。即期汇率为 USD1 = RMB7。

中国公司获得了 300 万美元的资金,尽管新筹集方案可以减少融资成本,但同时承受了美元升值的交易风险。为此,该公司与负责发行债券的投行签订了货币互换协议。协议内容包括三部分:一是初始互换,投行用 2 100 万元人民币与中国公司的 300 万美元互换,中国公司实现了 2 100 万元人民币的融资目标;二是期末互换,中国公司用 2 100 万元人民币换回 300 万美元,可以用来履行到期债务;三是每隔半年,中国公司向投行按固定年利率 10% 支付利息。这样,中国公司通过货币互换,规避了美元升值的交易风险。

在货币互换操作上,初始本金互换的依据通常是即期汇率,但有时也使用在交易日前约定的远期汇率。随着时间的推移,如果货币互换中约定的汇率与未来即期汇率相等,互换的价值为零,但是汇率和资金成本率往往会发生变动,从而使互换交易的一方获益,另一方则受损。在实际交易中,交易一方只需向另一方支付现金流的差额即可。

除了在市场上通过中介进行货币互换之外,交易双方还可以通过平行贷款(parallel loans)和背对背贷款(back-to-back loans)进行直接货币互换。

平行贷款是指两家跨国公司达成协议,同意在一段时间内各自向对方设在本国的子公司提供等值的本国货币贷款,期满后由对方子公司归还本息。平行贷款的基本路径为:首先,根据协议,由两家跨国公司的母公司分别向对方设在本国的子公司提供贷款,如中国公司的母公司为美国公司设在中国的子公司提供人民币贷款、美国公司的母公司为中国公司设在美国的子公司提供等值美元的贷款,然后,分别由各自子公司归还到期的本息。

背对背贷款是跨国公司与外国银行签约,由该银行总部或分支机构向跨国公司在当地的子公司贷款,同时母公司将等值本币存入外国银行在本国的分支机构。例如,中国银行与美国跨国公司签订协议,由中国银行总行或某分行向美国在华子公司提供2 000万元人民币贷款,同时,该公司的美国母公司将等值美元存入中国银行在美国的一家分行,期满后由子公司就地还贷,母公司则可随时提走存款。背对背贷款包含两份独立的贷款协议,因此,即便出现一方违约的情况,另一方也不能解除协议。因此,这类贷款存在信用风险。

除了套期保值功能,货币互换还利用了由于市场分割或信息不对称而造成的交易双方的比较优势,从而使公司获得低筹资成本的好处,甚至进入本来不能或难以进入的资金市场。但是,套利机会的存在会消除这种比较优势。

(2)人民币掉期

我国人民币掉期有两类产品,分别为外汇掉期和货币掉期。

外汇掉期是指银行与企业约定在一前一后两个不同的交割日期,以不同的汇率进行金额相同、方向相反的两次本外币交换。按照交割方向不同,分为"近端结汇/远端购汇"外汇掉期和"近端购汇/远端结汇"外汇掉期业务。这种操作可以一次性锁定外币资金收付在期初和期末的兑换汇率,便利企业灵活调剂本外币资金,满足企业流动性管理需要。这适用于存在跨境资金收付汇双向流动、跨币种投资等币种错配需求的企业。

货币掉期是指银行与企业约定在一前一后两个不同的交割日期,以相同的汇率进行金额相同、方向相反的两次本外币本金交换,存续期间以约定利率交换利息。按照交割方向不同,分为"近端结汇/远端购汇"货币掉期和"近端购汇/远端结汇"货币掉期业务。按本金交割形式不同,分为两次均实际交换本金、两次均不实际交换本金、仅一次实际交换本金等形式。这种操作可以同时规避利率与汇率波动的风险;将外币负债的汇兑损益转换成为利息费用,方便企业进行合理的财务处理;更好地发挥不同币种的贷款优势,降低融资成本。这适用于以套期保值为目的、希望规避汇率利率变动风险,尤其是承担外币利息负债的企业。

目前,我国外汇掉期多于货币掉期。2021年我国银行对客外汇掉期签约1 147亿美元,货币掉期累计签约210亿美元,合计1 357亿美元,占银行对客户外汇衍生品交易总量的10%。受利率结构影响,"近结远购"交易增长较快。2021年"近结远购"掉期交易量为1 072亿美元,"近购远结"掉期交易量为284亿美元。

2. 长期远期合约

长期远期合约一般是指期限在5年以上的远期合约,一些主要货币(如美元、英镑、加拿大元等)的远期合约期限可达10年甚至更长。但为了确保跨国公司能履行远期合约所规定的长期义务,银行往往只将信用等级很高的公司作为其长期远期合约的交易对手。

(三)其他方法

1. 交叉套期保值

交叉套期保值是指用一种货币的风险暴露损益来冲抵另一种货币的风险暴露损益的做

法,这种做法利用了风险暴露组合降低非系统性风险的原理。跨国公司看重的是公司全部外汇风险暴露组合的净损益,而不是单种货币各自的头寸损益。这种套期保值理念已经根植于大多数跨国公司的汇率风险管理之中。

当某种货币不能直接通过远期合约套期保值(如没有远期市场)时,或通过远期合约和货币期货合约进行套期保值成本过高(如该货币交易不活跃)时,交叉套期保值就显得特别有用。交叉套期保值最适用于以下两种可能的情形。

第一,如果两种货币的汇率走势是正相关的(如瑞士法郎和欧元),那么,公司可以持有一种货币的空头头寸来冲抵另一种货币的多头头寸。例如,美国公司有一笔比索收入,由于比索缺乏一个良好的远期市场,又由于比索对美元、日元对美元的汇率具有高度相关性,因此,可签订日元/美元的远期合约来达到套期保值的目的。

第二,如果两种货币的汇率走势是负相关的,那么,公司可以同时持有两种货币的多头(或空头)头寸以互相冲抵。

2. 风险分担

风险分担是一种依据交易合同量身定做的套期保值方法。它通常包含一个价格调整条款,其中设定一个基准汇率和中立区间以对应一定的汇率变化。在中立区间内,汇率波动风险无须分担;反之,当汇率变化超出中立区间时,双方将分担汇率风险。

例 4-5 承例 4-1,基准汇率可以设定为¥9.9/£1,中立区间为¥9.6/£1—¥10/£1。

当汇率处于中立区间内时,英国公司必须按¥9.9/£1的基准汇率付给中方货款300万英镑,也就是2970万元人民币,同时,英国公司的成本将在 $2970 \div 10 = 297$ 万英镑和 $2970 \div 9.6 = 309.38$ 万英镑之间随汇率上下波动。但如果英镑贬值,跌至¥9.4/£1,比中立区间下限还低了¥0.2,那么,中国公司和英国公司将各分担¥0.1的汇率波动。也就是说,英国公司现在必须按¥9.9/£1 − ¥0.1/£1 = ¥9.8/£1的汇率向中国公司支付等值人民币 $300 \times 9.8 = 2940$ 万元,同时英国公司的成本上升为 $2940 \div 9.8 = 300$ 万英镑。显然,若没有这样一种风险分担机制,中国公司只能得到 $300 \times 9.4 = 2820$ 万元人民币。

对中国公司而言,这种做法的最大不利是,当汇率波动越过中立区间上限时,它不能够完全享有美元升值带来的所有好处。设英镑升值为¥10.2/£1,由于合同执行汇率为¥10/£1(= ¥9.9/£1 + ¥0.1/£1),因此,英国公司只需付给中国公司等值人民币3 000万元,英国公司成本为 $3000 \div 10.2 = 294.12$ 万英镑,少于没有风险分担机制下的300万英镑。

值得注意的是,套期保值并不是万能的,有时候,套期保值的效果适得其反。套期保值可以锁定跨国公司的本币成本,但同时却可能使公司处于不利的竞争地位,增大了风险。例如,一家美国公司从中国进口一批创维牌电视机,4个月后以美元付款。假如创维电视机价格为1 000元人民币/台,即期汇率为¥7/$1,则美国公司的购置成本为每台142.86美元。如果美国公司用4个月远期合约(约定汇率为¥6.9/$1)进行套期保值,可将每台购买价格锁定至144.93美元。如果该美国公司购买了远期合约之后,人民币大幅贬值到¥7.1/$1,而电视机的人民币价格未变。此时,该美国公司就会受到本国其他创维电视机进口商的竞争威胁,因为他们的进口成本仅为每台140.85美元。为保持市场占有率,美国公司可能被迫调低创维电视机在美国的售价,从而降低了利润率。当然,如果人民币升值,美国公司会从中受益。

在例 4-5 中，由于套期保值仅仅对冲锁定了美元成本，但美元售价却随着汇率的波动而波动。因此，套期保值非但没有降低汇率风险，反而增大了该公司利润率的波动性（即风险）。鉴于美元成本和美元售价都将随着汇率变动作同向波动，美国公司不采取任何对冲措施反倒能够稳定其利润率。

如何解释这一悖论呢？事实上，跨国公司面对的不仅有交易风险，还有经济风险。汇率变动引发交易风险，也可能同时引发经济风险。因此，这种仅对交易风险进行套期保值，而任由经济风险存在的做法，可以解释上文所提及的悖论。下一章，我们会介绍如何对经济风险进行管理。

专栏 4-2

隆基绿能的交易风险管理

隆基绿能科技股份有限公司（601012.SH，简称"隆基绿能"）是一家制造单晶太阳能光伏材料、光伏发电设备、太阳能电站系统等产品的企业，其拥有单晶硅片、电池组件、工商业分布式解决方案、绿色能源解决方案、氢能装备五大业务板块。在中国、越南、马来西亚等国家和地区布局多个生产制造基地，在美国、日本、德国、印度、澳大利亚、阿联酋、泰国等国家设立分支机构，业务遍及全球 150 余个国家和地区。

截至 2023 年底，隆基绿能美元应收款项合计 2 560 607 118.89 元（折算为人民币，下同）、应付款项合计 146 585 130.05 元；欧元应收款项合计 308 416 559.99 元、应付款项 67 682 892.29 元；其他外币应收款项 14 328 170.27 元、应付款项不足 1 万元。

项目	美元	欧元	其他外币	合计
		2023 年 12 月 31 日		
外币金融资产				
货币资金	5 491 913 423.75	2 157 023 433.55	433 410 260.06	8 082 347 117.36
应收账款	2 559 014 918.44	306 767 904.01	14 328 170.27	2 880 110 992.72
其他应收款	1 592 200.45	1 648 655.98		3 240 856.43
合计	8 052 520 542.64	2 465 439 993.54	447 738 460.33	10 965 698 966.51
外币金融负债				
应付账款	35 497 357.88	768 169.77		36 265 527.65
其他应付款	111 087 772.17	66 914 722.52	7 950.22	178 010 444.91
合计	146 585 130.05	67 682 892.29	7 950.22	214 275 972.56

由上表显示的外汇交易风险敞口头寸来看，公司面临交易风险。截至 2024 年 5 月 1 日，美元仍有走强趋势，美元兑人民币收盘 7.24；受欧元区经济影响，欧洲央行降息预期

增强，欧元有走弱压力。

为减少外汇风险的影响，隆基绿能总部设有财务部门负责监控外币交易和外币资产负债规模，同时，隆基绿能与金融机构开展外汇衍生品交易业务以对冲汇率波动风险，品种包括但不限于外汇远期、外汇掉期、外汇期权、结构性远期、利率掉期、货币互换等。隆基绿能制定《证券投资与衍生品交易管理制度》对外汇衍生品交易业务的操作原则、审批权限、业务流程、风险管理等方面进行了明确规定。主要涉及的套期保值活动包括四个方面。

第一，对已签订的固定价格的购销合同进行套期保值，包括对原材料采购合同进行空头套期保值、对产成品销售合同进行多头套期保值，对已定价贸易合同进行与合同方向相反的套期保值。

第二，对已签订的浮动价格的购销合同进行套期保值，包括对原材料采购合同进行多头套期保值、对产成品销售合同进行空头套期保值，对浮动价格贸易合同进行与合同方向相同的套期保值。

第三，根据生产经营计划，对拟履行进出口合同中涉及的预期收付汇进行套期保值。

第四，根据投资融资计划，对拟发生或已发生的外币投资或资产、融资或负债、浮动利率计息负债的本息偿还进行套期保值。

问：隆基绿能是否存在内部对冲交易风险的空间？

本章小结

汇率风险（货币风险）分为交易风险、经济风险和会计风险。对前两类风险的计量都是基于未来现金流量（公司价值）的变动幅度；对后者的计量取决于现行汇率与历史汇率的差异和不同的外币会计折算方法。

交易风险是一家公司以外币表示的合约现金流量兑换成本币后，已实现的本币价值对不可预期的汇率变动的敏感程度。交易风险不难识别，可以借助各类用外币表示的合约来甄别。

交易风险是有害的，需要对冲。交易风险管理的重点在于如何避免外汇净头寸或外汇净资产的产生，以及在外汇净头寸或外汇净资产存在的情况下，如何避免或减少由于汇率变动而可能遭受的损失。交易风险管理的核心是套期保值（对冲）。

交易风险管理的核心是对冲，但对冲手段不是万能的。除了受成本与收益因素的制约外，对冲在减少交易风险的同时有可能加大经济风险。因此，跨国公司需从公司整体经营过程的角度来进行汇率风险管理。

鉴于借助金融市场工具（如外汇远期合约、货币期货、货币期权、货币互换等）对冲交易风险是需要花成本的，为此，在实践中，先使用内部管理的做法对冲一部分交易风险，然后，再使用金融市场工具对冲剩余的交易风险。

关键词

交易风险　交易风险识别　交易风险度量　外汇远期合约　货币期货　货币期权
货币互换　内部套期保值　跨国净额结算　提前或延后结算

习 题

1. 什么是交易风险？它与经济风险有什么不同？

2. 请叙述交易风险内部管理的目标以及主要方法。

3. 某中国公司向美国公司出口一批货物，计500万美元。根据销售条件，货款将于3个月后收取。目前，3个月远期汇率为7元人民币/1美元。公司预测3个月后的即期汇率为7.1人民币/1美元。问：

(1) 使用远期合约套保值的预期损益是多少？

(2) 你会建议对这笔美元应收账款进行套期保值吗？

(3) 如果外汇预测显示未来的即期汇率与今天的远期汇率高度一致，你是否会改变主意？

4. 承第3题，假如目前的即期汇率为6.9元人民币/1美元，未来即期汇率不确定。中国货币市场年利率为6%，美国货币市场年利率为5%。该中国公司非常关注汇率的变化，并坚持对交易风险进行套期保值。问：

(1) 如果有用远期合约卖出未来的美元，或按应收美元数借入美元两套方案，你会倾向于哪一种？

(2) 远期汇率为多少时这两套方案无差异？

5. 美国得克萨斯州的A公司是邻近危地马拉的一家新组装工厂。其有900 000格查尔（危地马拉货币Q）的竣工款项将于6个月后支付。A公司将年加权平均资本成本定位于20%。现在的外汇报价和利率报价如下表所示：

即期汇率	Q7/$1
6个月远期汇率	Q7.1/$1
危地马拉货币的6个月利率	年利率14%
美元的6个月利率	年利率6%

A公司的CFO非常关注危地马拉的经济状况，他想知道公司是否应该对冲外汇风险，并自己预测如下：

最高预测汇率	Q8/＄1，表示格查尔严重贬值
预期汇率	Q7.1/＄1
最低预期汇率	Q6.4/＄1，表示格查尔升值

问：

(1) A公司付款时，可选择的现实策略有哪些？（请显示计算过程）

(2) 你会选择何方法？为什么？（用计算结果予以说明）

6. C公司位于美国夏威夷，出口夏威夷果。日本市场是该公司最大的出口市场，其在日本的年销售额为1 200 000 000日元。即期汇率为125日元/美元。假定销售额在年内的分布相对均匀。C公司账面上有250 000 000日元应收账款。给予每个客户的赊销期是60天。每月收到的现金通常是100 000 000日元。

C公司愿意对冲未到期日元货款，但该公司的客户太多、交易量太大，以至于实际上无法卖掉每笔应收账款远期。C公司也不想使用期权，因为就这一目的而言期权的成本太高了。因此，该公司决定借入日元对冲风险。问：

(1) C公司应借入多少日元？

(2) 日元贷款的支付条款应该是怎样的？

7. 中国某公司向巴西出口电脑打印机，巴西货币雷亚尔的市场汇率为0.5雷亚尔/1元人民币。目前向巴西的出口量为每年100 000台打印机，每台打印机的雷亚尔价格相当于1 200元人民币。盛传数周内巴西政府将使雷亚尔贬值至0.6雷亚尔/1元人民币。如果发生贬值，预期雷亚尔的汇率将在之后10年中保持不变。

接受该预测作为给定条件，该中国公司必须在实际贬值之前做出定价决策。

做法一：公司保持雷亚尔价格不变，这意味着销售所得的人民币额减少，此时在巴西的销量不变。

做法二：保持人民币价格不变，提高巴西雷亚尔价格以补偿贬值，这会使销量下降20%。设打印机的直接成本为人民币售价的60%。

问：如果你是公司CFO，你会推荐何种策略？

第五章 货币经济风险管理

> 【学习要点】
> 1. 经济风险识别。
> 2. 为何经济风险难以度量?
> 3. 经济风险对冲的特点。

经济风险(operating exposure)又称经营风险,是指一种或多种外币价值的不确定变化所导致的来自公司实质资产(包括有形资产、人力资源等)的经营现金流量(如 FCFF)的变化,从而影响公司价值。经济风险的识别不太困难,但度量不易。由于经济风险敞口不确定,因此,不宜采用金融市场工具对经济风险进行套期保值。

第一节 经济风险识别

经济风险反映了经营现金流量对汇率的敏感度,因此,我们可以从汇率非预期变动对经营现金流量的影响路径来认知经济风险。

一、自由现金流的视角

根据估值原理,公司价值等于未来自由现金流的贴现值,因此,我们可以将自由现金流(FCFF)视作经营现金流量。

根据自由现金流的定义,FCFF 等于税后经营利润加折旧[①],减去资本性支出和净营运资本变动额,即 $FCFF = EBIT(1-t) + D - CE - \Delta WC$。由于 $EBIT(1-t)$ 可以表达为

$$EBIT(1-t) = [(p-vc)Q - FC - D](1-t) \tag{5-1}$$

式 5-1 中,p 表示产品或服务的单位售价,vc 是指单位变动成本,FC 是指不包括折旧在内的固定成本,D 表示折旧,t 表示所得税税率。根据式(5-1),我们可以将 FCFF 重新表述为

$$FCFF = [(P-vc)Q - FC - D](1-t) + D - CE - \Delta WC \tag{5-2}$$

根据式(5-2),我们可以直接读出汇率变动对 FCFF 产生影响,进而对公司价值的主要影响路径。

第一,汇率变动会影响产品和服务的出口价格。若中国跨国公司以美元作为结算货币,

---

① 非现金性费用包括折旧费用、摊销费用,为便于理解,此处仅考虑折旧费用。

那么,当美元贬值后,即便维持产品和服务的美元出口价格不变,人民币等值价格将下降。若不考虑其他因素的变动,公司等值人民币收入将下降,FCFF 也将下降。

第二,汇率变动会影响产品和服务的进口价格。若中国跨国公司以美元作为结算货币,那么,当美元升值后,即便维持产品和服务的美元进口价格不变,人民币等值价格将上升。若不考虑其他因素的变动,公司经营成本将上升,FCFF 和公司价值也将下降。

二、公司类型的视角

公司的投入(要素)市场和产品市场的一体化程度存在差异,总体上说,市场一体化程度越高,公司的资产价值对汇率变化的敏感程度就越高,其所承受的经济风险也就越大。如果按投入成本和产出价格究竟由本国市场决定还是由竞争性全球市场决定进行分类,我们可以将公司分成四类。下文以制造企业为例,对不同类型企业所承受的经济风险逐一进行阐述。

第一,收入和支出均由本国市场决定的企业。这类企业俗称"两头均在内"的企业,由于要素(原材料、劳动力资源等)市场和产品市场与国外市场分割,这类企业对本国劳动力和原材料的依赖程度高,同时,其产品服务于本国消费者。因此,这类企业的经营没有跨越国界,对汇率变动最不敏感。

第二,依赖进口或出口的企业。这类企业也称"一头在内一头在外"的企业,按进口或出口,又可以细分成两小类企业。

若进口在外,这类企业称为依赖进口的企业,其原材料在竞争性的国际市场上购买,然后组织生产,并将产品投向本国市场。显然,这类企业面临负值的风险头寸,会承受外币升值的风险。因此,这类企业对外币升值的单向汇率变动敏感。

若出口在外,这类企业称为依赖出口的企业,其将在本国生产的产品(依靠本国的劳动力和原材料)投向竞争性的国际市场,这类公司面临正值的风险头寸,会承受外币贬值的风险。因此,这类企业不对外币贬值的单向汇率变动敏感。

第三,广泛参与国际市场的跨国公司。这类企业是真正意义上的跨国公司,俗称"两头均在外"的企业,它们在全球一体化的市场中从事经营活动,既有大量的进口业务,又有大量的出口业务,同时还与国际金融市场发生密切联系。这类企业对外币升值和贬值都敏感。

如果分别观察跨国公司的母公司及其子公司,我们会发现,母公司及其海外子公司所承受的汇率风险是不同的。通常,母公司的收入主要受实际汇率变动的影响[①],而投入的生产要素(劳动力、资本)主要来源于本国市场,这些生产要素的本币价格基本与汇率变动无关。子公司的情况就比较复杂,可以从收入与支出两个方面入手进行分析。从收入角度看,子公司所在国的当地货币一旦实际贬值,子公司销售收入的本币价值会减少,但它一般很难通过立即提高产品价格的方式完全抵消该货币贬值的影响,因此,本币利润会减少;当地货币贬值打击了子公司的竞争对手——其他国家的出口商,又会在一定程度上增加子公司的销售收入,抵消不利影响。从成本角度看,如果子公司的主要生产要素源自当地,该国货币贬值会降低子公司成本的本币价值,提高本币利润;但若生产要素主要从国际市场购买,则影响不大。

---

① 相对于国内商品,外币的实际汇率上升使得外国商品价格上升。例如,外币发生了实际升值,外国客户的实际购买力增强。在外币售价或本币售价不变的情况下,出口商的出口量将上升。因此,外币实际汇率上升将损害进口商的竞争力,但增强了出口商的竞争力。

第二节 经济风险度量

一、经济风险的变量

跨国公司无一例外地会遇到经济风险,但是,其度量很困难。我们通过一个例题,分四种情景来介绍各种情形下经济风险的度量,以展示经济度量的复杂性。

例5-1 A公司为一家美国跨国公司在中国的全资子公司,于1985年创立。当时,其产品30%在中国当地销售,每件售价20元人民币,70%则出口,单位售价3美元。劳动力来自中国内地,工资为7元人民币/小时(1985年的劳动力价格)。原材料部分进口,单价1美元;其余在当地采购,单价7元人民币。每年固定资产折旧100万元人民币。营运资金变化量=销售收入变化量×20%+生产成本变化量×30%,假设在第1年年初一次性投入。经营费用占销售收入20%。所得税税率为30%。

情形一:没有外汇经济风险

为方便讨论,假设中美两国的通货膨胀率始终为零,美国母公司的资金成本率保持不变,设为10%。且由于通货膨胀都为零,名义汇率的变化必然导致实际汇率的变化。在进行预算时,用实际汇率变化来预测未来现金流量的变化,而一旦未来现金流量的预测值已经确定,就应该用名义汇率来折算。A公司根据远期汇率预测未来三年的名义汇率均为RMB7/USD1,并得出未来三年的经营性现金流量(FCFF或FCFE)如表5-1所示。

表5-1 A子公司未来三年每年经营现金净流量预测(一)

项 目	单 位	数量(万)	单价(元)	合计(万元)
销售收入				2 080
国内	件	20	20	400
出口	件	80	21	1 680
减:生产成本				595
劳动工资	人时	5	7	35
国内原材料	件	60	7	420
进口原材料	件	20	7	140
减:经营费用				416
利息				20
折旧				100
税前利润				949
减:所得税				284.7
净利润				664.3

续 表

项　目	单　位	数量(万)	单价(元)	合计(万元)
加：折旧				100
年经营现金净流量(￥)：FCFE				764.3
汇率				RMB7/USD1
年经营现金净流量($)：FCFE				$109.2

若未来三年中名义汇率变成RMB6.8/USD1,那么,便产生了经济风险。

以下我们将给出三种存在经济风险的情景(事实上,可能的情景远非三种),并对经济风险进行度量。

情形二：人民币价格不变,出口产品外币价格提高,其他经营变量不变

若A公司的产品在出口市场上拥有垄断权或具有不可替代性,那么,在人民币升值时,即RMB6.8/USD1,其产品的美元价格上升至3.088(=21/6.8)美元/件,等值人民币价格可以保持不变,仍为21元/件,且不会减少销量。假定进口原材料人民币价格不变,在这种情况下,表5-1中各项目的人民币现金流量都不变,但人民币升值导致美元现金流量上升至112.4万美元。其影响如表5-2所示。

表5-2　人民币升值对经营现金净流量的影响(一)

年份	升值后年经营现金净流量(万美元)	与升值前相比差额(万美元)	贴现系数(10%)	现金流量差额现值(万美元)
1	112.4	3.2[1]	0.909	2.91
2	112.4	3.2	0.826	2.64
3	112.4	3.2	0.751	2.40

注1：3.2 = 112.4 − 109.2。

由表5-2可知,经济风险为最后一列中各数据的加总额,即7.95(=2.91+2.64+2.40)万美元。该值为正值,说明A公司价值增加7.95万美元。

情形三：外币价格不变,人民币价格降低,其他外生经营变量不变

若A公司的产品在出口市场上没有垄断权或不具有不可替代性,那么,当人民币升值后,为了保持市场份额,该公司无法变相提高美元售价,只能维持3美元/件的外销价格不变。这样,出口产品的等值人民币售价降为20.4元/件(见表5-3中的"出口销售收入"项目),在其他变量不变的情况下,公司的利润(用人民币度量的利润)将减少。为此,该公司拟将内销人民币价格降为18元/件,希望能够"薄利多销",但未能如愿(见表5-3中的"国内销售收入"项目)。又假定进口原材料人民币价格不变,此时的经营现金净流量如表5-3。

表 5-3 A子公司未来三年每年经营现金净流量预测(二)

项　目	单　位	数量(万)	单价(元)	合计(万元)
销售收入				1 992
国内	件	20	18	360
出口	件	80	20.4	1 632
减：生产成本				595
劳动工资	人时	5	7	35
国内原材料	件	60	7	420
进口原材料	件	20	7	140
减：经营费用				398.4
利息				20
折旧				100
税前利润				878.6
减：所得税				263.58
净利润				615.02
加：折旧				100
经营现金净流量(￥)				715.02
汇率				RMB6.8/USD1
经营现金净流量($)				$105.15

由于A公司销售收入下降，因此，营运资金发生变化。根据例5-1给定的假定，变化量-17.6[=(1 992-2 080)×20%]万元人民币，即-2.588万美元。这可以理解为公司因销售收入下降而收回2.588万美元营运资本，可将其视为第一年年底的现金流出(ΔWC)将减少2.588万美元。汇率变化后的影响见表5-4。

表 5-4 人民币升值后对经营现金净流量的影响(二)

年份	升值后经营现金净流量(万美元)	与升值前相比差额(万美元)	贴现系数(10%)	现金流量差额现值(万美元)
1	107.74[1]	-1.462	0.909	-1.329
2	105.15	-4.05	0.826	-3.345
3	105.15	-4.05	0.751	-3.042

注1：107.74=105.15+2.588。

由表 5-4 可知,将表中最右列数据加总,未来三年经济风险总量为—7.716 万美元。

情形四：人民币价格、成本以及销售量都发生了变化

在现实经济中,汇率的变动常常会对企业的生产和销售同时产生影响。因此,国内人民币售价下降会推升国内需求上升(销量增至25万,参见表5-5中的"国内销售收入"),销量的上升又导致生产要素投入的增加(劳动力增至5.25万小时,国内外原材料分别增至63万和21万,参见表5-5中"生产成本"的三个项目),人民币升值促使国外原料供应商降低价格(降至每单位6元人民币,参见表5-5中"进口原材料"项目),但工资和国内原材料由于价格刚性而不变。此种情形下,经营现金净流量的计算过程见表5-5。

表 5-5　A 子公司未来三年每年经营现金净流量预测(三)

项 目	单 位	数量(万)	单价(元)	合计(万元)
销售收入				2 082
国内	件	25	18	450
出口	件	80	20.4	1 632
减：生产成本				603.75
劳动工资	人时	5.25	7	36.75
国内原材料	件	63	7	441
进口原材料	件	21	6	126
减：期间费用				416.4
利息				20
折旧				100
税前利润				941.85
减：所得税				282.56
净利润				659.29
加：折旧				100
经营现金净流量(¥)				759.29
经营现金净流量($)				$111.66

由于销售收入和生产成本都增加了,因此,需要增加营运资本投放量。根据例 5-1 给定的假定,营运资金增加量 3.025[=(2 082—2 080)×20%+(603.75—595)×30%]万元人民币,即 0.445 万美元。

可见,第一年年底的现金流出(ΔWC)将增加 0.445 万美元。又假定在考察期结束的第三年,多支出的营运资本应返回。汇率变化后的影响见表 5-6。

表 5-6　人民币升值后对经营现金净流量的影响(三)

年份	升值后年经营现金净流量(万美元)	与升值前相比差额(万美元)	贴现系数(10%)	现金流量差额现值(万美元)
1	111.215	2.015	0.909	1.832
2	111.66	2.46	0.826	2.032
3	112.115[1]	2.915	0.751	2.189

注1：112.115=111.66+0.455,其中,0.455万美元为营运资本收回数。

由表 5-6 的最右边列各数据加总后可知,经济风险为 6.053 万美元。同情形三相比较,母公司未遭受人民币升值带来的损失。

二、一个有用的结论

上文,我们给出了汇率变动后出现的三种可能情形,并分别计算每种情形下的经济风险。但是,汇率变动后出现的可能情形远不止上述三种情形。因此,我们很难确定经济风险的敞口大小。

实践中,跨国公司常采用一些计量方法来预测汇率的经济风险。设 PV 表示公司市场价值,e 表示实际汇率。当 $\Delta PV/\Delta e$ 不等于零,公司经济风险的大小就可以表示为汇率的变化(Δe)引起公司市场价值变化(ΔPV)的大小。这种关系可以用回归分析来计量,最简单的一种回归模型[①]是

$$\Delta PV_t = \alpha + \beta \Delta e_t + \mu_t \tag{5-3}$$

式(5-3)中,$\Delta PV_t = PV_t - PV_{t-1}$,$PV_t$ 表示跨国公司 t 期间现金流量的本币现值,PV_{t-1} 表示跨国公司 $t-1$ 期间现金流量的本币现值,$\Delta e_t = e_t - e_{t-1}$,$e_t$ 表示 t 期间的平均实际汇率,e_{t-1} 表示 $t-1$ 期间的平均实际汇率,u 表示均值为 0 的随机误差项。

该回归模型使用的是 PV 和 e 的一阶差分,而不是变量本身,因为变量是非平稳的。回归分析得出三个重要的参数：(1) β 系数,它衡量公司本币价值对实际汇率波动的敏感度；(2) t 统计值,它衡量 β 系数的统计显著性,t 值越大,对 β 估计值的置信度越高；(3) R^2 值,它衡量 Δe 对 ΔPV 的解释能力,R^2 值越大,模型的解释能力越强。因此,即使得出的 β 估计值较大且统计显著,如果 R^2 值较小,说明汇率变化并不是影响公司价值的最重要因素,公司不值得在防范汇率风险上花费太多。

该模型只需公司经营的历史数据,如果是新设公司,则采用可比性较强的其他公司的历史数据。这种预测方法最大的局限性在于,历史数据不能代表未来。如果公司未来经营将有重大变化,应该单独考虑这些变化对现金流量的影响。

---

① Garner, C. K. & Shapiro, A. C. A Practical Method for Assessing Foreign Exchange Risk[J]. *Midland Corporate Finance Journal*, 1984(Fall), 2(3)：6-17; Adler Michael & Dumas Bernard. Exposure to Currency Risk：Definition and Measurement[J]. *Financial Management*, 1984(Summer), 13(2)：41-50.

第三节 经济风险对冲

汇率波动已经影响跨国公司经营的方方面面,跨国公司的经营现金流(自由现金流)对汇率变动非常敏感。因此,跨国公司应该设计出具有前瞻性的、主动的长期风险管理策略以获取国际竞争优势,而不是被动地应对汇率波动所造成的影响。经济风险属于长期性或周期性风险,经济风险管理的主要手段是经营性套期保值和金融性套期保值。由于经济风险的敞口大小不确定,直接使用金融工具进行套期保值不妥当,因此,在实践中,经营性套期保值被广泛运用。

一、经济风险的营销管理

一家跨国公司的经济风险由两类因素决定:一是公司所投入的生产要素和销售产品的市场结构;二是公司通过调整市场结构、产品结构和资源来减轻汇率变化影响的能力。下面从营销管理和生产管理两方面来介绍降低经济风险的种种做法。其中,营销管理策略围绕经典的4Ps理论展开。

(一)市场选择

跨国公司首先要决定在哪些市场销售自己的产品以及在不同的市场上各自花费多少成本进行市场营销。例如,由于本币升值和外国同行的激烈竞争,使得某些市场已无利可图,那么,公司应该考虑撤出此类市场。又如,如果本地市场不受全球竞争的影响,当地的产品价格和成本对汇率的实际变化不敏感,外币的实际升值增强了国外客户购买力,跨国公司则应该考虑进入这类市场。以潍柴动力为例,潍柴动力的市场选择集中于俄罗斯、伊朗等地区,以及南美洲、东南亚等新兴市场,这些地方大部分为产油大国,石油等能源工业发达,对其产品需求量大,对汇率变动敏感度低,且人口众多,汽车市场尚未饱和,市场前景广阔。

市场细分也是公司营销战略的重要内容。例如,某个经营奢侈品的跨国公司,当本币升值时,它受到的冲击可能会比那些以一般大众为目标客户的公司更小;而当本币贬值时,其所经营的奢侈品可以进一步向大众市场渗透。

以上两点是市场选择的基本策略。在短期内,公司的基本策略不易改变,因此,公司主要依赖一些技术调整(如定价策略、促销策略等)来增加其现金流量,增强抗风险能力,对冲经济风险。

(二)定价策略

跨国公司在面对外币升值或贬值时,可以通过选择合适的定价策略来消除经济风险。然而,在实施定价策略时会遇到两个难题。

1. 保持市场份额还是保持利润率的两难选择

当本币贬值时,跨国公司能够采取的定价策略主要有两种:一是保持外币标价的售价不变,且同时尽量保持在外币所属国的销量不变;二是保持本币标价的售价不变,且同时尽可能增加在国外特定市场的销量。

如果采取策略一,保持外币标价的单位售价不变,意味着用本币表示的单位售价上升,跨国公司边际利润将增加,在本币贬值时仍保持外币标价的售价不变可能会减少在外币所属国的销量,理由是大多数出口产品缺乏绝对竞争力,即不具有不可替代性。因此,这一定价策略可以理解为以牺牲销量为代价来尽量保持利润稳定。但是,能否实现这一目标,取决于策略一的正效应和负效应哪一个占上风。

如果采取策略二,保持本币标价的单位售价不变,意味着用外币表示的单位售价下降,跨国公司的利润空间会下降,但在外币所属国的销量可能会增加。这一定价策略可以理解为以牺牲利润为代价来维持销量或市场份额,但如果销量增长不足以弥补本币贬值的损失,跨国公司就无法实现价值增值。

虽然定价策略的基本原则是将价格定在利润最大化上,但是,具体的定价策略受制于多种因素的作用,如汇率变化持续的时间、规模经济、扩大生产的成本结构、需求的价格弹性以及竞争的激烈程度等。显然,需求价格弹性[①]越大,或规模经济效应越显著,降低价格以扩大市场份额的策略就越有利。而如果汇率变化是短期的,牺牲市场份额以换取较高的利润率的做法是不明智的。

2. 价格调整频率的两难

过于频繁的价格调整会使上游的供应商或下游的经销商感到无所适从,为了维护商誉,跨国公司宁愿承受一些损失也要保持价格稳定。由于长期的汇率波动给跨国公司带来的风险是长久的和巨大的,因此,适当调整定价又是必需的。但在实践中,价格调整的频率不易掌握。

(三) 促销策略

促销需要考虑广告、零售和批发的支出预算,跨国公司在做此类支出预算时,应该对相关货币的汇率走势有一个预期,据此将支出预算在各个国家和地区进行合理分配。

对于出口企业来说,本币贬值提高了其在广告促销上所花费成本的回报率,因为本币贬值一般可以增加出口,提高出口商的利润;而本币升值就会产生相反的结果。因此,跨国公司应该在货币升值的国家增加广告等促销手段的投放;而在货币贬值的国家缩减广告投入预算,着重在产品策略上下功夫。

(四) 产品策略

产品策略涉及产品的特许经营、更新生产线以及新产品研发等决策。本币贬值是跨国公司扩展海外特许经营、提高出口的有利时机。当本币升值时,跨国公司需要重新定位其市场目标,变更生产线,设计出新产品以满足那些注重质量或款式或功能,但对价格不敏感的高收入或追求时尚的阶层。

新产品研发和追求产品差异也是规避本币升值风险的常用策略。新产品研发能力可以提升跨国公司的国际竞争力,推出独一无二的新产品以满足用户新的消费体验,从而获得诱

[①] 需求价格弹性是指在给定的价格(P)百分比变化下,需求量(Q)发生反向的百分比变动。即需求价格弹性 $=(\Delta Q/Q)/(\Delta P/P)$。当弹性系数大于1时,需求被认为富有弹性;反之,则被认为缺乏弹性。

人的价格溢价,保持跨国公司竞争优势,降低需求价格弹性,确保跨国公司的经营现金流稳定,规避汇率波动的影响。

以海尔智家为例,公司针对各市场当地消费需求研发出差异化家电产品。例如,海尔智家2023年报显示,公司针对日本市场对大容量冰洗产品的需求,成功推出行业领先的TX超薄大冰箱和大容积热泵滚筒洗衣机等差异化新品,推动冰洗品类零售量份额提升。公司针对印度素食消费者,推出的侧T冰箱上市累计销量达3万台。在北美,Combo洗干一体机,颠覆性地解决用户洗护痛点,一台机器两小时完成满载"洗+烘",实现行业引领。在美国,海尔智家旗下的GE Appliances推出大滚筒洗衣机,将行业普遍需要6小时才能完成的洗烘时间缩短为2小时,同时节能50%,将美国消费者需要2台产品才能完成的洗涤任务变成只需一台。这个创新的差异化新品带动洗衣机在当地大滚筒洗衣机整体份额从4%迅速提升到19%。在欧洲,受能源危机影响,海尔智家推出了比欧洲A级能效标准还节能40%的X11洗衣机,一上市就占据当地高端市场份额的10%,带动价格指数提升至130以上。

二、经济风险的生产管理

上文从出口商的角度来探讨如何对外汇经济风险进行管理。当跨国公司所面临的汇率波动太大,仅凭营销手段已经无法避免和挽回损失时,就应该考虑采取削减成本的策略。削减成本策略包括选择低成本生产地、采取弹性采购政策、选择较为便宜的要素供应地策略。

(一) 要素组合策略

如果跨国公司在本国拥有生产基地,那么,它可以采取弹性采购政策。即在本币升值时,通过从原材料价格比较低的国家或地区采购原材料,大大减轻汇率变动造成的负面影响。这种策略被身处本国货币持续走强的跨国公司屡试不爽。例如,在美元和日元走强时,美国和日本的跨国公司高度依赖于低成本国家和地区的原材料和半成品,以免在价格竞争中处于劣势而被挤出市场。

弹性采购政策也适用于雇用廉价劳动力。由于劳动力市场一体化程度很低,因此,为争取产品的竞争优势和价格优势,或为了规避汇率风险,跨国公司纷纷从海外劳动力市场中雇用低成本劳动力,或采取业务外包。从长期看,如果跨国公司的销量预计有大幅的增长,那么,它可以考虑直接在海外建立分厂,以便直接获得低廉的劳动力。

(二) 海外建厂策略

跨国公司承担的汇率风险往往比单一的出口商要小,原因是跨国公司可以根据汇率走势在全球调整其生产及营销布局。例如,将更多的生产转移到货币贬值的国家。这种做法并不仅限于在有直接贸易关系的国家,还包括在第三国建厂,而是否在海外建厂则取决于生产的劳动密集化程度和东道国未来的实际汇率走势。

以海尔智家为例,公司积极建设海外基地,推进采购、制造本土化。截至2023年底,海尔在全球已经拥有35个工业园,143个制造中心,其中50多个分布在海外,公司积极推进本地采购、制造,减少从境外采购的价格波动风险。

当跨国公司面临本币升值或预期升值时,其竞争地位会被削弱。此时,跨国公司恢复其竞争力的可能路径是,在货币被低估或原材料价格和劳动力价格低廉的国家或地区直接投资建厂,或同时在多个国家和地区建立生产基地以应对汇率的变化。

可以这样理解,跨国公司在世界各地建立生产基地的策略是以实物期权(real option)的方式增强其应对汇率风险的灵活性。在一个充满不确定性的世界里,分散化无疑会降低非系统性风险。汇率的波动性越大,这种实物期权的价值也越大。例如,德国大众公司在美国、中国大陆、墨西哥等国家和地区都建有生产基地。如果近年来欧元对美元升值,而墨西哥比索对美元贬值,那么,为规避汇率风险,德国大众可以根据汇率的走势,决定增加墨西哥的生产量以供应美国市场。

这种策略会受到许多因素的制约。首先,海外建厂可能造成生产能力过剩和成本上升。其次,如果跨国公司当下的生产已经实现规模经济,那么,在海外新建或扩建生产基地所付出的代价就特别大。再次,该策略究竟能带来多大收益还取决于东道国的投资环境。例如,当地政治不稳定,或者汇率贬值效应因持续通货膨胀而被完全抵消,甚至实际汇率不降反升,跨国公司运用生产管理来规避汇率风险的代价会很大。

(三)增强应变能力

在汇率多变的当今世界,跨国公司应该增强应变能力、缩短应变时间、减少应变成本,这样才能立于不败之地。由于经济风险具有长期性和周期性的特点,因此,为了应对汇率变动,跨国公司应该致力于构建长期战略规划。

一个好的长期战略规划应该具备如下功能:首先,能够提供对若干种可能的汇率走势的判断;其次,能够分析每一种汇率走势对公司经营能力的可能影响;再次,应对这些可能性的策略。因此,上文提及的诸如要素组合、海外建厂等策略,不应该是汇率变化之后的临时之举,而应该是早有准备的预案,真正做到未雨绸缪。即使有些投入现在看来是不经济的,但在未来会真正体现其作用,符合最大化跨国公司价值的理财原则。

在制定长期战略规划的过程中,收集和处理信息会花费很高的成本,因此,跨国公司应该把精力集中于发生概率最大且对公司有重大影响的若干种情况上。

专栏 5-1

丰田公司的欧洲经济风险

2002年1月,欧洲丰田汽车工程与制造公司(TMEM)的新任总裁高田(Toyoda Shuhei)先生遇到了一个棘手问题。他正在去往位于东京郊外的丰田汽车公司总部的路上,他要去解释欧洲生产和销售业务持续亏损的问题。丰田汽车公司CEO奥田硕先生希望高田先生能够提出降低并最终消除欧洲丰田公司亏损的建议。欧洲丰田公司是丰田公司唯一亏损的主要子公司。

丰田公司和汽车制造

丰田汽车公司是日本头号汽车制造商,也是全球单位销量排名第三的汽车制造商,每年销量约550万辆汽车,相当于每6秒卖出一辆汽车,但在欧洲大陆的销量则仅排名第8位。由于大多汽车公司的利润空间被压缩,追求规模经济和范围经济,以及全球销售放缓,全球汽车制造业近年来经历持续不断的整合。

丰田公司也不例外。公司不断使地区生产趋于合理,增加了北美当地的生产数量。2001年,丰田公司销往北美的汽车中,超过60%都是在当地生产的。但是,丰田公司的欧洲销量仍然没有接近这个水平。丰田公司为欧洲生产的大多数汽车和卡车仍然是在日本生产的。2001年,仅有26%销往欧洲的汽车是在欧洲生产(包括英国),剩下的均为从日本进口(见图5-1)。

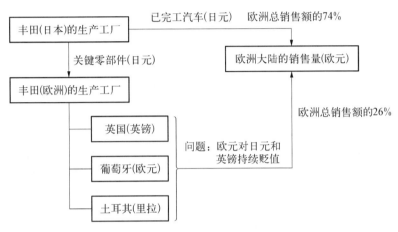

图5-1 丰田汽车的欧洲货币经营结构

2000年,丰田欧洲公司(TMEM)售出了634 000辆汽车。欧洲是丰田公司的第二大国外市场,仅次于北美。公司预计欧洲销量将有显著增长,并计划在2005年将欧洲产量和销量提高到800 000辆。但2001财年,该公司的报告经营亏损为98.97亿日元(按120日元/美元折合8 250万美元)。TMEM在英国有三家组装厂,在土耳其有一家组装厂,在葡萄牙有一家组装厂。2000年11月,丰田欧洲公司公开宣布,由于欧元走软,该公司在未来两年内将不会产生利润。

丰田公司向欧洲市场推出了一款新车型——雅力士,事实证明这一举动非常成功。雅力士是超级小轮车,排气量为1 000 cc,2000年的销量超过180 000辆。尽管雅力士是专门为欧洲市场设计的,但之前做出的决策却是在日本生产该款汽车。

货币风险

丰田欧洲汽车遭受持续经营亏损的另一个原因是欧元贬值。1999年和2000年上半年,日元对欧元走强(从1999年1月的130日元/欧元一路走至2000年的90日元/欧元)。尽管2000年下半年欧元情势相对好转(在110日元/欧元上下波动),但仍显疲软。

在欧洲大陆市场销售的汽车的成本构成为日元。当日元对欧元升值时,用欧元表示的成本也显著上升。如果丰田公司希望保持在欧洲市场上的价格优势或竞争力,就必须吸收大部分汇率变动的影响,还要承受整车和运往欧洲中心的主要零部件的利润下降甚至亏损。决定在日本生产雅力士只能使这一问题恶化。

管理层反应

丰田公司的管理层并没有坐视不管。2001年,丰田公司在法国瓦朗谢纳开设了组装厂。截至2002年1月,尽管瓦朗谢纳生产的汽车占欧洲销售总额的份额仍然相对较小,但丰田公司计划继续扩充其生产能力,使瓦朗谢纳的组装厂2004年可以供应25%的欧洲销量。雅力士的组装厂计划于2002年迁往瓦朗谢纳。然而,问题仍然存在:这是一家组装厂,意味着组装的汽车中许多高附加值的零件仍来自日本或英国。

得到丰田公司CEO奥田硕先生的许可之后,高田先生为英国的生产工厂启动了当地采购项目。丰田欧洲公司希望减少从丰田日本进口的关键零部件数量,以降低英国工厂的货币风险。但是,欧元对英镑疲软这个老问题再次削弱了该解决方案的有效性(注:此时英国尚未加入欧洲货币联盟)。

1999年1月,英镑/欧元为0.72,之后,英镑一路走强,2000年4月底,英镑/欧元为0.575,之后一直在0.6—0.64波动。

资料来源:迈克尔·H. 莫菲特,阿瑟·I. 斯通希尔,戴维·K. 艾特曼. 跨国金融原理(第3版)[M]. 路蒙佳,译. 北京:中国人民大学出版社,2011:307-309.

问:如果你是高田,会如何分类所遇到的问题,并提出解决方案?短期问题是什么?长期问题又是什么?

第一,短期看,在欧元相对日元和英镑均走弱的前提下,丰田欧洲公司以欧元计的生产成本提高,出现持续亏损的现象,预计在未来两年将继续出现亏损。对此,建议采取金融市场工具进行对冲。

第二,长期看,如果欧元继续长期走弱,那么,丰田欧洲公司会出现长期亏损的压力。在保利润还是保销量问题上陷入两难。若在欧洲市场提价,将会缩减其市场份额,不利于在欧洲市场的长期发展。若放任长期亏损,将有损丰田公司的整体形象,拖累公司的股价,信用评级可能也因此被下调,这损害了公司股东的利益,并降低公司融资灵活性。为了解决这类长期问题,建议从改变公司运营战略入手。

问:你建议丰田欧洲公司采取什么措施解决持续经营亏损问题?

针对短期的亏损问题,建议采取金融市场工具来规避经营风险。若短期内欧元走弱,则可以做多日元远期、日元期货和英镑远期、英镑期货,或做多欧元看跌期权,或进行欧元与英镑互换、欧元与日元互换,来规避欧元贬值的汇率风险,这样可以锁定丰田欧洲公司的利润。

针对长期问题,建议采取以下措施:

第一,加快欧洲生产基地建设的步伐,使其成为一个既可生产高附加值的核心零件,又可进行组装的一体化工厂,这样可以在很大程度上规避汇率风险。

第二,与欧洲生产基地相配套,采取灵活的资源政策。例如,在欧元走弱的前提下,可提升在欧洲采购原材料的规模,而缩减将原材料从日本本土运输到欧洲的体量。

第三,在欧洲生产基地基本完善的前提下,建议将低端零件的生产外包至劳动力较为廉价的发展中国家,以降低劳动力成本,在这一举措的同时,应考虑进一步通过金融市场手段对冲欧元与发展中国家的汇率风险。

第四,在市场调研和营销手段方面,加强对人才的培训力度,使得一体化的欧洲生产基地能够准确地把握欧洲客户的偏好,并调整产品设计以及营销战略,避免因为偏好的差异或销售策略的失误而丢失在欧洲的市场份额。相反,可以通过迎合客户需求的差异化产品来提升市场占有率。

三、经济风险的金融性套期保值

无论是营销管理还是生产管理,在面对汇率变化时所进行的经营性套期保值需要时间,过程较长。金融性套期保值尽管不能做到完全套期保值,但还是能够起到立竿见影的效果。

与经营性套期保值相比,金融性套期保值的最大优势是套期保值的成本相对低廉,因此,它是经营性套期保值的补充和替代。但是,金融性套期保值的劣势也非常明显,主要缺陷在于两个方面。

第一,金融性套期保值工具无法对实质性资产所产生的不确定的经营现金流进行完全套期保值。由于未来经营现金流量在时间和数量上都是不确定的或不可预知的,而金融性套期保值所产生的合约性现金流量则是确定的,因此,这两个现金流量不可匹配,也就无法做到完全套期保值。

例5-2 某美国公司向日本出口电池,该公司由销售产生的现金流受两方面变化的影响:一是日元销售收入的可变性;二是日元对美元价值的可变性。预计明年销售收入为1亿日元,实际销售收入可能在5 000万日元至1.5亿日元之间。

若使用金融性套期保值法对经济风险进行套期保值,会遇到两个难题。

难题一:经营风险的大小无法界定。由于明年实际销售收入可能在5 000万日元至1.5亿日元,偏离预期收入的可能性很大,实际销售收入可能是5 000万日元,可能是1亿日元,可能是1.5亿日元,也可能是其他。因此,运用远期合约、货币期货等方法进行套保时,无法进行完全套保。

难题二:汇率不确定性。即便实际销售收入和预计销售收入匹配,但日元和美元之间汇率的不确定性会使得上述套期保值手段产生新的交易风险。

第二,金融性套期保值是针对名义汇率变动的,而非对实际汇率变化进行套期保值。鉴于跨国公司的竞争地位、经营现金流受实际汇率变化的影响,为此,金融性套期保值是极不精确的。

正是金融性套期保值存在以上诸多缺陷,在经济风险管理的实践中,跨国公司大多采用经营性套期保值策略。值得注意的是,与另两类货币风险相比较,经济风险管理的难度是最大的。

> 专栏 5-2

资产负债顺周期管理教训深刻

受前些年汇率单边波动等影响,一些企业存在资产负债管理"盲目"顺周期行为。在人民币升值期间,通过增加外币债务和加杠杆等方式,进行过度"资产本币化、负债外币化"配置,以期赚取人民币汇率升值收益。在人民币贬值期间,通过增加外币资产和加杠杆等方式,进行过度"资产外币化、负债本币化"配置,以期赚取人民币汇率贬值收益。这种盲目的顺周期操作极易引发风险。

表 5-7 三家企业债务币种结构情况表

负债币种	企业 A(占比)	企业 B(占比)	企业 C(占比)
人民币	27%	20%	1%
美元	70%	79%	94%
日元	1%	2%	2%
欧元	2%		3%
	100%	100%	100%

表 5-8 三家企业"外币收入/外币负债"比率

	企业 A	企业 B	企业 C
外币收入/外币负债	11%	19%	14%

部分企业因加大外币负债杠杆在市场波动中有深刻教训,以表 5-7 和表 5-8 中三家企业为例,其债务结构高度扭曲、汇率风险极大:一是外币负债占比极高,2015 年 7 月底,三家企业外币债务平均占比为 83.5%,其中,企业 C 外币债务占比高达 99.2%;二是外币收入严重不足,三家企业每年外币收入即使全部用于偿还外币债务,也仅够偿还 15% 左右的外币债务,存在外币收入与外币支出严重不匹配的货币错配风险。

2015 年下半年以来,受市场预期变化、美联储加息等多重因素共同影响,人民币汇率回调,三家企业未能幸免,均发生了巨额汇兑损失。这实际上是三家企业前期过度举借外币债务和加杠杆的必然后果,也是对其前期赚取汇差利差行为的一种自然纠正。

问:从长期稳健经营角度看,跨国公司应该如何看待外汇衍生工具的积极作用?

资料来源:国家外汇管理局.企业汇率风险管理指引.2022.

本章小结

经济风险是指一种或多种外币价值的不确定变化所导致的来自公司实质资产(包括有形资产、人力资源等)的经营现金流量(如 FCFF)的变化,从而影响公司价值。经济风险的识别不太困难,但度量不易。

经济风险反映了经营现金流量对汇率的敏感度,因此,我们可以从汇率非预期变动对经营现金流量的影响路径来认知经济风险。

汇率变动后出现的可能情形很多,每种情形下都有一个对应经济风险。因此,我们很难确定经济风险的敞口究竟有多大。

跨国公司的经营现金流(自由现金流)对汇率变动非常敏感。因此,跨国公司应该设计出具有前瞻性的、主动的长期风险管理策略以获取国际竞争优势,而不是被动地应对汇率波动所造成的影响。

经济风险属于长期性或周期性风险,经济风险管理的主要手段是经营性套期保值和金融性套期保值。由于经济风险的敞口大小不确定,直接使用金融工具进行套期保值不妥当。

一家跨国公司的经济风险由两类因素决定:一是公司所投入的生产要素和销售产品的市场结构;二是公司通过调整市场结构、产品结构和资源来减轻汇率变化影响的能力。在实践中,基于有效的营销和生产管理来对冲经济风险的做法被广泛接受和运用。

与经营性套期保值相比,金融性套期保值的最大优势是套期保值的成本相对低廉,因此,它是经营性套期保值的补充和替代。但金融性套期保值的劣势也很明显。

关键词

经济风险　公司价值　自由现金流　金融套期保值　市场选择　定价策略　广告策略　产品策略　生产策略　"两头均在外"的企业　"两头均在内"的企业　"一头在内一头在外"的企业

习　题

1. 经济风险的决定因素有哪些?
2. 为什么经济风险比交易风险更难管理?
3. 影响交易风险、经济风险的主要因素有哪些?请分别举出 2 个因素。
4. 交易风险和经济风险的主要异同有哪些?
5. 本国货币升值或贬值分别是如何影响公司现金流量的?
6. 目前,如果人民币对大多数外币走强,那么,这将会如何影响在海外拥有子公司的中国跨国公司的账面收益?

7. 某中国A公司生产的产品主要满足本国消费者,但其一半原材料从美国购入。其竞争对手是纯粹的中国国内企业(即既无出口又无进口的国内企业)。假如人民币对美元走强或走弱,A公司的竞争力会受到怎样的影响?

8. 英国B公司生产的产品主要销往美国,并以英镑计价。其竞争对手是美国公司。如果存在购买力平价,为什么B公司可能无法从坚挺的美元中获益?

9. 腾讯、华为、联想等都是我国著名的跨国公司,拥有许多海外业务,都可能面临巨大的外汇风险暴露。请以其中一家为例(可上网查询),调查其货币风险管理政策以及常用的一些做法,并进行评价。

第六章 货币会计风险管理

> 【学习要点】
> 1. 会计风险识别。
> 2. 会计风险度量。
> 3. 是否需要对冲会计风险?

根据公认会计准则,跨国公司必须将海外各子公司以外币记账的财务报表折算成本位币(简称"本币")后,才能编制合并财务报表。由于海外子公司各资产项目、负债项目、收入与费用项目入账时的交易日汇率(历史汇率)与合并报表日的汇率(现行汇率)存在差异,因此,当用历史汇率和现行汇率分别对财务报表的相应会计项目折算成本币金额时,便会产生外币折算收益或损失,这就形成了会计折算风险。本章介绍会计风险的识别、度量和对冲。

第一节 会计风险识别和度量

会计风险又称折算风险。顾名思义,会计风险由将海外子公司财务报表折算成本币引起,因此,该风险的识别不难。会计风险度量可以采用合适的会计折算方法求得,但是会计折算方法有多种,每种方法得到的会计风险存在明显差异。

一、基于成因识别会计风险

(一) 会计风险形成的直接原因

按公认会计准则,跨国公司必须将海外各子公司以外币记账的财务报表折算成本位币后,才能编制合并财务报表。因此,产生会计风险的直接原因有两个:

第一,母公司与海外子公司或分支机构记账货币不同。正是母子公司的记账货币不同,才需要将子公司财务报表折算成本位币表示,于是,就有了折算风险的可能。

第二,海外子公司财务报表有关会计项目记账时的汇率(业务发生时的中间汇率,俗称历史汇率)与合并报表时的汇率(决算日的中间汇率,俗称现行汇率)通常是不同的。如果用同一种汇率对所有财务报表项目进行折算,就不会出现折算风险。但是,由于财务报表诸多项目对汇率变动的敏感度存在很大差异,因此,需根据各项目对汇率的敏感度大小来选用历史汇率或现行汇率进行折算(一般的做法是,对汇率敏感度大的项目采用现行汇率,否则采用历史汇率),这样,出现折算风险便成了大概率事件。

(二) 会计风险形成的根源

从根源上讲,企业净暴露头寸(也称会计风险净暴露头寸)不为零是会计风险产生的最根本原因。所谓会计风险净暴露头寸,是指风险暴露资产和风险暴露负债的差额。在实操中,是指用现行汇率折算的外币资产与外币负债之间的差额。

第一,若现行汇率与历史汇率不同,当企业净暴露头寸不为零时,就会产生外币会计折算收益或损失。若会计风险净暴露头寸为+300万美元,又假如现行汇率是 RMB6.9=USD1,历史汇率为 RMB6.85=USD1,那么,就会产生折算收益 15(=300×6.9-300×6.85)万元人民币。反之,会产生折算损失。

第二,极端情况下,如果现行汇率与历史汇率一致,就不会产生外币会计折算收益或损失。然而,这种情形出现的概率极低。

事实上,会计风险通常会影响跨国公司的账面损益。例如,上文所提及的折算收益会增加当期利润 15 万元,但是不一定会引起自由现金流量的变化,也不一定会影响公司价值。因此,不是所有的会计折算风险都是有害的。出于成本考虑,无须对所有会计风险进行套期保值也就不足为奇了。

二、会计风险的度量

外币会计折算方法有不少。以美国等发达经济体国家为例[①],会计折算方法主要有三种:流动与非流动项目法(current/noncurrent method)、货币与非货币项目法(monetary/nonmonetary method)、现行汇率法(current rate method)。

(一) 流动与非流动项目法

这种会计折算方法将资产负债表中的项目分为流动项目和非流动项目,并分别采用不同汇率进行折算。流动资产项目和流动负债项目按资产负债表日的汇率(现行汇率)折算;非流动资产项目和非流动负债项目则按照历史汇率折算;所有者权益中的实收资本、资本公积等项目按照历史汇率进行折算,留存收益根据损益表中的留存收益填制;利润表各项目,除固定资产折旧费用和摊销费用等按照相关资产记账时的历史汇率折算外,其他收入和费用项目均按照当期的平均汇率或现行汇率折算。可见,这时的风险暴露净资产就是营运资本净额。

例 6-1 假设一家中国跨国公司,记账货币为人民币,其在瑞士拥有一家子公司,该子公司的记账本位币为瑞士法郎。设瑞士法郎与人民币的历史汇率为 SF3=RMB1,现行汇率为 SF2=RMB1,平均汇率为 SF2.5=RMB1,瑞士子公司以前年度的留存收益为零。2023年底,瑞士子公司的资产负债表和损益表分别如表 6-1、表 6-2 所示。

[①] 中国有自己特有的做法。根据《企业会计准则——基本准则》,企业对境外经营的财务报表进行折算时,应当遵循下列规定:(1)资产负债表中的资产和负债项目,采用资产负债表日的即期汇率折算,所有者权益项目除"未分配利润"项目外,其他项目采用发生时的即期汇率折算;(2)利润表中的收入和费用项目,采用交易发生日的即期汇率折算,也可以采用按照系统合理的方法确定的、与交易发生日即期汇率近似的汇率折算。按照上述(1)、(2)折算产生的外币财务报表折算差额,在资产负债表中所有者权益项目下单独列示。

表6-1 资产负债表　　　　　　　　　　　　　单位：瑞士法郎（万元）

资　产	金　额	负债和股东权益	金　额
现金	2 100	流动负债	1 200
存货	1 500	长期负债	1 800
固定资产净值	3 000	普通股	2 700
		留存收益	900
资产合计	6 600	负债和股东权益合计	6 600

表6-2 损益表　　　　　　　　　　　　　　单位：瑞士法郎（万元）

项　目	金　额
销售收入	10 000
商品销售成本	7 500
折旧费用	1 000
净营业利润	1 500
所得税(40%)	600
税后利润	900
留存收益增加数(100%留存)	900

根据流动与非流动项目法，首先对资产负债表中的各会计分项进行折算，其中，现金、存货和流动负债等流动项目按现行汇率折算，固定资产净值、长期负债和普通股等非流动项目按历史汇率进行折算，留存收益根据损益表中的留存收益填制。我们可以得到用人民币表示的资产负债表。

单位：人民币元（万元）

资　产	金　额	负债和股东权益	金　额
现金	1 050	流动负债	600
存货	750	长期负债	600
固定资产净值	1 000	普通股	900
		留存收益	700
资产合计	2 800	负债和股东权益合计	2 800

然后，对损益表进行折算，其中，销售收入和商品销售成本按平均汇率（也可按现行汇率）折算，折旧费用按历史汇率折算。

单位：人民币元（万元）

项　　目	金　　额
销售收入	4 000
商品销售成本	3 000
折旧费用	333
净营业利润	667
所得税（40%）	267
税后利润	400
外汇利得（损失）	300
净利润	700
留存收益增加数（100%留存）	700

上表中，外汇利得300万元人民币由两部分组成：一部分来自资产负债表，即净暴露头寸（现行汇率—历史汇率）＝(2 100＋1 500－1 200)(1/2－1/3)＝400万元人民币；另一部分来自损益表，即外币利润/历史汇率 — 本位币利润 ＝ 900/3 － 400 ＝ －100 万元人民币。

流动与非流动项目法对流动资产和流动负债项目均采用现行汇率折算，有利于对子公司营运资金进行分析。其不足之处是，对流动项目采用现行汇率折算，对非流动项目采用历史汇率折算，缺乏足够的理论支持。事实上，并非所有的流动资产项目均存在汇率风险，如存货就是例外。尽管长期应收款、长期应付款、长期银行借款和应付债券等项目为非流动项目，但它们均对汇率变动很敏感。因此，流动与非流动法没有真实反映资产负债表项目是否承受汇率风险的事实。

在美国，这种折算方法早在20世纪30年代就开始被跨国公司运用。在1975年之前，跨国公司普遍采用此折算方法。

（二）货币与非货币项目法

这种折算方法采用了不同的分类，即将资产负债表项目划分为货币性项目和非货币性项目，并分别采用不同汇率进行折算。其中，货币性项目是指持有的货币性资产以及将以固定金额或可确定金额收回的资产和负债，其他资产负债表项目则被归入非货币性项目。按照货币与非货币项目法，对货币性项目采用现行汇率折算，对非货币性项目（包括所有者权益项目）则采用历史汇率折算。对于利润表，与非货币性项目有关的收入和费用（如折旧费、摊销费用、销货成本等）按照相应资产负债表项目的历史汇率折算，大多数利润表项目均以当期平均汇率或现行汇率进行折算。

例 6-2 承 6-1。根据货币与非货币项目法,首先对资产负债表中的各会计分项进行折算,其中,现金、流动负债和长期负债等货币项目按现行汇率折算,存货、固定资产净值和普通股等非货币项目按历史汇率进行折算,留存收益根据损益表中的留存收益填制。我们可以得到用人民币表示的资产负债表。

单位:人民币元(万元)

资　　产	金　　额	负债和股东权益	金　　额
现金	1 050	流动负债	600
存货	500	长期负债	900
固定资产净值	1 000	普通股	900
		留存收益	150
资产合计	2 550	资产和股东权益合计	2 550

然后,对损益表进行折算,其中,销售收入按平均汇率(也可按现行汇率)折算,商品销售成本和折旧费用按历史汇率折算。

单位:人民币元(万元)

项　　目	金　　额
销售收入	4 000
商品销售成本	2 500
折旧费用	333
净营业利润	1 167
所得税(40%)	467
税后利润	700
外汇利得(损失)	−550
净利润	150
留存收益增加数(100%留存)	150

上表中,外汇损失 550 万元人民币由两部分组成:一部分来自资产负债表,即净暴露头寸(现行汇率−历史汇率)=(2 100−1 200−1 800)(1/2−1/3)=−150 万元人民币;另一部分来自损益表,即外币利润/历史汇率−本位币利润=900/3−700=−400 万元人民币。

货币与非货币项目法对货币性项目采用现行汇率,对非货币性项目采用历史汇率,反映了汇率变动对资产、负债各项目的不同影响,体现了货币性项目承受汇率风险的这一事实。

例如,它对存货、长期应收款和长期应付款的处置方法完全不同于流动与非流动项目法。但该方法的不足之处在于未考虑非货币性项目的计量基础。在非货币性项目采用现行市价计量的情况下,采用历史汇率折算与现行市价计量基础是矛盾的,非货币性项目的会计折算价值要么被高估,要么被低估。

(三) 现行汇率法

现行汇率法是最简单的一种会计折算方法。根据该方法的规则:对资产负债表而言,除所有者权益项目以历史汇率进行折算外,资产、负债项目均按现行汇率折算;对利润表而言,收入、费用等所有利润表项目均以现行汇率进行折算。在现行汇率法下,收入、费用项目也可以采用会计期间的平均汇率(简单平均汇率或加权平均汇率)进行折算。可见,这时的风险暴露净资产就是资产减去负债后的净值。与前两种方法不同的是,外币会计报表折算中产生的差额,不计入当期损益,而是在所有者权益项下单列"累计折算调整"账户(cumulative translation)来反映,并逐年累积下去。

例 6-3 承例 6-1。根据现行汇率法,首先对资产负债表中的各会计分项进行折算,除普通股和留存收益外,其他项目均按现行汇率进行折算,普通股按历史汇率折算,留存收益根据损益表中的留存收益填制。我们可以得到用人民币表示的资产负债表。

单位:人民币元(万元)

资　　产	金　额	负债和股东权益	金　额
现金	1 050	流动负债	600
存货	750	长期负债	900
固定资产净值	1 500	普通股	900
		留存收益	360
		累计折算调整	540
资产合计	3 300	资产和股东权益合计	3 300

然后,用平均汇率对损益表进行折算。

单位:人民币元(万元)

项　　目	金　额
销售收入	4 000
商品销售成本	3 000
折旧费用	400
净营业利润	600

续 表

项　　目	金　　额
所得税(40%)	240
税后利润	360
外汇利得(损失)	
净利润	360
留存收益增加数(100%留存)	360

上表中,外汇利得(损失)不直接反映,这是现行汇率法的特点。其最大好处是,瑞士子公司的账面利润不受会计风险影响。为避免资本负债表两端失衡,用"累计折算调整"账户来调节资产负债表的平衡关系。

现行汇率法的最大优点是简便,会计折算过程就是将外币会计报表中几乎所有项目都乘一个常数,会计折算未改变会计报表中各项目之间的比例关系。因此,现行汇率法能够保持外币会计报表的内部结构和各项目之间的联系。相较于其他几种会计折算方法,使用现行汇率法时,会计利润不受会计折算风险影响,能够较公允地反映企业真实的盈利状况。其不足之处在于,现行汇率法意味着外币会计报表各项目都承受着汇率风险,但企业资产、负债等项目对汇率变动的敏感度不同,所承受的汇率风险存在差异,如固定资产、存货等实质资产不一定承受汇率风险。可见,对外币会计报表所有项目均以现行汇率进行折算并没有体现各项目实际承受的汇率风险。另外,以现行汇率进行折算与会计准则中普遍推行的历史成本原则不相符合。

美国财务会计准则委员会(FASB)于1982年颁布了第52号公告,建议用现行汇率法替换第8号公告下的时态法。于是,在美国现行汇率法大行其道。

第二节　会计风险对冲

会计风险通常不影响跨国公司的经营现金流量(FCFF),因此,不是所有的会计风险都会影响跨国公司的价值,不是所有的会计风险都需进行对冲。本节介绍会计风险是否需要规避以及如何对冲会计风险。

一、会计风险与公司价值

会计风险是一个相对概念,它仅存在于母公司的合并财务报表中,就海外子公司本身而言,并不存在会计风险。即使对母公司而言,这种风险导致的损益也只是账面的,并不会引起经营现金流量的实质性改变。因此,与交易风险和经营风险不同的是,会计风险一般不直接影响经营现金流量,与跨国公司的实际价值并无直接的联系。

从"股东至上"的角度看,对不影响跨国公司价值的会计风险进行套期保值是没有意义的,理由是对此类风险采用金融工具进行对冲非但不能增加跨国公司价值,反而承担了套期保值的成本,甚至引发新的汇率风险(如交易风险和经济风险)。因此,从金融的基本原理看,只有影响跨国公司价值的会计风险才需要被对冲。

值得注意的是,由于市场的不完全性,信息极不对称,因此,即便会计风险不直接影响公司经营现金流量,但有时候它对公司价值的影响是巨大的,其负面影响远远超过交易风险和经济风险。在这种情况下,对会计风险进行管理和套期保值是必要的,它可以消除会计风险给跨国公司造成的负面影响,具体体现在两个方面。

第一,可以避免技术性违约。跨国公司经常使用贷款来维持其正常的生产和经营,但同时受到贷款合约诸多条款的约束。贷款人为了降低道德风险和信用风险,在贷款合约中,一定有要求借款人(如跨国公司)在贷款期内维持一定经营业绩水平的条款(如净资产收益率、利息倍数)等。会计风险可能会降低跨国公司的账面收益,致使跨国公司的净资产收益率、利息倍数低于合约中规定的要求,从而发生技术性违约,跨国公司的借款能力和融资灵活性将可能受到损害。因此,对会计风险进行对冲,能够避免技术性违约,确保跨国公司的借款能力和融资灵活性。

第二,维持信用等级。根据信用评级规则,公司的信用等级主要取决于盈利水平、杠杆水平和公司规模。因此,会计风险的存在会影响公司账面盈余,进而可能损害跨国公司的信用等级。一旦信用等级下降,公司的融资活动、投资活动、竞争地位等都会受到影响。因此,对会计风险进行套期保值,可以保持跨国公司的信用等级。

二、会计风险的根源

事实上,还是有不少跨国公司会关注会计风险,它们常常通过对外币负债与外币资产进行配比来避免会计折算风险。由于会计风险产生的根源是公司的会计净暴露头寸不等于零,因此,如果人为地将净暴露头寸变成零,则会计风险就不会存在。其配比思路是:如果公司某种外币的会计净暴露头寸大于零,此时应减少暴露资产或增加暴露负债,直到该种外币的会计净暴露头寸为零。如果公司某种外币的会计净暴露头寸小于零,则反向操作。这种操作有时候会起到双倍效果,即在消减会计风险的同时也消减了交易风险。

例 6-4 某中国跨国公司由母公司、美国子公司、英国子公司构成。美国和英国子公司是母公司在海外的全资公司。该跨国公司 2023 年 12 月 31 日的会计风险暴露头寸见表 6-3。

表 6-3 中国跨国公司 2023 年 12 月 31 日的会计风险暴露头寸　　单位:万元

	欧元	美元	英镑	澳元
资产				
现金	100	600	825	
应收账款		900	1 045	
存货		1 500	1 650	
固定资产净值		4 600	4 400	

续 表

	欧 元	美 元	英 镑	澳 元
风险暴露资产		7 600	7 920	
负债				
应付账款		2 400	2 299	200
长期负债		2 700	3 520	
风险暴露负债		5 100	5 819	
净风险暴露	€100	$2 500	£2 101	A$−200

由表 6-3 可知,母公司持有 100 万欧元的现金头寸,因此,母公司存在 100 万欧元净暴露头寸。根据合并报表编制原则,在相关项目抵消(如内部关联交易、内部投资等)后,美国子公司的正净暴露头寸为 2 500 万美元。英国子公司的净暴露头寸由两部分构成：一是正净风险暴露头寸 2 101 万英镑；二是英国子公司欠澳大利亚客户的应付账款所形成的负净风险暴露头寸 200 万澳元。设 $1 = A$1.4 = £0.8 = €0.9 = ¥7。

为了降低会计风险,我们可以设法减少净风险暴露头寸,具体步骤如下：

第一,母公司设法减少净暴露头寸。可能的做法是将其所持的 100 万欧元存款兑换成人民币存款。

第二,母公司要求英国子公司归还所欠 200 万澳元应付账款。根据给定的汇率,我们可以得到 A$1.75 = £1。于是,英国子公司动用 114.29(=200/1.75)万英镑归还其所欠的澳元应付账款。

中国跨国公司修正后的会计风险暴露头寸见表 6-4。

表 6-4　中国跨国公司 2023 年 12 月 31 日修正后的会计风险暴露头寸　　单位：万元

	欧 元	美 元	英 镑	澳 元
资产				
现金	0	600	710.71	0
应收账款		900	1 045	
存货		1 500	1 650	
固定资产净值		4 600	4 400	
风险暴露资产		7 600	7 805.71	
负债				
应付账款		2 400	2 299	

续表

	欧 元	美 元	英 镑	澳 元
长期负债		2 700	3 520	
风险暴露负债		5 100	5 819	
净风险暴露	€0	$2 500	£1 986.71	A$0

由表 6-4 可知,通过对冲,净风险暴露头寸只剩下 2 500 万美元和 1 986.71 万英镑。会计风险大大降低,同时,交易风险也随之降低。但这个结果不能成为一般定理,消减或对冲会计风险并不意味着一定同时消减了交易风险。通常的情形是,若采用金融工具(如衍生工具)消减会计风险后,很可能会导致新的交易风险产生。

三、会计风险的套期保值

(一) 资产负债表套期保值

由上文可知,会计风险的根源在于用同一种外币计量的净资产不为零(或为正或为负)。资产负债表套期保值法就是试图消减或消除这种不匹配带来的净风险暴露,降低净风险暴露或使净风险暴露头寸变为零。从更一般的角度出发,资产负债表套期保值方法有两大类。

1. 调整风险暴露资产和负债

第一,减少风险暴露资产。具体的操作包括:(1)减少外币现金性资产,如将外币现金性资产转化成非风险暴露资产或本位币资产。又如,例 6-4 中,母公司将 100 万欧元转换成人民币。(2)紧缩信用政策以减少外币应收账款。(3)如果风险暴露资产包括存货和长期投资,则应尽量减少库存,提前收回部分外币投资并转化为非暴露资产。

第二,增加风险暴露负债。具体的操作包括:推迟外币应付账款的偿还;增加外币借款;卖出与净暴露头寸相对应的外币远期合约等。值得注意的是,增加外币借款后,外币现金性暴露资产也随之增加了。因此,还需将由此增加的外币现金转换为本位币或非暴露资产。事实上,这种做法相当于一个货币市场套期保值。卖出远期合约也是同样的道理,用 T 型账户进行如下说明:

远期合约到期日:美国子公司 T 型账户

美元净暴露资产	$D	远期合约付款	$D
远期合约收款	¥D×f		

由上述 T 型账户可知,通过卖出远期合约,外币暴露资产和外币暴露负债相互抵消,公司将持有本币净资产。

2. 对冲净风险暴露

对冲净风险暴露是指消除净风险暴露的做法,这种做法也称为完美的资产负债表套期保值。此时,汇率的变动不会对跨国公司合并资产负债表产生影响。

承例6-4,在表6-4中,英国子公司暴露在风险中的资产比负债多1 986.71万英镑,建议采取两种措施对冲会计风险。

第一,英国子公司先借入1 986.71万英镑,然后以股利或偿还债务方式支付给母公司,母公司将所得兑换成人民币。

第二,如果美国子公司或中国母公司中的任何一家的负债比资产多1 986.71万英镑,那么,从跨国公司整体而言,英镑净风险暴露就将为0,英镑会计风险也将消失。为此,美国子公司或中国母公司通过借入1 986.71万英镑,并将此兑换成美元或人民币无风险资产,就能对冲英镑净风险暴露。

仍承例6-4,由表6-4可知,美国子公司的风险暴露资产比风险暴露负债多2 500万美元。若英国子公司或中国母公司中的任何一家的负债比资产多2 500万美元,那么,从跨国公司整体而言,美元净风险暴露就将为0,就不存在美元会计风险。于是,英国子公司或中国母公司可以通过借入2 500万美元,并将此兑换成人民币或英镑无风险资产,就能对冲美元净风险暴露。

此类做法的最大问题在于:跨国公司在消除某一种外币会计风险的同时,增加了该外币的交易风险。例如,如果英国子公司或中国母公司不能产生足够多的美元现金流入来偿还新增的美元负债的话,新借美元的交易风险由此产生。

(二)衍生工具套期保值

由表6-4可知,美国子公司经过调整后的净风险暴露为2 500万美元。如果美元从$1 = ¥7贬值至$1 = ¥6.8,那么,中国跨国公司将有500万元人民币的折算损失(或潜在损失)。此时,中国跨国公司可以转换一下思路,用远期合约、货币期货合约等衍生工具对这一潜在损失进行套期保值。为说明其中的套保机制,本处仅以远期合约为例予以说明。

例6-5 设美元远期汇率与合并资产负债表日的汇率相同,即$1 = ¥6.9。设潜在会计折算损失为500万元人民币,合并资产负债表日的到期即期汇率为$1 = ¥6.8。

如果采用远期合约进行套期保值,则先计算远期合约头寸,即

$$远期合约头寸 = \frac{潜在会计折算损失}{远期汇率 - 到期即期汇率} \tag{6-1}$$

根据相关数据计算,远期合约头寸为5 000[=500/(6.9-6.8)]万美元。如果按远期汇率$1 = ¥6.9卖出5 000万美元的远期合约,那么,按到期即期汇率购买5 000万美元需花费34 000万元人民币,按远期汇率交割5 000万美元可获得34 500万元人民币,卖出远期合约恰好可获得500万元人民币的盈利,完全弥补会计折算过程中发生的股东权益损失,从而规避美元会计风险。

值得注意的是,以上美元远期汇率、到期即期汇率的实际走势没有偏离预期。而在现实经济中,这种情形并不常见。假如到期日的即期汇率低于$1 = ¥6.8,那么,套期保值将蒙受损失,对会计风险进行完全套期保值也成为一句空话。

如果跨国公司同时拥有多种外币会计风险,那么,交叉套期保值将是跨国公司的首选。交叉套期保值的原理和交易风险管理中的交叉套期保值是一样的,这里不再赘述。对外币

资产与负债进行配比以规避会计风险是有代价的。

首先,减少外币现金性资产、紧缩信用政策、减少库存以及提前收回投资都可能对公司的业务经营产生不利影响。如果市场预期某种外币将要贬值,那么,无论是用借款还是远期合约对该币种的会计风险头寸套期保值都需付出高昂的成本。

其次,扭曲会计信息。远期对冲的损益反映的是远期汇率与合约到期日即期汇率之间的差异,而会计净风险暴露头寸的折算损益反映的是记账时的历史汇率与合并报表时的现行汇率之间的差异,而且在有些国家,会计折算损失不能抵税,远期合约的收益却要纳税。

再次,用远期或增加借款来套期保值,可能会在消减会计风险的同时增加公司的交易风险。特别是当子公司所在国的当地货币升值时,会计折算所得收益会被对冲交易的损失所抵消。值得注意的是,会计折算收益不过是账面上的,对冲交易的损失却是实实在在的。因此,跨国公司在具体管理会计风险时,需在会计风险和外汇交易风险之间进行权衡。

第三节　套期保值会计

在本书的第四章、第五章中,我们介绍了交易风险和经济风险识别、度量和对冲。企业开展套期保值虽然可以对冲市场风险,但交易存续期间套期保值工具本身的估值调整会影响当期损益,增加账面利润波动。从更宽泛的意义上讲,套期保值会计处理不当也是一种会计风险。因此,我们需要给出正确的会计处理方式,这有助于企业向相关利益者提供更可靠、公允的会计信息。下文介绍中国国家外汇管理局的相关要求[①]。

一、使用套期保值会计的理由

(一) 何为套期保值会计

对于使用金融工具(如远期、外汇掉期、货币掉期等)开展外汇套保的进出口企业来说,可选择使用套期保值会计方法记账,那么,什么是套期保值会计?

套期保值会计方法,是指企业将套期工具和被套期项目(如出口企业使用远期结汇对未来收汇进行套期时,套期工具是外汇远期,被套期项目是未来收汇)产生的利得或损失在相同会计期间计入当期损益(或其他综合收益)以反映风险管理活动影响的方法。

(二) 套期保值会计的作用

与常规会计方法记账相比,套期保值会计的最大差别在哪里?

企业开展套期业务进行风险管理,若按照常规会计处理方法,可能会导致损益产生更大的波动,这是因为企业被套期的风险敞口和对风险敞口进行套期的金融工具的确认和计量基础不一定相同。例如,企业使用外汇远期对未来外币收汇进行套期保值,按照常规会计处理方法,外汇远期以公允价值计量且其变动计入当期损益,而未来外币收汇需在实际收入外

---

① 国家外汇管理局. 企业汇率风险管理指引,2024:91-145.

币时才计入收入,这样,在一定会计期间内企业利润表反映的损益就会产生较大波动,不仅无法如实反映企业的风险管理活动,而且可能会在财务报表上扩大风险。

因此,尽管从长期来看,被套期项目和套期工具实现了风险对冲,但是在套期存续期所涵盖的各个会计报告期间内,在常规会计处理方法下有可能会产生会计错配和损益波动,而使用套期保值会计方法可如实反映企业进行风险管理活动的影响。

例 6-6 我国某上市公司于 5 月 10 日签订了 9 月付款的总价 10 000 万美元的商品进口合同,货款可以当下支付,即期汇率为 USD1 = RMB6.7。考虑到能够无成本使用出口商提供的商业信用,该上市公司决定 9 月初付款。为了避免付款时美元上涨风险,公司决定进行买入套期保值。

表 6-5 套期保值过程

交易日期	即 期 市 场	期 权 合 约
5 月 10 日	USD1 = RMB6.7	以 USD1 = RMB6.7 签订到期日为 9 月货币期权买入合约
9 月初	USD1 = RMB6.8	以 USD1 = RMB6.7 行权,购买 10 000 万美元
套期结果	成本增加 1 000 万元	获利 1 000 万元
	远期合约盈利 1 000 万元弥补即期市场成本增加 1 000 万元,抵消了美元价格上涨风险	

如果不采用套期方法,现货价格上涨,不反映到损益中,套期工具的公允价值变动计入了损益,造成了损益波动。实质上,期货和现货的总损益才反映企业真实的经营业绩,使用套期保值会计方法能够减少企业损益的波动。

在我国实践中,企业可自主选择是否使用套期保值会计方法记账。如果企业符合运用套期保值会计的条件且选择运用套期保值会计方法的,应当按照企业会计准则有关套期会计披露的要求进行信息披露。

二、使用套期保值会计方法记账需满足的条件

运用套期保值会计方法记账,必须同时满足下列条件:(1)套期关系仅由符合条件的套期工具和被套期项目组成;(2)在套期开始时,企业正式指定了套期工具和被套期项目,并准备了相关书面文件;(3)套期关系符合套期有效性要求。

套期有效性要求主要指被套期项目和套期工具之间应存在经济关系,即被套期项目和套期工具的价值因面临相同的外汇风险而发生方向相反的变动,这也是企业使用套期会计的主要难点。2017 年发布的新套期会计准则《企业会计准则第 24 号——套期会计》取消了原套期会计准则下"回顾有效性测试"要求,更注重套期工具和被套期项目之间是否存在"经济关系"。因此,对于主要条款(如名义金额、到期期限和基础变量)均匹配或大致相符的套期关系,企业可通过定性分析得出套期工具和被套期项目之间存在"经济关系"满足套期会计使用的条件。

例如,某出口企业使用远期结汇对未来收汇进行外汇套期,此时被套期项目(未来收汇)

和套期工具(远期结汇合约)之间就可以被认定为存在经济关系。此业务可以使用套期保值会计。

又如,某制造企业的产品生产需从国外进口原材料、半成品,产成品在国内销售,企业为规避汇率风险,开展购汇方向套期保值业务。这部分业务不使用套期会计。

三、公允价值套期方法和现金流量套期方法的选择

(一)何为公允价值套期和现金流量套期

公允价值套期,是指对已确认资产或负债、尚未确认的确定承诺,或上述项目组成部分的公允价值变动风险敞口进行的套期。该公允价值变动源于特定风险,且将影响企业的损益或其他综合收益。其中,影响其他综合收益的情形,仅限于企业对指定为以公允价值计量且其变动计入其他综合收益的非交易性权益工具投资的公允价值变动风险敞口进行的套期。例如,某企业购买一项看跌期权合同,对持有的选择以公允价值计量且其变动计入其他综合收益的非交易性权益工具投资的证券价格风险引起的公允价值变动风险敞口进行套期。

现金流量套期,是指对现金流量变动风险敞口进行的套期。该现金流量变动源于与已确认资产或负债、极可能发生的预期交易,或与上述项目组成部分有关的特定风险,且将影响企业的损益。例如,某企业签订一项购入外币的外汇远期合同,对以固定外币价格买入原材料的极可能发生的预期交易的外汇风险引起的现金流量变动风险敞口进行套期。

(二)方法选择和使用

企业签署进出口合同后决定对未来收付汇开展外汇套保并使用套期会计方法记账,在公允价值套期方法和现金流量套期方法中应如何选择?企业签署进出口合同后,对未来收付汇开展外汇套保,属于《企业会计准则第24号——套期会计》中提及的"对确定承诺的外汇风险进行套期",此时企业既可以选择公允价值套期方法记账,也可以选择现金流量套期方法记账。

首先,选择公允价值套期或现金流量套期,主要看企业的目标。若企业更关注平滑持有资产(未来结汇)/负债(未来购汇)的价值波动,应选择公允价值套期方法;若企业更关注结算日企业收到(未来结汇)/付出(未来购汇)的现金流,应选择现金流量套期会计方法。

其次,两种记账方法在会计处理方式上的不同使得对利润表的影响不同,记账难度也不同。使用公允价值套期时,企业将套期工具和被套期项目产生的损益同时计入利润表中"套期损益"项,因此可以明显降低套期工具公允价值变动导致的企业利润表当期损益大幅波动。使用现金流量套期时,企业仅在资产负债表中"其他综合收益"项记录套期工具的损益,由于不在存续期间的利润表中记录套期工具损益,对非结算期的利润表不会造成任何影响。记账难度方面,由于现金流量套期仅需记录套期工具损益,公允价值套期需同时记录套期工具和被套期项目损益,现金流量套期的记账难度小于公允价值套期。

例6-7 某上市公司的记账本位币为人民币,以20 000万美元收购境外B公司的全部普通股股份,取得控制权。在购买日,B公司的可辨认净资产的公允价值为14 000万美元。该上市公司合并财务报表中确认相应商誉6 000万美元。同时,在购买日,该公司向B公司提供的长期借款3 000万美元,将视为长期应收款,但是,该公司既无计划也无可能在可预见

的未来会计期间收回这笔长期应收款。在购买日,如果该公司计划对B公司的境外经营净投资进行套期,则如表6-6所示。

表6-6 境外经营净资产套期

能被指定为被套期保值项目的境外经营净投资的最大金额为23 000万美元	境外并购的可辨认净资产14 000万美元
	商誉6 000万美元
	长期应收款3 000万美元

由表6-6可知,外汇风险既影响被套期项目的现金流量,也影响被套期项目的公允价值。因此,若基于本币视角,汇率变动导致未来支付的本币现金流量发生变动,属于现金流量套期;若基于外币视角,未来支付的外币金额固定,但是汇率变动导致外币的公允价值发生变动,属于公允价值套期。

四、平均账期与套期保值会计

对平均账期3—6个月的进出口企业,使用套期会计方法记账与常规会计方法记账相比,对平滑企业年报中利润表的作用大吗?

如上所述,进出口企业使用金融工具进行外汇套保时,若使用一般会计方法记账,可能会使得套期工具和被套期项目产生的利得或损失无法在相同会计期间计入,从而产生会计错配和损益波动。

大多数进出口企业,尤其是出口企业的平均账期一般为3—6个月,在年度会计期间,套期工具和被套期项目的损益计入可能不会存在错配问题。举例来说,如企业在当年2月初签署出口合同并根据收汇账期购买6个月后的外汇远期,则该企业在当年7月底收到外币。在企业制作年度利润表时,套期工具(外汇远期)和被套期项目(外币收入)的损益即可在同一个会计期间计入企业利润表。因此,对收汇和付汇账期较短的进出口企业来说,从年度会计期间角度,使用套期会计记账方法对平滑企业利润表的作用有限。但实践中,企业通常会有月度等较短会计期间的核算需求,采用套期会计记账方法乃是较优选项。

五、由卖出期权和买入期权组成的期权组合是否可以作为套期工具

对于一项由卖出期权和买入期权组成的期权组合(包括"远期+期权组合"中的期权组合),其在指定日实质上相当于一项净卖出期权的,不能将其指定为套期工具。

由卖出期权和买入期权组成的期权组合,当同时满足以下条件时,可以认定为"实质上不等同于一项净卖出期权",因此可以指定为套期工具:(1)企业在期权组合开始时以及整个期间未收取净期权费;(2)除行权价格,卖出期权组成部分和买入期权组成部分的关键条款是相同的(包括基础变量、计价货币及到期日);(3)卖出期权的名义金额不大于买入期权的名义金额。

除指定用于抵销买入期权外,卖出期权不能作为套期工具,因为卖出期权的潜在损失可能大大超过被套期项目的潜在收益,从而不能有效地对冲被套期项目的风险。而买入期权可以作为套期工具,因为买入期权的一方可能承担的最大损失就是期权费,可能拥有的利得

通常超过或可以覆盖被套期项目的潜在损失,可被用来有效对冲被套期项目的风险。

六、一个结论

是否运用套期会计,应该由企业自主选择。套期会计方法可以更合理地呈现企业的经营成果和风险管理活动的结果。然而,采用套期会计会带来较大的实施成本,如企业需制定套期制度和流程,储备相关人才,准备套期书面文件,持续进行套期有效性测试等。在实操中,若相关项目跨重要会计时点,且金额重大,企业有必要考虑选用更合理的会计方法。

例如,某大型跨国企业,主要业务为电气产品生产和项目建设两大部分。该企业每个月根据系统计算的未来现金流,使用外汇衍生品业务开展套期保值,3个月以内的套保比例不低于75%,3个月以上的100%套保,按月动态调整。

例如,项目建设一般从投标阶段开始考虑套期保值。如果项目持续期超过1年,全部现金流超过4 000万元人民币,需要考虑使用套期会计。如果项目单一的现金流超过200万元人民币,也可以考虑使用套期会计。

本章小结

会计风险是母公司合并会计报表时所产生的一种折算损益,本身并不代表未来现金流量的变化,因此,许多公司据此不对会计风险进行管理。但是,有些会计风险的危害性远高于其他两类汇率风险。

会计风险是一个相对概念,它仅存在于母公司的合并财务报表中,就子公司本身而言,并不存在会计风险。即使对母公司而言,这种风险导致的损益只是账面的,并不会引起经营现金流量的实质性改变。因此,与交易风险和经营风险不同的是,会计风险一般不直接影响现金流量,与跨国公司的实际价值并无直接的联系。

按公认会计准则,跨国公司必须将海外各子公司以外币记账的财务报表折算成本位币后,才能编制合并财务报表。因此,产生会计风险的直接原因有两个:一是母公司与海外子公司或分支机构记账货币不同;二是海外子公司财务报表有关会计项目记账时的汇率(业务发生时的中间汇率,俗称历史汇率)与合并报表时的汇率(决算日的中间汇率,俗称现行汇率)通常是不同的。

会计风险通常不影响跨国公司现金流量,因此,不是所有的会计风险都会影响跨国公司价值,不是所有的会计风险都需进行套期保值。

资产负债表套期保值法就是试图消减或消除净风险暴露,降低净风险暴露或使净风险暴露头寸变为零。

关键词

会计风险　净暴露头寸　净暴露资产　净暴露负债　流动非流动法　货币非货币法　现行汇率法　资产负债表套期保值

习题

1. 会计折算方法主要有三种。与其他两种方法相比,现行汇率法在反映折算损失时有何不同?

2. 会计风险是否有害?

3. 会计风险产生的根源是什么?

4. 对冲会计风险的做法主要有哪几种?

5. D公司是一家英国跨国公司的埃及全资子公司。D公司12月31日资产负债表如下所示。

单位:埃及镑

资　　产	金　　额	负债和股东权益	金　　额
现金	16 500 000	应付账款	24 750 000
应收账款	33 000 000	长期债务	49 500 000
存货	49 500 000	股东权益	90 750 000
产房与设备净值	66 000 000		
合计	165 000 000		165 000 000

在资产负债表日,埃及镑与英镑之间的汇率为5.5埃及镑/英镑、历史汇率为5.3埃及镑/英镑。

问:

(1) 用现行汇率法计算,D公司12月31日跨国公司的折算风险。

(2) 用货币与非货币项目法计算,D公司12月31日跨国公司的折算风险。

(3) 如果下一季末的汇率为6埃及镑/英镑,请用现行汇率法计算该跨国公司的折算风险(假定季度末所有资产负债表账户均与期初时相同)。

6. 在中国A股市场上选择一家你有兴趣的或想了解的,且在海外有子公司的上市公司。查看其最近三个年度的财务报告后,依次回答如下问题:

(1) 该公司采用哪种会计折算方法?方法使用是否合理?

(2) 其会计风险有多大?

(3) 该会计风险是否会对公司产生实质性影响?

第七章 国际营运资本管理

> 📖 【学习要点】
> 1. 跨国公司现金集中管理抑或分散管理?
> 2. 跨国公司如何管理独立应收账款和内部应收账款?
> 3. 跨国公司有何特殊的短期融资方式?
> 4. 短期融资决策基本原理。

跨国公司同样需要投入数量合适的营运资本[①]。营运资本具有两面性:一方面,流动资产是营运资本的占有形态,反映了营运资本的投资规模和各类流动资产占比,这是营运资本的使用;另一方面,营运资本所需资金源于短期和长期融资,这是营运资本的来源。跨国公司的流动资产管理复杂多变,营运资本配置更具多样性和灵活性。

第一节 现金和应收账款管理

跨国公司的流动资产管理环境更为复杂,但同时,这种复杂的环境也给了跨国公司更多的机会。下面我们介绍跨国公司流动资产管理中的现金和应收账款管理。

一、跨国公司现金管理

现金包括库存现金、各种形式的银行存款以及流动性很强的有价证券[②]。跨国公司现金管理内容更为丰富。在汇率变动、税收国别差异、资本管制等因素影响下,跨国公司的现金管理至少包括是否创新管理方式、持有何种币种、存放何地等内容。

(一)现金集中管理

跨国公司的现金管理有集中管理和分散管理两种。集中管理是指由跨国公司建立现金管理中心,由该中心对跨国公司的现金进行全面管理,现金管理中心一般设在母公司内。分散管理[③]是指现金交易权分散在母公司以及各子公司中。现在,越来越多的跨国公司采用现金集中管理模式。集中化的国际现金管理有以下优势:

第一,减少现金总体持有规模。现金管理中心在资金有溢余的子公司与资金短缺的子公司之间进行合理调度,提高资金使用效率,减少多余的现金性资产,降低了机会成本。

---

① 一般意义上的营运资本管理,可以参见《公司财务学》《公司金融》等相关教科书。
② 这里所指的有价证券是指无违约风险、高度变现的短期期票,也称为现金等价物。
③ 本书不讨论现金分散管理的内容。

第二,实现更为专业化的现金管理。现金管理中心的专业人员对公司总体经营活动的了解更为全面,更容易发现问题和机遇,更能够依据汇率变动、利率波动和税收政策差异及时灵活地调整现金流向,规避风险、提高收益。

第三,现金管理可获得更优质的服务。与现金分散管理相比较,现金管理中心可以凭借其对外投资和融资的功能和优势,从银行得到更好的服务和更优惠的报价。一方面,现金管理中心可以获得更高的现金投资回报;另一方面,现金管理中心可以获得更便宜的现金。

第四,减少现金转移成本。现金管理中心可以建立净额支付体系,利用这一支付系统,跨国公司内部关联交易所形成的结算款无须全额支付,仅需以净额支付即可,大大降低了现金跨国转移的成本。该体系将在下文详细介绍。

但是,现金集中管理也存在缺陷。比如,现金集中管理对信息传递的全面性、准确性和及时性提出了很高要求,各子公司和职能部门如何提供有效的配合与协调往往是一个棘手问题。

(二)优化现金管理的方法

现金集中管理是跨国公司优化现金管理的必要条件,跨国公司现金持有币种、存放地等一些特殊而重要的管理要求也有赖于现金管理中心的运作。

1. 跨国资金调度系统

在现金集中管理制度下,跨国公司各子公司的现金持有量在满足了正常的交易性需求后,将超过交易性需求以上部分现金全部移存现金管理中心。也就是说,所有为安全性、投机性需要而储备的现金都交由现金管理中心掌管。

为了实现资源优化配置的目标,现金管理中心必须及时了解各子公司的财务状况,预测它们将来一段时间内可能发生的现金流入或流出,掌握各子公司的现金需求,了解汇率变动和利率变动的走向,然后确定各子公司的最优现金持有量,并据此进行现金的跨国调度。

可见,跨国资金调度系统与现金管理中心相伴而生,它有助于实现公司现金资源的优化配置。该系统要求所有的子公司每天向现金管理中心报告各自的现金账户余额。所有子公司使用统一的折算货币报告其现金余额,折算汇率由现金管理中心选定。此外,子公司还需向现金管理中心报告其对未来几天内现金流量和余额的预测情况。然后,现金管理中心根据这些报告并结合市场情况确定各家子公司目前的最优现金持有量,从而估算出每家子公司的现金盈余或缺口,最后做出现金调度的决策。

在实践中,资金调度系统远比想象中复杂,还可能包括对中长期现金流量的预测,以及对跨国公司内部各机构间关联交易的预测等。

2. 净额支付体系

跨国公司的母子公司之间或各子公司之间经常会发生大量的内部关联交易,交易内容包括原材料、零部件、半成品和成品等的买卖。物流伴随着现金流,大量的跨境现金流动形成了巨额成本,包括现金转移成本、外汇兑换成本、机会成本以及其他交易成本等。因此,如何尽量降低跨国公司现金转移量进而降低成本,成了跨国公司现金管理中心的工作重心之一。净额支付就是一种有效的应对方式。

净额支付最早见于双边贸易结算。也就是说,由于公司之间的结算资金常常是双向的,因此,为减少资金转移成本,它们相互间以资金流入与流出的净额进行支付。跨国公司内部各机构之间往往不仅仅限于双边交易,更多时候会发生多边交易。此时,净额支付常常是指多边净额支付。

现金管理中心建立了净额支付体系,对于多边交易,现金管理中心要使用一个由应收款和应付款组成的矩阵来决定在结算当天,每家子公司的净支付额或净收入额。鉴于现金管理中心和各子公司使用的币种不同,在构造矩阵时需要统一换算为母公司计价货币[①],且以一个固定汇率折算在结算日一周以内发生的所有内部交易。

例 7-1 设一家中国跨国公司拥有三家海外子公司,分别位于美国、巴西和新加坡。已按统一汇率将内部交易额折算成等值人民币,跨国公司内部的资金往来用矩阵表示(见表 7-1)。

表 7-1　中国某跨国公司内部交易资金往来　　　　　　　　单位:百万元人民币

现金收入方	现金支出方				
	中 国	美 国	巴 西	新加坡	合 计
中 国	—	6	8	3	17
美 国	7	—	4	1	12
巴 西	6	3	—	2	11
新加坡	5	2	2	—	9
合 计	18	11	14	6	49

由表 7-1,我们可以得到中国总部以及三家子公司各自的净支付额或净收入额(见表 7-2)。

表 7-2　中国某跨国公司内部各机构各自的净额支付　　　　单位:百万元人民币

	现金支出总额	现金收入总额	现金支出净额	现金收入净额
中 国	18	17	1	—
美 国	11	12	—	1
巴 西	14	11	3	—
新加坡	6	9	—	3
合 计	49	49	4	4

由表 7-2 可知,如果没有净额支付机制,那么,转移资金的总额将高达 4 900 万元等值人民币,而在净额支付体系下,需要转移的资金只有 400 万元等值人民币。此外,付款的方式可以由净支出方划款至现金管理中心,再由现金管理中心兑换成收款方的当地货币并支付

---

① 这种计价货币选择的理由是,现金管理中心设在母公司。如果现金管理中心没有设在母公司,则另当别论。

给收款者;若净支出方持有收款方的当地货币,那么,中心会让净支出方直接汇款给收款方,省去了货币兑换成本。

建立一个净额支付体系是有成本的,某些国家对跨国公司的净额支付系统还会加以限制。如果跨国公司内部现金流量很大,双向流动很频繁,那么,净额支付的好处就非常显著。此时,与净额支付体系带来的巨大收益相比,建立净额支付体系的成本也许是微不足道的。

3. 现金收款和付款管理

(1) 现金收款管理

应收账款到期日并不是应收账款变现日。事实上,应收账款到期日至客户欠款被收回有一个过程,这个过程就是收账流程。因此,现金收款管理的目标是缩短收款流程。具体来说,为缩短收款流程,跨国公司可以要求交易对手使用电汇。由于电汇可以使传统收款流程缩短 3—5 个工作日,因此,对于大额资金转移来说,大大减少了资金的机会成本。

绝大部分的国际汇款是通过 SWIFT 网络进行的。SWIFT 是"全球银行间金融电讯协会"(Society for Worldwide Interbank Financial Telecommunications)的简称。它是1973年于比利时布鲁塞尔成立的一个国际金融组织,连接全世界 1 000 多家银行。这些银行可以通过协会特别安装的电子通信设备进行数据信息交换、资金调拨和汇款结算业务。系统内的银行在几分钟之内即可将汇款通知资金管理中心并得到确认,传送迅速、安全且费用低廉。

(2) 现金付款管理

付款管理的目标是在不违约的前提下尽可能延迟现金支付,也就是说,尽可能将付款时间往后推移或者尽量减少现金闲置的时间。付款人利用银行结算系统的低效率,尽量延长实际支付时间,这是消极的对策。然而,积极的付款管理主要包括用足信用条件、选择合适的结算方式等手段。

第一,用足信用条件。这是指跨国公司在不违约的前提下,尽可能推迟应付款的支付期。跨国公司应该充分运用交易对手所提供的商业信用条件,在信用期的最后一天付款。头寸紧张时,甚至可以放弃交易对手的折扣优惠,在信用期的最后一天支付货款。

第二,选择合理的结算方式。选择合理结算方式的目的也是尽可能将付款时间往后移,尽可能长地占用收款人提供的商业信用。以传统的国际结算方式为例,信用证结算、托收、国际汇兑是最常见的国际结算方式。如果付款方在选择结算方式上拥有话语权,则远期信用证结算和远期托收是首选的结算方式。因为即期信用证结算、即期托收和国际汇兑都无法很好地实现延迟付款的目标。

(三) 跨国公司现金管理的复杂性

在优化现金管理的过程中,跨国公司面临的难题远多于一般的国内企业。主要表现在三个方面。

第一,通货膨胀和汇率波动的影响不可测。在现金集中管理体制下,为了确定跨国公司内部各机构的现金持有量,对未来现金流量进行预测就显得特别重要。但是,通货膨胀以及汇率波动的不可测性使得跨国现金管理的有效性受到质疑。

第二,现金集中管理可能扭曲子公司业绩。如果以利润为中心来考核子公司管理人员的绩效,那么,现金集中管理很可能引发子公司管理者激励不足的问题。在以利润评估跨国公司内部各机构管理者绩效的激励制度下,为追求子公司利益最大化,子公司管理者更愿意留存现金,并用所留存的现金去获取投资回报以提高本部门的利润水平。子公司的这种做法很可能无助于跨国公司整体利益最大化,因此,可能的解决办法是,跨国公司把现金管理中心看作公司内部银行,所有子公司与现金管理中心的资金往来都是有偿的,并以母公司的资金成本率作为内部借贷利率。如果利率足够高,拥有剩余现金的子公司的管理者自然就会愿意把一部分现金存入现金管理中心,该子公司的业绩将得以提升。如果利率不高,拥有剩余现金的子公司管理者将一部分现金存入现金管理中心的意愿会大大降低,理由是子公司的业绩会被低估。

第三,政府管制的力度和银行系统的效率影响现金管理的有效性。政府管制的力度主要体现在对现金跨国界流动的限制上。如果管制力度大,那么,跨国公司内部的现金跨国流动的速度可能会放慢,成本会提高。各国银行的效率有高低之分,高效的银行体系是跨国公司优化现金管理的保障,低效的银行系统会阻碍现金在国家间的快速流动。

(四)剩余现金投资的收益与风险

在现金集中管理制度下,现金管理中心在对未来现金流量进行预测,并在此基础上确定了最优的现金持有量之后,还负责将跨国公司的剩余现金进行短期投资,即决定这些剩余现金的持有形式(包括银行存款和各种各样的货币市场工具)、币种组合以及各自所占权重。

现金管理中心可以在国际货币市场上选择投资方向和范围,但受各种因素的限制,真正能称得上国际性自由市场的只有美国货币市场和欧洲货币市场。以美国货币市场为例,跨国公司常用的货币市场投资工具归纳如表 7-3 所示。

表 7-3 跨国公司常用的货币市场投资工具

工具名称	发行人	期　限	特　点
短期国库券	各国中央政府	一年以内	流动性最强,最安全
美国联邦基金	法定准备金临时不足的美国商业银行	隔夜,最多不超过 3 天	适于大笔资金(100 万美元以上)的临时性投资
美国政府机构债券	美国政府机构	30—270 天	比国库券利率稍高
存款储蓄账户	商业银行	见票即付	利率有时受到政府限制
定期储蓄账户	商业银行	可协商,但需提前通知	利率和期限有时会受政府限制
非银行金融机构存款	非银行金融机构	协商确定	通常回报率高于银行存款利率
大面额可转让存单(CDs)	商业银行	可协商确定,但通常为 30 天、60 天或 90 天	流动性较强
银行承兑汇票	由商业银行担保的进口商	180 天以内	信誉仅次于国库券
商业票据(CP)	信誉较高的大公司	30—270 天	一种可协商的无担保短期期票

跨国公司的现金管理会受到诸如汇率、利率、税制差异、政府管制等因素影响。鉴于现金管理中心更了解公司整体情况，更容易发现问题和机遇，从而更容易规避风险，实现更专业化的现金管理。因此，为避免汇率和利率风险，现金管理中心将负责对剩余现金进行组合投资。

第一，分散投资。分散投资可降低非系统性风险，将剩余现金分散投资于不同币种还能减少货币兑换频率、降低货币兑换成本。现金管理中心应该密切监视投资组合的市场动向并适时调整，但由于跨国投资组合的调整将引发较高的交易成本，如货币兑换成本。因此，频繁调整组合不足取。在实践中，现金管理中心选择货币投资组合的依据不一定是那些回报率最高的币种，而主要是那些正在形成或预期将来会形成现金流入或流出的币种。

第二，注意期限匹配和流动性。现金管理中心在确定货币投资工具的期限时，以该币种现金预期流出的期限为依据，尽可能做到期限相匹配。例如，公司预计3个月后会发生一笔美元现金流出，那么，目前应选择3个月期限的美元投资工具。同时，重视该货币投资工具的流动性，保证该货币投资工具的变现能力。

第三，运用套期保值工具降低投资风险，寻求可能的套利机会。安全性是剩余现金投资的第一要求，为此，必要时会运用套期保值工具来消减或降低投资风险。因此，在剩余现金投资时，有时会伴随着衍生工具的大量使用。

二、跨国公司的应收账款管理

跨国公司的应收账款可以按交易对手分成两部分：独立应收账款和内部应收账款。前者是指将产品或商品出售给独立客户①所形成的应收账款，如中石油向壳牌公司出售成品油而形成的应收账款。后者是指跨国公司内部因关联交易所形成的应收账款，如跨国公司内部一家子公司向另一家子公司出售商品而形成的应收账款。

1. 独立应收账款管理

和国内企业一样，跨国公司独立应收账款管理内容主要涉及三个方面：如何设定信用期限、如何确定信用标准和如何实施收账政策。

（1）信用期限

信用期限是公司商业信用的授信期限，如"n/30"信用条件中的30天商业信用期限，又如"n/90"信用条件中的90天商业信用期限等。公司在设置商业信用期限时，必须考虑以下五个因素。

第一，购货者违约的可能性。如果购货者处于高风险行业或之前存在信用污点或正陷入财务困境时，销货方（授信方）会执行相当苛刻的信用期限，甚至不提供商业信用。

第二，购货者购买金额的大小。如果购货者的购买金额很大，或者购货者是公司的主要客户，则信用期限可以相对长一些；否则，相对短些。

第三，商品是否易保存。如果存货不易保存，且变现能力很差，则授信者应该提供比较有限的信用期限。

第四，购货者议价能力的大小。如果购货者议价能力很强，或者当下市场为买方市场，那么，授信方可能被迫向受信方提供较长的信用期限；反之，授信方可以缩短信用期限。

---

① 独立客户和出售方是非关联企业。

第五,信用环境的好坏。如果整个社会的信用环境良好,授信方愿意提供宽松的信用期限;如果整个社会信用环境恶化,授信者只愿意提供较短的信用期限,甚至不愿提供信用。

如果延长信用期限,有可能引发多方面的相应变化。首先,延长信用期限,会刺激销售。其次,延长信用期限,会提升应收账款余额。究其原因,一是应收账款余额会随着销售额的增加而增加,二是应收账款余额会随着应收账款周转期限的延长而增加。应收账款增加后,公司坏账费用、机会成本也随之增加。最后,可能遭受汇率波动和外国通货膨胀的不利影响。因此,跨国公司信用期限的决定是一个棘手问题,受诸多因素影响。

例 7-2 中国某跨国公司在英国的子公司拟将现行的 30 天信用期限政策放宽为 90 天,无现金折扣。在现行信用政策下,该子公司年销售额为 12 000 万英镑。延长信用期限后,销售额预计会增长 10%,而相应的年成本从 4 000 万英镑增加到 4 400 万英镑(假定该子公司的成本均为变动成本)。公司资本成本(期望收益率)为 10%(假设没有通货膨胀)。即期汇率为 ¥10 = £1,预计英镑每月贬值 0.2%。此外,预计收账费用和坏账损失会从 100 万英镑增加到 120 万英镑。

情形一:不考虑汇率

以英镑为计价货币,延长信用期限后年销售利润的增长额(ΔP)为

$$\Delta P = 12\,000 \times 10\% - (4\,400 - 4\,000) = 800 \text{ 万英镑}$$

在现行信用政策下,英国子公司的财务成本:应收账款平均余额占用营运资金的机会成本=(日销售额×信用期间×成本率)×资金成本率=(12 000/360)×30×(4 000/12 000)×10%=33.33 万英镑,再加上收账费用和坏账损失 100 万英镑,总财务成本为 133.33 万英镑。

公司延长信用期限后,英国子公司的财务成本:应收账款平均余额占用营运资金机会成本=(13 200/360)×90×(4 400/13 200)×10%=109.99 万英镑,再加上收账费用和坏账损失 120 万英镑,总财务成本为 229.99 万英镑。

在不考虑汇率波动的情形下,延长信用期限后,财务成本增加 96.66(=229.99 − 133.33)万英镑。因此,净收益为 703.34(=800 − 96.66)万英镑,即 7 033.4 万元等值人民币。公司应该选择放宽信用期限。

情形二:考虑汇率

在考虑汇率波动的情形下,因为预计英镑每年贬值 2.4%,故英镑年销售利润平均贬值 1.2%,故年销售利润增长额(ΔP)=800×10×(1−1.2%)=7 904 万元等值人民币。

公司现行信用政策下的财务成本也会受汇率变动影响:总财务成本年平均贬值 1.2%,为 133.33×10×(1−1.2%)=1 317.3 万元人民币。

公司延长信用期限后的总财务成本=229.99×10×(1−1.2%)=2 272.3 万元人民币。

延长信用期间后的财务成本增加了 955(=2 272.3 − 1 317.3)万元人民币。净收益为 7 904 − 955=6 949 万元人民币。显然,考虑汇率因素后,净收益有所减少,但公司还是应该选择延长信用期限。

(2) 信用标准

信用标准是指客户获得公司的商业信用所应具备的条件。如果客户达不到信用标准,便不能享受商业信用或只能享受较低的商业信用待遇。因此,销货公司在向客户提供商业信用之前,需对客户的信用进行评价。其原则有两项。

第一，初次销售的信用评价。如果是初次销售，首先需要认定是否给予商业信用，为此，需对授信对象的信用进行全面分析，然后根据信用分析的结果，确定信用限额和信用期限。一般而言，如果授信对象的信用良好，则信用限额高，信用期限长；反之，则信用限额小，信用期限短。

第二，重复销售的信用评价。如果是重复销售，对授信对象的信用分析不必从头再来。由于之前已经提供过信用限额和信用期限，因此，只要根据授信对象信用等级的变化以及购买量的变化等来修改信用限额和信用期限。如果受信者信用等级提高，则表明其支付能力及其还款能力提高。如果受信者购买量上升，则表明其预期销售、预期盈利能力提高。因此，当授信对象的信用等级提高或购买量上升时，公司可以对此类授信对象进一步放宽信用限额，延长信用期限。

公司在评定某一客户的信用标准时，往往先要评估它违约的可能性。常用的评估工具为"五C"系统，即品质(character)、能力(capacity)、资本(capital)、抵押(collateral)和条件(conditions)，这是用以评价客户信用品质的五个最主要方面。

(3) 现金折扣政策

现金折扣是信用条件中的一个特殊条款。现金折扣是销货方为鼓励客户早付货款而设定的一个折扣期限，如果信用接受者在该折扣期限内付款，则可以享受现金折扣。比如，"2/10, n/30"信用条件中，折扣期限为10天，折扣率为2%。该现金折扣意味着，只要信用接受者在第1天至第10天之间的任何1天付款，就可以享受2%的现金折扣，也就是说，只需支付98%的货款即可。

现金折扣可以加速应收账款的回收速度，但是，授信方采用现金折扣进行交易时，一定要慎重权衡折扣成本。只有加速收回应收账款所获得的收益超过折扣成本时，现金折扣才是加快应收账款回收速度的有效政策。

现金折扣政策常常与信用期限政策相结合。不论有无现金折扣，信用政策都可能给销售方带来收益，同时也可能增加成本。

(4) 收账政策

跨国公司总会有一定比例的出口货款到期无法收回，对与独立客户交易而产生逾期应收账款，有三种收账政策可供选择：一是与独立客户商洽；二是诉诸法律；三是雇请收账公司代理。

值得注意的是，逾期应收账款催讨的难度具有普遍性。收款人在催账过程中，可能会承受巨大的损失或承担一定的费用。整个社会的信用环境越差，收款人承受的成本或损失越大。因此，催账决策应该基于净现值原则。收款程序的选择乃至是否诉诸法律，取决于催账是否能产生正值的净现金流入。如果收账所产生的现金流入小于催账成本，则应该坚决地放弃催账。

2. 内部应收账款管理

与独立应收账款不同，内部应收账款的处置办法灵活。为了实现跨国公司整体利益最大化，内部应收账款可以提前收回，也可以延迟收回。事实上，内部应收账款管理已成为跨国公司内部跨境转移资金的主要手段之一。

例7-3 假设一家中国跨国公司在墨西哥设有一家全资子公司，母公司全年累计向该子公司销售价值24 000万墨西哥比索的商品，信用期限为60天，无现金折扣。

母公司对子公司的应收账款平均为4 000(=24 000/360×60)万比索,这就相当于母公司向子公司提供了年均4 000万比索的商业信用。如果将信用期限改为90天,则相当于母公司又向子公司提供了年均2 000万比索的商业信用;如果将信用期限缩减为15天,将会有3 000万比索从子公司流向母公司。

提前或延后收款给跨国公司所带来的价值既取决于资金对收款公司的税后机会成本,也取决于资金对付款公司的税后机会成本。假定中国和墨西哥货币市场的税后借贷利率如表7-4所示。

表7-4 中国和墨西哥货币市场借贷利率

	税后贷款利率(%)	税后存款利率(%)
中　国	4.1	3.5
墨西哥	4.4	3.9

如果仅仅以中国、墨西哥两国货币市场税后借贷利率的差异来对内部应收账款进行管理,那么,可分四种情况来讨论。

第一,中国母公司和墨西哥子公司都有资金溢余。鉴于墨西哥货币市场的税后存款利率高于中国货币市场的税后存款利率,差额为0.4%。那么,墨西哥子公司延迟支付有助于跨国公司获得更多的利息收入。

第二,中国母公司资金溢余而墨西哥子公司资金短缺。为了按时归还应付账款,墨西哥子公司无奈从其货币市场按贷款年利率4.4%借款,而母公司只能将其收到的款项在中国货币市场寻求存款利率3.5%的投资机会。因此,延迟收款可以使跨国公司节省利差率为0.9%。

第三,中国母公司资金短缺而墨西哥子公司资金溢余。中国货币市场的税后贷款利率为4.1%,墨西哥货币市场的税后存款利率为3.9%,差额为0.2%。也就是说,提前收款可使整个跨国公司节省利差率为0.2%。

第四,母子公司资金都短缺。中国货币市场的税后贷款利率为4.1%,墨西哥货币市场的税后贷款利率为4.4%。差额为0.3%。也就是说,延迟收款可使跨国公司节省利差率为0.3%。

如果考虑汇率波动,那么,在决定内部应收账款究竟是提前还是延迟收款时,除了考虑不同货币市场利差之外,还需考虑汇率变动的影响。如果延迟收款的利息节约额小于汇率引发的外汇损失,则应该选择提前收款。

第二节　国际短期融资管理

短期融资是营运资本的主要资金来源[①]。跨国公司的短期融资有两大特点:一是融资渠道更多,融资灵活性更强;二是融资风险增加。跨国公司在利用国际货币市场筹集短期资金时,会面临汇率风险、利率风险等诸多风险。本节介绍一些重要的国际短期融资方式以及

---

① 营运资本的资金来源有短期融资和长期融资两大类,若流动比率为2∶1,可理解为50%的营运资本由短期融资方式提供。

融资决策的一些原则。

一、国际贸易融资

(一) 国际贸易融资方式

国际贸易是跨国公司最基本的跨国经营活动之一,国际贸易融资历经数百年的发展,其手段和工具已相当丰富,制度和程序已非常规范。国际贸易融资主要有银行承兑汇票、贴现、代理和福费廷等融资方式。

1. 银行承兑汇票

银行承兑汇票是出口商通过银行向进口商提供的融资,但与商业承兑汇票不同的是,银行与进口商、出口商各自达成了两个相互独立的债权债务关系。

银行承兑汇票的期限一般为30天、90天、180天,平均为90天左右。作为融资者,进口商从银行得到资金所付出的成本要大于银行向汇票持有人(出口商)提供的收益率。这个差额可以视为银行为提供承兑业务而收取的佣金,该差额随汇票期限的长短及进口商信誉的高低而变化,但一般不超过1%的年收益率。对于货币市场的投资者来说,银行承兑汇票和大面额可转让定期存单(CDs)十分相似,因此,这两种工具的市场收益率也十分接近。银行承兑汇票是投资者青睐的短期投资品种,常被视为现金等价物。

2. 贴现融资

贴现融资是指出口商将其持有的银行承兑汇票和商业承兑汇票向银行或在货币市场申请贴现。通常商业汇票的贴现率要比短期银行贷款等其他短期融资方式的利率低,理由是,政府为鼓励出口而向银行提供直接或间接的出口融资补贴所致。如果出口商的商业汇票还进行了保险,那么,出口商可以获得更加优惠的贴现率。

出口商在收到银行承兑汇票之后可以立即贴现,也可以持有至到期日,具体决策取决于资金成本率的大小。比如,某出口商现有一张30天、面额为50万欧元的银行承兑汇票,年贴现率为5%,年佣金率为0.8%。如果持票人决定持有至到期日,则30天后他将得到$50\times(1-0.8\%\div12)=49.97$万欧元;如果出口商决定立即贴现,则他将得到$50\times(1-5\%\div12-0.8\%\div12)=49.76$万欧元。如果出口商按5%对持有至到期日现金流入进行贴现,那么,持有至30天后得到的49.97万欧元的现值为$49.97\div(1+5\%\div12)=49.7625$万欧元。此时,出口商会选择持有至到期日。但当贴现率提高后,情况可能会变化。

贴现融资可分为具有追索权的贴现融资和不具有追索权的贴现融资两种。前者具有这样的特点,即如果汇票到期时进口商没有能力或不愿付款,则银行有权向票据贴现人退还票据、追索贴现款;而后者则由银行承担贴现后的信用风险。

3. 代理

代理也称保理,是指跨国公司将其应收账款以一定的折扣率让售给代理商(也称保理公司)的行为,其目的是为了获得短期资金,或为了提高资金周转速度,或为了改变流动资产结构等。代理业务有非追索权和追索权两类,但大多数代理业务是不具有追索权的,即代理商承担应收账款让售后的信用风险、外汇风险和政治风险。代理最适用于出口业务庞大的公司,或者是规模太小以至无法自己完成跨国信用评估和收款工作的小公司。

代理成为跨国公司重要融资方式的理由是:从跨国公司角度看,代理融资意味着跨国公司信用状况良好,且具竞争力,可以利用灵活宽松的信用政策来增加销售。代理商广泛的商业信用信息优势对跨国公司也是非常有益的,跨国公司可以借此评估潜在客户的信用。

代理商受让应收账款的目的是赚取贴现息和佣金。贴现率一般参照同期贷款利率,而佣金率则有一定的幅度,如代理佣金约占受让应收账款的 1.75%—2%,作为代理商承担非追索权风险的补偿。对不同的出口公司收取的代理佣金是不同的,通常取决于让售应收账款公司的年营业额(一般不能低于 50 万美元或 100 万美元)、应收账款潜在的信用风险、外汇风险、政治风险等。

从经济学意义上讲,出口商将应收账款让售给代理商能够实现帕累托改进,因为出口商所支付的佣金和贴现息之和低于其自己处理应收账款的成本(包括坏账费、催账费、机会成本等)。

4. 福费廷

福费廷(Forfaiting)是一种特殊的代理融资方式,是一种中长期贸易融资手段,它是专门针对出口商的中长期应收账款而提供的代理服务。这些中长期应收账款一般产生于资本品、大件的出口业务,如中国华为公司出口的服务器,信用期限为 3—7 年,分期付款,且要求以通用货币(如瑞士法郎、欧元、美元等)标价。

与代理相同的是,出口商在出售中长期应收账款时也须承担贴现息和佣金。其中,贴现率是固定的,通常比当地同期贷款利率高出近 2 个百分点。由于资本品通常十分昂贵,进口商一般无力在短期内支付货款,而出口商一般也不能或者不愿向进口商提供中长期商业信用。因此,福费廷便在这种情形下产生了,且非常符合进出口双方的要求。福费廷一般不具有追索权。福费廷交易的一般程序为:

第一,进出口商达成协议。出口商同意分批将不同的各种货物在不同时间点运输给进口商,进口商答应按约定分期支付货款。

第二,出口商与包买商(forfaiter)①签订融资合约。包买商承诺以一个固定的贴现率购买进口商签发的本票,当本票交付给包买商时,出口商便获得相应的折现现金流。包买商一般在合约签订开始到收到出口商本票期间,向出口商额外收取每月 0.1%—0.125% 的等待费。

第三,进口商开立一系列支付固定数额货款给出口商的本票。本票由进口商所在地政府或银行提供担保,该本票的最终持有者可以视进口商的当地政府和银行为该本票主要责任人。

第四,进口商将本票交给出口商。出口商收到本票,且背书"无追索权"后,将本票以约定贴现率折价卖给包买商。

第五,包买商背书担保并在货币市场中出售。包买商通常将不同期限的贴现票据打包,并在货币市场上出售。投资者尤其会关注包买商的信用风险。

第六,投资者到期向进口商或进口地银行出示本票。

福费廷源自瑞士和德国,在西欧国家特别盛行,提供福费廷服务的代理商大多是国际大

---

① 包买商是一种福费廷机构,为出口商提供两种服务:一是国家风险评估,在国家风险评估方面,它必须为不同国家的违约风险进行定价;二是货币市场的金融中介,在金融中介方面,它将不同期限的贴现票据打包后在货币市场上出售,并为此提供担保。

银行,有时它们还会帮助出口商解决其他诸如管理方面的问题。

(二) 国际贸易融资风险的保险和担保

在国际贸易尤其是在那些需要进行长期付款安排的资本品等大宗商品的交易中,许多成熟经济体的政府部门常常会向本国出口商提供融资担保或条件优惠的信贷风险保险,以增强本国出口企业的竞争力。几乎所有成熟经济体都设立了专门机构来提供这些服务。

1. 出口信贷担保

不同国家提供出口信贷和担保的机构、程序和内容各异。以美国为例,由美国进出口银行扮演提供出口信贷及担保的角色,为美国出口贸易提供各式各样的短期(小于等于180天)、中期(180天至5年)和长期(5年以上)担保和融资服务。它不仅直接向国外借款者直接提供贷款(如买方信贷),而且为本国出口商的营运资本提供担保,为私人银行向外国进口商贷款提供担保和信用保险。事实上,美国进出口银行起到了拾遗补阙的作用,即在私人金融机构无法或不愿提供融资时提供融资服务。

美国进出口银行的存在刺激金融机构向美国出口商贷款,也鼓励了金融机构向外国进口商贷款,从而促进了美国出口的扩张。经该机构担保或提供贷款的出口业务占美国出口总额的比例很高,贷款期限往往在1年以上,最长可达7年以上。美国进出口银行的担保可以单独提供,也可以与中间人贷款相结合。大多数担保既覆盖商业风险,也覆盖政治风险。

由于这些担保有政府作为后盾,因此,经过担保的贷款利率接近于无风险利率。事实上,信贷担保等于是政府向贷款银行提供了一份看跌期权,一旦跨国企业无法还贷,政府将负责清偿贷款本息,保证银行不受损失。在美国,进出口银行一般会向被担保机构收取一些费用以补偿其风险暴露,这就相当于收取一定的期权费。但收费标准常因时因事而异。

提供出口信贷以及担保的机构的做法也在发展变化,如私人银行或其他融资机构可以向提供出口信贷及担保的机构寻求再融资,即以贴现的方式将自己的出口信贷转卖给政府。为防止国家之间在提供出口信贷和担保的条件上相互拆台,一些国家的政府开始尝试国际协作,试图达成统一的协定。

中国进出口银行成立于1994年,但目前功能相对单一。中国进出口银行是中国外经贸支持体系的重要力量和金融体系的重要组成部分,是中国机电产品、成套设备和高新技术产品出口及对外承包工程及各类境外投资的政策性融资主渠道、外国政府贷款的主要转贷行和中国政府援外优惠贷款的承贷行。截至2024年6月末,中国进出口银行外贸产业贷款余额3.34万亿元,进出口银行制造业贷款余额超2万亿元人民币。为高质量共建"一带一路"提供融资支持,截至2022年底,中国进出口银行"一带一路"共建项目相关贷款余额达2.2万亿元等值人民币,覆盖超过130个共建国家,贷款项目累计拉动投资超过4000亿美元,带动贸易额超过2万亿美元。

2. 出口信贷保险

出口信贷保险是政府旨在帮助贷款银行规避商业风险及政治风险以鼓励出口而提供的服务。政府只承保在保险合约中已经列出的险种,而且通常会要求得到进口方开户行的担保或是其所在国中央银行的承诺,以保证该国的资金不受限制地流出用来足额清偿贷款本息。

对那些偿付期较长的大宗商品出口交易,中长期信贷保险使得银行更愿意向进出口商提供无追索权的融资。事实上,出口信贷保险已成为许多出口贸易的必备条件。

在美国,提供出口信贷保险的机构是"外国信贷保险协会"(Foreign Credit Insurance Association, FCIA),它是美国进出口银行重要的合作伙伴,由大约50家涉及海运、财产、意外事故等领域的全球最顶尖的保险公司组成。其中,私人保险公司负责承保出口信贷商业风险,进出口银行负责承保政治风险,其他的风险则由出口商或贷款机构自负。

FCIA提供的短期信贷保险期限一般为自货物发送之日起180天以内(大宗农产品或耐用消费品为1年)。承保的方式有两种:一是综合承保,包括承保政治风险的90%—100%和商业风险的90%—95%;二是仅承保政治风险,如承保政治风险的90%—100%。FCIA提供短期保险的做法有些类似于商业银行的信贷限额,只要在限额以内,出口商可随时获取信贷保险,而不用每笔交易都要重新核准。保险的费率取决于交易条件、进口商的类型及其所在的国家。

FCIA提供的中期出口信贷保险主要应用于大宗商品的赊销,期限从181天至5年不等,进出口银行还会提供担保。与短期信贷保险不同,FCIA的中期保险必须逐笔核准,而且承保的范围仅限于出口额中由美国企业所创造的那部分价值。相同的是保费率仍取决于交易条件、进口商等因素。

中国于2001年成立了中国出口信用保险公司(China Export & Credit Insurance Corp.),其主要任务是:积极配合国家外交、外贸、产业、财政、金融等政策,通过政策性出口信用保险手段,支持货物、技术和服务等出口,特别是高科技、附加值大的机电产品等资本性货物出口,支持中国企业向海外投资,为企业开拓海外市场提供收汇风险保障,并在出口融资、信息咨询、应收账款管理等方面为外经贸企业提供快捷、完善的服务。2023年,该公司承保金额超9 286亿美元,支付赔款超23亿美元,服务支持客户超20万家,均创下历史新高。

二、内部融资和国际货币市场融资

除国际贸易融资外,跨国公司的短期融资渠道还有不少,其融资灵活性很大。国际环境下的短期融资至少还包括母公司与子公司之间、子公司与子公司之间相互融资(也称内部融资)以及国际货币市场融资。下面仅就最常见和最常用的方式进行介绍。

(一) 公司内部融资

公司内部融资是指跨国公司的母公司与子公司之间、子公司与子公司之间进行的内部贷款。这种内部贷款在数量和期限上往往会受到相关国家政府的管制,且内部贷款的利率也常被限定在某个范围之内。例如,出于税收和国际收支的考虑,贷款方所在国希望贷款利率越高越好;反过来,出于同样目的,借款方所在国则希望贷款利率越低越好。因此,在计量内部融资成本时,跨国公司需要综合考虑机会成本、名义利率、税率国别差异、资本管制和贷款币种汇率波动等因素的影响。

(二) 在东道国当地融资

跨国公司的海外机构或子公司通常和大多数本地公司一样,喜欢在东道国货币市场上进行短期融资。这既是因为方便,也是为了规避汇率风险。其中,向银行申请短期借款是跨国公司海外机构的首选,包括限额贷款、周转信贷协议、短期抵押贷款等方式。

1. 短期银行贷款

短期银行贷款有抵押和非抵押之分。抵押短期银行贷款是指以公司应收账款或存货为抵押物的短期贷款。非抵押短期银行贷款是无须抵押物的,期限一般在1年以内,超过期限必须还款或是重新续借。为防止道德风险,银行还会在贷款合约中加入一个"清账"条款,即要求借款人在一年当中至少有30天是完全没有欠债的。以下按非抵押和抵押为顺序依次介绍主要的短期银行贷款方式。

第一,期限贷款。这是最普通的一种无担保、期限在90天以内的贷款。典型的期限贷款是为特定目的而签订的带有特定条款的一次性偿还式贷款。这种贷款最适合对银行信贷有不定期、不经常需要的借款者。

第二,限额贷款。限额贷款也称信用限额(line of credit),是指银行和公司之间达成的非正式协议。该协议规定了在未来约定的一段时间内银行赋予借款人无担保银行贷款的最高信用限额,借款人可以在双方约定的时间内,在约定的最高限额下随时向银行借款。信用限额的数量根据借款人的信誉和需要量来确定,银行通常以信函的方式告知借款人将为其提供的最高信用额度,借款人在约定的时间里可以随时向银行借入信用限额内的款项。如果借款人没有用足信用限额,那么,它必须对信用限额中未使用部分承担承诺费。信用限额的期限通常不超过一年,为避免道德风险,银行可能会增加清理条款。信用限额每年调整一次,银行会同借款者就公司在过去一年的经营业绩来确定来年的信用限额。

由于信用限额并不构成银行向借款者提供信用的法律义务,银行可以动用清理条款,终止其贷款义务,因此,对融资者而言,信用限额的缺点也是非常明显的。对于频繁借款的公司来说,采用期限贷款,即将每一笔贷款单独进行安排是不经济的,而限额贷款是能够降低交易成本的融资方法。

第三,透支。透支是一种特殊的限额贷款,在不违约的情况下,透支可以一年又一年地进行下去。因此,透支可以视为银行向借款人提供了一种中期贷款。

第四,循环贷款。循环贷款(revolving credit agreement)也称周转信贷,是指银行和借款者之间达成的正式协议,即银行在未来约定的一段时间内给予借款者的最高信用限额是正式的、法律上的承诺,并且,该信用限额是可循环的或可周转的。协议一旦生效,只要借款人的借款要求不超过约定的信用限额,银行都应当予以满足。在周转信贷协议到期日之前,借款人可以循环使用周转信贷协议中约定的信用限额。借款人除了支付借款利息外,还须对信用限额中未使用的信用部分承担承诺费。

周转信贷协议具有很强的融资灵活性,可以满足对未来现金需求不太明确的公司的融资需要。融资者只需承担比利息费用低得多的承诺费便可获得借款的"期权",大大节约了融资成本。

第五,应收账款抵押借款。应收账款抵押借款是指公司以其部分甚至全部应收账款作为抵押物,向银行申请短期贷款。该借款以公司向银行提出抵押贷款申请作为应收账款抵押借款的起点,以用应收账款变现资金归还贷款本息作为此种贷款的终点。按照是否将抵押消息通知其欠款客户(指借款者的产品销售对象)进行分类,该贷款又可以细分为通知方式和不通知方式两种。

第六,存货抵押借款。存货抵押借款是指公司以存货作为抵押物向银行申请短期贷款。存货抵押借款有三种主要的方式,即信托收据、栈单筹资和一揽子留置权。信托收据和栈单筹资为指定抵押借款,一揽子留置权为非指定抵押借款。信托收据适用于经营大件商品的零售企业,栈单筹资适用于小型制造企业,一揽子留置权适用于信誉好的企业。

2. 商业票据融资

商业票据(commercial paper,CP)是最常见的非银行融资模式,它是一些规模较大、信誉良好的工商企业和金融企业在货币市场上使用的一种借款方式。商业票据是一种无违约风险、高度变现的短期期票,因此,只有那些信誉好、规模大的公司所发行的商业票据才具有这些特质。为确保质量,商业票据均须由一家或多家信用评级机构进行评级。

商业票据的期限长短不等,最长一般为270天。商业票据可以直接出售,也可以间接出售。大型工商企业一般通过投资银行间接出售商业票据,此类商业票据的期限通常为30—180天,购买者多为机构投资者。大型金融企业则直接将商业票据出售给投资者,并根据投资者的需要确定票据的到期日(1—270天)和金额。

不同国家和地区的商业票据市场存在差异。首先,市场深度和影响力(如成交量)不同,世界上最大的商业票据市场在美国。其次,商业票据有效期因地而异,从美国的20—25天到荷兰的3个月以上不等。最后,发行方式不同。在绝大多数国家,商业票据是采用贴现方式发行,期末按面额赎回,而在另一些国家,则按还本付息方式发行。

商业票据融资的好处是可以节省大量的融资成本。在美国,发行商业票据还可免受美国证券交易管理委员会的监管,从而大大缩减发行前的准备时间和费用。

商业票据融资的成本通常由四部分构成:后备限额贷款、发行费、评级费、利息费。很多情况下,发行商业票据的公司会向商业银行借入与票据发行数额相等的限额贷款作为后备,此举可以增强投资者信心以及增加商业票据的信用。发行费和评级费也是两笔不小的开支。尽管不是所有国家的法律明文规定商业票据发行必须经过评级,但是评级与否往往关系到发行能否成功。利息是该种融资方式的主要成本。

(三) 国际货币市场融资

1. 离岸贷款业务

离岸贷款(offshore loan)业务包括离岸银行贷款和离岸信用账户,它是跨国公司从离岸货币市场筹集短期资金的主要渠道之一。

(1) 离岸银行贷款

离岸银行贷款多以银团贷款方式对跨国公司进行贷款。银团由牵头行(leader bank)、参与行(participating bank)、经理行(managing bank)和收款行(paying agents)组成。

鉴于离岸银行一般以浮动利率吸收存款,为此,它以某基准利率(如LIBOR、PIBOR、SIBOR、HIBOR)[①]加上一个固定基点[②]发放离岸贷款。贷款利率采取定期浮动,即每隔一段时间(如3个月或6个月)调整一次。

---

① 以LIBOR为例,采用的基准利率期间通常有3个月到期LIBOR、6个月到期LIBOR等。利率重新调整期与基准利率期限大致相同。如果基准利率为6个月(LIBOR),那么,利率将在每6个月开端按当时的6个月期LIBOR重新决定基准利率。如果当时6个月的基准利率为6%,而基点为1/4%,则该6个月期的利率是LIBOR+0.25%。

② 基点的大小取决于借款公司的信用以及其所属国的政治风险与资金市场情况。如果借款者的信用良好,其所属国政治稳定,且整个资金市场对基点的看法是向下的,那么,基点就小。

离岸银行贷款为跨国公司提供了一种协议融资方式,但这种融资方式的成本构成较为复杂。融资者须为此承担利息费用、前端费用(包括管理费和参与费)、承诺费等。其中,前端费用按贷款总额一定的比例一次性计付,补偿牵头行、经理行和参与行提供的服务;承诺费是贷款者对银团贷款总额中未使用部分或未用足部分按贷款合约约定的费率支付给银行的补偿费。

(2) 离岸信用账户

离岸信用账户包括短期信用贷款账户和转动信用账户(a revolving commitment),它们与国内短期贷款非常相似。

短期信用贷款账户与国内限额贷款非常相似,读者可参见本节前文关于限额贷款的相关内容。与国内限额贷款不同的是,这类贷款的成本中增加了一项服务费,即信用账户设立时,借款人须向离岸银行支付的服务费。

转动信用账户与国内循环贷款非常相似,读者也可以参见本节前文关于循环贷款的有关内容。

2. 离岸票券

离岸票券是国际货币市场上重要的金融工具,也是跨国公司主要的短期(包括中期)融资工具。离岸票券市场上最主要的品种是以美元发行的离岸票券,以欧元、日元、英镑、澳大利亚元等发行的离岸票券也颇为常见。离岸票券是一个统称,主要包括欧洲商业本票、票券发行融资、循环承办融资、多种选择融资等。

(1) 欧洲商业本票

欧洲商业本票(Euro commercial papers)是指由信誉良好的大公司所发行的一种无抵押担保的短期期票。有时,欧洲商业本票的有效期可长达几年,此时,它是一种中长期融资工具。欧洲商业本票由经纪商面向机构投资者按贴现(折价)方式发行。

欧洲商业本票和国内商业票据有很大的不同,主要表现在:一是欧洲商业本票的平均有效期比国内商业票据长;二是欧洲商业本票有非常活跃的二级市场,而大部分国内商业票据则是被一级市场的投资者购入后持有至到期日;三是欧洲商业本票的重要投资者包括各国中央银行、商业银行和一些股份公司,而国内商业票据的最主要持有人是货币市场基金;四是欧洲商业本票的总体质量比国内商业票据要低,其违约风险较高;五是经评级的国内商业票据的比重远高于经评级的欧洲商业本票的比重,但这种差异正在迅速缩小,一些著名评级机构已经把服务扩大到离岸票券。

(2) 票券发行融资

票券发行融资(note-issuance facilities,NIFs)是一种灵活的中长期融资计划,许多跨国公司都建有这样的计划作为日后急需资金的后备。跨国公司和国际银团签订票券发行融资(NIFs)合约,规定在有效期内(如未来的 3 年、5 年、10 年)以及在一定信用额度(如 1 亿欧元)内,跨国公司可以根据需要随时要求国际银团发行离岸票据(期限为 1—6 个月不等)来筹集资金,当银团未能筹集到跨国公司的目标金额时,差额由银团以短期贷款方式补足。

跨国公司与国际银团签订票券发行融资合约后,须支付给银团承办费,承办费一般按融资计划信用总额的 0.03%—0.20% 计付。跨国公司一旦支付承办费,就获得通过发行离岸票据融资的权利。也就是说,获得了一种美式看涨期权。

例 7-4 中国一家大型跨国公司与银团协定票券发行融资计划。在合约 5 年有效期内,该公司可在资金产生缺口的情况下,通过 NIFs 融资。假定该公司在有效期内可融资限额为 2 亿美元。融资利率的上限为 LIBOR+0.30(固定基点 30)。每次融资的费用为 0.2(基点),因此,每次融资成本的上限为 LIBOR+0.5。

根据题意,该公司签订了这份融资计划后,相当于获得一份美式期权。在未来某个时间,当该公司有 5 000 万美元资金需求时,可以按 LIBOR+0.3+0.2 的融资成本获得资金。若未来实际利率仅为 LIBOR−0.1,可以不使用票券发行融资计划,按市场利率 LIBOR−0.1 再加上 0.2(基点)的融资费用获得资金。可见,尽管获得票券发行融资权利需要花费一定的代价,但可以获得市场利率下调所带来的所有潜在利益。当市场利率低于合约所规定的约定利率(以某一基准利率加上一固定的基点)时,跨国公司不会启动该票券发行融资计划,而是以较低的市场利率筹集短期资金;当市场利率高于合约所规定的约定利率时,跨国公司将"行权",要求银团为它发行短期离岸票据筹集资金。

(3) 循环承办融资

循环承办融资(revolving underwriting facilities,RUFs)是票券发行融资的一种特例。如果票券发行融资计划中的信用额度是可循环的,那么,此时的票券发行融资也可称为循环承办融资。

循环承办融资合约的利率为某基准利率加上一个可调整的基点,这个可调整的基点会随着市场利率的变动以及借款企业信用的变化而变化。例如,当市场利率上升时,基点将上调;反之,基点将下调。这是循环承办融资与采用固定基点的票券发行融资的最大不同之处。

(4) 多种选择融资

多种选择融资(multiple option facilities,MOFs)是由离岸票据、国内商业票据、离岸贷款等组成的融资组合合约,是集多种融资方式为一体的融资方式,极具融资灵活性。

跨国公司一旦和银团签订多种选择融资合约,那么,在合约有效期内以及在信用额度内,跨国公司可以根据需要随时要求银团发行离岸票据或发行本国商业票据等来筹集资金。至于究竟以何种组合筹集资金,则视融资成本、融资可得性而定。

三、短期融资管理

与国内企业短期融资相比,跨国公司融资灵活性强,且需要关注汇率风险、税率差异和主权国家的管制等因素,因此,融资决策复杂化程度高。在国内货币市场和国际货币市场寻求短期资金的目标为:期望融资成本的本币价值最小化和外汇风险最小化(这里忽略利率风险和通货膨胀风险)。

(一) 短期融资成本

融资成本和汇率风险之间可能存在此消彼长的关系,因此,跨国公司往往需要在两者之间进行权衡。理论上,如果某种外币存在远期市场或非套补的利率平价成立,那么,跨国公司可以对借款进行套期保值以规避汇率风险,对冲后的税后期望融资成本本币价值最小的融资渠道就是最优的选择[1]。

---

[1] Lessard, Donald R. Currency and Tax Considerations in International Financing [Teaching Note No. 3]. Massachusetts Institute of Technology, Spring 1979.

为了描述融资成本与汇率风险之间的关系,我们以一个跨国公司的海外子公司融资决策为例予以说明。该跨国公司海外子公司有两种融资手段:一是海外子公司以本币融资;二是子公司自己在东道国以当地货币融资。通常采用临界点分析(breakeven point analysis)来确定在一定的汇率波动范围内融资成本(用本币度量的现金流出)最小的选择。下面分别以不征税和征税两种情况来说明临界点分析的操作方法。

1. 不征税情形

假设远期外汇市场不存在,当下,该海外子公司在东道国借入期限为1年,相当于1单位本币价值的当地货币,直接标价法(以本币表示外币价格)下的即期汇率为 s_0,一年后即期汇率为 s_1,本币贷款利率为 r_d,当地货币贷款利率为 r_f。

如果以当地货币(子公司所在国货币)融资,那么融资成本 i_f 的本币价值为

$$i_f = s_1(1+r_f)/s_0 - 1 \tag{7-1}$$

设 $d=(s_0-s_1)/s_0$,d 表示当地货币的实际贬值率。融资成本又可以进一步表示为

$$i_f = r_f(1-d) - d \tag{7-2}$$

式(7-1)表示利息成本的本币值,式(7-2)表示由于期初借入价值相当于1单位本币的当地货币贷款而一年后由于汇率变动偿还的外币价值相当于$(1-d)$单位本币所产生的汇兑损益。

如果是以本币进行融资,那么,借入1单位本币的融资成本 i_d 就是 r_d,即 $i_d=r_d$。

临界点分析首先要找出使两种融资渠道的融资成本相等的汇率波动临界点,设为 d^*,有

$$r_d = r_f(1-d^*) - d^* \tag{7-3}$$

对式(7-3)整理后,得

$$d^* = (r_f - r_d)/(1+r_f) \tag{7-4}$$

显然,如果利率平价条件成立,d^* 就等于当地货币的预期贬值率 $\exp(d)=(s_0-\exp s_1)/s_0$。跨国公司在汇率预测的基础上,可以得到对当地货币贬值率的预测值 $\exp(d)$,用它和 d^* 比较。若 $\exp(d)>d^*$,则 $r_d>r_f[1-\exp(d)]-\exp(d)$,这表明预期当地货币融资成本较低;同理,若 $\exp(d)<d^*$,则海外子公司应选择用本币融资。

例 7-5 设某跨国公司由母公司(A国)和一个子公司(美国)构成。子公司的资金缺口相当于 A\$1 000万元的等值美元,假如不考虑税收。设现有两种筹资方式。

方案一:母公司借入 A\$1 000万元(1年期),借款年利率为12%,并以内部贷款形式借给子公司,内部借款利率为10%。

方案二:子公司借入相当于 A\$1 000万元的美元(等值美元),借款年利率为10%。即期汇率为 USD100 = A\$800,一年后即期汇率为 USD100 = A\$802(设无远期市场)。

设借款成本以式(7-2)和 $i_d=r_d$ 表示,两种方案的成本分别如下:

母公司出面借款的实际成本 = 120/1 000 = 12%

子公司出面借款的实际成本 = 10%(1+0.002 5) - (-0.002 5) = 10.275%

设以现金流出表示借款成本(以本位币表示),两种方案的实际成本计算如下:

若母公司出面借款 A\$1 000万元。然后以内部贷款方式借给海外子公司,

借款成本＝母公司净流出＋子公司净流出＝[1 000×(1＋12%)－1 000－1 000×10%]＋[1 000×10%＋1 000－1 000]＝120万元

若子公司借入A$1 000万元的等值美元，按即期汇率计算为125万美元，

借款成本＝125×(1＋10%)×8.02－1 000＝125×8.02－1 000＋125×10%×8.02＝102.75万元

显然，方案二的融资成本(现金净流出)低于方案一的融资成本。

2. 征税情形

承例7-5，又假设海外子公司应在当地缴纳税率为τ的所得税。

如果子公司以当地货币融资，那么，利息成本会降低税前收益，产生利息税盾效应，而本金是当地货币，对当地税务部门来说，以当地货币借款不会存在汇兑损益以及由此带来的税收影响。此时，融资成本的本币价值为

$$i_f = s_1 \times r_f(1-\tau)/s_0 + s_1/s_0 - 1 \tag{7-5}$$

式(7-5)中，第一部分为一年后税后利息成本的本币值，第二部分是本金以本币价值表示而产生的汇兑损益(对跨国公司而言)。仍设$d=(s_0-s_1)/s_0$，外币融资成本i_f可表示为

$$i_f = r_f(1-d)(1-\tau) - d \tag{7-6}$$

如果子公司以本币融资，对跨国公司来说就不会产生本金的汇兑损益，但是，对海外子公司所在地的税务部门来说却恰恰相反。当地货币贬值所产生的汇兑损失可用来抵税，而升值产生的汇兑收益则必须交税。所以，本币融资成本i_d的本币价值为

$$i_d = r_d(1-\tau) - [(s_0-s_1)/s_0]\tau \tag{7-7}$$

式(7-7)中，第一部分为税后利息成本，税率也是τ，第二部分为本金汇兑损益的税收影响。设$d=(s_0-s_1)/s_0$，式(7-7)可变换成

$$r_d(1-\tau) - d \times \tau \tag{7-8}$$

假如两种融资渠道的税后成本相等，即

$$r_f(1-d^*)(1-\tau) - d^* = r_d(1-\tau) - d' \times \tau \tag{7-9}$$

整理式(7-9)，得

$$d^* = (r_f - r_d)/(1+r_f) \tag{7-10}$$

在其他条件不变的情况下，税收对于汇率波动临界点没有影响，也就是说，税前融资成本较小的融资渠道，税后成本也会较小。因此，$\exp(d) > d^*$时，海外子公司应该选择在当地融资；反之，则应选择用本币融资。

例7-6 承例7-5。设某跨国公司由母公司(A国)和一个子公司(美国)构成。子公司的资金缺口相当于A$1 000万元的等值美元，考虑税收。设现有两种筹资方式。

方案一：母公司借入A$1 000万元(1年期)，借款年利率为12%，并以内部贷款形式借给子公司，内部借款利率为10%。母公司所在国所得税税率为30%。

方案二：子公司借入相当于A$1 000万元的美元(等值美元)，借款年利率为10%。即

期汇率为 USD100 = A$800,一年后即期汇率为 USD100 = A$802(设无远期市场)。子公司所在国所得税税率为 40%。

两种方案的成本计算如下：
母公司出面借款的实际成本 $= r_d(1-\tau) - r_d^*(\tau^* - \tau) - [(s_0 - s_1)/s_0]\tau^*$
$= 12\%(1-30\%) - 10\%(40\% - 30\%) - [(8-8.02)/8]40\%$
$= 7.5\%$

上式中，τ 表示 A 国所得税税率，τ^* 表示美国所得税税率，r_d 表示 A 国借款利率，r_d^* 表示内部贷款利率。

子公司出面借款的实际成本 $= r_f(1-d)(1-\tau) - d$
$= 10\%(1+0.0025)(1-40\%) + 0.0025$
$= 6.265\%$

设以现金流出表示借款成本(以本位币表示)，两种方案的实际成本计算如下：
若母公司出面借款 A$1 000 万元。然后以内部贷款方式借给海外子公司，其借款成本由三部分组成，即

借款成本 = 母公司税后利息费用 + 子公司税后利息费用 + 汇兑损益抵减所得税部分 =
$1\,000[1+12\% \times (1-30\%)] - 1\,000 - 1\,000 \times 10\% \times (1-30\%) + 1\,000 \times 10\% \times (1-40\%) + 1\,000 - 1\,000 - (1\,000/8.02 - 1\,000/8) \times 0.4 \times 8.02 = 75$ 万元

子公司借入 A$1 000 万元的等值美元，按即期汇率计算为 125 万美元，
借款成本 $= 125 \times [1+10\%(1-40\%)] \times 8.02 - 1\,000 = 62.65$ 万元。

显然，方案二的融资成本(现金净流出)低于方案一的融资成本。

(二) 短期融资的影响因素

上文在讨论海外子公司短期融资选择时，简化了影响融资决策的环境。事实上，跨国公司短期融资决策的影响因素众多。那么，我们在上文的论述是否有用？答案是肯定的。如果我们将影响短期融资决策的因素逐一予以考虑的话，那么，以上的分析方式和过程仍旧适用。下面仅就一些主要因素对短期融资决策可能造成的影响进行逻辑判断。

1. 利率平价

如果某种外币的远期市场存在，那么套期保值可以规避汇率风险。如果某种外币的远期市场不存在，那么就要看非套补的利率平价是否成立。如果成立，那么本币与外币的预期借款成本(都以本币来计量)在税前是相等的，我们只要比较它们税后成本的大小即可做出选择；反之，如果不成立，那么不同货币的税前融资成本会有差异，且不确定，我们将不得不在降风险与降成本之间进行权衡。

2. 汇率预测

跨国公司对汇率走势进行预测的偏好和能力不同，这种偏好和能力会影响跨国公司的短期融资行为。例如，某跨国公司偏好用近期汇率的走势预测汇率未来的变动趋势，以确定是否应该借入外币。该公司以前一直屡试不爽，并且对汇率未来走势的判断也信心满满，这将决定其短期融资行为。

又如,如果某跨国公司凭借预期币值变动百分比的概率分布以及该种货币的利率,可以推算该种货币可能的实际融资利率的概率分布。该公司将这一分布与已知的本国货币的融资利率进行比较,来进行短期融资决策。值得注意的是,以上做法并不总是对的。

3. 货币风险

在许多时候,跨国公司的外币借款是必须的,但这种借款可能会带来货币风险。但外币借款究竟会给以本币计量的融资成本造成多大影响,则应视不同情况而定。例如,该外币借款是否抵消了该外币资产的风险暴露、是否运用衍生工具或非金融市场工具进行了套期保值。以上做法都能够消减外币借款引发的货币风险,但从低成本角度看,向国外当地银行借款以抵消外币资产的暴露头寸应该是跨国公司推崇的做法。

4. 税负

套期保值能够以预期为零的成本将外汇风险降为零,这样的境界在理论上能够实现。由于各国税制存在差异,因此,可能会出现许多悖论。例如,由于不同国家对套期保值收益征税与损失抵税的幅度是不同的,套期保值反而可能增加税后融资成本。又如,归还外币借款时因汇率波动产生的收益征税与损失抵税的不对称也会影响不同货币借款的税后融资成本。

5. 外汇管制和政治风险

如果某个国家实行外汇管制或发生政治动乱的风险较大,从规避政治风险、防止被征收的角度看,跨国公司会尽量利用当地货币市场进行融资,即使名义利率高企也在所不惜。这样一来,当危机真的发生时,跨国公司受到的损失会比较小。

(三) 短期融资的效果及其评价

前面提到,跨国公司力求选择融资成本最低、汇率风险最小的融资渠道。仍沿用上文的例子,假设不考虑税收,也不存在远期外汇市场,现在该海外子公司选择在当地投资,以当地货币计量的投资额为 I,i 表示投资回报率,$\sigma(s_1)$ 表示汇率波动的标准差。

该投资项目的经营性利润为

$$P = I(1+i)s_1 - I \times s_0 \tag{7-11}$$

相应的标准差为

$$\sigma(P) = I(1+i) \times \sigma(s_1) \tag{7-12}$$

若子公司是以本币借款对该项目融资,那么,融资成本为

$$C_d = I \times s_0 \times r_d \tag{7-13}$$

标准差 $\sigma(C_d) = 0$。

若子公司是以当地货币借款对该项目融资,则融资成本为

$$C_f = I \times s_1(1+r_f) - I \times s_0 \tag{7-14}$$

标准差 $\sigma(C_f) = I(1+r_f) \times \sigma(s_1)$。

将经营性利润减去融资成本,可以得到公司的盈余以及相应的标准差。

在以本币融资的情况下,用本币价值计量的盈余为

$$E_d = [I(1+i)s_1 - I \times s_0] - I \times s_0 \times r_d = I[(1+i)s_1 - (1+r_d)s_0] \quad (7-15)$$

相应的盈余标准差 $\sigma(E_d) = I(1+i) \times \sigma(s_1)$。

在以外币融资的情况下,公司盈余为

$$E_f = [I(1+i)s_1 - I \times s_0] - [I \times s_1(1+r_f) - I \times s_0] = I(i-r_f) \times s_1 \quad (7-16)$$

标准差为 $\sigma(E_f) = I(i-r_f) \times \sigma(s_1)$。

在临界点分析中,我们得到:只有当 $\exp(d) > d^*$ 时,海外子公司才应该选择在当地融资。可是现在加入了风险因素的考虑,我们发现在当地融资变得更加有吸引力了。由于 $\sigma(E_d) - \sigma(E_f) = I(1+r_f) \times \sigma(\varepsilon_1) > 0$,因此,子公司用当地货币融资会降低投资项目盈余的标准差,即降低公司的汇率经济风险。理由是,当地货币融资使得由于汇率波动造成的经营性利润变动能够部分地被融资成本的同向变动所抵消。最终公司会选择怎样的融资渠道,也就是如何在融资成本最小化和汇率风险最小化之间做出权衡,就要看公司对未来汇率波动的预期,以及公司个体的风险厌恶程度。

(四)多种货币组合融资

跨国公司运用多种货币组合融资往往可以在保持融资成本不上升的同时,降低汇率波动的非系统性风险。下面我们用一个简单例子予以说明。

例 7-7 设某中国跨国公司需要借入半年期 2 000 万元人民币,中国货币市场半年期人民币贷款年利率为 11%,美国货币市场半年期美元贷款年利率为 5%,欧洲货币市场半年期欧元贷款年利率为 6%。

显然,中国货币市场的名义利率均高于其他两个市场,从而促使中国跨国公司考虑借入外币。根据所给的信息,中国公司有三种选择:(1)只借入美元;(2)只借入欧元;(3)同时借入美元和欧元组合。

假设该中国跨国公司已经预测了美元和欧元即期汇率的可能变化百分比(见表 7-5)。

表 7-5 实际融资利率的预测

币种	贷款期内即期汇率的可能变化百分比	即期汇率百分比发生变化的概率	以即期汇率的百分比变化为基础计算的实际利率
美元	1%	20%	$1.05 \times (1+0.01) - 1 = 6.05\%$
美元	4%	50%	$1.05 \times (1+0.04) - 1 = 9.2\%$
美元	7%	30%	$1.05 \times (1+0.07) - 1 = 12.35\%$
欧元	−1%	30%	$1.06 \times [1+(-0.01)] - 1 = 4.94\%$
欧元	3%	40%	$1.06 \times (1+0.03) - 1 = 9.18\%$
欧元	5%	30%	$1.06 \times (1+0.05) - 1 = 11.3\%$

根据表 7-5 中美元和欧元可能的实际利率,确定美元借款和欧元借款的实际融资成本的期望值:

币 种	实际融资利率期望值的计算
欧元	20%×6.05%+50%×9.2%+30%×12.35%=9.515%
日元	30%×4.94%+40%×9.18%+30%×11.3%=8.544%

考虑到汇率波动,该中国跨国公司拟采用美元和欧元两种货币组合融资的做法。

运用表 7-5 中的信息,美元和欧元的实际融资利率各有三种可能性。同时使用两种货币组合融资,美元借款和欧元借款各占 50%,组合融资可能的实际利率见表 7-6。

表 7-6 两种外币组合融资分析

实际融资利率可能的组合		组合概率的计算	组合融资的实际融资利率的计算(借入资金总额在两种货币上各占 50%)
美 元	欧 元		
6.05%	4.94%	20%×30%=6%	0.5×6.05%+0.5×4.94%=5.495%
6.05%	9.18%	20%×40%=8%	0.5×6.05%+0.5×9.18%=7.615%
6.05%	11.3%	20%×30%=6%	0.5×6.05%+0.5×11.3%=8.675%
9.2%	4.94%	50%×30%=15%	0.5×9.2%+0.5×4.94%=7.07%
9.2%	9.18%	50%×40%=20%	0.5×9.2%+0.5×9.18%=9.19%
9.2%	11.3%	50%×30%=15%	0.5×9.2%+0.5×11.3%=10.25%
12.35%	4.94%	30%×30%=9%	0.5×12.35%+0.5×4.94%=8.645%
12.35%	9.18%	30%×40%=12%	0.5×12.35%0.5×9.18%=10.765%
12.35%	11.3%	30%×30%=9%	0.5×12.35%+0.5×11.3%=11.825%

由表 7-6 可知,这种组合的实际融资利率高于国内利率的唯一可能是:这两种货币都发生了最大幅度的升值(美元升值 7%,欧元升值 5%),组合融资的实际利率为 11.825%,大于国内人民币贷款利率 11%。如果只有一种货币发生这种变化,其大幅的升值将多少会被另一种货币较小的升值或是贬值而抵消。美元和欧元最大升值的概率均为 30%。这两个事件同时发生的综合概率是 9%(30%×30%)。这就是组合融资的优点之一。中国跨国公司外币组合融资成本低于国内融资成本的概率是 91%。

该货币组合融资的实际融资利率的期望值可以根据每种货币的融资比例以及该货币实际融资利率的期望值的乘积来确定。由于美元和欧元实际融资利率的期望值分别是 9.515%和 8.544%,因此,货币组合实际融资利率的期望值为 9.029%(即 0.5×9.515%+0.5×8.544%)。这种货币组合的实际融资利率与一种外币的实际融资利率非常接近,但组合融资的风险远低于单一外币借款。

值得注意的是,货币组合融资的有效性还与欧元和美元之间的相关性有关。如果美元和欧元高度相关,那么,两种货币可能同时经受大幅度的升值或贬值,这种货币组合融资的风险会加大。如果美元和欧元相关性很低,那么,这种货币组合融资的实际融资成本超过本国借款利率的可能性就会降低。

本章小结

集中现金流量管理有许多好处。当今世界,汇率和利率波动频繁,融资问题、公司组织架构和经营管理更趋复杂,成本管理日益受到重视。这些都在客观上推动着越来越多的跨国公司建立起高度集中的国际现金管理体系。优化现金流量的方法包括跨国资金调度系统、净额支付体系和现金收支管理。国际应收账款的存量管理分为独立客户应收账款存量管理和内部应收账款存量管理,两者的管理目标具有根本区别,因而管理方法也有显著差异。

贸易融资方式包括银行承兑汇票、贴现、代理和福费廷等。在美国,提供出口信贷担保及保险的机构主要是美国进出口银行和外国信贷保险协会。中国也有类似的机构。

短期融资渠道包括公司内部融资、在东道国当地融资、在离岸票券市场融资等。选择跨国短期融资渠道的标准有两个:期望融资成本的税后本币价值最小化和外汇风险最小化。融资成本和汇率风险之间常常存在此消彼长的关系,因此,公司往往需要在两者之间费尽心思地进行权衡。另外,采用多种货币组合融资,往往可以在控制融资成本的同时降低汇率波动的非系统性风险。

为了制定最优的国际营运资本转移计划,跨国公司必须比较在各子公司之间配置资金所能带来的价值,而不应仅仅局限于有富余资金的子公司与母公司之间。关键在于,资金通过何种方式转移到何处(从全球范围的角度)能够带来最大的效益。

关键词

现金管理中心　净额支付系统　代理　福费廷　贸易融资　银行承兑汇票　离岸贷款　欧洲商业本票　票券发行融资　循环承办融资　多种选择融资　出口信贷担保　出口信贷保险

习　题

1. 跨国公司拟通过建立现金管理中心来处理其子公司的所有投资和融资事务。对此,你如何评价?
2. 设置进出口银行的目的何在?
3. 什么是福费廷?它与代理的主要区别有哪些?

4. 设某跨国公司持有一张面值为 200 万英镑的银行承兑汇票,期限为 60 天。设进口商开户行的承兑手续费为汇票面值的 1‰,60 天期银行承兑汇票的市场年利率为 5%。请计算出口商持有该票据至到期日所能获得的资金额(用现值表示)。如果出口商向进口商开户银行申请贴现,可得到多少资金?

5. 中国的一家跨国公司在美国、英国设有子公司,2024 年底未结算的关联交易见下表。

美国子公司	欠英国子公司 800 万美元,欠母公司 1 000 万美元
英国子公司	欠美国子公司 500 万美元,欠母公司 700 万美元
中国母公司	欠英国子公司 500 万美元,欠美国子公司 1 000 万美元

设平均资金转移成本为转账金额的 0.3‰。问:

(1) 你认为应该使用何种方法来结算内部关联交易?

(2) 资金转移成本是多少?

(3) 如果母公司拟将 500 万美元进行对外直接投资,你如何在结算过程中考虑这一投资决策?

6. 设某跨国公司由母公司(在中国)和一个子公司(在美国)构成。子公司的资金缺口相当于 1 000 万元人民币的等值美元,设现有两种筹资方式。

方案一:母公司借入 RMB1 000 万元(1 年期),借款年利率为 12%,并以内部贷款形式借给子公司,内部借款利率为 10%。母公司所在国所得税率为 30%。

方案二:子公司借入相当于 1 000 万元人民币的美元(等值美元),借款年利率为 10%。即期汇率为 USD100 = RMB680,一年后即期汇率为 USD100 = RMB690(设无远期市场)。子公司所在国所得税率为 40%。

要求:在有税环境下,两种方案的成本分别为多少?

第八章
资金跨境转移管理

【学习要点】

1. 跨国公司资金转移的方式。
2. 资金转移的成本和税负。
3. 资金转移和资本管制。

上一章介绍了国际营运资本管理,主要从使用和来源两个层面讨论了营运资本管理的重点和特点。事实上,常态化的资金跨境转移也是国际营运资本管理绕不开的话题,因此,本章基于更宽泛的资金跨境转移概念来讨论资金跨境转移的目的和路径。

第一节 资金跨境转移计划

跨国公司的独特之处在于,建立内部资金转移系统,实现资金在跨国公司内部各子公司之间或母子公司之间转移。事实上,跨国公司建立内部资金转移系统有两大初衷:一是规避各国税制差异及跨国界资金流动所面临的巨大成本和障碍;二是设法通过内部资金转移获取套利机会,主要的套利机会分别来自税收套利、金融市场套利、政府管制套利。

一、资金跨境转移的目标

跨国公司可以利用内部资金转移系统转移资金(包括营运资本等),实现公司价值增值目标。其主要管理内容包括资金转移的数额、资金转移的时间、资金转移的去向、资金转移的方式。

(一)跨国公司内部资金往来的渠道

典型的跨国公司在两个或两个以上国家拥有两家以上的子公司或海外机构,因此,跨国公司内部资金往来关系复杂。为便于梳理关系,我们以一家子公司为对象,从流入和流出两个视角来看它与关联方之间的资金往来。

从目标子公司的资金流入看(见图 8-1),至少包括母公司向子公司投资、母公司向子公

图 8-1 母公司和其他子公司流向目标子公司的资金

司实施内部贷款、母公司向子公司追加投资、其他子公司向目标子公司支付内部应付账款、其他公司向目标子公司实施内部贷款等。

从目标子公司的资金流出看（见图8-2），至少包括目标子公司向母公司支付股利、向母公司支付许可权费、向母公司归还内部贷款本息、目标子公司向其他子公司支付内部应付账款等。如果跨国公司由一家母公司和多家海外子公司组成，那么，跨国公司就会有几十种内部资金往来关系。

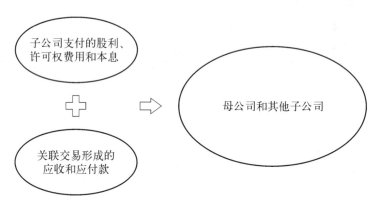

图8-2　子公司流向母公司和其他子公司的资金

跨国公司尤其是大型跨国公司，面对如此纷繁复杂的内部资金往来关系，很难做好内部现金流量管理。David Zenoff、Sidney Robbins 和 Robert Stobaugh 认为，很少有跨国公司是真正从全球角度调度资金以求实现公司整体价值最大化的[①]。事实上，许多跨国公司的母公司只是要求其海外子公司在保留足够的资金以满足自身要求之后，将剩余资金全部转移至母公司。

（二）跨国公司内部资金转移的目标

降低税负、减少风险以及获取套利机会，是跨国公司内部资金进行跨国界转移的根本目标。

第一，实现资金最优配置。跨国公司需要掌握可行的资金转移方式，并对其成本和收益进行分析。跨国公司必须比较在公司内部配置资金所能带来的价值增值，资金通过何种方式转移到何处（从全球范围的角度）能够带来最大的效益。例如，如果子公司可将一笔现金以股利或以许可权费的方式转移给母公司，那么，为了实现跨国公司整体税负最低的目标，子公司应该以许可权费名义转移资金。又如，处于高税率国家或地区的子公司应设法用转移价格将利润转移给处于低税率国家或地区的母公司或其他子公司。显然，这些内部资金转移机制可以给跨国公司整体带来更好的结果。

第二，绕过政府管制以及规避政治风险。尽管政府管制以及政治风险会对跨国公司内部资金转移造成阻碍，但与此同时，如何绕过政府管制以及规避政治风险成了跨国公司现金流量管理的目标之一。例如，通过资金的内部流动（如背对背贷款以及平行贷款），跨国公司可能绕开一国的资本管制，取得外部直接转移资金渠道所无法获取的投融资机会。又如，在

---

① Zenoff, David B. Remitting Funds from Foreign Affiliates[J]. *Financial Executive*, 1968(3): 46-63; Robbins, Sydney M., Stobaugh, Robert B. *Money in the Multinational Enterprise*[M]. Basic Books, 1973: 86.

政府管制较为严厉的国家或地区,公司竞争力主要受制于政府或其他行政力量。此时,跨国公司可以借助内部资金转移体系将利润转移到其他国家,从而通过低估利润来获取该国政府较优惠的政策和待遇。

第三,减少资金转移成本。尽管资金跨国界转移越来越方便和迅捷,但是,跨国公司为此将承担资金转移成本。资金转移成本包括支付给金融机构的服务费、资本管制所造成的资金转移损耗(如预提税下的资金转移损耗)。例如,跨国公司可以利用净额支付降低资金转移成本。因此,降低资金转移成本也是现金流量管理的目标。

第四,减少外汇风险。由于各国会计制度存在差异,结算货币多样化,因此,跨国公司将面临不可预见的汇率波动的影响。内部资金转移为外汇风险防范或减少外汇风险提供了可能。例如,当子公司所在国货币预计贬值时,跨国公司可以通过提高股利发放率将资金从弱币区转至强币区;反之,亦然。

专栏 8-1

跨国公司的资金转移计划

一家跨国公司,总部(母公司)在美国,本位币为美元,所得税税率32%,无资本约束。其有三家海外公司,情形如下:

A子公司,绿地投资形成的海外子公司,记账货币为欧元,所得税税率45%,无资本约束,业务成熟,近期几乎没有增长潜力。

B子公司,并购投资形成的海外子公司,记账货币为比索,所得税税率20%,存在部分资本约束,具有短期增长潜力。

C子公司,合资企业,记账货币为人民币,所得税税率24%,有较多资本约束,具有长期增长潜力。

母公司根据子公司所处的经济和金融环境,做出以下资金转移计划:

第一,要求A子公司将更多的利润转移给母公司,保留成熟业务;

第二,要求B子公司重视汇率风险,管控好外汇风险,同时为短期增长前景提供充足的流动性;

第三,重新定位进出C子公司的资金,避免转移风险,关注未来长期发展机会,同时处理好与当地合作伙伴的关系。

问:你如何评价该跨国公司的资金转移计划?

尽管资金跨境转移管理复杂难解,且现实的客观条件经常限制跨国公司在全球配置其资金,但是,跨国公司还是可以利用内部资金转移系统进行有效管理。事实上,确实有不少跨国公司尝到了甜头。例如,在许多情况下,跨国公司利用经验和常识,或利用财务数据和财务计划,可以排除许多明显不符合公司利益的选择,大大简化了决策过程,并可以帮助公司做出完备的资金跨境转移规划。又如,在不少跨国公司中,子公司数目并没有想象中的那么多,为此,这些跨国公司可以就数目有限的子公司建立较为完备的决策系统以优化资金配置。显然,跨国公司能够实现或部分实现跨国公司内部资金转移的目标。

二、资金跨境转移管理的影响因素

跨国公司从内部营运资金转移系统中获益的能力受多因素影响:一是跨国公司内部资金往来关系的复杂程度;二是公司内部关联交易量;三是海外子公司的所有权模式;四是产品和服务的标准化程度;五是政府管制。

第一,跨国公司内部资金往来关系的复杂程度。母子公司之间、子子公司之间每一种资金往来渠道都有各自的成本与收益,跨国公司内部资金往来关系越多,公司选择资金转移的灵活性越大,实现特定目标的能力也越强。例如,有些资金往来渠道适合用来避税,而另一些则可能适合规避外汇管制。在这些内部资金往来渠道中,母公司或子公司之间双向的资金流动要比单向流动给公司带来更大的选择余地。

第二,公司内部关联交易量。内部关联交易量越大,那么,同样的政策调整带来的资金转移量也越大。跨国公司内部大额交易常常是与世界范围内生产活动的分散化和合理化过程相联系的,随着生产过程分工越来越细,母子公司和子子公司之间的内部关联交易会越来越多,交易量也会越来越大。那么,跨国公司实现资金转移的空间和回旋余地也更大。

第三,海外子公司的所有权模式。独资和合资是两种最常见的海外子公司的所有权模式。如果子公司为独资企业,那么,在不考虑其他因素的情形下,公司可以按自己的意愿和目的制定资金跨境转移计划。如果子公司是合资企业,那么,在制定资金转移计划时,还需虑及东道国股东的态度。如果东道国股东更愿意将资金留存下来,那么,跨国公司全球配置资金的能力就会受到很大的制约。

第四,产品和服务的标准化程度。内部交易产品或服务的标准化程度越高,意味着这类产品和服务的价格在国家间的差异就越小,跨国公司调整有形或无形商品转移价格的空间就越小,因此,调高或调低转移价格的用意常常太过明显。例如,出于纯粹避税目的的转移价格策略往往受到东道国政府的限制甚至禁止。如果产品科技含量越高、产品差异性越大、生命周期越短,那么,跨国公司操控这类商品的转移价格就越灵活。在现实经济中,后一种情况居多,转移价格问题一直是跨国公司与东道国政府争论的焦点之一。

第五,政府管制。这是影响公司内部营运资本转移计划的最重要的因素之一。但政府管制是把双刃剑:一方面,政府管制阻碍了资金在国际间的自由流动;另一方面,正是这些管制,再加上特殊的税收政策和信贷配额,使得跨国公司创造出了许多绕过管制、逃避税收、巧妙转移资金的策略和方法。

第二节 资金跨境转移方式

从前文所述的跨国公司内部资金往来渠道可以知晓,跨国公司的内部资金流动是以商品、服务和资本的内部交易方式实现的。跨国公司内部资金转移方式主要包括转移价格、特许权使用费、提前与延后支付、内部贷款、股利分配、对子公司股权投资等。下面我们将介绍这些重要的转移方式,分析可能给公司带来的积极和负面的影响,以及各自所面临的约束。

一、正常情况下的转移方式

(一) 设立现金管理中心

现金管理中心也称再开票中心,是公司经营国际化的产物。设立现金管理中心的最初动因是避税。以美国为例,在1962年之前,许多美国跨国公司在低税负或零税负国家都设有现金管理中心。由于当时美国政府对未汇回的海外利润不征税,因此,现金管理中心通过低买高卖,一方面获得内部交易的绝大部分利润,另一方面却只需承担很少或根本不承担税负。美国政府于1962年修改了税收法案,现金管理中心的收入不再享受税收豁免待遇。1977年,美国内部收入署(IRS)的一条法规提升了避税港和现金管理中心的价值。该法规允许将原来一些属于母公司的、可以被冲销的费用分摊给海外子公司,从而使跨国公司能够得到更多的外国税收抵免额度(foreign tax credits)。跨国公司通过现金管理中心将利润转移到海外,利用这些多出来的外国税收抵免额度达到避税目的。例如,一家美国公司将100美元的利润从一个高税率国家转移到一个免税的现金管理中心,假设美国所得税税率为35%,公司现有的外国税收抵免额度只有10美元,则美国母公司要承担 $25(=100 \times 35\% - 10)$ 美元的税负。然而,如果该公司有充足的外国税收抵免额度,那么,每100美元的利润转移就会使税负总额减少35美元,直到这些外国税收抵免额度全部被用完为止。

设立现金管理中心或类似机构已被全世界跨国公司采用。现金管理中心一般设在母公司内部或设在低税负或零税负国家或地区。跨国公司在努力寻求税收效应的同时,积极拓展现金管理中心的其他功能。现金管理中心的功能有被放大的趋势,包括制定资本转移计划、选择现金转移方式、操纵利润、规避政府管制、实施转移价格策略、避税。例如,由于跨国公司的定价权力集中到了一个地方(现金管理中心),因此,跨国公司可以更灵活方便地根据汇率的波动调整定价,选择计价货币,以避免货币兑换或同一种货币反复兑换的成本。

在跨国公司资金(尤其是营运资本)跨境转移方面,现金管理中心几乎无所不能。值得注意的是,设立现金管理中心的代价不菲。除去一些显性成本外,它还遭遇到一些"特别关照",如与处在避税港的现金管理中心的资金往来很容易引起相关国家税收当局的关注和警惕。

(二) 转移价格策略

转移价格(也称划拨价格)策略最重要的作用在于降低税负、减少关税和规避外汇管制。转移价格策略还可以被跨国公司用来操纵海外子公司盈余。

1. 税收效应

当子公司所在国(东道国)与母公司所在国的所得税税率存在差异时,出于降低跨国公司整体税负考虑,存在内部关联交易的母子公司会使用调高或调低转移价格的办法,将利润转移至低税率的母公司或子公司。

例8-1 设一家A国跨国公司在美国设有一家子公司,每年由母公司向美国子公司销售1 000万件长毛绒玩具,原内部转移价格为5美元/件,现拟提高转移价格至6美元/件。母公司销售成本为3 000万美元,其他费用占销售收入5%。该美国子公司又转手以每件10

美元的价格(该价格刚性)销售给众多的美国经销商,美国子公司其他费用占其销售收入5%。又假定A国和美国的所得税税率分别为24%和35%。相关财务资料如表8-1所示。

表8-1 转移价格的税收效应　　　　　　　　　　单位:万美元

	母公司(税率24%)	美国子公司(税率35%)	合　并
原价政策			
收入	5 000	10 000	10 000
销售成本	3 000	5 000	3 000
毛利	2 000	5 000	7 000
其他费用	250	500	750
税前利润	1 750	4 500	6 250
所得税	420	1 575	1 995
净利润	1 330	2 925	4 255
高价政策			
收入	6 000	10 000	10 000
销售成本	3 000	6 000	3 000
毛利	3 000	4 000	7 000
其他费用	300	500	800
税前利润	2 700	3 500	6 200
所得税	648	1 225	1 873
净利润	2 052	2 275	4 327

由表8-1可知,由于A国所得税税率为24%,而美国所得税税率为35%,合并之后的税后净利润与内部转移价格有关。在原价政策下,母公司将转移价格定为5美元/件,则须缴纳所得税420万美元,美国子公司须缴纳所得税1 575万美元,纳税总额(总税负)为1 995万美元,合并净利润为4 255万美元。在高价政策下,转移价格为6美元/件,母公司应纳税额上升到648万美元,而美国子公司则下降到1 225万美元,纳税总额(总税负)为1 873万美元,合并净利润为4 327万美元。因此,提高转移价格的结果是使公司总税负降低了122万美元,合并利润增加了72万美元。显然,利润被从高税率的美国转移到了低税率的A国。

假如美国子公司由于高额的折旧费用以及高额的经营费用而呈现亏损,那么,美国子公司的实际有效税率为零。此时,降低转移价格,将一部分利润转移到美国子公司,减少美国子公司的亏损面,就可以降低公司总税负。

2. 关税效应

如果将关税因素考虑进来的话,那么,转移价格策略的效果会如何呢?关税因素的引入使决策更复杂化。

例8-2 承例8-1,设美国子公司需要按5%支付进口关税。因此,母公司提高转移价格就会增加美国子公司的关税负担。所得税和关税的联合效应见表8-2。

表 8-2　关税和所得税的联合效应　　　　　　　　　　　单位：万美元

	母公司(税率 24%)	美国子公司(税率 35%)	合　并
低价政策			
收入	5 000	10 000	10 000
销售成本	3 000	5 000	3 000
进口关税(5%)		250	250
毛利	2 000	4 750	6 750
其他费用	250	500	750
税前利润	1 750	4 250	6 000
所得税	420	1 487.5	1 907.5
净利润	1 330	2 762.5	4 092.5
高价政策			
收入	6 000	10 000	10 000
销售成本	3 000	6 000	3 000
进口关税(5%)		300	300
毛利	3 000	3 700	6 700
其他费用	300	500	800
税前利润	2 700	3 200	5 900
所得税	648	1 120	1 768
净利润	2 052	2 080	4 132

由表 8-2 可知,高价政策仍有效,但税收效应以及利润增幅都降低了。如果美国政府对美国子公司征收高额关税,那么低价政策可能会更有吸引力。

在上文所引述的例子中,如果 A 国母公司向美国子公司销售的产品技术含量不高,那么,提高转移价格进行避税的意图就非常明显,A 国跨国公司可能会遭到一些麻烦。如果转移价格过高,可能涉嫌逃税,美国税收管理当局可能会进行干预。如果价格太低,涉嫌倾销,美国政府也可能会进行干预。公司将承担由此引发的一些直接成本(如法律费用、罚款等)以及间接成本。

从国别看,大多数国家对转移价格都很敏感,都有特别的管制措施。例如,美国内部收入署(Internal Revenue Service,IRS)规定,合理价格应当是"向非关联客户提供相同产品或劳务的价格"。所谓"非关联客户"即是公司的独立客户。为此,美国内部收入署提供了四种制定"合理价格"的方法:

第一,市场价格。市场价格是可比的非受控价格,即跨国公司向非关联企业或两家非关联企业之间提供相同的产品或劳务所采用的价格。

第二,转售价格。最终售价减去下游子公司的合理利润。

第三,成本加成价。在总成本及费用的基础上加一定百分比,作为合理利润。

第四,其他的适当定价。将前三种定价结合起来,或采用其他一些方法(如净收益定价法)。

此外,美国内部收入署还规定在新兴市场上,采用相对较低的转移价格是可以接受的。

我们可以得出这样的结论,对一些普通或标准化的产品(或商品)和劳务而言,转移价格不再被认为是避税的有力"武器"。然而,对高科技产品、度身定做的零部件、半成品、许可权等,用转移价格避税仍未过时。理由有三个:一是这类产品或商品没有可比市场和可比价格;二是跨国公司对不合格产品、废品和退回产品的定价拥有很大的自主权;三是诸如许可权、专有技术、专利等无形商品的内部交易量越来越多。因此,各国对跨国公司内部转移价格的监管也需要与时俱进。

3. 规避外汇管制

转移价格的另一个重要用途是规避外汇管制。例如,有一家英国跨国公司的母公司,向其设在某新兴市场国家的全资子公司销售 Q 单位的产品,在没有境外所得税收抵免的情况下,转移价格每提高 1 英镑,母公司就可多得 $0.75Q$ 美元的税后净收益(设英国公司所得税税率为 25%)。于是,转移价格从 P_0 变成 P_1,就会有 $0.75(P_1-P_0)Q$ 英镑的资金从子公司转移到母公司。该子公司资金外流增加,税负减少。

若英国的所得税税率低于子公司所在国所得税税率,那么,我们会认同该跨国公司的做法。但若子公司所在国的所得税税率更高,我们就无法用税收效应来解释这一反常现象,即位于税率较低的新兴市场国家的子公司以很高的转移价格从其母公司买入产品。一个合理的解释是,子公司所在的新兴市场国家实行资本管制,有较高的国家风险。因为在资本管制下,除了归还外部贷款、外币应付款等外,其他的资金流出方式都受到限制或代价较大。

4. 盈余操纵

跨国公司还可以利用转移价格有目的地操纵子公司的盈利。对子公司进行盈余管理的具体动因各异。

第一,有助于子公司筹集资金。当子公司需要筹集资金时,为了能获得东道国货币市场和资本市场的认可,往往需要提高其资信条件或需要增信,盈利能力就是其中的一项重要财务指标。为此,母公司可以通过降低转移价格来减少子公司的进货成本,或由子公司通过提高转移价格来增加销售收入。

第二,转移利润。为了保护本国的进口替代工业,许多新兴经济体设置了很高的关税壁垒。这些国家和地区的政府也意识到这些行业可能会滥用政府的保护,获取垄断利润或超常利润,因此,政府会对这些行业的利润实施管制,如规定最高的毛利率等。这为跨国公司通过转移定价来降低其子公司真实利润提供了机会。可能的做法是:一方面,让当地子公司以高价从母公司或其他子公司处购进货物,将利润转移给上家;另一方面,由于政府设定了利润率上限,因此,该子公司就可以"合法"地抬高在当地销售产品的价格,赚足政府规定的利润率。

第三,争取更多的成长机会和更宽松的发展空间。低利润率可以使该子公司在劳资谈判中处于更加有利的地位,或更能够获得东道国政府的好感。

转移价格策略是跨国公司资金转移管理中非常敏感的话题之一。对外而言,相关国家的政府都会就这一问题制订相应政策。对内而言,转移价格策略会使各子公司的经营业绩被"粉饰",给管理绩效评估带来困难,可能导致管理者激励不足。

(三)管理费、专利和特许权使用费

跨国公司内部机构之间相互提供管理、专利和商标使用权等无形商品和服务的交易通常都是个性化的,因此,很难找到可比市场价格。无形资产定价上的不确定性为跨国公司进行内部资金转移提供了一条新路径。

与有形商品交易一样,跨国公司通过操纵这些无形商品或服务的转移价格来转移资金,可以同时取得降低税负和规避资本管制的效果。与股利汇回这样的资金转移方式相比,通过管理费、专利和特许权使用费转移资金具有两大优势:一是较宽松的政府管制[①],政府对子公司向母公司支付特许权使用费和管理费限制较少,而对股利汇回则可能管制较严;二是税收方面的优势,当东道国公司所得税税率高于母国公司所得税税率时,"管理费、专利和特许权使用费"的摊销费用通常可在东道国减免(在税前列支)。如果以股利方式支付,子公司的所得税在股利分配之前就已列支,此外,可能还要缴纳按汇回股利部分计付的预提税。

管理费、专利、特许权等的转移价格定价方法是,先由母公司依据公司整体费用支出预算来决定所有海外子公司转移资金的总额度,然后再根据各子公司的销售额或资产水平来分摊这些额度。

在对这类无形商品的转移价格进行定价时,须充分考虑来自两方面的态度和意见。一是海外合资方的态度和意见。母公司对管理费、专利和特许权使用费的定价常常需征得东道国合资方的同意。二是政府的意见。政府一般都希望跨国公司的资金流动能比较稳定、可以预测,无形商品定价的大幅变动很容易引起相关东道国税务当局的警惕甚至怀疑。因此,对无形商品的转移价格进行合理定价很重要,跨国公司在制定资金转移政策时要尽量避免转移价格频繁变动,这有利于跨国公司规避东道国的政府管制。

专栏 8-2

星巴克的商标使用费究竟价值几何?

星巴克是来自美国的连锁咖啡公司,成立于1971年,已在70多个国家拥有25 000多家咖啡店,开店数一直处于上升态势。1998年,星巴克成功开拓欧洲市场,终于将咖啡卖给了爱喝茶的英国人,以及拥有独特咖啡文化的意大利人。据报道,之后的14年里,星巴克在英国的营业额超过30亿英镑,但只缴纳了860万英镑的企业所得税。

跨国公司通常采用复杂的避税工具组合进行避税,这些手段包括收取专利和版权费、资本弱化(通过大量举债以增加税前扣除)、转移定价等。星巴克将知识产权赋予其荷兰子公司(2014年之前为星巴克欧洲总部,2014年欧洲总部迁至英国伦敦),荷兰子公司通过收取商品使用费提升欧洲各地星巴克的成本,进而将收益转移至低税地荷兰,把在英国获得的利润隐藏得无影无踪。

---

① 例如,美国政府于1986年修改了其税法的第482条款,规定管理费、专利和特许权使用费的定价必须与该服务或特许权所能带来的收益相称。

> 之后,星巴克放低了姿态。2015年,星巴克在英国缴纳了大约810万英镑所得税,与之前形成很大的反差。
>
> 问:你对此如何评价?

(四) 公司贷款

跨国公司贷款主要有三种方式:直接贷款、平行贷款和背对背贷款。内部直接贷款仅涉及跨国公司内部的两个交易主体(即母子公司或子子公司),其运作流程与银行贷款相似。平行贷款和背对背贷款涉及两个以上交易主体,我们仅以平行贷款为例,展示其在跨国公司内部资金转移中的作用。

平行贷款可以为海外子公司提供资金融通。当东道国货币市场和资本市场运转较差或海外子公司融资成本较高时,平行贷款常被用来为位于这些国家的子公司融资。平行贷款涉及两个国家的母公司,它们各自在国内向对方在境内的子公司提供与本币等值的贷款。举例说明,假定有两家母公司,分别为英国母公司A及美国母公司B,英国母公司A在美国设有一家子公司A′,而美国母公司B在英国持有一家子公司B′。目前,B′子公司需要英镑资金,A′子公司缺乏美元资金。于是,两家母公司意见达成一致,分别签订两个贷款协议,由美国母公司B向在美国的A′子公司提供美元贷款,另由英国母公司A向在英国的B′子公司提供英镑贷款。平行贷款的期限一般为5—10年,大多采用固定利率方式计息,每半年或一年互付利息,到期各偿还借款金额。由于是两个贷款协议,因此,若一方违约,另一方仍须依照合同执行。为降低违约风险,另一种与平行贷款非常相似的背对背贷款由此产生,背对背贷款只签订一个贷款协议。

(五) 借助国际金融机构的服务

跨国公司借助国际金融机构实现资金转移以及规避外汇管制。通常,即便存在外汇管制,东道国政府还是会优先保证国际金融机构贷款本息的安全,因此,为规避东道国外汇管制,跨国公司可以通过国际金融机构来转移资金。例如,假设中石油公司打算用在印度尼西亚的子公司产生的多余资金为墨西哥子公司的扩建融资。若墨西哥的货币市场和资本市场规模有限,墨西哥子公司在当地货币市场和资本市场上很难获得短期和长期资金。由于存在墨西哥比索可能贬值的压力,中石油公司不敢也不愿将美元资金直接贷款给墨西哥子公司。又假定印度尼西亚实施外汇管制。因此,中石油公司可以借助国际金融机构,将印度尼西亚子公司的多余资金转贷给墨西哥子公司,一举两得。具体操作程序为:首先由美洲银行印度尼西亚支行接受印度尼西亚子公司存款,作为交换,美洲银行墨西哥支行向中石油墨西哥子公司提供一笔等值的比索贷款。中石油公司在印度尼西亚外汇管制情形下将印度尼西亚子公司的多余资金转移给墨西哥子公司,同时又规避了墨西哥比索贬值的外汇风险。

(六) 股利汇回

股利汇回是指子公司将股利作为投资回报汇回给母公司。尽管饱受非议,股利汇回依旧是跨国公司海外子公司向母公司转移资金的最重要、最经得起推敲的一种方式。跨国公司在制定股利汇回政策时,需要考虑税收差异、汇率风险、外汇管制、融资需要、资金成本及母公司的股利政策等诸多因素。其中,母公司的股利发放率通常是跨国公司在制定股利汇回政策时的"标杆"。股利汇回政策主要有两种:一是要求所有子公司都采用与母公司相同的股利发放率;二是不要求所有子公司都采用同样的股利发放率,只要海外子公司汇回累计总额达到跨国公司要求的量即可。采用前一种政策的跨国公司认为,该股利政策有利于使东道国(特别是新兴经济体)政府认同这样的投资理念,即股利汇回是母公司的投资收益,是正常和必须的资金转移。

1. 税收效应

税负是影响跨国公司股利汇回的一个重要因素。通过在海外各子公司之间采用不同的股利支付率,跨国公司可以减轻总税负,增加可用资金。一旦决定了需要从海外汇回的股利总额,跨国公司就会有选择地加大从那些资金转移成本最低的海外子公司转出资金的力度。

例 8-3 设有一家美国跨国公司,打算以股利汇回的形式从海外转回 400 万美元的资金。其有三家子公司分别位于 A 国、B 国和 C 国,每家子公司当年的税前收益都是 800 万美元,因此都可以单独提供这笔转移资金。假如 A 国按 30% 征收公司所得税,还要对汇往国外的股利加征 5% 的预提税;B 国按 24% 征收公司所得税,没有预提税;C 国按 50% 征收公司所得税,另外还加征 10% 的股利汇出预提税。此外,假设原本没有外国税收抵免额度,所有税收抵免额度都是在汇回股利过程中所产生的。美国本土的公司所得税税率为 35%。表 8-3 给出了分别从三家子公司汇回股利的税收效应。

表 8-3 海外子公司股利汇回的税收效应   单位:万美元

	A 国子公司	B 国子公司	C 国子公司
股利汇回金额	400	400	400
子公司税负小计	240	192	400
东道国对子公司汇出股利征收的预提税	20	0	40
美国政府对汇回股利征收的所得税(补税额)[①]	15.57	57.9	0
若该子公司不向母公司汇回股利,东道国对子公司征收的所得税	240	192	400
由该子公司汇回 400 万美元时,公司整体所承担的税负	275.57	249.9	400

各国对股利汇回采用的征税办法不尽相同,以美国为例,美国政府对汇回股利征收的所得税应该避免双重纳税,此处的纳税额可以按普通抵免法或间接抵免法计算。现以普通抵

---

① 表 8-3 中的补税额可参见后文的计算过程。此处用普通抵免法计算美国政府对股利征收的所得税,普通抵免法又可细分为综合限额法和分国限额法。关于抵免法的原理,可参见《国际税收》等教材。

免法介绍美国政府对子公司汇回股利征收的所得税。可按下列公式计算确认，即

$$T_h = I \times \tau_h - Min(T_f, T_c) \tag{8-1}$$

式(8-1)中，T_h 表示母公司应缴纳的补税额，τ_h 表示母公司所在国所得税税率，T_f 表示汇回股利在海外已缴纳的税收，I 表示汇回股利与在东道国已缴纳的税收之和（即汇回股利在子公司所在国的应纳税所得额），T_c 表示抵免限额（也就是 I 与 τ_h 的积），表示母公司的纳税义务。根据表 8-3 中的 A 国的相关数据，可得到式(8-1)中的变量：

T_f = 东道国征收的预提税 + 汇出的股利 ÷ A 国子公司的税后利润 × 东道国对该子公司征收的所得税

　 = 191.43 万美元

I = 母公司收到的税前汇回股利 + 在国外已纳的所得税

　 = 591.43 万美元

T_c = 母公司对美国政府的应纳所得税额（35%）

　 = 207 万美元

T_h = 207 - 191.43 = 15.57 万美元

因此，美国政府对汇回股利实际补征所得税 15.57 万美元。美国政府对从另两家子公司汇回股利是否补征所得税的计算可依此类推。

从表 8-3 可见，从跨国公司总税负看，单独由 A 国子公司汇回 400 万美元股利的代价居中。如果由两家甚至三家公司共同承担股利支付，那么，情况会如何？读者可试着推算。

专栏 8-3

避税还是逃税？

2016 年 8 月，欧盟委员会反垄断监管当局要求爱尔兰向苹果公司追讨过去 10 年未付的总计 130 亿欧元（约 145 亿美元）税款，再度引发了科技公司如何通过制度安排避税以及跨国公司税制体系如何完善的话题。

目前，包括苹果、谷歌、Facebook、微软等美国主要大型科技公司，均通过复杂的税制结构安排，规避税收负担，在海外囤积了大量的资产。

根据苹果公司 2015 年财报数据显示，该公司 2013—2015 年海外的税前收入分别为 305 亿、336 亿和 476 亿美元，截至 2014 年末和 2015 年末，苹果海外分公司的现金及其等价物（包括有价证券）分别为 1 371 亿美元和 1 869 亿美元。

总体上，包括苹果在内的大多数有着海外业务的美国科技公司，都运用了一种被称为"Double Irish With a Dutch Sandwich"（双重爱尔兰及荷兰夹心三明治）的税制结构（见图 8-3），通过这样的一种结构安排，规避掉大多数海外业务的税收。

这样的税制安排需要在海外注册两个爱尔兰公司（以 I1 公司和 I2 公司指代）以及一个荷兰公司（以 D 公司指代）。

由图 8-3 可知，I1 公司在爱尔兰注册，但实际运营地位于百慕大等避税天堂，I2 公司同样在爱尔兰注册，I1 公司对 I2 公司拥有绝对的"管理和控制权"。

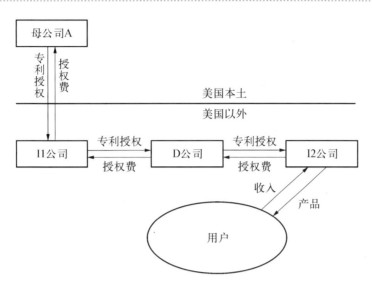

图 8-3 "双重爱尔兰及荷兰夹心三明治"税制结构简图

首先,母公司 A 向 I1 公司授权专利,I1 公司向 D 公司授权,D 公司再向 I2 公司授权。随后,A 公司的所有海外业务收入全部归入 I2 公司的财报,由于 I2 公司需要向 D 公司支付授权费,因而 I2 公司的应税利润相应减少。

同样,D 公司需要向 I1 公司支付授权费,I1 公司向母公司 A 支付授权费。

根据爱尔兰的公司税制度,公司纳税者的界定并非由其注册地决定,对该公司有实际上的"管理和控制权"的实体才是纳税者,因而从上述安排中可以看出,对 I2 公司有着实际"管理和控制权"的 I1 公司才是纳税者。

另外,如果 I2 公司直接向 I1 公司转移收入,是需要被收取预提税(Withholding Tax)的(即事先收取的一部分公司税),但如果这笔收入首先汇入位于荷兰的壳公司 D,再汇入 I1 公司,则不需要被收取预提税,因为爱尔兰与包括荷兰在内的欧盟部分成员国有协议,即从这些国家获得的收入不进行预提税的征收。因此,这就是 D 公司在这一结构中作为三明治"夹心"存在的意义。

最终,A 公司的所有海外收入主要集中于 I1 公司的财报上,这笔钱既避免了回到美国本土母公司 A 所需要支付的高达 35% 的公司所得税,也避免了被爱尔兰收取 12.5% 的公司所得税,同时通过中间夹层壳公司 D 的安排,还避免了收入流转过程中可能被收取的预提税。

以上只是苹果等公司所运用的海外收入税制安排的一个大致框架。实际上,根据各国之间税收制度的协议的差异,还会有其他更为细微复杂的税制安排,其目的当然只有一个,那就是在规则制度的框架下如何尽量少缴税。我们通常所说的"某科技公司在海外拥有大量现金",就是指这些现金在 I1 公司的账上。

这一特殊的"三明治"税制安排最早就是由苹果公司在 20 世纪 80 年代开始使用的,

但在2015年1月1日已经被叫停,那些已经使用这一制度安排的跨国公司,被宽限到2020年。换句话说,在2020年之前,苹果等科技公司仍然可以使用这种特殊的税务结构进行避税。

另外,针对这一结构,爱尔兰等国采取了一定的反制措施。例如,在2013年,爱尔兰政府便宣布,注册在爱尔兰的公司同时必须是税务意义上的纳税人。该新规定于2015年1月生效,爱尔兰财政部长Michael Noonan称,这一改变是为了让爱尔兰的公司所得税体系与国际惯例接轨。

在欧盟委员会提出要爱尔兰追讨苹果公司所欠的税款后,爱尔兰和苹果公司都明确表示要提出上诉。苹果公司首席执行官蒂姆·库克在一封公开信中表示,苹果公司遵循法律规定,已经支付了所有应交的税款。爱尔兰财政部长Michael Noonan则表示,他完全不能同意欧盟委员会的决定,将通过上诉来维护爱尔兰税法体系的公正性。

实际上,欧盟委员会这一项针对苹果公司的调查始于2014年6月,主要调查爱尔兰的公司所得税安排是否符合欧盟的制度标准。苹果公司在2015年财报中部分披露了这一事实,并表示如果欧盟委员会最终做出不利于爱尔兰的裁决,将会要求苹果公司向爱尔兰支付过去10年未缴足部分的税款,苹果公司在当时的财报中称,目前这一税款额度的多少暂时无法准确估计,但应该数额巨大。

除了苹果公司以外,还有多家跨国公司(以美国公司为主)与欧盟委员会陷入税务纠纷中。当然,苹果公司目前的145亿美元是其中涉及金额最大的一桩。有法律界人士表示,苹果公司与欧盟委员会的税务争端最终如何解决,将对美国跨国公司未来在欧洲地区开展业务以及相应的税务制度产生根本性的影响。

问:爱尔兰的公司所得税安排与欧盟委员会的制度标准究竟是否存在差异?

资料来源:纪振宇. 避税还是逃税? 详解苹果如何通过复杂的结构安排规避税收负担[EB/OL]. http://163.com.dy/article/D2SLCSAS0518JH20.html.

2. 子公司高融资成本下的股利汇回

股利汇回还应该考虑外国子公司的融资要求和资金成本。在其他条件相同情况下,跨国公司应对融资便利且融资成本较低的子公司设定较高的股利支付率,理由是,此类子公司可以很容易地借助当地成本低廉的资金满足其经营或扩张需要。对融资困难且融资成本较高的子公司而言,则设定较低的股利支付率。

3. 外汇管制条件下的股利汇回

实行外汇管制的国家和地区往往会限制现金股利的流出。为此,许多跨国公司常常保持稳定的股利支付政策,试图向东道国政府表明,公司"黏性"的现金股利支付是其正常的公司金融行为,而不是针对东道国的货币投机行为,从而为以后面临外汇管制时仍能继续保持正常的股利汇回留有余地。

4. 合资企业的股利汇回

跨国公司在制定合资企业的股利政策时必然会受到东道国合资方的牵制。若跨国公司过分强调自身利益最大化来制定股利政策,势必会与东道国合资方最大化合资企业价值的目标发生冲突。例如,跨国公司注重整体和长远利益,合资方更看中局部和短期利益。因此,跨国公司与东道国合资方在股利汇回上需要协调,尽量避免大的利益冲突。

(七) 股权或债权投资

事实上,跨国公司对海外子公司的投资也颇费思量。股权投资和债权投资是母公司对海外子公司进行投资的两种主要方式。从资金流动的便利性、安全性而言,跨国公司偏好债权投资,原因主要有两个方面。

第一,可以获得税收效应。对接受债务的子公司而言,增加的利息费用在税前列支,子公司可享有利息税盾效应(省税),而分期归还或一次性归还的本金不用向东道国交纳预提税。对进行债权投资的母公司来说,本金的回收额不构成应纳税所得额,仅来自子公司的利息收入属于应纳税所得额,扣除税收抵免后,补交的税款非常有限。

第二,可以规避外汇管制。在东道国外汇管制条件下,子公司以还本付息的方式归还母公司债权投资顺理成章,而以股利汇回和股本返还母公司股权投资,则经常会受到东道国政府的限制或阻挠。从债权和股权转换的角度看,如果跨国公司想要追加在海外子公司的股权投资,则可将原先的债权转换成股权。相反,要将原有股权转变为债权并非易事。

值得注意的是,在现实经济中,母公司在选择向海外子公司进行投资尤其是追加投资的方式时,并没有多大灵活性,而往往取决于东道国政府或合资方的态度。因此,跨国公司需与东道国政府或合资方进行协商,积极争取有利的投资方式。

(八) 计价货币的选择

在外部交易的计价货币选择上,跨国公司的选择权取决于其竞争力地位、议价能力等,也就是说,没有多大的灵活性。但对公司内部交易而言,跨国公司拥有计价货币自主选择权。跨国公司选择计价货币的目的在于获取税收效应以及规避外汇管制等。

1. 税收效应

跨国公司内部交易双方的损益相互抵消,因此,无论采用哪种计价货币,对跨国公司的税前合并利润没有影响。但从税后利润的角度看,只要内部交易双方所在国的所得税税率不相等,跨国公司税后合并利润会出现差异。

设某中国跨国公司在德国和英国均设有全资子公司。英国子公司向德国子公司销售一种产品,欧元和英镑对人民币的汇率分别为 €$1 = ¥x$,£$1 = ¥y$,销售额可表示为 ¥$S =$ €$(S/x) =$ £(S/y)。英国和德国的所得税税率分别为 τ_G 和 τ_D。假如预期欧元对人民币将要升值为 €$1 = ¥(x + \Delta x)$,而英镑汇率不变。从税收效应看,跨国公司应选择英镑还是欧元来对这笔内部交易进行计价?

若以欧元计价,则德国子公司的购货成本保持 €(S/x) 不变,因此德国子公司的应纳所得税额不受影响。由于欧元对人民币升值 Δx,根据套算汇率,可以得到英国子公司的英镑

销售收入为①

$$£\frac{S(x+\Delta x)}{xy} \quad (8-2)$$

因此,英镑销售收入增加了 $£\left[\frac{S(x+\Delta x)}{xy}-\frac{S}{y}\right]$。由于该销售收入增加由汇率变动引起,该销售收入增加额也就是税前利润增加额,应纳所得税额上升 $£\left[\frac{S(x+\Delta x)}{xy}-\frac{S}{y}\right]\tau_G$,换算成人民币为

$$¥\left[\frac{S(x+\Delta x)}{x}-S\right]\tau_G \quad (8-3)$$

如果以英镑计价,则英国子公司的销售额保持 $£(S/y)$ 不变,因此,英国子公司的应纳所得税额不受影响。而德国子公司以欧元计价的购货成本则为

$$€\frac{S}{x+\Delta x} \quad (8-4)$$

因此,税前利润增加了 $€\left[\frac{S}{x}-\frac{S}{x+\Delta x}\right]$,应纳所得税额上升 $€\left[\frac{S}{x}-\frac{S}{x+\Delta x}\right]\tau_D$,换算成人民币为

$$¥\left[\frac{S(x+\Delta x)}{x}-S\right]\tau_D \quad (8-5)$$

对比式(8-3)和式(8-5),我们可以简单地推出这样的结论:当 $\tau_G > \tau_D$ 时,该笔内部交易应该选择英镑计价;当 $\tau_G < \tau_D$ 时,则应选择欧元计价。也就是说,计价货币的选择是将内部交易中发生的应纳税所得额转移到适用较低所得税税率的子公司那里,而将内部交易中发生的亏损转移到适用较高所得税税率的子公司那里。

2. 规避外汇管制

跨国公司还可以选择内部交易的计价货币来规避外汇管制。在实施外汇管制的东道国或限制资本流出的国家,会限制当地的外国子公司将资金转移给母公司或在其他国家的关联子公司。但是,只要存在跨国公司内部交易,它们还是可以通过对内部交易选择不同的计价货币来规避外汇管制。

假设某中国跨国公司在 A 国和 B 国均设有全资子公司,A 子公司所在国实行外汇管制。又假如 A 子公司与母公司和 B 子公司均存在内部交易。如果 A 子公司所在国货币有贬值预期,那么,跨国公司规避外汇管制的可能路径是:A 子公司将所有出口到海外的内部交易都以当地(A 子公司所在国)货币定价。当地货币贬值后,A 子公司出口收入的本币价值下降,母公司或 B 子公司以本币计量的成本降低。因此,资金实实在在从 A 子公司流向了母公司或 B 子公司,且所付出的代价很小或无,因为从跨国公司整体角度看,这笔交易的损益相抵(不考虑税收效应)。

---

① 式(8-2)的推导过程:当欧元升值后,根据套算汇率可得到欧元与英镑的比价,即 $€1 = £(x+\Delta x)/y$。根据人民币销售额与欧元销售额的关系,可得 $S = £(S/x)(x+\Delta x)/y$。整理后得式(8-2)。

对于限制资本输入的国家,跨国公司也可以通过选择计价货币,以很低的代价将资金转移给它在限制资本输入国家的子公司。具体路径与对付限制资本流出国家的办法雷同。

> **专栏 8-4**
>
> **G7 携手欧盟设立跨国公司征税新规,"避税天堂"面临考验**
>
> 七国集团(G7)和欧盟在 2021 年 7 月 10 日宣布达成"历史性"税收协议。根据该协议,各国将对在本国运作并开展业务的跨国公司统一执行至少 15% 的税率。
>
> 征税是每个国家主权的体现,一直以来,要多国达成共同的征税协议都十分困难。一些大型科技公司一直通过在一些低税率国家设立分部,并把在全球各地所得的大部分收益汇到这些低税国家,确保自己缴纳较低的税款。例如,Facebook 2018 年在英国的营业利润破纪录(达 16.5 亿英镑)的情况下只需交 2 850 万英镑的税,引发当地政府和舆论不满。2020 年 4 月英国通过数字营销税,强制科技公司按照在当地的收入交税,而不计算其会否将营业利润转移到低税率国家。而法国政府曾就税收问题与 Facebook 争执,最终 Facebook 同意向法国补缴 1.06 亿欧元税款。
>
> 大企业并不仅仅在税率高的成熟经济体国家避税。英国非政府组织 ActionAid 2020 年 10 月曾表示,Facebook、谷歌、微软等大企业在多个新兴市场国家避税至少 28 亿美元,足以在全球 20 国请 70 多万名护士去协助抗疫。
>
> 新税收协议框架将要求跨国公司在提供服务和产品的地方都要交税,而不限于进行利润结算的国家。
>
> 统一的最低税率亦可避免各国以低税率互相竞争。以英国为例,英国的企业税定为 19%,2023 年因应抗疫提高至 25%;而爱尔兰的税率仅为 12.5%。协议落实后,英国、爱尔兰及欧洲国家等针对科技公司的税项都将会被 15% 新税率取代。
>
> 根据 G7 的协议文件,这一项征税条款可套用到净利润率至少 10% 的"最大型及盈利最多的企业",如果盈利高于这一数字,每个国家还有权对超出部分征税 20%。但哪些是"最大型及盈利最多的企业",并未有清晰定义,即便目前尚未知道包括哪些企业,外界估计微软、Facebook、谷歌等都必然在内。但是,一些净利润率较低的大企业则可能避过征税。
>
> 新协议受到了来自各界的质疑。例如,一些规模较小、过往以低税率占取优势的国家希望有更大的自主权,去维持它们的竞争力。其中,税率较低的爱尔兰表明,讨论协议时,要关乎国家的发展程度和大小,并希望争取有更有认受性的税务竞争。
>
> 问:请给出爱尔兰质疑的可能理由。若某一大企业通过提高成本去作投资以扩大市场占有率,净利润率颇低,你认为该公司可以不被新协议限制吗?
>
> 资料来源:G7 携手欧盟设立跨国公司征税新规,"避税天堂"面临考验[EB/OL]. https://m.investgo.cn/mobile/article/gb/fxbg/202106/548040.html.

二、资金冻结下的转移方式

此处的资金冻结是指子公司无法将资金转移出去,唯有在东道国进行再投资,以保证资金价值不变(保值)或谋求投资收益。

(一)保值增值

跨国公司应该充分利用处于资金冻结国家或地区的子公司的现有生产能力,生产出口产品,或者将多余资金进行再投资。一方面,子公司多余资金得到保值和增值;另一方面,东道国政府因外国子公司出口而增加了外汇,有助于改善其国际收支状况。

(二)寻求创造价值的机会

在资金冻结情况下,子公司在保值增值的同时,积极寻求为跨国公司服务的机会,从而最大化跨国公司价值。为跨国公司提供服务的机会很多,现仅举两例予以说明。

跨国公司的母公司可以在资金冻结的子公司所在国家或地区设立一些特殊的机构,例如,成立研发中心,中心的研发费用、研究人员的薪酬、运转费用等均由子公司用多余但无法汇出的资金来开销。该研发部门的成果则通过子公司以转售价格卖给母公司或其他关联子公司。由于科研成果通常没有可比市场价格,因此,子公司可以采取灵活的价格转售科研成果。

跨国公司可以要求子公司在东道国为母公司或其他关联子公司采购原材料或物品,或将跨国公司会议安排在资金无法汇回的子公司所在地,由该子公司承担会议费用和开支等。

(三)开展易货贸易

跨国公司的母公司可以从资金受阻子公司进口一批非出口商品,如某种原材料或半成品,同时,母公司向子公司所在国出口自己的产品。此类国际贸易不涉及资金往来,仅为易货贸易。

我们在上文介绍跨国公司资金跨境转移管理时,设置了许多假设,仅仅给出跨国公司资金跨境转移管理的一些基本原则和方法。事实上,跨国公司资金跨境转移管理复杂难懂。跨国公司资金跨境转移管理是一个复杂的系统。为实现资金跨国界流动,跨国公司需要实行现金集中化管理。资金跨国转移决策是建立在对子公司融资需求、外部融资来源与成本、东道国投资回报率、子公司融资灵活性以及子公司间的内部交易量、相关东道国的税收政策、政府管制、汇率变动等的了解和判断基础之上的。仅仅基于一个或两个因素的现金转移决策是不可靠的,也是不可取的。

跨国公司资金跨境转移管理的目标是创造公司财富。跨国公司在实施转移价格策略、选择内部贷款等所有的现金转移方法和策略时,都是以最大化跨国公司利益为目标,而非最大化某子公司价值。但是,此举会导致利润和资金在跨国公司内部机构之间重新配置,在一定程度上会扭曲跨国公司内部各子公司的账面业绩,导致个别或部分子公司的管理者激励不足。因此,跨国公司资金跨境转移管理并非仅仅是资金转移方式的创造、创新和有效使用,还必须协调好来自内部的各种利益冲突。

本章小结

在资金跨境转移管理上,跨国公司的独特之处在于,建立内部资金转移系统,实现资金在跨国公司内部各子公司之间转移。事实上,跨国公司建立内部资金转移系统有两大初衷:一是规避各国税制差异以及跨国外部资金流动所面临的巨大成本和障碍;二是设法通过内部资金转移获取套利机会,主要的套利机会分别来自税收套利、金融市场套利和政府管制套利。

资金跨境转移管理就是利用内部资金转移系统转移资金,实现公司价值增值。主要管理内容包括资金转移的数额、资金转移的时间、资金转移的去向、资金转移的方式。

跨国公司的内部资金流动是以商品、服务和资本的内部交易方式实现的。跨国公司内部资金转移方式主要包括转移价格、特许权使用费、提前与延后支付、内部贷款、内部股利分配、对子公司股权投资等。

出于实现营运资金在全球范围最优配置的目标,跨国公司创造出许多绕过管制和逃避税收、巧妙地转移资金的策略和方式,如转移定价、重开发票中心、管理费和专利及特许权使用费、提前与延后支付、公司内部贷款、内部股利分配以及股权或债权投资、内部交易计价货币的选择策略等。即使子公司的资金采用前述方式均无法汇回母公司,公司还可以通过多种再投资途径达到实质上的资金转移目的。

事实上,跨国公司资金跨境转移管理是一个复杂的系统。为实现资金跨国界流动,跨国公司需要实行现金集中化管理。资金跨国转移决策是建立对众多因素的了解和判断基础之上的。仅仅基于一个或两个因素的现金转移决策是不可靠的,也是不可取的。

跨国公司资金跨境转移管理的目标是创造公司财富。跨国公司资金跨境转移并非仅仅是资金转移方式的创造、创新和有效使用,还必须协调好来自内部的各种利益冲突。

关键词

资金跨境转移　内部资金转移系统　股利汇回　转移价格　税收效应　关税效应　计价货币　内部贷款　盈余操纵　内部资金转移

习　题

1. 资金跨境转移管理的目标是什么?涉及哪些决策?
2. 影响资金跨境转移管理的因素有哪些?它们的影响效果如何?
3. 一般情况下的国际营运资本转移方式有哪几种?它们是如何提升公司价值的?
4. 分析转移定价的税收效应、关税效应和其他用途。
5. 分析股利汇回的税收效应和影响股利汇回政策的若干因素。

6. 分析内部交易计价货币的选择所带来的税收效应和外汇管制效应。

7. 资金冻结情况下的国际营运资本转移方式有哪些？

8. 谈谈你自己对国际营运资本的集中化管理和分散化管理的看法。

9. 某子公司每年向其母公司销售1万件产品。该子公司和母公司的所得税税率分别是20%和30%。目前每件产品的转移价格为1 000元，但该转移价格可以设定在1 000—1 300元。问：最优转移价格为多少？（提示：每年产生最大税后利润的转移价格。）

10. 中国A公司拥有一家全资巴西公司。今年，该巴西全资公司的应税收益为80 000 000雷亚尔（雷亚尔为巴西货币单位），即期汇率为0.7雷亚尔/1元人民币。预计汇率不会变化。设巴西的公司所得税税率为15%，中国的公司所得税税率为24%。

中国A公司希望将一半的巴西子公司收益转移至中国，现有两种方法汇回这笔款项：第一，通过10 000 000元人民币的现金股利；第二，通过5 000 000元的现金股利和5 000 000元的特许权使用费。

问：你建议使用哪种方法？为什么？（请给出计算过程。）

11. 假如新兴市场国家B实行新政，鼓励外资企业将利润进行再投资。又假设该国对股利、特许权使用费征收预提税，税率分别是30%和5%。你是一家中资跨国企业的CFO，目前你公司在B国的子公司准备向母公司汇回1 000万美元。问：你会建议使用何种方法？并给出理由。

第九章 国际直接投资管理

📖 【学习要点】
1. 国际直接投资的基本逻辑。
2. 国际直接投资的基本顺序。
3. 绿地投资和海外并购。
4. 跨国资本预算。

国际直接投资(也称对外直接投资,简称 FDI)是实现经营国际化最早、最常见的方式。对外直接投资是为了获取超常利润,但是,跨国公司也将为此遭受较大的市场风险、政治风险和汇率风险,这些风险将影响跨国公司的现金流量,进而影响公司价值。显然,对外直接投资具有高收益和高风险的特征,且具有不可逆的特征。因此,在对外直接投资决策之前,需进行全面考量。本章讨论对外直接投资的动机、模式、国际资本预算以及实物期权等内容。

第一节 国际直接投资的基本逻辑和动因

一、国际直接投资的基本逻辑

第二次世界大战以后,跨国公司得到迅速发展。跨国公司的经营国际化必然伴随着大量的国际直接投资。为了解释国际直接投资现象及其原因,学界对此进行了大量研究,形成了带有不同时期特征的国际直接投资理论。传统国际直接投资理论的大致脉络是:该理论始于 20 世纪 60 年代海默的垄断优势理论,但垄断优势理论不能完全解释国际直接投资的原因,于是,学界的研究转向用科斯的交易成本理论来解释,形成了内部化理论;内部化理论还是不能有效解释国际直接投资中的某些特征,便产生了与区位理论有关的折衷理论和产品周期理论。

(一) 垄断优势的维持和转移

垄断优势理论首先由海默(Hymer)在 1960 年提出,之后的金德尔、约翰逊等学者基于海默的框架对该理论进行完善。垄断优势理论认为,市场的不完全性是国际直接投资的根本原因,跨国公司的垄断优势是对外直接投资获益的条件。

市场的不完全性表现在四个方面:一是产品市场不完全;二是生产要素市场不完全;三是规模经济引起的不完全;四是由东道国政府的关税、利率、汇率政策所造成的不完全。在市场不完全情况下,跨国公司的垄断优势不仅包括市场垄断优势、生产垄断优势和规模经济优势,还包括东道国政府采取的限制性政策(如高关税)导致跨国公司通过对外直接投资将其垄断优势扩展至东道国。

根据该理论,跨国公司进行国际直接投资是因为其意识到自己拥有其他竞争对手所没有的垄断优势,包括规模经济与范围经济、管理技术和营销技术、高级技术、财务实力、差异化产品等竞争优势。这些垄断优势正是利用了市场的不完全性,使得跨国公司有可能运用自身的组织效率,发挥其在技术、规模、管理等方面的优势,在与东道国国内企业进行竞争时,利用其垄断优势排斥自由竞争,通过维持垄断高价获益。因此,垄断优势能够弥补国外经营所产生的附加成本和风险,抵消由东道国政治、经济、文化、法律以及政府管制等因素造成的负面影响。

但是,该理论不能很好解释对外直接投资流向的产业分布或地理分布,同时,无法解释20世纪60年代以后日益增多的不拥有垄断优势的新兴经济体的公司向发达经济体进行直接投资的原因。

(二) 内部化理论

为什么以及在怎样的情况下,到国外直接投资是一种比国际市场(出口产品和转让许可证)更为有利的经营方式?英国学者巴克莱(Buckly)建立了回答这一问题的内部化理论,经济学家罗格曼、吉狄、杨等进一步丰富和发展了该理论。

根据巴克莱的内部化理论,对外直接投资可以实现企业优势内部化。在市场不完全的情况下,企业为了谋求整体利润的最大化,倾向于将中间产品(原材料、半成品、技术、信息、商誉等)在企业内部转让,以内部市场来代替外部市场。例如,企业具有市场所不具有的独一无二的功能(企业具有分工、资本集聚、创新等功能和优势,可以使社会资源的使用更有效率,让使用者获得更多的收益)。此时,企业采用国际直接投资而非国际市场,便是出于优势内部化的考虑。

该理论强调企业通过内部组织体系以较低的成本在内部转移其优势的能力。跨国公司通过在海外建立能够控制的子公司,可以有保障地以较低的成本转移技术和其他优势资源。因此,该理论认为内部化是国际直接投资的根本动因。

内部化实现的过程取决于行业特定因素、区域特定因素、国别特定因素、企业特定因素四个因素之间的相互关系和作用。其中,行业特定因素对市场内部化的影响最重要。当一个行业的产品具有多阶段生产特点时,若中间产品尤其是知识产品的供需通过外部市场进行,则供需双方关系既不稳定,也难以协调,为克服中间产品的外币市场不确定性,企业有必要通过建立内部市场保证中间产品的供需。企业特定因素中的组织管理能力也直接影响市场内部化的效率,只有组织能力强、管理水平高的企业才有能力使内部化的成本低于外部市场交易的成本,市场内部化才有意义。

内部化理论属于一般理论,能够解释大部分对外直接投资的动因,同时,该理论不同程度地包含了其他理论。

(三) 区位理论

区位理论出现在20世纪70年代。该理论认为,对外直接投资可以被视为一种转移资源的手段,即把可移动的包括技术、资金、管理经验等在内的资源从母国转移到拥有难以流动的补充性生产要素的国家和地区。

这种资源的转移是基于相关国家或地区的区位特征,东道国的区位特征是跨国公司进行直接投资的重要依据。如果东道国原材料和劳动力资源丰富且价格低廉,那么,跨国公司将分别进行垂直型国际直接投资和水平型国际直接投资[①]。例如,中国改革开放初期,成熟经济体的跨国公司纷纷在中国投资设厂。如果东道国设置关税或非关税壁垒,那么,面对受保护的外国市场,跨国公司通过在东道国建立子公司,以当地生产者的身份绕过壁垒后进入外国市场。又如,1982年开始,日本车企纷纷开始在美国本土设立装配厂。如果东道国投资环境优良,跨国公司愿意向这些国家进行直接投资。如果东道国技术先进,产品质量高,那么,跨国公司会通过对外直接投资以图掌握先进的技术。例如,中国三一重工2012年收购德国混凝土装备企业普茨迈斯特。因此,东道国的区位特征影响跨国公司的经营成本,也是跨国公司对外直接投资的动机所在。

(四) 产品周期理论

产品周期理论由美国哈佛大学维农教授在1966年创建。他认为,只有将企业拥有的独特优势和企业在特定东道国所获得的区位优势结合起来,才会发生对外直接投资并给投资者带来利益。根据他的产品周期三阶段模型,处于不同阶段的产品对要素条件以及成本的考虑是不同的。

第一阶段是产品的初创阶段。企业组织国内生产,以满足国内消费者的需要和出口的需要。公司在国内市场上组织生产是基于其比其他竞争者更有优势的考虑,同时,关于国内市场和竞争者的信息比较容易获取。因此,跨国公司会首先在国内建厂,国外的消费者对该公司的产品暂且通过进口来满足。

第二阶段为成熟阶段。市场对产品的需求剧增,但是产品尚未标准化,追求产品异质化的策略和做法仍然是投资者避免直接价格竞争的途径。当公司的边际生产成本与边际运输成本之和逐渐大于产品在国外生产的平均成本时,公司会向拥有市场的其他发达经济体国家投资建厂。为了保持竞争地位,公司必须降低成本,唯一可行的方法是在国外市场生产该产品。理由是,对外直接投资可以降低产品成本。

第三阶段为标准化阶段。公司需要通过价格竞争来维护其产品的国外市场,便宜的劳动力和原材料资源将越来越成为产品竞争优势的重要因素,公司将进一步向欠发达国家转移生产资本。随着该产品被大家认识,其他厂家会参与该产品的生产,国外市场的竞争会加剧,跨国公司会制定一些能够延长其产品国外需求的策略。

该理论的不足之处在于不能解释发达经济体之间相互的直接投资活动,有些产品的周期并不像该理论所描述的那样具有依次递进的三阶段。

(五) 比较优势理论

比较优势理论由日本学者小岛清于1978年提出。他通过对美国对外直接投资的观察

---

① 垂直型国际直接投资是指一国投资者为了在生产的不同阶段实现专业化而将生产资本直接输出到另一个国家。垂直型国际直接投资常被用于对东道国资源的开采、提炼、加工和制成品过程中。这种方式主要体现为互补关系。水平型国际直接投资是指一国将生产资本输出,根据东道国情况从事某种产品的设计、生产和销售。这种方式主要表现为替代关系。

后发现,美国的对外直接投资主要分布在制造业,所涉及的公司是美国具有比较优势的部门。根据国际分工原则,这些部门应该在本国组织生产,但是,由于它们在国外投资开厂,加大了巨额贸易失衡,引起国际收支不平衡,贸易条件恶化。他认为,与美国不同,日本的对外直接投资以资源开发型投资占主流,其直接投资与对外贸易结合起来,充分利用了国际分工原则,这也是日本对外直接投资成功的原因。日本具有比较优势的部门或企业,原本可以通过出口贸易的发展保持其海外市场的占有份额。当失去这种比较优势,而东道国的资源丰富、劳动成本低,只是苦于缺乏资金、技术和管理技能,使其资源开采和劳动力密集的部门的比较优势不能得到充分利用时,日本企业进行对外直接投资既有利于利用东道国的比较优势,也有利于日本进行产业结构调整,将处于比较劣势的生产活动转移到国外,并推动这些企业运用其新的比较优势发展新的出口,从而使日本企业的比较优势持续不衰。

在小岛清看来,对外直接投资与国际贸易是互补关系,而非替代关系。国际直接投资应该从投资国已经处于或即将陷入比较劣势的部门或产业依次进行,而东道国的这些产业或部门具有比较优势,位于比较优势的顶端,但苦于缺乏资金、技术和管理经验。

20世纪70年代,日本对外直接投资是从资源密集型产业为主向劳动密集型产业为主再向重化工为主的产业结构转变。这一对外直接投资顺序的演进符合小岛清的比较优势理论。

二、对外直接投资的动因

对外直接投资被跨国公司青睐的根本动因是追求利润和迫于竞争压力,但是,对进行国际直接投资的跨国公司来说,它们进行对外直接投资的具体动因是不同的。母国(资本输出国)和东道国(资本输入国)之间的生产要素成本、市场规模和特征、自然资源禀赋程度、外资政策、汇率制度以及文化一元化程度等均存在差异,所有这些差异都可能影响对外直接投资的最终效果。

(一) 分散经营风险

各国经济存在差异,因此,在不同国家销售商品所形成的净现金流量比仅仅在一个国家销售商品所产生的净现金流量稳定,表明对外直接投资具有风险分散化效应,有助于跨国公司增强流动性。稳定的现金流量降低了公司的风险,增强了公司的再融资能力,使公司可以维持较低的资本成本。

例9-1 假如一家中国跨国公司有意在德国或美国投资成立一家独资企业,预计该投资项目占公司全部投资的20%。在德国或美国成立独资公司的3年预算见表9-1。假定中国跨国公司的税后预期收益率为15%,收益变动的标准差为0.1。

表9-1 成立两家分公司的预算表

	德国全资子公司	美国全资子公司
预计平均税后收益率	20%	20%
预计税后年投资收益标准差	0.06	0.09
税后投资回报的相关系数	0.60	0.01

我们分两种情况来考察一旦新项目形成后整个跨国公司的预计税后收益：一是在德国成立独资企业时整个跨国公司的预计税后收益，二是在美国成立独资企业后整个跨国公司的预计税后收益。

如果独资企业位于德国，那么，对整个跨国公司而言，它将80%的资金投向了本国，同时将20%的资金投向了德国。因此，整个企业的预计税后收益率可以用加权平均法计算，即

$$R_p = 80\% \times 15\% + 20\% \times 20\% = 16\%$$

由于我们假设新项目的预计收益率相同，将独资企业设在美国，从企业整体看，其税后收益率也是16%。均高于母公司的税后预期收益率15%。

表9-1同时显示，在美国设立独资企业和在德国设立独资企业所面临的风险不一致。就标准差而言，相对于在美国成立独资企业，在德国设置独资企业的收益似乎更稳定，但是，就此得出应该在德国设立独资企业的结论未免太草率。理由是，决策还应考虑位于不同国家的独资企业与母公司之间的相关性。为此，我们引入组合方差计算公式[①]

$$\sigma_p^2 = \omega_A^2 \sigma_A^2 + \omega_B^2 \sigma_B^2 + 2\omega_A \omega_B \sigma_A \sigma_B \rho_{AB} \tag{9-1}$$

式(9-1)中，ω_A和ω_B分别表示中国母公司和德国子公司（或美国子公司）的投资额占总投资的百分比，σ_A和σ_B分别表示中国母公司和德国子公司（或美国子公司）的投资收益标准差，ρ_{AB}表示两家公司的相关系数。我们分别计算在德国设立独资公司和在美国设立独资公司之后整个公司的收益方差。

独资企业设在德国后，整个企业的收益方差为

$$\Sigma_{Ap}^2 = 0.8^2 \times 0.1^2 + 0.2^2 \times 0.06^2 + 2 \times 0.8 \times 0.2 \times 0.1 \times 0.06 \times 0.6$$
$$= 0.007\,696$$

独资企业设在美国后，整个企业的收益方差为

$$\Sigma_{Bp}^2 = 0.8^2 \times 0.1^2 + 0.2^2 \times 0.09^2 + 2 \times 0.8 \times 0.2 \times 0.1 \times 0.09 \times 0.01$$
$$= 0.006\,752\,8$$

由计算得到的收益方差可知，在美国设立独资企业将使得整个企业的收益更加稳定。其主要原因是，在美国设立国际独资企业所产生的预期收益与母公司收益的相关性较低。

承例9-1，如果我们将对外直接投资项目扩大至数个，分两种情况进行观察。第一种情况是，所有投资项目均发生在德国；第二种情况是，部分发生在德国，其他项目则发生在其他一些国家，包括美国。我们可以得到两种情况下的平均收益方差的变动态势（见图9-1）。

图9-1显示，随着对外直接投资项目数量的增加，全球投资组合的风险下降，其下降幅度超过德国投资组合风险下降的幅度。如果全部投资于德国，从跨国公司整体来讲，收益方差的平均降低程度与投资项目数的增加是相关的，但是，由于一国投资项目之间的相关性远高于不同国家投资项目之间的相关性，因此，全球投资组合能够带来更大的分散风险的效果。

---

① 杰费·马杜拉. 国际财务管理[M]. 杨淑娥, 张俊瑞, 译. 大连：东北财经大学出版社, 2000: 473-477.

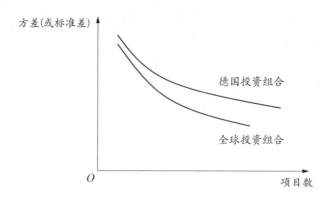

图 9-1 项目组合与平均收益方差之间的关系

(二) 充分利用外国低成本的生产要素

生产要素成本是指资金、劳动力、原材料等生产要素的价格,这些生产要素的价格差异以及质量是决定生产成本高低的重要因素之一。因此,弥补本国生产要素方面的劣势,谋求低成本是促成对外直接投资的动机之一。例如,墨西哥、南亚诸国的劳动力成本便宜,其日平均工资远远低于成熟经济体国家的日平均工资。为此,美国、日本、德国等成熟经济体国家的众多跨国公司纷纷在这些国家或地区投资建厂。同时,东道国优惠的税收政策、融资政策等更有助于跨国公司减少生产成本,获取比较成本利益,保持产品的竞争能力。

(三) 寻求新的市场发展空间

公司在国内发展过程中,其增长会遇到瓶颈,如本国市场的竞争程度太过激烈、市场容量太小等。因此,这些公司会向拥有市场深度和广度的国家或地区寻求发展机会。全球经济一体化程度的提高可以消除一些贸易壁垒,为跨国公司在世界范围内寻找新市场提供可能。例如,雀巢公司"出生"在瑞士,因受瑞士市场空间的限制,一直致力于对外直接投资。目前,雀巢公司在世界几十个国家均建立了原材料基地、生产基地以及销售网络,已经成为全球最大的软包装食品企业,其绝大部分的销售收入和利润来自瑞士境外。又如,中国是一个极具发展潜力的国家,无论是市场深度还是广度都令全球跨国公司垂涎,肯德基、麦当劳、必胜客等公司在中国改革开放初期(20 世纪 80 年代)纷纷抢滩中国市场。

(四) 弥补自然资源禀赋不足

一个国家的自然资源禀赋程度会引导跨国公司资本投资的方向。例如,对于自然资源相对缺乏的成熟经济体国家(如日本),它们的跨国公司一方面努力开发节约能源的生产技术;另一方面,积极在自然资源丰富的国家和地区投资建厂,或建立原材料生产基地,甚至投资(如以参股方式)很多国外的能源企业。

(五) 迎合东道国的外资政策

从资本输出方来看,东道国对外资企业在税收、信贷、外汇管制和所有权方面实施的有关政策法令,以及政策法令的稳定性将影响外国投资者的投资行为。外国投资者会非常在乎东道国优惠的引资政策、健全的法规以及稳定的投资环境。

(六) 回应汇率变动

汇率变动会影响国际投资者的投资时机。如果跨国公司觉察到某种外币会贬值时,那就会考虑对该外币所属国进行直接投资,原因是本币投资额相对减少了。例如,日本的跨国公司在20世纪80年代对美国,以及在20世纪90年代初对韩国及东南亚进行的直接投资都与日元的走强有关。当时,日元相对于美元及其他货币坚挺,从而使得日本跨国公司以日元计量的直接投资额相对较低,刺激日本跨国公司大肆对外直接投资。

(七) 国际投资者的意愿和特质

跨国公司的战略目标、技术优势、在行业中的竞争地位、管理层的素质、企业文化等都是影响其对外直接投资的重要因素。

通常,处于资本密集型和技术密集型行业中的企业拥有向海外进行直接投资的战略考量,它们在各自的行业内处于较有利的竞争地位[①]。一方面,它们经过多年的积累,拥有的资源已经大大超过其在国内经营的需要,对外直接投资是充分利用这些资源的好机会;另一方面,它们具有垄断优势,拥有其他竞争对手没有的各种技术和资源,同时拥有一大批专业人员来协调和控制整个复杂的生产和销售过程。因此,它们具备向国外进行纵向和横向发展的能力。

第二节　国际直接投资的模式

国际直接投资决策复杂难解,并具有"不可逆"的特征,因此,须同时进行东道国投资环境评价和国际资本预算。本节介绍国际直接投资的主要模式,对国际资本预算的介绍安排在本章第三节,投资环境评价则单独成章(详见第十章)。

一、国际直接投资的路径

(一) 成熟经济体国家发起的对外直接投资

企业国际化过程涉及一系列决策,包括在何处生产、由谁控制和拥有知识财产、由谁拥有实际生产设施。为此,我们可以描述成熟经济体国家的公司进行国际直接投资的路径(见图9-2)。

由图9-2可知,企业的比较优势可以通过出口或在国外组织生产两种途径实现转移。若选择在国外组织生产,既可以采用许可证管理合同的做法(如麦当劳、肯德基、星巴克进入中国所采取的路径),也可以采用控制国外资产的做法,即通过在东道国设立合资企业(如德国大众汽车集团与上海集团合资成立的上汽大众汽车有限公司),或设立独资企业[如特斯

---

① 在国内处于劣势的企业,其国际化的冲动也是很强的。

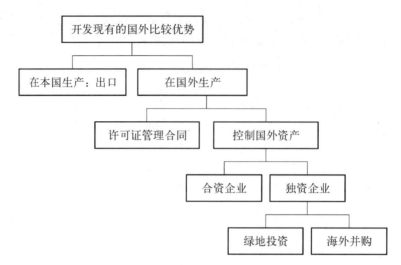

图 9-2 国际直接投资的路径

资料来源：迈克尔·H.莫菲特,阿瑟·I.斯通希尔,戴维·K.艾特曼.跨国金融原理(第 3 版)[M].路蒙佳,译.北京：中国人民大学出版社,2011：491.

拉在上海设立特斯拉(上海)有限公司、西门子在上海设立西门子医疗系统有限公司]。如果寻求在国外更大规模地生产,那么,对外直接投资(FDI)是不二之选。

(二) 新兴市场国家发起的对外直接投资

目前,新兴市场国家发起的 FDI 已经成为一种常态。近十多年,中国对外直接投资的表现令人瞩目(见表 9-2)。

表 9-2　2007—2022 年中国对外直接投资流量构成表

年份	新增股权投资		当期利润再投资		债务工具投资	
	金额(亿美元)	比重(%)	金额(亿美元)	比重(%)	金额(亿美元)	比重(%)
2007	86.9	32.7	98.2	37.0	80.3	30.3
2008	283.6	50.7	98.9	17.7	176.6	31.6
2009	172.5	30.5	161.3	28.5	231.5	41.0
2010	206.4	30.0	240.1	34.9	241.6	35.1
2011	313.8	42.0	244.6	32.8	188.1	25.2
2012	311.4	35.5	224.7	25.6	341.9	38.9
2013	307.3	28.5	383.2	35.5	387.9	36.0
2014	557.3	45.3	444.0	36.1	229.9	18.7
2015	967.1	66.4	379.1	26.0	110.5	7.6

续 表

年份	新增股权投资		当期利润再投资		债务工具投资	
	金额(亿美元)	比重(%)	金额(亿美元)	比重(%)	金额(亿美元)	比重(%)
2016	1 141.3	58.2	306.6	15.6	513.6	26.2
2017	679.9	42.9	696.4	44.0	206.6	13.1
2018	704.0	49.2	425.3	29.7	301.1	21.1
2019	483.5	35.3	606.3	44.3	279.4	20.4
2020	630.3	41.0	716.4	46.6	190.4	12.4
2021	531.5	29.7	993.0	55.5	263.7	14.7
2022	611.3	37.5	803.8	49.3	216.1	13.2

数据来源：Wind；《2022年度中国对外直接投资统计公报》。

从表9-2显示的中国对外直接投资流量构成看，2022年境外企业的经营情况良好，当期利润再投资(即新增留存收益)803.8亿美元，为历史次高值，占同期中国对外直接投资流量的49.3%；2022年股权投资较上年活跃，当年新增股权投资611.3亿美元，增长15%，占流量总额的37.5%；债务工具投资(仅涉及对外非金融类企业)为216.1亿美元，比上年稍有下降，占流量总额的13.2%。

近年来，包括中国在内的新兴经济体的跨国公司发展迅猛，也有进一步国际化的意愿和能力，那么，从战略上讲，它们有何特点呢？

第一，实现品牌全球化。先在母国市场打下基础，然后向海外邻国扩展，最后再到发达经济体国家寻求发展机会，如中国的海尔、TCL、联想等公司都采取此策略。

第二，依托廉价自然资源。充分利用母国廉价的石油、矿产资源优势，获得成本优势，作为其国际化的筹码，如巴西淡水河谷公司采取此战略。

第三，购买离岸资产。通过购买石油、矿产等资源，与其他国家的公司开展合作，成为全球市场的参与者，如上海宝钢、中国海洋石油集团有限公司采取该策略。

第四，确立目标市场。先在母国的一个行业内成为领先者或龙头企业，然后通过并购海外的市场参与者进行海外扩张，并伺机做大做强，如万达、阿里等公司采取此策略。

第五，获得创新工程。在母国依靠低成本的人才，开发创新性产品，然后参与国际竞争，如中国华为技术有限公司采取此策略。

专栏9-1

福耀玻璃在美投资项目进入稳定获利提升期

福耀玻璃从1995年开始在美投资设立子公司负责美国市场。2011年，福耀玻璃与通用公司签订合同，合同中提到福耀玻璃在2016年12月前必须在美国建一个工厂，2017年1月必须在美国供货。2016年10月，福耀玻璃在美国俄亥俄州投资10亿美元的工厂竣工投产。截至2016年底,该厂已雇佣2000多名员工。俄亥俄州政府官员向福耀玻璃集团承诺提供超过1000万美元的拨款和补贴。

但美国项目从落地到实现盈利经历了不少"本地化"过程中的波折。2016年11月,美国联邦职业安全与健康管理局因安全违规向福耀集团开出22.6万美元的罚单。此后,俄亥俄州代顿工厂又被曝出存在文化冲突与语言障碍等问题,引发纠纷。2017年上半年,福耀玻璃美国有限公司亏损1044.1万美元,但到了2017年底实现了扭亏为盈。财报显示,福耀玻璃美国有限公司2017年营收3.19亿美元、净利润75.45万美元。

"美国的投资项目已进入了稳定的获利提升期。"福耀玻璃财务总监陈向明在2019年3月18日举行的业绩说明会上表示。3月15日,福耀玻璃披露年报,2018年实现营业收入202.25亿元,同比增长8.08%;作为主营业务的汽车玻璃销售收入同比增长8.3%,其中,国内营业收入有所减少,而国外营业收入则同比增长25.59%。

据福耀玻璃2023年财报,福耀美国(含100%控股的福耀玻璃伊利诺伊有限公司及福耀美国C资产公司)资产总额折合人民币74.31亿元,2023年营收折合人民币55.7亿元,净利润折合人民币4.94亿元。显然,2023年福耀美国项目的营收和净利润远超2017年。

问:你认为福耀玻璃为什么会选择在美国进行直接投资,其采取了什么策略?

资料来源:改编自徐路易. 福耀玻璃海外营收大幅增长:在美投资项目进入稳定获利提升期[EB/OL]. https://thepaper.cn/newsDetail_forward_3155058。

二、国际直接投资的基本形式

2023年,上海市政府召开了外商投资企业百强发布会,2022年度共计255家外商投资企业入围上海市外商投资企业营业收入、进出口总额、纳税贡献、创造就业四项百强榜单。四项榜单榜首分别由苹果电脑贸易(上海)有限公司、达功(上海)电脑有限公司、保时捷(中国)汽车销售有限公司和昌硕科技(上海)有限公司两年蝉联。营业收入百强的第二、第三分别为特斯拉(上海)有限公司、上海上汽大众汽车销售有限公司;进出口总额百强的第二、第三分别为昌硕科技(上海)有限公司、特斯拉(上海)有限公司;纳税贡献百强的第二、第三分别为上汽大众汽车有限公司、上汽通用汽车有限公司;创造就业百强的第二、第三分别为达功(上海)电脑有限公司、特斯拉(上海)有限公司。另外,巴斯夫(中国)有限公司等11家外商投资企业同时上榜四项榜单。活跃在中国上海的外商投资企业,从国际直接投资的基本形式看,大多为独资企业,但也有合资或合作企业。那么,何为合资、独资和合作企业呢?

(一)合资企业

合资企业是由外国投资者和东道国合资者共同出资组建的企业,企业的组织形式可以采取无限责任公司或有限责任公司或两合公司或股份有限公司。大多数合资企业采用有限责任公司的形式,如上汽大众汽车有限公司、上汽通用汽车有限公司等。

合资企业的出资比例由合资双方协商确定,通常有三种选择:一是外国投资者出资比例占半数以上;二是东道国合资者的出资比例占半数以上;三是双方各占一半。外国投资者的出资比例常常受到各国法律的限制,不少新兴市场国家规定本国企业的出资比例不得少于一半,发达经济体国家则采取相对开放的政策,通常没有此类规定。然而,有一点是共同的,即对于一些特定的行业(如幼稚产业),外资比例不能超过一定的百分比,对此,每个国家的态度几乎是一致的。

合资企业的出资方式可以是现金或实物资产或无形资产。现金是合资企业中重要的出资方式,现金的比例不能太低,否则无法满足企业在初创时的开支和日常运转。实物资产是指厂房、设备等有形资产。由于出资双方对实物资产的认同存在差异,因此,实物资产出资方式应该符合一定的条件,如该实物资产为企业经营所需要、技术先进以及作价公允[①]。无形资产的出资也应该符合一定的条件,如必须有助于东道国新产品的研究和开发、有助于提升东道国现有产品的质量、有助于降低产品能源消耗、作价比较合理等。同时,各国在无形资产的出价比例方面也有要求,通常规定不能超过合资企业注册资本的一定比例(如30%)。

将设立合资企业选作对外直接投资的方式,投资方可以享受与东道国合资者一样的优惠,但是,该种投资方式的时间跨度大,投资者在出资比例等方面受到一定的限制。

(二) 独资企业

独资企业是指跨国公司通过在国外设立全资子公司的形式进行的对外直接投资,独资企业的组织形式可以采取股份公司或有限责任公司或无限责任公司等形式。通常,独资企业采用的方式是有限责任公司,如巴斯夫(中国)有限公司、罗氏诊断产品(上海)有限公司、强生(上海)医疗器材有限公司、上海罗氏制药有限公司等。

独资企业的出资方式及其规定可以参照合资企业的做法。与合资企业不同的是,独资企业受东道国的限制较多,这种限制主要来自独资企业所能从事的行业。发达经济体国家对独资企业的限制较少,但是,新兴市场国家对国际独资企业的限制较多。军事、通信等关系到国家安全、国计民生的行业不允许外资涉足,这种限制具有共性。新兴市场国家对国际独资企业的行业开放度较小,如传媒、通信、教育、银行、证券、国防等行业通常不对外开放。

(三) 合作企业

合作企业是指国外投资者与东道国投资者通过签订协议的形式来约定各方的责权利而组建的企业。例如,两家公司构建战略联盟,或组建共同研发产品的机构,或签订联合营销和服务协议等。法人形式或非法人形式是国际合作企业的主要组织形式。法人形式意味着该合作企业具有以企业所有财产承担民事责任的能力,公司董事会为法人。非法人形式是指合作企业不具备民事权利能力和行为能力,合作双方仍以各自本身的法人资格承担法律责任,企业债务由合作双方按协议(合同)中的规定分担。

---

① 实物资产的作价可由双方按照公平的原则协商确定,也可由双方聘请的资产评估机构进行评定。

合作双方的权利和义务通过合作协议来规范,该协议的内容涉及出资方式、出资比例、收益分配以及剩余资产的处置。

第一,合作企业的投资或合作条件。合作双方的出资方式、出资比例等合作条件均由合作协议约定,双方应该根据有关法律、法规和协议的规定如期交足投资额,行使合作条件的义务,双方的合作条件执行情况则由有关的独立中介机构验证。合作企业的经营项目灵活性强,没有太多的限制条件,东道国通常会给予一些优惠政策。

第二,合作企业的收益分配、资本回收和资产归属。合作企业的收益分配一般不按双方投资比例分红,而是按照协议中规定的分配方法对利润进行分成。合作企业的亏损和风险的分摊方法也在协议中列明。根据国际惯例,合作期满后,合作企业的资产归东道国的合作方所有,外国合作者退出该企业。为了保护外国合作者的利益,通常在协议中规定外国合作者在合作期内预先收回资本的条款,如允许外国合作者按合作协议中规定的年限逐年从销售收入中提取折旧费,使得外国合作者能够收回资本。

第三,合作企业的经营管理。合作企业一般设立董事会,决定合作企业的重大事项。董事长的推举由合作双方商议,合作企业的总经理由董事会聘请。合作双方的投资可以转让,但是,须经过他方同意。合作期限由合同订明,合作期限结束时可由双方就是否延长合作期限进行商议。

合作企业的申请审批手续较简单,便于双方迅速达成协议,合作的条件、管理形式等较为灵活,但是,由于规范性较合资企业差,因此纠纷较多。

三、国际直接投资企业的建立方式

绿地投资(greenfield investment)和海外并购是建立海外子公司或分公司的两个选项,国际直接投资者在选用时需要充分考虑自身的特质。

(一)绿地投资

绿地投资也称新建投资,是指跨国公司等投资主体在东道国境内依照东道国的法律,从购置或租用土地开始,然后建立起生产或服务设施,最终形成部分或全部资产所有权归外国投资者拥有的企业。通常,绿地投资会直接导致东道国生产能力、产出和就业的增长。20世纪80年代以来,成熟经济体的国际直接投资者主要通过该类渠道进入中国。

绿地投资是跨国公司拓展海外业务最早采用的方式。绿地投资通常形成两种企业:一种是国际独资企业,其形式有国外分公司、国外子公司和国外避税地公司;另一种是国际合资企业,其形式有股权式合资企业和契约式合资企业。

绿地投资常见于成熟经济体的国际直接投资者向新兴经济体(东道国)进行投资,这些东道国为了通过吸引外资来带动国内经济发展,通常会对国际直接投资者提供优惠政策。但新兴经济体国家的政治、经济、法律体系不够完善,现存企业的竞争力不够,因此,通过绿地投资的方式可形成对东道国同类企业的竞争优势以及承担相对较小的风险。

(二)海外并购

海外并购是指购买现有的外国企业。由于并购的经营风险相对较低,因此,颇受青睐,尤其受新兴经济体寻求海外扩张企业(如中资企业)的偏爱。由表9-3可知,2004—2022年海外并购一直是我国对外直接投资的重要选项,有些年份(如2004年、2005年、2008年)海外并购占对外直接投资的比重超过50%。生产率高、资本密集、规模大、研发密度高且流动资产比重高的中国企业偏好跨国并购方式,说明是否具有"可转移优势"是中国企业对外直接投资选择进入方式时重要的决定因素。

表9-3 2004—2022年中国对外直接投资并购情况

年　份	并购金额(亿美元)	比重(%)
2004	30.00	54.40
2005	65.00	53.00
2006	82.50	39.00
2007	63.00	23.80
2008	302.00	54.00
2009	192.00	34.00
2010	297.00	43.20
2011	272.00	36.40
2012	434.00	31.40
2013	529.00	31.30
2014	569.00	26.40
2015	544.40	25.60
2016	1 353.30	44.10
2017	1 196.20	21.10
2018	742.30	21.70
2019	342.80	12.60
2020	282.00	10.70
2021	318.30	11.40
2022	200.60	9.30

资料来源:《2022年度中国对外直接投资统计公报》。

国际直接投资者完成对东道国企业部分股权或全部股权收购后,最终会形成部分或全部资产所有权归外国投资者所有的企业,前者称为合资企业,后者称为独资企业。与绿地投资相比,海外并购具有以下优势:

第一,快速进入目标市场。海外并购周期短,无须经过筹备、建设、逐步开拓市场的长期过程,有助于企业快速扩张。

第二,投资风险较低。海外并购可避免对新行业、新市场、目标国经验不足的缺陷,可以利用目标企业的生产及销售网络迅速进入东道国市场,减少投资的不确定性。

第三,绕开知识产权保护或技术壁垒。若目标国是技术先进、经济发达的国家,那么,海外并购能在一定程度上绕开目标国的技术壁垒和知识产权保护,快速获得该领域的科学技术和技能,以及经营理念等。

作为海外的目标公司,一般经营管理都较为规范,财务制度、公司治理都较为健全,而这些制度的建立通常都依赖于当地完备的法律、会计制度。因此,理想的目标企业多位于成熟经济体,但这些国家出于战略目的或政治的考虑,一般都有系统的反垄断审查、国家安全审查等措施,对中国企业并购产生一定障碍。回看表9-3,就能理解近几年海外并购下降的原因了。

> **专栏 9-2**
>
> ### 万达海外收购美国影院公司
>
> 2012年5月,经过两年谈判,大连万达与北美第二大院线美国影院公司(AMC)签署并购协议。万达的此次并购总交易金额26亿美元,溢价73%,100%承债式并购。同时,万达并购后投入运营资金共计不超过5亿美元,万达总共将为此次交易支付31亿美元。
>
> 截至2011年,AMC是北美第二大院线,是世界排名第二的院线集团,已有90多年的历史,年收入约25亿美元,观影人数约2亿/年,员工总数2万人。旗下拥有346家影院,5 028块屏幕。该院线曾首次引入多厅概念,被全世界院线仿效。AMC在美国是家喻户晓的品牌。
>
> 成为世界一流跨国企业,是万达集团的目标。2012年5月,万达集团和美国AMC影院公司签署并购协议,标志着万达向着这个目标迈出实质性的一步。从直接效果看,万达集团收购AMC公司后,将同时拥有全球排名第二的AMC院线和亚洲排名第一的万达院线,成为全球规模最大的电影院线运营商。
>
> 问:此举是新兴市场国家发起的FDI的典型例子,尽管万达在2021年已退出AMC,但仍有启示作用。你如何看待?
>
> 资料来源:https://www.163.com/ent/article/823OULEN000300B1.html。

第三节 国际资本预算

由于国际直接投资(即在海外投资建厂或成立海外子公司)具有投资金额大、投资周期长以及不可逆的特点,因此,对国际直接投资项目进行资本预算是跨国公司绕不开的话题。从预算的方法讲,国际资本预算与国内资本预算无异。但是,国际直接投资将面临汇率、利率差异、税制差异等因素影响,这些因素将对国际直接投资的现金流量产生影响,从而使国际资本预算更复杂化。

一、国际资本预算的主体

国际资本预算的主体不同,可能得出不同的结论,有时甚至可能得出相悖的结论。国际资本预算的主体有两种理解:一是以母公司为主体;二是以子公司(国际直接投资项目)[①]为主体。那么,国际资本预算的主体究竟是母公司还是子公司呢?

(一) 母公司视角

基于母公司视角,它与子公司的资金往来主要有两类:一是对海外项目(子公司)进行的股权投资和内部贷款,此为现金流出;二是获取股利、收取许可权费用、子公司债务偿还,此为现金流入。母公司的现金流入见图9-3。子公司流向母公司的现金流受诸多因素影响。

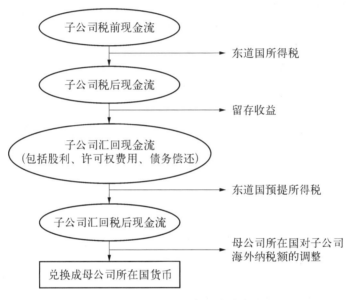

图9-3 母子公司之间现金流程图

1. 税收因素分析

母公司所在国与东道国的所得税税率是否存在差异将直接影响不同主体的资本预算结果。如果母公司所在国与东道国的所得税税率无差异,那么,在其他因素不变的情况下,不同主体的资本预算结果也将不存在差异。如果东道国的所得税税率相对于母公司所在国较低,那么,仅从子公司(国际直接投资项目)角度看,该国际直接投资项目的税后现金流较多,价值也较高。但从母公司的角度看,该国际直接投资项目并非无懈可击。这有两点理由:一是当子公司(国际直接投资项目)每年以股利汇回的方式将资金转移给母公司时,母公司需在本国补缴税款;二是子公司(国际直接投资项目)所在国为了阻止资本外流可能加征预

---

① 跨国公司实施国际直接投资后,会在海外形成子公司。因此,子公司就是跨国公司国际直接投资项目。为便于说明和理解,此处所提及的子公司就是国际直接投资项目。

提税。因此,从母公司角度看,该国际直接投资项目并不一定能为跨国公司带来价值增值。

2. 汇率变动分析

母公司和子公司进行资本预算时所使用的尽管都是本位币,但是,这两种本位币分别是母公司所在国和东道国的货币。从母公司角度看,现金流入主要来自其在东道国的子公司的股利汇回和许可权费用。由于母公司所在国和子公司所在国的货币比价不断在变化,因此,母公司收到的现金流会受到当前汇率的影响。如果子公司所在国的货币贬值,母公司收到的用本币来衡量的现金流入将减少,也就是说,子公司创造的税后现金流价值(用母公司所在国本位币表示)会被东道国货币的贬值所侵蚀。

3. 汇兑限制分析

有时候,东道国政府会寻找一些理由对外资公司进行汇兑限制。例如,对外资公司汇回的收益规定一定的百分比,外资公司仅能将一部分收益汇回母公司。在这种情况下,由于母公司得不到对外直接投资项目的税后现金流,因此,跨国公司将对这类国际直接投资项目失去兴趣。但是,仅从子公司角度看,该项目并非没有吸引力。

(二)子公司视角

基于子公司视角,它的现金流有两类:一是来自母公司的股权投资和内部贷款,以及用在东道国资本市场筹措的资金进行的追加投资,此为现金流出;二是每年获取的自由现金流(FCFF),此为现金流入。显然,子公司视角的现金流形态与项目投资的现金流形态一致。相较于母公司视角,其优点明显。

第一,现金流的概念清晰。子公司视角的现金流量都属于经营现金流,而母公司视角中的债务偿还尽管表现为现金流入,但它不是营业现金流,而是融资现金流。这与资本预算中的现金流概念不符。

第二,对外直接投资的逻辑更加清晰。基于子公司视角,我们可以直观地给出进行海外直接投资的理由。例如,任何项目的收益率至少不小于与项目存续期相同的东道国政府债券收益率。又如,任何项目的收益率应该高于东道国竞争者的风险调整后收益率。

以上的分析显示,不同的主体将得到不同的现金净流量,也会形成截然相反的价值观。股东财富最大化是公司的经营目标,跨国公司也不例外。尽管确定公司经济行为是否增加了公司价值的考察者通常非母公司莫属。但是,在子公司出现资金被冻结等极端事件的情形下,基于母公司视角的结论可能不是最优的。因此,国际资本预算的主体孰优孰劣不能一概而论。下文基于子公司视角进行讨论。

二、国际资本预算所涉及的基本变量

资本预算的基本方法有四种,即净现值法(NPV)、获利指数法(PI)、内含报酬率法(IRR)和回收期法(PP)。关于这些方法各自的特点、现金流形态如何影响方法选择、互斥方案在使用过程中可能出现的悖论等,读者可以参考《公司金融》或《公司财务学》等教材中的相关内容。本书使用传统的净现值法(基于子公司视角)来介绍国际资本预算。

净现值是项目未来各期所产生的净现金流量按照某一个适当的贴现率计算现值之和,

减去初始投资后的净额。用公式表示为

$$NPV = -CF_0 + \frac{CF_1}{1+r_1} + \cdots + \frac{CF_t}{(1+r_t)^t} + \cdots + \frac{CF_N}{(1+r_N)^N} \qquad (9-2)$$

式(9-2)中，NPV 表示目标项目的净现值；CF_0 表示目标项目的期初投资额；CF_t 表示目标项目存续期内第 t 期(期末)产生的预期现金净流入；r_t 表示第 t 期的贴现率(现实中假设 $r_t = r$)，即 N 期的年均贴现率为 r；N 表示目标项目预期的存续期限，通常以年为计量单位。

因此，与普通的资本预算一样，国际资本预算可以归结为计算国际直接投资项目的现金流入现值和现金流出现值，进而确定净现金流量现值的过程。由于国际直接投资所产生的现金流入现值和流出现值是诸多变量共同作用的结果，因此，我们应该首先了解各变量影响现金流的机制，然后运用净现值法算出净现值。

(一) 普通变量分析

在影响资本预算的变量方面，国际资本预算与普通资本预算存在许多共性，这些变量主要有7个。

1. 初始投资额

初始投资额是母公司支持对外直接投资项目的主要资金来源，包括购建项目所需资金以及用于购买材料、人力资本等直至该项目产生效益的营运资金。初始投资的资金来源包括两部分：一是权益方式，主要由母公司投资；二是债务方式，包括内部贷款和外部借款。

2. 预计销售量

预计销售量是在对未来进行预测的基础上得到的，通常可以使用专家法、市场调查法、时间序列方法等对销售进行预测，然后得出项目有效期内各期的预计销售量。然而，由于未来是不确定的，因此，销售量预测的准确性将对投资项目的现金流入产生重大影响。

3. 预计产品售价

预计产品售价可以参照市场同类产品的市场价格，然后结合预计销售量来确定预计销售额。但是，由于项目的存续期较长，在此期间内，未来的通货膨胀是不可预知的，它会对预计产品售价产生影响。

4. 成本估算

为了提高成本预计的便利性，也为了提高预测的灵活性，投资项目成本可以按变动成本和固定成本分别进行估计。单位变动成本估算是整个变动成本预计的关键，但是，它同样会受到通胀的影响，导致单位变动成本产生波动。相对而言，固定成本较易估算，在一定的规模下，固定成本对业务量不敏感。

5. 项目存续期

如果投资项目在存续期(有效期)结束时采用清算方法予以处置的话，那么，项目有效期可以预先设定。然而,由于东道国存在政治风险、合资方的态度会发生变化,因此,国际直接投资项目的存续期具有不确定性。

6. 贴现率

一旦投资项目的预计现金流确定以后,必须选用合适的贴现率对现金流进行贴现,该贴现率是投资项目所要求的收益率。贴现率是内生的,需根据投资项目特有的风险确定。

资本成本可以用来评价跨国公司对外直接投资的可行性。如果对外直接投资所表现出的风险与公司面临的风险相同,那么,可以用跨国公司的加权平均资本成本作为该项目的期望收益率(贴现率)。

然而,许多跨国公司的对外直接投资表现出和公司不同的风险水平。那么,跨国公司的加权平均资本成本就会高估或低估对外直接投资项目的贴现率。因此,跨国公司须借助于一些方法进行调整,但这个调整过程不易。

第一,测算资本预算过程中的风险差异。其思路是,在充分考虑风险的基础上预测现金流量,即得出一个净现值的概率分布;当使用加权平均资本成本作为期望收益率时,可以使用净现值和净现值的概率分布来测算对外直接投资创造的收益。如果该项目的风险较大,那么,相关概率分布区域将反映负的净现值,意味着该项目可能亏损。由于在预测净现值时考虑了各种背景因素,因此,可以测算一个项目亏损的概率。用敏感性分析和计算机软件程序进行模拟可以较容易地完成该计算过程[1]。

第二,根据风险的不同来调整公司的加权平均资本成本。通常的做法是,如果对外直接投资项目比公司的风险大,则给加权平均资本成本加上一个溢价,作为获得该项目所要求的收益率,并在资本预算中将其作为项目贴现率。但是,这种方法缺乏一个严密的公式来调整项目的风险。

第三,寻找与对外直接投资项目风险水平相类似的参照公司,并将该公司的加权平均资本成本视为对外直接投资项目的贴现率。在运转良好的资本市场上,我们可以找到这类公司。由于公司债务成本信息是公开的,因此,税后债务成本较易准确地计算。权益成本是指在类似风险下投资者投资其他项目可获得的收益,跨国公司可以对与对外直接投资项目风险相同的一系列公司股票的期望收益进行测算,由此形成的期望收益率可作为其权益资本成本的近似。

7. 清算价值

当存续期结束时,投资项目进入清算阶段,清算价值就是投资项目的变现值。在进行资本预算时,清算价格是一个估计值,一般按投资项目的税后残值进行估计。清算价值估计不易,但好在它是一项沉没成本,通常与决策无关。

在以上诸多变量中,初始投资额是投资项目的主要现金流出。预计销售量、预计产品售价、预计成本等决定了项目存续期内各年的预计净利润(NI)以及年自由现金流量。清算价格的变现值可以视为该项目的现金流入。所有这些现金流最后按贴现率进行贴现,算出净现值(NPV)。

---

[1] 杰费·马杜拉. 国际财务管理[M]. 杨淑娥,张俊瑞,译. 大连:东北财经大学出版社,2000:531.

(二) 国际资本预算特有的变量分析

国际资本预算所涉及的变量更多,除了上述诸多带有共性的变量外,还包括一些特有的变量,主要有汇率、东道国通胀、海外融资安排、东道国资金冻结、残值等。这些变量将连同上文提及的变量一起对国际直接投资项目的现金流产生影响。

1. 汇率

在现实世界中,汇率变化频繁,但准确预测汇率又非常困难。尽管人们对未来汇率变动的预期存在差异,但是,在进行国际资本预算时,投资者必须充分考虑投资项目在项目存续期内的汇率变动。在其他变量不变的情况下,投资者对汇率走势的判断将左右国际资本预算的结果。现举例说明之。

例 9-2 设一家美国的跨国公司拟在日本投资建立一家独资企业,该国际直接投资项目预计总投资额为 2 400 万日元,该投资额包括项目所需的营运资金。假定即期汇率 USD0.01＝JPY1。为此,母公司拟向海外投资 24 万美元。该项目的存续期(寿命)假定为 3 年,每年预计销量分别为 500 万件、600 万件、800 万件;预计单位售价为 20 日元/件,且在 3 年内保持不变;预计单位变动成本一直保持在 10 日元/件,预计固定成本为每年 3 800 万日元(不含折旧费);假定日本的所得税税率为 20%,预提税税率为 10%;假定该投资项目每年年底将所有的税后现金流入汇回母公司,日本对汇出资金课以 10% 的预提税;假定该项目的年折旧为 200 万日元;残值估计价为 200 万日元;子公司和母公司的风险存在一定的差异,因此,设该项目(子公司)的期望收益率为 15%,母公司的加权平均资本成本为 16%。假定该项目存续期内的汇率保持不变,其每年的现金流以及净现值见表 9-4。

表 9-4 资本预算表

	第 0 年	第 1 年末	第 2 年末	第 3 年末
1. 预计销售量(件)		5 000 000	6 000 000	8 000 000
2. 预计单价(日元/件)		20	20	20
3. 预计销售额(日元)		100 000 000	120 000 000	160 000 000
4. 变动成本(日元)		50 000 000	60 000 000	80 000 000
5. 固定成本(日元)		38 000 000	38 000 000	38 000 000
6. 折旧(日元)		2 000 000	2 000 000	2 000 000
7. 子公司税前收益(日元)		10 000 000	20 000 000	40 000 000
8. 东道国所得税(日元)		2 000 000	4 000 000	8 000 000
9. 子公司税后收益(日元)		8 000 000	16 000 000	32 000 000
10. 子公司年现金净流量(日元)		10 000 000	18 000 000	34 000 000
11. 预提税(日元)		1 000 000	1 800 000	3 400 000

续 表

	第0年	第1年末	第2年末	第3年末
12. 预提税后汇回量[1](日元)		9 000 000	16 200 000	30 600 000
13. 残值(日元)				2 000 000
14. 日元汇率(美元)		0.01	0.01	0.01
15. 母公司所获现金流(美元)		90 000	162 000	326 000
16. 母公司税后现金流现值(美元)		78 260	122 495	214 350
17. 母公司初始投资额(美元)	240 000			
18. **累计净现值(美元)**		−161 740	−39 245	175 105

注1：设预提税的计税基础是年现金净流量。

表9-4显示,该项目的净现值为175 105美元。可见,无论基于哪个视角,它都是一个盈利项目。在计算过程中,我们没有考虑汇率的波动性对现金流量的影响。假定日元逐渐走软,即期汇率为0.01美元,第1年末的汇率为0.009 5美元,第2年末的汇率为0.009 3美元,第3年末的汇率为0.009美元。承例9-2,资本预算的净现值会发生变化(见表9-5)。

表9-5 汇率对国际资本预算的影响表

	第0年	第1年末	第2年末	第3年末
1. 预提税后汇回量(日元)		9 000 000	16 200 000	30 600 000
2. 残值(日元)				2 000 000
3. 日元汇率(美元)		0.009 5	0.009 3	0.009
4. 母公司所获现金流(美元)		85 500	150 660	293 400
5. 母公司税后现金流现值(美元)		74 347	113 920	192 915
6. 母公司初始投资额(美元)	240 000			
7. **累计净现值(美元)**		−165 653	−51 733	141 182

表9-5显示,当日元逐渐走软时,该投资项目的净现值下降,由原来的175 105美元下降至141 182美元。因此,可以得出这样的结论:外币坚挺将对国际直接投资项目产生正效应;反之,产生负效应,甚至无法让美国公司接受该项目。

2. 东道国通胀

东道国通胀的易变性将影响投资项目的净现值,这种影响主要表现在国际直接投资项目的预计收入和预计成本都会随着东道国通胀的波动作同方向变化。如果这种同方向变化是同步的话,由于收入与成本具有对冲性,那么,东道国通胀对资本预算的影响是有限的。

然而，对国际直接投资而言，东道国通胀对收入和成本的影响程度常常是非对称的，有时，通胀对收入的影响程度超过对成本的影响程度。例如，一项国际直接投资项目形成产能后，如果其部分原材料或半成品依赖进口，而其产品市场在当地，那么，该东道国通胀对该投资项目收入的影响大于对其成本的影响。

东道国通胀对国际直接投资项目的影响必须反映在国际资本预算中，但是，同时应该关注通胀与汇率之间的关系。如果东道国处于高通胀的环境下，国际直接投资项目能获得较高的以东道国货币表示的收益。与此同时，通胀会使东道国的货币走软，母公司在将该国际直接投资项目的收益兑换成本位币时，用本币表示的投资收益或净现金流入将下降。因此，国际直接投资的净现金流量受到了东道国通胀以及汇率波动此长彼消的影响。

同时必须看到，不是所有国际直接投资项目的净现金流量都有如此效应。通胀仅仅是影响汇率的一个因素，东道国通胀并不一定意味着该国的货币一定会贬值。因此，跨国公司可以对国际直接投资项目现金流量的转移时间进行干预。例如，在东道国高通胀期，为了避免货币贬值的影响，建议将所获得的收益在当地进行投资，待东道国通胀率下降后，再将收益汇回母公司，以规避货币贬值对投资项目现金流所造成的负面影响。

3. 海外融资安排

国际直接投资所需资金或所需资金的主体部分由母公司通过股权投资进行融通，部分资金也可以由国际直接投资形成的子公司在东道国进行融通。如果国际直接投资项目的部分资金来源于外国资金，那么，国际直接投资形成的子公司将承担支付债务本金和利息的义务。这样，汇回母公司的现金将减少，该投资项目的现金流受汇率风险的影响降低。因此，国际直接投资的海外融资安排也会影响国际资本预算的结果。

在上文，例 9-2 隐含了一个假设，即国际直接投资项目所需资金全由母公司安排。如果部分资金由国际直接投资形成的子公司筹措的话，那么，这种假设将使得汇回母公司并承受汇率风险的现金流被高估。为了说明海外融资安排对资本预算的影响，现举例说明。

例 9-3 承例 9-2，假定原来每年的固定成本中有 200 万日元属于年承租费，其承租的内容是借用厂房。现假定举债 1 000 万日元将这些厂房买下，每年的借款利息为 100 万日元，每年付息一次，到期一次还本。该厂房的年折旧额为 200 万日元。3 年后，预计该厂房的变现价为 1 000 万日元。

由于部分资金通过海外子公司筹措，因此，带来了一些变化。从子公司角度看，其投资额为 34 万美元，企业每年的费用发生了变化，固定成本由原来的 3 800 万日元下降至 3 700 万日元（＝3 800 万日元－200 万日元租赁费＋100 万日元利息费用）。年折旧费上升至 400 万日元（＝原 200 万日元年折旧＋200 万日元厂房年折旧）。该项国际直接投资每年的净现金流见表 9-6。

表 9-6 融资安排对国际资本预算的影响

	第 0 年	第 1 年末	第 2 年末	第 3 年末
1. 预计销售量（件）		5 000 000	6 000 000	8 000 000
2. 预计单价（日元/件）		20	20	20

续 表

	第 0 年	第 1 年末	第 2 年末	第 3 年末
3. 预计销售额(日元)		100 000 000	120 000 000	160 000 000
4. 变动成本(日元)		50 000 000	60 000 000	80 000 000
5. 固定成本(日元)		37 000 000	37 000 000	37 000 000
6. 折旧(日元)		4 000 000	4 000 000	4 000 000
7. 子公司税前收益(日元)		9 000 000	19 000 000	39 000 000
8. 东道国所得税(日元)		1 800 000	3 800 000	7 800 000
9. 子公司税后收益(日元)		7 200 000	15 200 000	31 200 000
10. 子公司年现金净流量(日元)		11 200 000	19 200 000	35 200 000
11. 预提税(日元)		1 120 000	1 920 000	3 520 000
12. 预提税后汇回量(日元)		10 080 000	17 280 000	31 680 000
13. 残值(日元)				12 000 000
14. 日元汇率(美元)		0.01	0.01	0.01
15. 母公司所获现金流(美元)		100 800	172 800	436 800
16. 母公司税后现金流现值(美元)		87 652	130 661	287 203
17. 母公司初始投资额(美元)	340 000			
18. 累计净现值(美元)		−252 348	−121 687	165 516

对比表 9-4 和表 9-6,我们会发现,不同的融资安排对国际直接投资项目的现金流产生不同的影响,形成了不同的净现值。进行海外融资安排后,该国际直接投资项目的净现值由原来的 175 105 美元下降至 165 516 美元。

4. 东道国资金冻结

此处的资金冻结是指东道国不允许子公司将盈利汇回母公司。资金冻结的原因较多,如有些国家要求海外子公司在将收益汇回母公司之前必须在东道国连续投资几年,作为其接受海外直接投资的条件。

资金冻结将迫使国际直接投资项目将其所实现的收益更长时间地停留在东道国,这将对国际直接投资的现金流产生很大的影响。资金冻结对国际资本预算的影响主要表现为母公司所在国和东道国投资机会的差异,直接影响国际直接投资项目的现金流。由于东道国采取资金冻结的策略,子公司被迫将其前期所获收益在东道国进行再投资,直至该项目清算或最短经营期结束为止。在再投资期间,东道国与母公司所在国的投资机会存在差异。如果东道国的再投资收益率低于母公司对该项目所要求的收益率,那么,对外直接投资将不是跨国公司最优的投资决策。

例 9-4 承例 9-2,设国际直接投资所形成的子公司因东道国资金冻结而被迫将前期所得收益在当地进行再投资,预计投资收益率为 2%,该投资项目各年的净现金流可见表 9-7。

表 9-7 资金冻结对国际资本预算的影响

	第 0 年	第 1 年末	第 2 年末	第 3 年末
1. 子公司净现金流(日元)		10 000 000	18 000 000	34 000 000
第 1 年再投资的终值(日元)				10 404 000
第 2 年再投资的终值(日元)				18 360 000
2. 汇回的净现金流(日元)				62 764 000
3. 预提税后的净现金流(日元)				56 487 600
4. 残值(日元)				2 000 000
5. 日元汇率(美元)		0.01	0.01	0.01
6. 母公司所获现金流(美元)		0	0	584 876
7. 母公司所获现金流现值(美元)		0	0	384 565
8. 母公司初始投资额(美元)	240 000			
9. 累计净现值(美元)		−240 000	−240 000	144 565

表 9-7 显示,在其他条件不变的情况下,资金冻结导致该项目的净现金流量下降,净现值由原来 175 105 美元进一步下降至 144 565 美元。通常,在子公司收益下滑且资金被冻结这一极端情况下,若东道国有较好的再投资机会,国际直接投资项目的 NPV 大概率会出现向好的情形。

5. 残值

通常,我们可以通过对残值的估计来确定投资项目的清算价值。如果国际直接投资项目的存续期很长,那么,对残值进行讨论意义不大。理由是,该残值是一个终值,其贴现值将非常小,对投资决策的影响甚微。但是,对存续期较短的国际直接投资项目而言,我们必须关注残值的估价以及残值的波动性可能对国际资本预算产生的负面影响,事实上,任何残值的贴现值都将对项目的净现值产生较大的影响。

承例 9-2,假定我们将该项目的残值由 200 万日元提高至 300 万日元,该项目的净现值将提高。

三、国际直接投资项目的风险调整[①]

受汇率、利率、政治风险等诸多因素影响,国外直接投资的不确定性更大,因此,需进一

---

① 朱叶,王伟. 公司财务学[M]. 上海:上海人民出版社,2003:215-218.

步研究,在各个经济解释变量的实现值与预期值不一致时,国际直接投资项目的自由现金流和 NPV 的实现值与预计值之间的差异究竟会有多大,为投资决策提供更周全的决策依据。如何增强净现值的可信度?这就需要我们引入风险调整方法。鉴于净现值由自由现金流和贴现率决定,为此,我们可以通过调整自由现金流(分子策略)和贴现率(分母策略)来增强净现值的可信度。

(一) 分子策略

1. 灵敏度分析

若将自由现金流进行解构,我们会发现,单位售价、单位变动成本、市场规模、市场占有率、预期销量、固定成本、预计投资额、所得税税率、汇率、政治风险等都是影响自由现金流的因素(即经济解释变量)。灵敏度分析(sensitivity analysis)考察的是,在其他经济解释变量保持不变时,第 i 个经济解释变量 $\tilde{X}_i$ 的变动给投资项目 $\tilde{Y}$ 造成的影响,以及这种影响的程度(灵敏度或敏感度)。在等额的变动幅度下,灵敏度越大的经济解释变量,其对投资项目的影响也越大,这样的经济解释变量就必然成为经营中的关键变量,是投资者需要重点关注与控制的对象。

由于灵敏度分析考察的基点是预期的经营状态,因而灵敏度本质上等同于 $\dfrac{\partial \bar{Y}}{\partial \bar{X}_i}$。$\dfrac{\partial \bar{Y}}{\partial \bar{X}_i}$ 有两种理解。

第一种理解,$\dfrac{\partial \bar{Y}}{\partial \bar{X}_i}$ 是考察其他经济解释变量的预期值保持不变时,第 i 个经济解释变量 $\tilde{X}_i$ 的预期值 $\bar{X}_i$ 变动 $d\bar{X}_i$,将会给投资项目 $\tilde{Y}$ 的预期值 $\bar{Y}$ 造成的影响 $d\bar{Y}$,以及这种影响的程度。这实际上是在评估投资决策分析中的预测风险(forecasting risk)或估计风险(estimation risk),即在经济解释变量出现错误的预测估计时,投资项目将会偏离原先预期值的程度。

第二种理解,$d\bar{X}_i$ 仅仅表示 $\tilde{X}_i$ 在未来特定经营状态下的实现值与其预期值之间的差异,因而相应的 $d\bar{Y}$ 也只是表示在未来特定的经营状态下目标项目实际实现值与其预期值之间的差异。灵敏度 $\dfrac{\partial \bar{Y}}{\partial \bar{X}_i}$ 描述了因现实与预期的差异而产生的 $d\bar{X}_i$ 与 $d\bar{Y}$ 之间的关系。

两种理解都是合理的,并同时影响着决策层的决策分析以及随后的管理。当决策层从预测风险的角度认识灵敏度大的经济解释变量时,会加强对该变量相关信息的收集、整理、分析与预测的工作,以提高该经济解释变量的预测精度,避免因预测风险而形成错误的投资决策。而当决策层从现实与预期差异的角度看待灵敏度大的经济解释变量时,便会在项目的具体经营运作中,加强对灵敏度大的变量的管理与控制,努力实现原先的预期值,或者使差异控制在可以接受的范围内[①]。

第一,寻找影响国际直接投资项目的影响因素。除了市场规模、市场占有率、单位售价、

---

① 这种努力实际上已经否定了经济解释变量是随机变量的前提假设。这在现实的经营管理活动中应该是合理的,毕竟很多经济解释变量的最终实现值并非绝对的外生,而常常是公司经营管理的结果。

单位变动成本、固定成本、投资额等常规因素外,还包括利率、汇率、政治风险、国家风险等特殊因素。

第二,测度国际直接投资项目对每个因素的敏感度。运用单变量分析法,计算项目的 NPV 对各个变量的敏感度。例如,如果 NPV 对汇率的敏感度为 8,那么,当汇率波动 1% 时,项目价值将变动 8%。

第三,明确今后的工作重点。通过敏感度测试,跨国公司知晓了项目经营过程中的关键变量,并据此明确公司今后的工作重点。例如,假如汇率是关键变量,那么,在项目执行过程中要积极关注汇率变化,同时,运用金融市场工具和非金融市场工具对汇率风险进行对冲,努力将汇率变动对 NPV 的负面影响降到最低。

灵敏度分析方法存在较大的缺陷,其现实合理性较差。主要原因是,灵敏度分析本质上是一个单变量分析。

2. 情景分析

情景分析(scenario analysis)从所有经济解释变量可以同时变动的角度,认识和考察投资项目未来可能发生的变化。该方法在考察所有经济解释变量的变动时,不是孤立、机械地规定各个变量的变化幅度,而是根据这些经济解释变量在共同变化后所形成的组合(即呈现了一个特定的情景)。这个情景就是一个在未来经营中,可能出现的、具有特定含义的经济状态或经济环境,从而使决策层可以进一步考察,在此情景(经济状态)下目标投资项目的相应表现。

设未来的经济状态有预期中(expected)、好于预期(optimistic)和比预期差(pessimistic)三种特定状态[①]。其中,"预期中"经济状态下的项目经营业绩反映了未来项目经营业绩的平均预期水平。投资者需要进一步考察,项目在"好于预期"或"比预期差"的经济状态下的经营业绩,从而使投资者在掌握未来经营业绩平均期望水平的同时,也可以了解目标项目在未来各种不同的、具有经济含义的经济状态下可能产生的经营业绩。此时,项目的具体数值具有很明确的经济含义,它是与相应的情景——特定的经济状态完全对应的。若以 $(X_1^O, X_2^O, \cdots, X_N^O)$ 表示各个经济解释变量在"好于预期"经济状态下的组合——情景,那么,相应的 Y^O 应该是

$$Y^O = f(X_1^O, X_2^O, \cdots, X_N^O) \qquad (9-3)$$

情景分析的优点在于,它全面考察了各个经济解释变量的变动给项目分析对象造成的综合影响。在考察经济解释变量的变动时,是从这些变量之间内在、有机的经济联系角度去认识与确定相应的变动,从而使变动后的经济解释变量组合能体现一个特定的情景——经济状态,进而将项目分析对象在此经济状态下的具体表现清晰地表达。情景分析的主要难点在于两个方面。

第一,如何合理、准确地确定每一个经济状态下经济解释变量的相应组合。事实上,由于未来存在巨大的不确定性,国际直接投资项目未来出现的情景远远不止预期中、好于预期和比预期差三种特定的状态。于是,识别和描绘未来可能出现的情景是非常困难的。

---

① 事实上,未来的经济状态或情景不止这三种,应该是无数种,为便于讨论,仅以三种情景予以说明。

第二,在计算投资项目 NPV 时,还必须确定相应的贴现率。好于预期或比预期差经济状态下的项目贴现率很难确定。

3. 蒙特卡洛模拟分析

与情景分析相同,蒙特卡洛模拟分析(Monte Carlo Simulation)也考察在一个由所有经济解释变量形成的组合下投资项目的具体表现。与情景分析不同的是,蒙特卡洛模拟分析忽略各个经济解释变量之间的内在联系,将各个变量所有可能形成的组合都作为一个独立的经济状态来对待,考察在这些经济状态下,投资项目的相应表现。

在蒙特卡洛模拟分析中,关键是要获得各个经济解释变量的概率密度函数,以及所有变量的联合概率密度函数。

当项目分析对象是净利润、经营现金流和自由现金流时,蒙特卡洛模拟分析首先得到的是这些项目分析对象的分布以及概率密度函数。据此,进一步可以得出各项目分析对象的期望值。

当项目分析对象是 NPV、需要计算 NPV 时,由于在各个可能的变量组合中,变量的取值都是固定的,意味着相应的自由现金流也是固定、无风险的,因而此时的项目贴现率应该是无风险利率。得到的 NPV 是项目每一个状态下的特定 NPV,并不是项目的预期 NPV。只有进一步根据 NPV 的概率密度函数,才可以计算出项目的预期 NPV。但用无风险利率对每一个特定组合下的自由现金流进行贴现,并减去项目的期初投资的方式得到特定状态下相应的 NPV,这在经济意义上是有歧义的。毕竟,每个特定组合只代表一种特定状态,而期初投资是面对所有未来可能的状态,特定组合下无风险自由现金流的现值减去期初投资得到的 NPV,在经济上缺乏明确的意义。

此外,通常意义上的项目 NPV,是首先计算项目自由现金流的预期值,然后选择适当的项目贴现率,进行贴现后得到的 NPV。这种通常意义上的项目 NPV 与蒙特卡洛模拟分析法得到的项目预期 NPV 是否一致,仍然需要进一步研究。

因此,蒙特卡洛模拟分析在估计净利润、经营现金流和自由现金流的分布,预测它们的期望值时,具有非常明显的优势;而在用于项目 NPV 测算时,则要非常谨慎,以免产生经济意义上的误导。

(二) 分母策略

如何确定国际直接投资项目的贴现率? 目前有两种理解。

第一,直接使用母公司的加权平均资本成本(WACC)。如果认为此举可行,则有两个假设:一是从全球投资者的视角,跨国公司是拥有分散化组合的国际投资者;二是大部分国家风险可以分散掉。

第二,不能直接使用,需进行风险调整。持这种观点的人认为,尽管大多数国家风险可以通过投资多样化而分散,但是,许多国家风险对特定国家内企业的影响是不同的。例如,政治风险对近期和远期的影响是不同的。因此,需要考虑国家风险。

假设有3个国家,根据信用评级公司所做的国家信用评级,它们的国家风险存在差别(见表9-8)。

表 9-8　3个国家的信用等级

国　　家	投资评级	违约补偿额	国家风险
A 国	A1	1.4%	2.1%
B 国	Aa2	1.0%	1.5%
C 国	Aaa	0.0%	0.0%

显然,若跨国公司对这个国家进行直接投资,其所面临的国家风险会存在差异,这种差异必须反映在贴现率中,以反映投资者对承担不同国家风险的补偿要求。若使用 CAPM 模型计算股东期望收益率,那么,国家风险的大小会通过市场风险溢酬反映为

$$\text{市场风险溢酬} = \text{成熟市场的基本补偿} + \text{国家违约补偿} \times \frac{\delta_{\text{股票}}}{\delta_{\text{债券}}} \quad (9-4)$$

式(9-4)中,成熟市场的基本补偿是指成熟经济体(如国家信用等级为 3A 的国家)的市场风险溢酬,$\delta_{\text{股票}}$ 是指东道国股票市场的标准差,$\delta_{\text{债券}}$ 指东道国债券市场的标准差,国家违约补偿是指国家信用等级低于 3A 时的违约补偿。

国际直接投资者对 A 国实施 FDI 时,需充分考虑该东道国存在的国家风险,理由是其信用等级为 A1,存在一定的国家风险,国际直接投资者需要索取相应的风险补偿。因此,首先需要按式(9-4)计算市场风险溢酬,然后,再根据 CAPM 模型计算股东期望收益率,最后,计算加权平均资本成本。

第四节　实物期权与对外直接投资

在国际直接投资项目上,通常有一定数量可识别的实物期权(real option)或经营灵活性。在充分考虑嵌入在目标项目上的实物期权的价值之后,我们可能会接受 NPV 小于零的国际直接投资项目,或更坚定进行国际直接投资的信念。本节介绍实物期权的类型以及对国际直接投资的影响。

一、实物期权类型

实物期权是指以实物资产为标的物的期权,主要来自三个方面:一是源自项目自身的特性;二是源自柔性的投资策略;三是源自项目持有人所创造的合约。常见的实物期权包括扩张期权(option to expand)、收缩期权(option to contract)、延迟期权(option to defer)、放弃期权(option to abandon)、增长期权(growth option)等。

(一)扩张期权和收缩期权

扩张期权是指项目持有人在项目存续期内拥有的扩大投资规模的权利。投资于某一目标项目后,在项目的存续期内,投资者可以根据市场的状况,随时调整投资的规模。当市场

条件向好时,项目持有者可以扩大投资规模。一方面,投资者目前的投资是为了获得当下的投资收益;另一方面,是为了获得未来的一些投资机会。例如,跨国公司通常对新兴经济体进行小额投资,虽然这种国际直接投资的预期回报率可能小于资本成本,但跨国公司通过先期小额国际直接投资获得了一个扩张期权,在东道国的投资环境改善后,跨国公司具有先发优势,可借此进一步扩大投资规模获益。

收缩期权则是指项目持有人在项目存续期内拥有的缩小项目投资规模的权利。在项目存续期内,如果项目投资效果不佳,市场需求小、生产成本高,则项目持有人可以缩小投资规模。

(二) 延迟期权

延迟期权是指为了解决当下投资项目所面临的不确定性,项目持有人推迟对项目进行投资的权利。例如,中国石化公司取得了中东地区一块油田5年的租约,但目前国际油价处于新低,该如何应对呢?由于中国石化公司在未来5年内对该油田拥有排他权,因此,它可以选择等待,待油价回升后再开发该油田。此类项目目前开发的净现值通常为负数,因此,项目持有人不会马上实施项目投资,而是通过等待至适当的时期,择时开发以获得更多的收益。这种收益是项目的延迟期权带来的。

在一个竞争的环境中,当个别公司相对于其竞争对手在开展项目方面拥有特殊的优势时(如拥有保护期为10年的专利),这种排他权是延迟期权存在的条件,否则,会因为易被同行模仿而失去垄断收益。如果某项目只能被一个公司拥有(因为法律限制或竞争对手面临的其他准入障碍),那么,这个项目的价值随时间的变化则会呈现买进期权(看涨期权)的特征。

(三) 放弃期权

放弃期权是指项目持有人拥有的放弃继续持有该项目的权利。通常,当项目的继续经营价值低于放弃项目的价值时,项目持有人会行使放弃期权。例如,20世纪80年代,美元对绝大多数外币升值,日本汽车制造商在美国的经营业务遭受重创。在生产能力过剩且美元被高估的情形下,日本汽车制造商为什么还坚守"阵地"呢?理由是此时行使放弃期权不是最佳时期,放弃价值不大,且一旦放弃,再想进入该市场的代价太高。事实证明,日本汽车制造商终于在不久后等来了美元下跌、利润回归的利好。

投资某一个项目后,在项目存续期内,投资者可以根据市场的变化,随时放弃该投资项目。假定某项目的有效期为若干年,可以将项目的继续经营价值与放弃价值相比较,如果前者更高,则项目应该继续运营;如果前者更低,项目持有者就应该考虑放弃目标项目。

(四) 增长期权

增长期权是指项目能够为持有者提供的未来新成长机会,如提供新一代的产品、进入新市场的通道等。对于高技术企业、产品多样化的企业,以及从事国际化经营的跨国公司而言,增长期权显得尤为重要。例如,比亚迪公司创立于1995年,早年主要生产电池,到2003年已成为全球第二大充电电池生产商,在电池业务上的巨大成功为公司提供了新的成长机会。2003年,比亚迪凭借电池方面的比较优势,开始涉足新能源汽车领域,并最终成为新能源车的龙头企业之一。

通常,实物期权可以在项目存续期内任何一个时间点行权,因此,实物期权具有美式期权的属性,除非有特殊规定。如果实物期权只能限定在将来某一时点上行权,则实物期权又具有欧式期权的属性。扩张期权、延迟期权、转换期权属于看涨期权(或称买权)、放弃期权、收缩期权属于看跌期权(或称卖权)。

二、实物期权对国际直接投资的影响

实物期权具有价值,因此,国际直接投资决策并不能仅仅以传统的净现值法则(未考虑实物期权)为准。有时候,小于零的净现值不能作为放弃国际直接投资的唯一决策依据。我们以延迟期权和放弃期权为例,说明它们对国际直接投资的影响。

(一)延迟期权

例 9-5 假如 A 国是一个新兴经济体,其汽车高度依赖进口,美国某汽车公司开始将目光投向 A 国。A 国的政府机构与美国汽车公司签订了投资意向书,并承诺在未来的 3 年内,不引进其他境外汽车公司。此时,美国汽车公司获得一份延迟期权,也就是延迟投资的选择权。

假如该美国汽车公司正考虑在 A 国投资建厂,目前建厂的投资额为 5 亿美元,今后建厂的投资额预计每年按 10% 固定比例增长,无风险利率为 10%。不考虑税收。又假如海外汽车厂当年建成,当年就能形成生产能力,预计新建汽车厂的年永续产量为 1 000 辆,单位可变生产成本为 10 万元/辆,不考虑维修费等其他变动和固定成本,也不考虑残值。预计汽车单位售价为 20 万元/辆。假定现金流出(除初始投资外)和现金流入均发生在年末。

在投资决策之前,让美国汽车公司举棋不定的因素是 A 国家关于汽车的进口政策存在变数。如果 A 国放宽政策(概率为 50%),则汽车价格预计将跌至 15 万元/辆;如果 A 国收紧政策(概率为 50%),则汽车价格预计将升至 30 万元/辆。预计该政策会在 1 年内揭晓。

由于美国汽车公司获得一份为期 3 年的延迟期权,因此,它可以在第 0 年或第 1 年底建厂,甚至在第 2 年底建厂。也就是说,该美国汽车公司有多种选择。现以第 0 年建厂和第 1 年底建厂两种投资方案为例,说明延迟期权对国际直接投资的影响。

情况一:在第 0 年投资建厂

如果在第 0 年投资建厂,则该国际直接投资项目的自由现金流(FCFF)为 $(p-vc)Q$[①],呈永续年金形态,价值为

$$NPV_0 = \frac{(p-vc)Q}{i} - I_0 \qquad (9-5)$$

式(9-5)中,p 表示单位售价,vc 表示单位变动成本,i 表示贴现率(如果未来是确定的,则无风险利率就是贴现率),I_0 表示初始投资。

将美国汽车公司的相关财务数据代入,可以得出第 0 年投资建厂的项目价值,即

[①] $FCFF = [(p-vc)Q - D - FC](1-t) + D - CE - (WC_1 - WC_0)$,此例中由于假定之后的资本性支出(CE)为零,营运资本净投资($WC_1 - WC_0$)为零,以及不存在固定成本和维修费用,因此,$FCFF = (p-vc)Q$。

$$NPV_0 = [(20-10)1\,000/10\%] - 50\,000$$
$$= 100\,000 - 50\,000$$
$$= 50\,000 \text{ 万元}$$

因此,第 0 年投资建厂符合投资理念。但是,这一时刻投资建厂是否为最优呢? 显然,第 0 年投资建厂未考虑等待的价值(即延迟期权的价值)。

情况二:在第 1 年底投资建厂

如果在第 1 年底投资建厂,那么,该国际直接投资项目的价值为

$$NPV_0 = \frac{(p-vc)Q}{i} \div (1+i) - I_0(1+g) \div (1+i) \qquad (9\text{-}6)$$

式(9-6)中,g 表示延迟投资的年均投资额增长率。

在第 1 年底,假如汽车价格跌至 15 万元/辆,则该国际直接投资项目的价值将为
$$NPV_0 = [(15-10)1\,000/10\% - 50\,000(1+10\%)]/(1+10\%)$$
$$= 45\,454.5 - 50\,000$$
$$= -4\,545.5 \text{ 万元}$$

显然,这种情况下不宜投资建厂。

在第 1 年底,假如汽车价格升至 30 万元/辆,则该国际直接投资项目的价值将为
$$NPV_0 = [(30-10)1\,000/10\% - 50\,000(1+10\%)]/(1+10\%)$$
$$= (200\,000 - 55\,000)/(1+10\%)$$
$$= 131\,818.2 \text{ 万元}$$

由于价格反向变动的概率各为 50%,因此,该国际直接投资项目的期望净现值为
$$NPV_0 = 131\,818.2 \times 50\% - 4\,545.5 \times 50\% = 63\,636.4 \text{ 万元}$$

显然,第 1 年底投资建厂的价值由两部分组成:一是第 0 年投资建厂的净现值(NPV);二是第 0 年投资建厂的机会成本。这个机会成本也就是该项目延迟期权的价值,或称为时间价值。

回看上例,我们可以发现,汽车价格和成本超出管理者控制,属不可控因素,具有外生不确定性。也就是说,当下的投资行为不能够揭示价格或成本的信息,汽车价格的下跌或成本的上升都会导致投资损失。然而,如果延迟投资,就可以避免汽车价格的下跌或成本的上升,避免投资损失,并坐享汽车价格的上涨或成本的下跌所带来的所有好处。因此,外生不确定性产生延迟投资的激励。

(二)放弃期权

仍以上文讨论的美国某汽车公司为例。

续上例,假如该美国汽车公司面临这样的情形,A 国在其投资设厂之后,突然放开了对汽车市场的限制,导致恶性竞争,预计汽车售价仅为 4.5 万元/辆。单位变动成本等其他条件不变。那么,该如何应对?

设此项目在第 0 年已投资(假定投资额为 50 000 万元),该项目预计每年均会损失 (4.5 − 10)1 000 万元。如果任由该项目继续运营下去,不通过终止该项目来止损,那么,该项目总损失的现值为(4.5 − 10)1 000/10% 万元。

A国放开汽车市场限制对汽车售价的影响存在不确定性,业内普遍的看法是,A国汽车售价1年后出现两种可能:一是每辆售价仅为3.5万元,二是每辆售价16万元,且概率分别为50%。那么,第1年底该汽车公司放弃该投资项目的价值就以这两种情形来理解。

情形一:在第1年底,如果汽车售价为3.5万元/辆,且一直保持该水平

那么,该项目预计每年损失$(3.5-10)1\,000$万元,总损失的现值为$(3.5-10)1\,000/10\%/(1+10\%)$万元。若不干预,任由该项目运营,那么,净现值为

$$净收益(现值)=[(3.5-10)1\,000/10\%]/(1+10\%)-50\,000$$
$$=-59\,091-50\,000$$
$$=-109\,091\text{万元}$$

显然,第1年底需进行干预,决定放弃(终止)该投资项目,那就能够立刻止损,即可以避免损失$(3.5-10)1\,000/10\%$万元(可理解为第1年底的现值)。此时,该项目行放弃期权后的净收益可表述为

$$净收益(现值)=[(3.5-10)1\,000]/(1+10\%)-50\,000$$
$$=-5\,909-50\,000$$
$$=-55\,909\text{万元}$$

可见,第1年底应该选择放弃该投资项目,最多损失1年,以避免每年每辆汽车损失6.5万元。放弃期权价值为

放弃期权价值$=109\,091-55\,909=53\,182$万元

情形二:在第1年底,如果汽车售价为16万元/辆,且一直保持该水平

那么,该项目每年获益$(16-10)1\,000$万元,总获益的现值为$(16-10)1\,000/10\%/(1+10\%)$万元。公司不会行放弃期权。净现值为

净现值$=(16-10)1\,000/10\%/(1+10\%)-50\,000=4\,545$万元

由于第1年底两种售价的概率分别为50%,因此,第1年底的放弃期权的价值(按现值度量)为

放弃期权期望值$=(109\,091-55\,909)\times50\%+0\times50\%=26\,591$万元

未来汽车价格和成本具有不确定性,因此,现在放弃和1年后放弃是完全不同的。究竟是现在放弃还是未来放弃,还是应该视放弃所产生的预期节约是否大于放弃的先期投入成本。只要放弃的先期投入成本大于放弃所产生的预期节约,公司会延迟放弃决策。

三、实物期权计价的复杂性

实物期权远比金融期权复杂,因此,其定价也远比金融期权定价复杂。我们可以从实物期权难以识别性、随机性、集合性、互为条件性和相关性等方面来理解。

(一)实物期权难以识别性

投资项目所含有的实物期权的类型和数量存在差异。在前文所述的美国汽车公司国际直接投资项目上,嵌入了多种实物期权,但是究竟是哪些实物期权,则往往难以识别。

(二)实物期权的有效期和行权价格具有随机性

实物期权尽管存在有效期,但是,有效期并不像金融期权合约规定得那么具体。投资项

目有效期受新技术替代、竞争者进入等影响很大。一旦投资项目伴随着新技术出现而提前退出市场,实物期权的有效期将大大缩短。此外,实物期权执行价格也具有随机性,是一个随机变量。例如,扩张期权的执行价就是项目的扩张性投资额,但该投资额是无法确定的。

(三) 实物期权的数量具有集合性

嵌入在目标项目上的实物期权往往不止一个,而是由多个实物期权组成的一个集合。例如,嵌入在土地开发项目上的实物期权可能包含土地价格升值所引发的扩张期权、房地产市场前景尚不明朗下的延迟期权等。又如,跨国公司进入新兴市场国家的直接投资项目上同时嵌入了扩张和收缩的期权。

(四) 实物期权行权的互为条件性

尽管嵌入在目标项目上的实物期权是一个期权集合,但是,这些期权的行权时间存在先后。如果扩张期权的行权时间先于放弃期权,那么,扩张期权和放弃期权都具有价值。如果放弃期权的行权时间先于扩张期权,那么,项目持有人一旦行使放弃期权,扩张期权则毫无价值可言。

(五) 实物期权具有相关性

由于实物期权行权的时间存在先后,因此,实物期权的价值是不可加的。但是,实物期权之间存在相关性,先行权的实物期权会对随后行权的实物期权的价值产生影响。例如,扩张期权行权在先,放弃期权行权在后,那么,放弃期权的价值高低必然受扩张期权影响,或者说,在放弃期权行权之前,有无扩张期权行权将对放弃期权价值产生不同的影响。

尽管实物期权定价困难,但是,在实物期权可识别的情况下,还是需要借助一定的手段进行估值为好。目前,二叉树等方法在业界被较多使用。

本章小结

国际直接投资被跨国企业所青睐的根本动因是追求利润和迫于竞争压力,但是,就每一家进行国际直接投资的企业来说,它们进行直接投资的具体动因是不同的。

在不同国家销售商品所形成的净现金流比仅在一个国家销售商品所产生的净现金流稳定,表明直接投资有助于跨国企业增强流动性。稳定的现金流量降低了企业的风险,增强了企业的再融资能力,使企业可以获得较低的资本成本。

母国(资本输出国)和东道国(资本输入国)之间的生产要素成本、市场规模和特征、自然资源禀赋程度、外资政策、汇率以及文化等均存在差异,所有这些差异都可能影响外资的利用。

企业的战略目标、技术拥有情况、在行业中的位置、管理层的素质以及企业文化等都是影响企业对外直接投资的重要因素。

在影响资本预算的变量方面,国际资本预算与普通资本预算存在许多相似性。国际资本预算所涉及的变量较多,除了涉及诸多带有共性的变量外,还涉及一些特有的变量(主要有汇率变动、通胀、东道国的优惠政策、资金冻结、融资安排等),这些变量将一起对项目的现金流产生重要影响。

由于公司的实际经营状况和预期常常是不一致的,项目分析对象的最终实现值也会与预计值产生差异,因此就有必要进一步研究,并对资本预算的结果进行调整。

受汇率、利率、政治风险等诸多因素影响,国际直接投资的不确定性更大,因此,需要我们引入风险调整方法。我们可以通过调整自由现金流(分子策略)和贴现率(分母策略)来增强净现值的可信度,为国际直接投资决策提供更周全的决策依据。

在国际直接投资项目上,有一定数量的实物期权。在充分考虑嵌入在目标项目上的实物期权的价值之后,我们可能会接受 NPV 小于零的国际直接投资项目。

关键词

不完全市场理论 垄断理论 比较优势理论 产品周期理论 区位理论 合资企业 独资企业 合作企业 国际资本预算 实物期权 扩张期权 延迟期权 放弃期权

习 题

1. 为什么国际资本预算的主体或视角,既可以是母公司,也可以是子公司?
2. 请列出国际资本预算中风险调整的主要方法。
3. 请解释融资决策如何影响净现值对汇率预测值的敏感性。
4. 什么是实物期权?请列举两个例子说明实物期权是如何影响跨国公司对外直接投资的。
5. 假定美国某跨国企业准备采用直接投资的方式进入英国市场,为此,该公司做了前期准备工作,并据此对该项目进行评估。

(1) 需要初始投资 1 000 万英镑(包括营运资本),目前假定英镑的汇率为 2 英镑/美元。
(2) 初始投资全部由母公司出资。
(3) 该项目 4 年后终结时出售,清算价值预计为 900 万英镑。
(4) 该项目在英国预计产量、价格以及变动成本见下表。

年 度	单位价格	预期产量	单位变动成本
1	400 英镑	30 000 单位	30 英镑
2	410 英镑	40 000 单位	35 英镑
3	420 英镑	50 000 单位	40 英镑
4	430 英镑	60 000 单位	45 英镑

(5) 年固定成本为 300 万英镑。
(6) 每年末的英镑汇率分别为 2.1 英镑/美元、2.2 英镑/美元、2.3 英镑/美元、2.4 英镑/

美元。

(7) 英国政府的预提税为20%,所得税税率为30%。

(8) 每年末,子公司将盈利以股利的形式汇回母公司。

(9) 年折旧费为200万英镑。

(10) 该公司对项目要求的收益率为20%。

要求:请计算该项目的净现值(基于子公司视角),并说明该公司是否会接受此项目。

6. 假设A公司计划在中国建造一家啤酒厂,世界其他竞争对手也宣布在中国生产和销售啤酒的计划。因此,啤酒价格非常不确定,须1年后才能确定。A公司面临一个决策问题,即是现在还是1年后在中国投资生产啤酒。相关预计财务数据见下表。

初始投资	3亿元,且每年递增10%
1年后啤酒的实际价格	30元/瓶或70元/瓶,概率各50%
啤酒的预期价格	60元/瓶,且价格保持不变
可变生产成本	10元/瓶
固定生产成本	1 000万元/年
预期产量	200万瓶/年,且产量保持不变
税率	20%
贴现率	10%

要求:(1) A公司当下投资的净现值是多少?

(2) 如果将该海外投资项目视为延迟期权,那么,等待1年后的净现值是多少?

(3) A公司应该现在投资还是1年后投资?

第十章 国际投资环境评价

> 📖 【学习要点】
> 1. 为什么跨国公司应关注东道国的投资环境?
> 2. 如何描述东道国的投资环境?
> 3. 政治风险识别和评估。

由于汇率、利率等影响跨国公司自由现金流的经济因素具有不可控性,致使国际资本预算等技术手段屡屡止步于国际直接投资决策,因此,跨国公司越来越倚重投资环境评价,希望借此寻找到好的境外直接投资项目,获得更大的成长和发展空间。这也是 20 世纪 70 年代之后投资环境评价方法大行其道的重要原因。

第一节 国际直接投资环境评价

国际直接投资环境是指影响国际直接投资决策以及结果的所有外部因素的集合,包括东道国的政治气候、法律法规、体制机制、地理环境、自然资源、基础设施、文化一元化程度、经济结构和发展水平、市场深度和广度、货币与金融政策等。国际直接投资活动受许多不确定因素影响,这些外部因素又是投资者难以把握和左右的,因此,在进行对外直接投资之前,跨国公司应该对东道国的投资环境进行评价。投资环境评价方法众多,下面介绍几种传统的评价方法。

一、投资环境等级评分法

投资环境等级评分法由美国学者罗伯特·斯托波夫(Robert B. Stobaugh)于 1969 年提出,该方法有助于投资者选择理想的目标市场、避免风险以及实现安全投资。该方法用得分高低作为评价依据,其评价过程主要有三个环节。

(一) 对影响因素进行分类

根据该方法的思路,先将影响投资环境的因素分成八类。各类因素根据限制或管制等程度的不同,按由轻到重的顺序对各类因素中诸多情况进行排序。

第一,东道国对外商撤资限制程度的因素。各国对外资的撤资行为采取不同的态度。按照限制程度由低到高进行排序可以分为:无限制;仅在时间上有限制;对撤资有限制;不仅对资本而且对股利的汇回均有限制;禁止资本撤资。

第二,东道国对外商股权限制程度的因素。世界各国在是否对外商投资企业的外资股权比例加以限制方面并没有取得共识,大多数国家或多或少对外资股权比例有所限制。限制程度依次为:允许外商独资企业存在;允许外资占大部分股权;外资不得超过全部股权的一半;只允许外资占小部分股权;不允许外资拥有任何股权。

第三,东道国对外商管制程度的因素。东道国对外商管制程度依次为:将外商视为本国企业;对外商有些限制但不存在管制;对外商有少许管制;对外商既有限制又有管制;有限制并严加管制;严行限制和严加管制,禁止外商投资。

第四,东道国货币稳定性因素。各国金融市场的开放程度不同,其货币稳定性存在差异。货币稳定性大小依次为:完全自由兑换;黑市与官价的差额在1成以内;黑市与官价的差额在1—4成;黑市与官价的差额在4成至1倍;黑市与官价的差额在1倍以上。

第五,东道国政治稳定性因素。按照稳定程度可分为:长期稳定;稳定但因人而治;内乱但由政府掌权;国外有构成威胁的反对势力;存在动荡和政变的可能性;不稳定。

第六,东道国关税保护程度的因素。可以按照保护程度分为:充分保护;以新兴产业或行业为主的保护;很少或不予以关税保护。

第七,东道国资金可供程度的因素。东道国货币市场和资本市场的成熟度都将影响东道国资金的可供程度。按可供资金的程度依次分为:完善的金融市场;投资性证券市场;当地资本少;短期资本非常有限;资本管制很严;资本外流。

第八,东道国近年的通胀程度因素。可以按照通胀率分为:小于1%;1%—3%;3%—7%;7%—10%;10%—15%;15%—30%;30%以上。

(二)将各等级事先规定分数并计分

对外国直接投资者来说,可以从上述八个方面来综合评估东道国的投资环境。他们在不同国家和地区所感受到的来自八个方面的影响是不一样的,这种差异的结果是,对外直接投资者会身处不同的投资环境。投资环境差异可以用"等级评分"来区别。下面以百分制说明各等级的分数设定以及计分(见表10-1)。

表10-1 投资环境分数设定和计分表

序 号	类 别 名 称	分数设定
1	东道国对外商撤资限制程度的因素	0—12
2	东道国对外商股权限制程度的因素	0—12
3	东道国对外商管制程度的因素	0—12
4	东道国货币稳定性因素	4—20
5	东道国政治稳定性因素	0—12
6	东道国关税保护程度的因素	2—8
7	东道国资金可供程度的因素	0—10
8	东道国近年的通胀程度因素	2—14

表10-1显示,构成投资环境的八方面驱动因素均有一个得分区间。如果将每个得分区间的上限相加,则总分为100分。每个方面的给分可遵循下列原则。

第一,将东道国对外商撤资限制程度的分数设定在0—12分。评估者可以根据东道国对外资的撤资行为采取的态度给予恰当的分数。例如,无限制可给12分,仅在时间上有限制给8分,对撤资有限制给6分,禁止资本撤资给0分。

第二,将东道国对外商股权限制程度的分数设定在0—12分。如果东道国允许外商独资企业存在,给12分;如果东道国允许外资占大部分股权,给10分;如果东道国不允许外商拥有任何股权,给0分。

第三,将东道国对外商管制程度的分数设定在0—12分。如果东道国将外商视为本国企业(即所谓国民待遇),给12分;如果东道国对外商有些限制但不存在管制,给10分;如果对外商有少许管制,给8分。以此类推。

第四,将东道国货币稳定性的分数设定在4—20分。如果东道国完全自由兑换,给20分;如果东道国的黑市与官价的差额在1成以内,给18分;如果东道国的黑市与官价的差额在1倍以上,给4分。

第五,将东道国政治稳定性的分数设定在0—12分。如果东道国长期稳定,给12分;如果东道国稳定但因人而治,给10分;如果东道国的境外有构成威胁的反对势力,给4分;如果东道国不稳定,给0分。

第六,将东道国关税保护程度的分数设定在2—8分。如果东道国给予充分保护的意愿,给8分;如果东道国很少或没有关税保护,给2分。

第七,将东道国资金可供程度的分数设定在0—10分。如果东道国拥有完善的金融市场,给10分;如果东道国仅仅拥有投资性证券市场,给8分;如果东道国当地资本少、外来资本不多,给6分;如果东道国短期资本非常有限,给4分;如果东道国资本管制很严,给2分;如果东道国有大量的资本外流,给0分。

第八,将东道国近年的通胀程度的分数设定在2—14分。给分的依据为:小于1%,给14分;1%—3%,给12分;3%—7%,给10分;7%—10%,给8分;10%—15%,给6分;15%—30%,给4分;30%以上,给2分。

(三) 逐级逐类加总,得出投资环境的总分

东道国在某一个时间点或某一个时间段的表现具有唯一性的特点,因此,投资者可以根据东道国在上述八个方面的表现分别给予不同的分值,然后逐级逐类加总,得出投资环境的总分,并利用该分数来评价投资环境。得分越高,说明东道国的投资环境越好;得分越低,说明东道国的投资环境越差。

二、冷热国评估方法

20世纪60年代末,美国的投资者有意进行资本输出,但又慑于目标市场的风险。在这样的背景下,美国学者伊尔·利特法克(Isiah A. Litvak)和彼得·班廷(Peter M. Banting)对加拿大、英国、西德[①]、希腊、西班牙、日本、巴西、南非、印度、埃及十个国家的投资环境进行

---

① 当时德国尚未统一,东德和西德处于分治状态。

了比较分析(见表10-2)。

表 10-2 十国投资环境比较

	加拿大	英国	希腊	西班牙	日本	巴西	南非	印度	埃及	西德
政治稳定性	热	热	温	温	热	冷	冷	温	冷	热
经济增长状况	热	温	冷	温	热	冷	温	冷	冷	热
市场深度和广度	热	温	冷	温	热	温	温	温	冷	热
地理条件	温	热	冷	冷	冷	冷	冷	冷	冷	热
文化差异	热	温	冷	冷	温	冷	冷	冷	冷	热
文化一元化程度	温	热	温	温	热	温	冷	温	温	热
法律障碍	热	热	冷	冷	冷	冷	温	冷	冷	温

从美国投资者角度,他们梳理了影响国际直接投资的七大环境因素,并形象地用"热""温""冷"来描述。

第一,政治稳定性。政治稳定性的标志是,是否存在一个由全国各阶层代表组成、能创造适合各种类型企业生存的良好经营环境的政府。如果东道国的政治稳定,则该环境因素可以视作"热"环境因素;反之,则为"冷"环境因素;居中的为"温"环境因素。表10-2显示,加拿大、英国、日本、西德的政治稳定性强,巴西、南非、埃及的政治稳定性较差,印度、希腊、西班牙处于中间。

第二,经济增长状况。每个国家的经济增长速度不同,如果东道国的经济快速增长,则该因素可以视为"热"因素;反之,则为"冷"因素;居中的为"温"因素。加拿大、日本、西德增长较快,英国、南非、西班牙处于中间,其余国家的增长较慢(见表10-2)。

第三,市场深度和广度。市场的深度和广度表现在顾客有较强的购买力、较高的要求和需求。如果东道国客户的购买力强或表现出较高的需求和要求时,该因素就是"热"因素。表10-2显示,加拿大、日本、西德的市场机会较多,英国、西班牙、巴西、印度和南非处于中间,希腊和埃及市场机会较少。

第四,地理条件①。地理条件是指一个国家或地区的地貌,如是否多山、是否靠海等。如果东道国的地理条件较差,多山和内陆的地理条件会增加企业的成本,对企业的生产经营产生阻碍,此时的环境条件就变成了"冷"环境因素。表10-2显示,英国、西德的地理障碍较小,加拿大处于中间,其余7国的地理障碍较大。

第五,文化差异。如果投资者与东道国的文化差异大,双方的交流就会产生障碍。例如,美国的文化不同于其他国家,它的文化有两个重要的内容,即机会和发展空间,这种文化一定会与其他国家的文化产生碰撞。因此,文化差异大可以看作"冷"环境因素。表10-2显示,加拿大、西德的文化差异较小,英国和日本处于中间,其余6个国家的文化差异较大。

第六,文化一元化程度。文化一元化是指一个国家和地区的人们都信奉某一种传统的

---

① 当时的地理条件主要指自然地貌以及交通的便利性(如是否有港口、机场等)。

文化,文化一元化将使得人们遵守共同的行为标准和价值观。如果一个国家和地区的文化多元化,对国际直接投资者而言,该因素为"冷"环境因素。表10-2显示,英国、日本和西德的文化一元化程度高,南非的文化一元化程度小,其余6国处于中间。

第七,法规障碍。如果东道国的法规对外资企业进行了限制,或对投资者的保护力度不强,那么,不管这种限制是有意的还是无意的,均被看作"冷"环境因素。表10-2显示,加拿大、英国的法律障碍较小,西德和南非处于中间,其余6国的法律障碍较大。

由此可见,冷热国法是根据七大因素来定义投资环境,将投资环境良好的国家称为投资"热国",而将投资环境恶劣的国家称为投资"冷国"。跨国公司进行国际直接投资时,应该根据东道国的冷热程度来决定是否进行国际直接投资。对投资"热国",可选择独资方式进行直接投资;对于投资"温国",可选择特约代理商或建立合资企业的方式进行直接投资;对投资"冷国",如果需要进行直接投资,一般以合资、授权等方式进行直接投资比较合理。

三、国家风险评估法

国家风险评估法由日本学者提出。为了更好地为日本跨国公司的对外直接投资提供良好服务,日本的一些中介机构开始提供国际投资环境评价的服务或咨询,形成了带有日本特色的投资环境评价方法,如三菱研究所评估法、国家风险评估法等。

国家风险评估法的主要思路是:首先由银行、商社、工业公司等组成十多个专家团队,然后,每个专家团队分别对某一国家或地区发生内乱的可能性、现政权稳定性等14个单项风险和综合风险(见表10-3)进行评价,根据单项风险由小到大按A、B、C、D、E五级打分(A级为10分、B级为8分、C级为6分、D级为4分、E级为2分),并根据综合风险由小到大按A、B、C、D、E五级打分(A级为9分以上、B级为7—8.9分、C级为5—6.9分、D级为3—4.9分、E级为2.9分以下)。

表10-3 风险类型以及评分标准

风 险 种 类	风 险 评 分
一、发生内乱的可能性	A完全没有;B估计没有;C有可能;D比较危险;E极有可能
二、现政权稳定性	A极其稳定;B稳定;C差不多;D有不稳定因素;E极其不稳定
三、因政权更迭而影响政策稳定性	A一定不会;B大体不会;C有摩擦,但变化不大;D有些政策可能发生改变;E会发生剧烈的政策变动
四、工业成熟度	A高度成熟;B比较成熟;C差不多;D有些不成熟;E不成熟
五、经济活动扭曲性	A扭曲现象少;B比较少;C一般;D扭曲性大;E扭曲性极大
六、财政政策有效性	A可高度评价;B一般评价;C差不多;D不充分;E极不充分
七、货币政策有效性	A可高度评价;B一般评价;C差不多;D不充分;E极不充分
八、经济增长	A有极高优越条件;B有优越条件;C差不多,但稍显不足;D明显缺乏潜力;E没有潜力
九、战争危险	A根本不存在;B估计没有;C有隐约兆头;D存在危险兆头;E一触即发

续 表

风险种类	风险评分
十、国际交流中的可信赖程度	A 姿态极高；B 姿态高；C 过得去；D 不可信赖；E 完全不可信赖
十一、国际收支结构	A 极高；B 可以放心；C 大体可放心；D 尚可；E 很不放心
十二、对外支付能力	A 极高；B 可以放心；C 大体可放心；D 尚可；E 很不放心
十三、外资政策	A 极为妥善；B 妥善，大体可放心；C 有些问题，但可以；D 存在一些问题，不放心；E 排外政策随处可见，很不放心
十四、外汇政策	A 一贯升势；B 暂时疲软；C 稳定；D 存在小幅下跌可能；E 存在大跌可能

资料来源：间定军,周德魁,刘良云. 国际投资[M]. 北京：清华大学出版社,2005：75.

专家团队对国际投资风险同时进行单项风险和综合风险评估,评估分值越高,说明国际投资风险越小；反之,国际投资风险越大,越不值得进行国际直接投资。

以上提及的传统评估方法虽然直观、易懂,但过于简单。于是,投资环境评价法渐渐形成两大分支：一是引入更多的因素来考察国际直接投资环境,增加考察的角度和层次,如投资环境综合分析法；二是构建复杂的投资环境评价模型,引入大量的变量(可多达数十个,甚至上百个变量),并试图用模拟数据来描述投资环境,如法玛和里奇蒙法。

四、国际国家风险指南

国家风险衡量的是一国的综合风险,涉及诸多方面,评估结果大多反映相关国家风险因素对投资者跨境直接投资造成损害的可能性和严重程度。国际上较权威的国家风险评估产品不少,如《国际国家风险指南》(政治风险服务集团)、《国家风险》(经济学人智库)、《国家风险分析》(环球透视公司)、《国家风险指数》(欧洲货币杂志社)、《国家信用调查》(机构投资者杂志社)等。我们重点阐述《国际国家风险指南》。《国际国家风险指南》(ICRG)评估方法由美国国际报告集团于 1980 年发明,1992 年该评估方法的创立者转投 PRS 集团。PRS 集团会定期(每月)公布出版物《国际国家风险指南》,对 140 多个国家和地区的投资环境进行评分。以下分别介绍该评估方法的维度和变量选取、变量赋值以及风险等级评定。

(一) 维度和变量选取

被投资国(东道国)的综合风险可以从三个维度来描述,即政治风险、金融风险和经济风险。每个维度分别用若干个变量来刻画(见表 10-4)。

表 10-4 PRS 用于刻画风险的变量

政治风险	金融风险	经济风险
政府稳定性	外债规模	人均 GDP
社会经济环境	外债服务	真实年度 GDP 增长

续 表

政治风险	金融风险	经济风险
投资情况	经常账户	年度通胀率
内部矛盾	进口净流动性	预算结余
外部矛盾	汇率稳定度	经常账户收支
腐败		
军事影响		
宗教矛盾		
法制程度		
种族矛盾		
民主制度		
官员质量		

资料来源：滋维·博迪,亚历克斯·凯恩,艾伦·J.马库斯.投资学(第10版)[M].汪昌云,张永冀,译.北京：机械工业出版社,2017：672.

(二) 变量赋值和评分标准

1. 政治风险赋值区间和评分

政治风险的变量有12个,给予了不同的赋值(见表10-5)。政治风险满分为100分。

表10-5 政治风险各变量赋值和评分标准

变 量	赋 值	评 分 标 准
政府稳定性	0—12	三方面：政府统一性(0—4分)、立法能力(0—4分)、民众支持度(0—4分)。
社会经济环境	0—12	三方面：失业(0—4分)、消费者信心(0—4分)、贫困(0—4分)。
投资情况	0—12	三方面：合同履约情况(0—4分)、利润转移情况(0—4分)、延期付款情况(0—4分)。
内部矛盾	0—12	三方面：内战/政变威胁(0—4分)、恐怖主义/政治暴力(0—4分)、内乱(0—4分)。
外部矛盾	0—12	三方面：战争(0—4分)、国界冲突(0—4分)、其他来自他国的压力(0—4分)。
腐 败	0—6	从政治体制腐败、商业领域腐败和其他腐败形式(如超额赞助、裙带关系、政治与商业之间可疑的密切关系等)三个方面进行评价。

续 表

变　量	赋　值	评 分 标 准
军事影响	0—6	从军队掌权或存在军队掌权是否威胁到国家进行评价。
宗教矛盾	0—6	从单一宗教组织统治的社会或政权进行评价。
法制程度	0—6	两方面：立法能力和公正性（法律 0—3 分）、公民守法情况（社会秩序 0—3 分）。
种族矛盾	0—6	从种族和民族关系紧张程度进行评价。
民主制度	0—6	得分由高到低依次为：交替执政性民主、统治性民主、事实上的一党制、法律上的一党制、独裁。
官员质量	0—4	从官员执行力和行政水平进行评价。
总　分	0—100	

2. 金融风险和经济风险赋值区间和评分标准

金融风险和经济风险的赋值区间都是 0—50 分。由于未来存在变数，因此，建议采用情景分析法来对金融风险和经济风险进行评分。

表 10-6　金融风险和经济风险赋值和评分标准

风险类型	赋　值	评 分 标 准
金融风险	0—50	(1) 外债规模：用占 GDP 百分比来评价； (2) 外债服务：用占 GDP 百分比来评价； (3) 经常账户：用占出口百分比来评价； (4) 进口净流动性的高低； (5) 汇率稳定度。
经济风险	0—50	(1) 人均 GDP； (2) 真实年度 GDP 增长； (3) 年度通胀率； (4) 预算结余：用占 GDP 百分比来评价； (5) 经常账户收支：用占 GDP 百分比来评价。
合　计	0—100	

（三）风险等级评定

1. 评分公式

完成政治风险、金融风险和经济风险三类风险的单项评分之后，可以运用加权平均法给出被评估国家的综合评分。

$$\text{CPFER} = \frac{PR + FR + ER}{2} \tag{10-1}$$

式(10-1)中，PR 表示政治风险的得分，FR 表示金融风险得分，ER 表示经济风险得分。

2. 情景分析

由于未来存在不确定性，如未来至少会有出现"好消息"和"坏消息"两种情景，因此，需要将未来可能出现的情景描述出来，且分别进行评分，然后结合各种情景出现的概率，求得每类风险的期望值。

3. 给出风险等级

根据得分高低，将综合风险划分为 5 个等级：0.0—49.9 表示很高风险；50.0—59.9 表示高风险；60.0—69.9 表示中等风险；70.0—79.9 表示低风险；80.0—100 表示很低风险。

显然，国际国家风险指南的评估体系重点突出政治风险分析，政治风险细化指标占总体的 69.7%，该指标体系中被赋予的权重达 50%，见式(10-1)。

近十年来，随着中国跨国公司对外直接投资的步伐加快，国内智库和机构越来越多地关注和研究国家风险，形成了颇具特点的国家风险分析体系。例如，中国社会科学院的《中国海外投资国家风险评级》、中国进出口保险公司的《国家风险参考评级体系》、中债资信评估有限公司的《国家风险评估体系》，这些分析体系大大有助于中国跨国公司扬帆出海。

第二节　国际投资环境风险评估和管理的新框架

当今世界，投资环境越来越复杂，远非 20 世纪六七十年代所能比，甚至也不是 21 世纪初所能想象的。在进行 FDI 之前，跨国公司既要顾及东道国的国家层面风险，也要关注企业层面风险和全球层面的风险，因此，需要构建新框架来评估国际投资环境。

一、国际投资环境的风险类型和识别

(一) 国际投资环境的风险类型[①]

国际投资环境有三个层次的风险，即企业层面风险、国家层面风险和全球层面风险。

1. 企业层面风险

企业层面风险包括商业风险、汇率风险和治理风险。治理风险是指跨国公司和东道国政府之间因目标冲突而引发的治理风险。例如，跨国公司的经济行为可能被东道国视作侵害国家主权而引发的治理风险。

---

① 迈克尔·H. 莫菲特，阿瑟·I. 斯通希尔，戴维·K. 艾特曼. 跨国金融原理(第 3 版)[M]. 路蒙佳，译. 北京：中国人民大学出版社，2011：509-510.

2. 国家层面风险

国家层面风险包括资金转移风险、文化和制度风险。转移风险主要与东道国政府的资本管制政策和做法有关,即资金被冻结的风险;文化和制度风险与东道国产权制度、宗教传统、知识产权保护等有关。

3. 全球层面风险

全球层面风险与恐怖主义、反全球化运动、环境保护、贫富分化、黑客攻击有关。此类风险的威胁并非停留在字面上,单靠跨国公司一己之力难以防范和规避。

(二)国际投资环境的风险识别

1. 企业层面风险识别

鉴于企业层面风险中的商业风险和汇率风险识别和管理,已在前文中交代过(见本书第四章、第五章和第六章相关内容),下文主要涉及治理风险的识别。根据东道国政府的治理目标,我们可以将企业层面主要的治理风险识别出来(见表10-7)。

表10-7 企业层面的治理风险

东道国引进外资的治理目标	跨国公司 FDI 时面临的治理风险
经济发展	跨国公司不利于东道国经济发展
保持主权独立和完整	跨国公司有些经营行为可能被视为侵害东道国国家主权
助推重点行业成长	跨国公司被质疑控制了东道国关键行业
内外合资双方实现共赢	跨国公司持股数不得高于50%的风险
维持国际收支平衡	跨国公司被指影响东道国国际收支平衡的风险
汇率变动稳定有序	跨国公司被指影响东道国汇率的风险
控制出口市场	跨国公司被指控制了东道国出口市场的风险
为东道国培养管理和技术人才	跨国公司被指聘用国内高管和工人太少的风险

专栏 10-1

谷歌搜索服务退出中国大陆

早在2010年1月13日,谷歌在其官方网站上发布了一篇博文,透露将停止在中国过滤搜索结果。在中国市场上停止过滤搜索结果,意味着谷歌对于搜索结果的处理将不再依据中国法律。2010年3月23日,借黑客攻击事件,谷歌宣布停止对其中国搜索服务的过滤审查,并将搜索服务由中国内地转至中国香港。

谷歌已退出中国大陆近十年,中国搜索引擎市场早已物是人非。2024年5月,中国搜索引擎市场份额中,电脑端排名前四位的分别是:必应 45.59%;百度 24.63%;好搜 20.78%;搜狗 5.38%;手机端排名前五位的分别是:百度 67.74%;必应 14%;搜狗 5.47%;好搜 4.94%;神马 4.8%。在退出中国大陆前的 2009 年,谷歌搜索在中国大陆的市场占有率约为 13%,排名第二,仅次于百度。客观地说,谷歌退出中国大陆的损失不可谓不大。

谷歌搜索业务撤到中国香港之后,谷歌在中国内地仍设有公司,并确立其业务重点为展示广告、移动广告以及针对外贸企业的网络营销。根据外媒 2019 年的报道,谷歌在中国大陆的业务包括人工智能研究、云端计算、硬件、App 开发与服务、广告。显然,中国大陆市场极富想象力,谷歌欲罢不能。

问:以治理风险为视角,你认为谷歌当年退出中国大陆是否是明智之举?

2. 国家层面风险识别

(1) 资金转移风险识别

资金转移风险与东道国的资本管制有关,一旦东道国实施资本管制,跨国公司的资金无阻碍地流入和流出东道国的能力将受限,且受限程度与东道国实施的外汇管制程度有关。

资本管制通常是指限制外汇流出东道国,限制的做法和程度不一。例如,东道国政府可能要求转移到国外的正当资金(如股利、债务偿还、许可权费用等)需经过相关部门(如中国外管局)审核批准,或东道国政府通过增加税收和税种(如增设预提税)来增加资金转移成本。极端情况下,东道国可能采取冻结资金的做法,即完全冻结外汇(包括股利、债务偿还、许可权费用)流出东道国。

(2) 文化和制度风险识别

文化和制度风险可以通过比较分析母国和东道国之间的文化和制度差异来识别。因此,我们可以从文化和制度的内涵出发来确认跨国公司面临的文化和制度风险(见表 10-8)。

表 10-8　跨国公司面临的文化和制度风险

东道国的文化和制度	跨国公司面临的文化和制度的风险
产权制度	无法建立独资企业的风险
人力资源标准	必须聘用以及不得随意解聘当地高管和员工的风险
宗教传统	文化冲突的风险
知识产权	知识产权得不到有效保护的风险
腐败	陷入任人唯亲的风险
保护主义	发展受限的风险

3. 全球层面风险识别

由于全球化客观上加剧了国家间以及地区间的贫富差距,因此,跨国公司近年来面临的全球层面风险是前所未有的。从目前全球化的热点看,我们很容易梳理出跨国公司所面临的全球层面风险(见表10-9)。

表 10-9　跨国公司面临的全球层面风险

全球化面临的问题	跨国公司面临的全球风险
恐怖主义和战争	跨国公司重塑全球供应链的风险
反全球化运动	跨国公司遭受东道国员工攻击的风险
环境污染问题	分摊环境治理成本的风险
贫富差异	经营成本上升的风险
企业的社会责任	企业经营不可持续的风险
黑客攻击	生产经营暂时中断和瘫痪的风险

二、国际投资环境的风险管理

(一) 企业层面治理风险管理

跨国公司在识别出东道国的治理风险后,应该针对性地提前布局,包括与东道国政府商谈和签订投资协议,将可控风险锁定。

1. 与东道国政府签订投资协议

跨国公司应该遵循东道国的相关法律法规(在中国,有适用外商投资企业的法律法规,例如,2019年3月通过的《中华人民共和国外商投资法》自2020年1月1日起施行,《中华人民共和国外资企业法》同时废止),在法律法规未覆盖到的地方,可与东道国政府商议并签订投资协议,确定跨国公司与东道国政府各自的责权。

第一,明确可以汇回的资金流。国际直接投资项目的现金流入包括股利、许可权费用、还贷资金。事实上,这些现金流入项目所受限制存在差异,税负也不同,因此,通过协议方式予以明确,可减少资金转移成本。

第二,转移价格确定的基础。母公司和海外子公司之间通常存在关联交易,如子公司向母公司销售商品或产品。若东道国的所得税税率较高,那么,子公司有压低销售价格(转移价格)的动机和意愿,将利润转移给低税地的母公司。因此,为避免逃税之嫌,子公司可以用协议的方式确定转移价格的基础(如承诺转移价格不高于国际同类商品或产品价格)。

第三,承诺履行的社会责任。当今世界,"利益相关者至上"已成为公司崇尚的财务目标,因此,国际直接投资项目也不能例外。为体现应有的担当,跨国公司应该与东道国政府就建设社会和经济公共设施项目签订相关协议,如承诺为东道国建造学校、医院等。

第四,细化税收政策。为吸引外资,东道国通常会提供优惠的税收政策,以便营造良好的投资环境。为获得更大的税收优惠以及避免未来政策多变,跨国公司可与东道国就适用税率、类型和方法进行约定。

第五,取得向第三国市场出口的权限。有些国际直接投资的意图是看中东道国价格低廉的劳动力、土地和资源,获得成本优势,然后通过向第三国市场出口来获取超额收益。但是,新兴经济体有控制其出口市场的做法(如在中国改革开放早期实施过出口配额的做法),因此,为避免夜长梦多,跨国公司的这种出口意愿和权限应该通过协议明确。

第六,进入东道国资本市场的途径。新兴经济体的资本市场主要服务于其本国企业,对外商投资企业有限制,如外商投资企业不能在东道国发行股票融资。但是,凭借其优质的产品和稳定的现金流,外商投资企业有取得进入东道国信贷市场的能力。因此,为取得进入东道国信贷市场(尤其是长期信贷市场)的途径,应该取得东道国政府的允诺。

第七,明确外资的持股比例。为保护特定的产业(如传统的商业业态),东道国政府会审慎地对待外资的进入要求,即便引入,在外资是否全资控股上也会慎而又慎。20世纪90年代,外资大卖场法国的家乐福进入中国时,中国政府就有此担忧,担心国内传统的商业业态会承受不住。为此,与家乐福签订协议,规定其当时必须采取合资方式,且严格控制其当时的扩张速度和节奏。

第八,明确外商产品的定价权。东道国引进外资的意图之一是,为东道国用户提供新产品或提供优质的产品。显然,外商具有产品优势以及获取产品价格溢价的能力,但是,东道国会干预跨国公司的定价行为。为避免冲突,外商应该与东道国就适用于东道国市场销售的价格控制达成一致。

第九,聘用外籍管理和技术人才。培养本国的管理和技术人才以及增加就业是东道国引进外资的目的之一,外资应该尊重东道国的意愿,承诺平衡好本地与外籍管理和技术人员的聘用。

第十,关于计划撤资的规定。国际直接投资的风险巨大,因此,当危机来临时,跨国公司需通过撤资来避免损失或止损。为此,需与东道国就撤资的相关规定进行约定。

2. 购买投资保险和保证[①]

事实上,世上没有完备合约,即不是所有的事项都可以通过签订投资协议进行约定的。因此,跨国公司还需备有后手。若有条件,可以通过购买投资保险和保证,将有些风险转移给母国的公共机构。例如,美国海外私人投资公司可提供四种保险服务。

第一,不可转换性风险规避。例如,在极端情况下,东道国政府会采取冻结资金的做法,跨国公司便无法将投资收益、许可权费用、初始投资、贷款偿还等转成本位币转出的风险。一旦购买了该保险,当此种情况出现后,跨国公司就可以获得赔偿。

第二,征用风险规避。例如,在极端情况下,东道国可能会采取没收外资的做法。一旦此情形出现,跨国公司可获得赔偿。

第三,战争、革命、起义和国内冲突保险。若东道国国内动荡、政局不稳,就可能引发国内冲突。于是,会殃及跨国公司的海外资产,导致其有形资产受损,甚至影响其债务履行能

---

① 迈克尔·H. 莫菲特,阿瑟·I. 斯通希尔,戴维·K. 艾特曼. 跨国金融原理(第3版)[M]. 路蒙佳,译. 北京:中国人民大学出版社,2011:514.

力。跨国公司的这些损失可以获得相应赔付。

第四,企业收入保险。若东道国出现极端民粹主义行为,跨国公司的海外实物资产(厂房、设备等)可能因遭受冲击而严重受损。跨国公司可因此获得赔付。

3. 设计国际直接投资决策后的经营战略

投资协议和保险的重要性不言而喻,但是,仅有投资协议和保险还不够。为避免东道国政府通过改变规则,或重新商议投资协议带来的风险和压力,跨国公司应该制定符合自身利益的经营战略,尽量减少东道国通过改变规则施压的空间。

第一,增加在东道国的采购。为迎合东道国政府提振本国经济以及增加就业的意愿,外商投资企业可以增加在当地采购原材料和零部件的数量。此举有一石二鸟之效:一方面,可以提高当地就业;另一方面,可以提高国产化率。值得注意的是,此举可能的代价是增加了跨国公司的金融风险和商业风险,因而需要平衡好关系。

第二,选择生产设施的地点。资源导向型是跨国公司选择海外生产设施地点常用的做法。例如,石油钻探设施地点只能选择在蕴藏油气资源的地点(如沙特、伊拉克、伊朗、委内瑞拉等)。为避免风险,跨国公司在选择海外生产设施地点时,有时颇费周折。例如,中东地区具有不稳定性,因此,除钻探设备无法选择外,石油冶炼设备可选择在相对安全的邻近国家。但此举至少增加了运输成本。

第三,牢牢控制住核心技术。有时东道国引进外资的目的是借助外商的专利、工艺和技术,为东道国提供新产品或更优质的产品,或提升节能效应。因此,为减少风险,外商投资企业应该牢牢掌控好关键专利和工艺,并不断提升和改良技术水准。

第四,控制出口市场。借力外商投资企业,让本国企业获得国外市场份额是东道国引进外资的目的之一,最终目的可能是控制产品的出口市场。因此,若跨国公司拥有优质产品以及良好的销售渠道,就能够控制产品的出口市场,并在与东道国政府的博弈中占得先机。

第五,严控商标品牌名称。知名品牌和商标可以为拥有者带来价格溢价,并为此获得超额收益。只要知名品牌和商标所有权不旁落,就能独享它带来的所有好处。因此,拥有知名品牌和商标使得外商投资企业拥有很强的议价能力,是与东道国政府谈判时的主要筹码。

第六,多渠道融资。在东道国进行直接投资时,按最低要求进行股权投资,其余的资金尽可能通过东道国当地债务市场予以解决。因此,当东道国对外商投资企业进行非议甚至非难时,这些行为也威胁和伤害了东道国当地的债权人,东道国政府会就此收手或妥协。

(二)国家层面风险管理

国家层面风险包括转移风险以及文化和制度风险,这些风险的对冲和管理不尽相同。

1. 减少资金转移风险

第一,利用正常的资金转移渠道。从资金转出东道国的渠道看,股利支付、关联交易、债务偿还、支付许可权费用、撤资等是跨国公司常见的资金转移方式。在资本管制条件下,关联交易、债务偿还所受限制相对较少,转移成本也较小,因此,可以事先做一些规划和安排。

第二,借力金融机构的服务。如果资金转出东道国的成本过高,那么,可借助金融机构的服务予以应对。也就是说,跨国公司可以找一家跨国银行帮忙,理由是跨国银行(也可扩展至所有的金融机构)所受资本管制的限制相对较少。例如,中国一家跨国公司要求其海外子公司将拟转出的资金以存款的名义存入一家国际银行在东道国的分行内,然后这家国际银行在中国的分行以贷款名义将这笔钱(等值人民币)贷款给母公司。于是,资金实现了转移,母公司所要承担的资金转移成本就是这两笔资金的存贷利差。

第三,借力其他跨国公司。跨国公司可以找另一家跨国公司帮忙。例如,中国一家 A 跨国公司与另一家 B 跨国公司在东道国均设有子公司,于是,它们之间就可以签订贷款协议。根据协议,A 跨国公司要求其海外子公司将拟转出的资金转给 B 跨国公司的海外子公司,然后,B 跨国公司母公司将等值人民币的资金转给 A 跨国公司的母公司。但这种做法缺乏中介帮忙,交易对手不易匹配。

第四,争取特许权利。若跨国公司的直接投资有助于提升东道国重要产业的档次,如半导体、仪器、制药等高科技产业,那么,它除了获得税收等优惠外,东道国政府还可能在其他方面给予更大的灵活性,包括在资金转移方面获得相对宽松的条件。

第五,寻求再投资机会。在资金冻结情况下,若跨国公司确实无法转移资金,那么,只能被迫在当地进行投资。在风险可接受或承受的前提下实现收益最大化,是其在当地寻求再投资机会的第一要义。

2. 减少文化和制度风险

投资国和东道国在文化和制度上或多或少会存在差异。对跨国公司来说,有时需为此付出巨大的成本,因此,应想方设法对冲。

第一,减少所有权结构差异的负面影响。经济发展水平、行业保护、民粹主义等是造成各国所有权结构差异的主要原因。有些国家(尤其的新兴经济体)只允许外商投资企业采取合资形式且不允许外资获得合资企业的控制权。日本、韩国、中国内地都曾经历过这一过程,之后才予以调整或部分取消。事实上,每个国家都有不同程度的行业保护。例如,美国不允许外资参股国防企业,日本不欢迎外资参股农业。为此,跨国公司首先应该予以尊重,并静候机会来临。例如,大型外资零售企业(如沃尔玛、家乐福等)在中国从无到有、从小到大、从合资到独资的历程,充分说明了这一点。

第二,尊重人力资源定额差异。人力资源定额差异是外商投资企业无法绕开的话题。有些国家,培养本土人才以及增加就业机会是东道国引进外资的重要目标之一。例如,东道国在引进外资时,有要求外资必须雇佣一定比例本国公民的要求,且要求外资给出不得随意辞退本国雇员的承诺。因此,尽管人力资源定额差异可能会增加外资的经营风险,但外资至少赚到了口碑和声誉。

第三,洁身自好,借助外力。腐败是一个世界性问题,不仅限于新兴经济体。从 1995 年开始,"透明国际"(监察贪污腐败的国际非政府组织)会每年公布一份关于国际商业腐败情况的报告,并提供各国或地区的腐败印象指数(CPI)。腐败印象指数越高,说明越清廉;腐败印象指数越低,说明越腐败。例如,2023 年 CPI 对全球 180 个国家和地区进行排名,评分范围为 0(高度腐败)到 100(非常廉洁),获得最高分(90 分)的是丹麦,最低分的是索马里 11 分。显然,各国腐败情况差异很大。跨国公司首先需要洁身自好,但同时需要借助外力。目前,由于在美国上市的非美国公司很多,慑于美国《反海外腐败法》,相关公司都比较规矩。但该法无法对东道国当地公司产生威慑。因此,为了应对东道国当地竞争者商业贿赂,跨国公司的办法不多,可能的策略包括雇佣当地代理人尽快融合、了解当地法规做好自己。

专栏 10-2

美国《反海外腐败法》与你无关吗?

美国《反海外腐败法》也称《反海外贿赂法》,简称 FCPA(Foreign Corrupt Practices Act),该法于 1977 年制定,并经过 1988 年、1994 年、1998 年三次修改。该法旨在限制美国公司和个人贿赂国外政府官员的行为,并对在美国上市的公司(包括非美国公司)立规矩。在美国影响下,一些国家(如法国)也出台了类似 FCPA 的国内法。

如果一家中国公司,总部位于中国,从事的主要业务也在中国,其在美国存在的形式仅仅限于股票在美国纽约证券交易所上市(即在美国发行 ADR),那么,它是否受到 FCPA 的规制呢?

该公司很可能认为自己只是一家中国公司,并将管理工作的重点放在遵守中国的法律要求和满足中国的企业标准上。除了请律师帮助其在美国证券交易委员会(SEC)进行定期备案之外,在美国发行 ADR 的中国公司可能并不认为自己是在美国从事经营活动。然而,既然选择了在美国证券市场上市交易,那么该公司(从美国法律的角度看)实际上已经被确定为是在美国"从事经营"。因此,美国的监管机构认为该中国公司要受某些美国法律的约束,其中就包括美国的《反海外腐败法》(FCPA)。

《反海外腐败法》的处罚力度很大,21 世纪后尤甚。从处罚对象看,既包括对美国跨国公司(及个人)的执法,也包括对外国跨国公司(及个人)的执法。从处罚金额上看,截至 2019 年总计处罚额达到约 195 亿美元,其中对外国公司及个人的处罚额达到 57.8 亿美元。例如,西门子公司在 2008 年因违反《反海外腐败法》而支付了 8 亿美元罚金。又如,2018 年 9 月 27 日,巴西国家石油公司因违反《反海外腐败法》,与美国司法部达成不起诉协议,作为不起诉协议的一部分,巴西国家石油公司同意支付总计 8.532 亿美元的刑事罚款。因此,《反海外腐败法》已经起到了警示作用。

问:你认为美国《反海外腐败法》在多大程度上抑制了东道国存在的商业腐败?

资料来源:改编自 Amy L. Sommers, Matt T. Morley. 美国《反海外腐败法》为何与你我有关[EB/OL]. http://business.sohu.com/20140625/n401377289.shtml.

第四,保护知识产权。知识产权就是公司的财富,也是对公司大量研发支出的补偿和回报。若东道国政府在知识产权保护上的力度不强,就会给东道国的当地竞争者可乘之机,它们会侵害跨国公司的知识产权,致使跨国公司蒙受巨大损失。但是,跨国公司凭一己之力无法实现,需要政府积极推动。目前,大多数国家和地区批准了《与贸易有关的知识产权协议》(TRIPS),各国提升了打击侵权的力度。

第五,应对保护主义。具体而言,保护主义是一国为保护某一产业或某些产业免受国外竞争者威胁而做出的努力,受保护的产业包括国防(独立国防能力)、农业(确保国民食物的独立供应能力)、幼稚产业。东道国采取的努力包括关税和非关税壁垒(不易识别,通常是指包括以健康、安全或卫生要求为由发布)。在保护主义上,各国具有共性,美国等发达国家也不例外。因此,跨国公司的态度是慎入,除非获得一些优惠协议。

专栏10-3

中国国家电网入股德电网企业50Hertz交易两次流产

德国政府2018年7月27日宣布,已指示德国国有银行KfW收购德国输电系统运营商50Hertz 20%的股份,这意味着中国国家电网公司(以下简称"国网公司")的并购再次落空。

德国对这两起并购的态度并不令人感到惊讶,这可以被视作欧盟发出的更为审慎对待中国投资的重要信号。中国外交部发言人耿爽随后在记者会上表示,中方注意到有关报道,并对此表示关注,希望德方客观看待中国投资,为中方企业赴德投资创造公平开放的市场准入环境和稳定的制度框架。

德国联邦经济事务和能源部给出的解释是,基于国家安全,德国政府对关键能源基础设施的保护具有重大意义,并对是否需要更新相关条例进行持续评估。关键基础设施包括水、信息技术、保险、交通运输和健康等部门。德国联邦经济事务和能源部同时又表示,德国仍是世界上最开放的投资目的地之一,在投资与贸易等方面与其他国家高度融合。在与其国际合作伙伴的紧密合作中,注重市场合规条件、基于规则的经济、公平竞争环境、经济关系的互惠性以及对关键基础设施的保护。

并购交易遇阻

尽管德国政府并未阻止国网公司收购50Hertz的股份,但已经发生两次是另一家企业行使了其优先购买权取而代之。

第一次折戟。2018年初,50Hertz就证实国网公司正在与其所有者就20%股份收购进行谈判,并表示欢迎中国的投资。然而,最终由大股东比利时运营商Elia抢得先机。

第二次折戟。2018年7月27日,德国财政部和经济部在一份联合声明中称,决定将由德国复兴信贷银行(KfW)收购德国输电系统运营商50Hertz 20%的股份,这是出于对国家安全的考虑,保护关键的能源基础设施。这是一个"过渡解决方案",股份将在未来转售出去。

50Hertz是德国四大输电系统运营商之一,在德国东部和北部运营电网里程达1万千米,为1800万人提供电力,在德国能源转型中发挥关键作用。

德国一直是中国买家最为青睐的并购目的地之一。Dealogic的数据显示,2018年初至2018年7月,中国在德国的并购交易总规模已达16亿美元。然而,并购带来的关键技术外流的问题令德国政府担忧,中国美的集团以45亿欧元收购库卡曾一度激起德国媒体和公众的讨论,导致保护主义情绪上升。

2021年5月,《德国对外贸易条例》(Foreign Trade and Payments Ordinance)的修订案生效,适用于所有非欧盟投资者。该法规扩大了审查的权限和期限,使政府能更容易否决非欧盟公司对德国公司25%或以上股权的收购案。

业内人士认为,德国政府的确开始更加密切关注外国投资者对某些关键基础设施和技术资产的投资活动,并对此类投资采取更强硬的立场。《德国对外贸易条例》第十七次修订案适用于所有非欧盟投资者,并不是针对中国收购者。也是在该法规下,中国公司对飞机零部件生产商COTESA的收购案成功通过了德国政府的审查。

并购前须做好审批风险评估

在中美贸易摩擦不断、美国对中企赴美投资监管趋严的形势下,欧洲对于中国投资仍然相对开放。Mergermarket数据显示,中企在欧洲并购金额上涨逾四成,是在美并购额的4.5倍。

但业内人士对此提出了担忧,"有人认为美国收紧了中国的投资监管,尤其是高科技领域,因此欧盟可以作为一个'替代'市场,这种思路未必可靠,别忘了美欧同盟的关系。欧盟对于一般的中国投资可能还是会持开放态度,但对敏感领域的投资也会更为审慎,中国对欧盟高科技公司收购的难度将加大。因为很多高科技公司并不是独立运营的,涉及上下游诸多关键领域,有一些涉及军民两用技术,公司业务可能也不仅仅是在欧洲。中国公司在欧盟的并购活跃度很可能会受此影响"。

事实上,德国政府正在利用其外国投资控制法案来密切审查中国的潜在投资活动。尤其是德国仍存在一种情绪,认为德国向中国投资时缺乏互惠和公平竞争。在这种背景下,中国政府在近期中德经济技术合作论坛上做出的承诺以及放宽对汽车行业的限制,被德国政府和德国商界视为非常积极的信号。

对此,业内人士认为:"我们对未来绝对持乐观态度。虽然中国对欧洲的某些投资可能会受到更加严格的审查,且审批流程可能较以往需要更长的时间,但拒绝中国的投资仍然只是个例,并且仅限于关键的基础设施、技术和国防领域,中国在其他行业的投资仍相对灵活。"

越来越多西方国家正在不断强化外国投资和收购的标准。2018年7月,英国宣布了一项收紧外国收购监管的行动计划,扩大了英国为保护自身竞争优势而否决并购交易的范围;美国外国投资委员会(CFIUS)改革法案最终版本也于2018年7月获美国国会众议院通过,该法案将大幅扩大CFIUS的审查权限。

2017年以来,中国企业的海外投资受到来自内部和外部的"三明治式"挤压,一方面,中国政府收紧针对境外投资的外汇管制;另一方面,外国政府对中国投资的猜疑和监管进一步加强。在当前形势下,中国企业在进行并购安排之前要充分做好前期项目的评估,特别是审批风险方面的评估。在并购的交易架构、模式等方面,要尽量避免与监管机构产生正面冲突。

> 问：以跨国公司面临的国家风险视角，你如何评价德国政府的做法？
>
> 资料来源：改编自和佳. 一周两起对德并购交易遇阻德国对外国投资审查或将收紧[EB/OL]. https://m.21jingji.com/article/20180731/5624fd6b83694844bc68452b69bc6020.html.

（三）全球层面风险管理①

1. 应对恐怖主义和战争

第一，支持政府与恐怖主义斗争。恐怖主义对跨国公司造成过巨大的负面影响。例如，"9·11"事件发生后，由于飞机停航，戴尔公司的全球供应链遭受了重创，为避免重蹈覆辙，戴尔几乎重构了其全球产业链，付出的代价不可谓不高。目前，并没有好办法来对冲此类风险，因此，支持政府与恐怖主义斗争是跨国公司的不二选择。

第二，调整跨国供应链。尽管恐怖主义对跨国供应链一体化构成了威胁，但是，跨国供应链一体化也给跨国公司带了巨大的利益，仅就存货成本而言，每年为相关公司节省了数亿美元。因此，跨国供应链一体化不会因恐怖主义威胁而消失。然而，为了避免全球供应链免受恐怖主义威胁，需进行调整，如改进存货管理、适当增加安全储备量，采购来源地多元化，重新评估运输工具等。

2. 应对反全球化浪潮

跨国公司受益于全球化带来的好处，但这也拉大了国与国之间的贫富差异，使得一些国家（尤其是发达经济体国家，如美国）丢失了不少蓝领工作岗位。因此，我们就不难理解，北美自由贸易协定的反对者和欧盟内部的反对者都将矛头直接对准跨国公司。跨国公司无力对抗反全球化，在反全球化声浪中它又首当其冲。事实上，面对全球化浪潮，跨国公司其实很无奈，可做的事情不多：一是支持政府降低贸易壁垒；二是认识到跨国公司是被攻击目标。

3. 应对黑客攻击

网络没有国界，黑客在暗处，跨国公司在明处，跨国公司每天都面临严重的黑客攻击。例如，领英网曾两次遭黑客大规模攻击，2012年该公司650万个用户账户遭到了黑客攻击，2016年该公司超过1.17亿个账户的用户名和密码信息被黑客出售。又如，2014年黑客攻击了摩根大通公司的一个服务器，窃取了银行数百万账户的数据，用于诈骗计划，据称造成了约1亿美元的损失。事实上，跨国公司的应对办法非常有限：一是加强网络安全；二是支持政府反黑客攻击。

4. 应对环境问题

近年来，跨国公司在环境问题上扮演了负面角色，原因有二：一是跨国公司将高污染项

---

① 迈克尔·H. 莫菲特，阿瑟·I. 斯通希尔，戴维·K. 艾特曼. 跨国金融原理（第3版）[M]. 路蒙佳，译. 北京：中国人民大学出版社，2011：526.

目转移至新兴市场国家或地区;二是成为全球变暖的主角。为此,跨国公司应该正视该问题,做自己该做的事情:一方面应显现出对环境的敏感性;另一方面应支持政府努力控制污染水平。

5. 承担应有的企业社会责任

近年来,企业的社会责任已上升至一个新高度,如上市公司每年要披露社会责任报告。因此,企业不仅要对得起股东,还要同时顾及企业的相关利益者,包括顾客、供应商、债权人、国家等。显然,企业社会责任关乎企业可持续发展。例如,星巴克是一家著名的跨国公司,由于其主营业务与咖啡有关,因此,关注咖啡种植者的利益,星巴克责无旁贷。为履行相应的社会责任,星巴克通过制度设计,确保咖啡种植者有一个体面的收入,这是以牺牲或减少星巴克收益为代价的。

6. 在解决贫穷问题上尽一份力

尽管贫穷不都是跨国公司惹的祸,但国际化和全球化确实拉大了国与国之间贫富差距。因此,跨国公司的海外子公司在获取超额收益的同时,应该为当地雇员提供体面的、安全的工作,至少提供不低于当地竞争者的工资福利水准。

专栏 10-4

全球层面下的企业社会责任

香港中文大学商学院牧野教授的团队进行了题为"母公司企业社会责任与海外子公司表现:信号理论"的研究,从3个数据库内交叉引用和分析了196家日本公司在2002—2014年有关财务、海外投资与企业社会责任(CSR)活动的信息,试图揭示企业社会责任如何影响跨国企业的海外子公司,得到了很有意思的结论,即跨国公司母公司开展社会责任活动有利于海外子公司在所属市场的运营。

那么,其中的基本逻辑是什么呢?研究团队认为,对于跨境经营的公司来说,东道国利益相关者的认同是至关重要的。

第一,在横跨多个不同司法地区运营的跨国公司,必须兼顾每个市场中的本土(东道国)利益相关者,包括政府、公共领域,还有普罗大众。

第二,对子公司的营运来说,东道国利益相关者拥有极大影响力,或授予子公司经营许可证和牌照,或成为子公司关键供应商,或变成子公司忠诚度高的客户。

只有当这些利益相关者认同和满意跨国公司在社会和环境方面的经营实践,才会愿意认可和支持其当地业务。一些跨国公司虽然拥有大量资源并可迅速拓展新市场,但问题在于缺乏在当地经营的业绩,因此未能成功与当地利益相关者建立关系。

那么,为迎合众多东道国利益相关者,跨国公司该如何做呢?

第一,母公司发布信息以说明其社会和环境立场,致力于建立正面工作环境和提高产品质量,及以可持续方式维持发展。这种"信号"可以为子公司的当地利益相关者提供信息,有利于奠定良好关系的基础,尤其是当子公司在当地的知名度较低时。

第二,迎合东道国相关利益者的诉求。从事生产的跨国企业子公司往往牵涉更多不同范畴的利益相关者,这些利益相关者有更大动机和更多方法去了解跨国企业子公司的CSR价值观。若跨国公司子公司属制造业,那么,东道国的利益相关者(通常包括工会、当地供应商和非政府环保组织)不会太依赖企业总部发布的信息。他们会付出很多心力,从生态、经济和社会影响等角度监察这些跨国公司在本地的运营。因此,跨国企业子公司需付诸行动,通常在环保等方面尽心尽力,表示他们对当地经济和社会举足轻重。

2022年,中国与全球化智库(CCG)从抗疫责任、减贫责任、市场责任、教育责任、环保责任五大维度综合分析在华跨国企业社会责任现状和基本特征,综合推荐出2020—2021年在华跨国企业社会责任30强。大众汽车集团(中国)、安达保险有限公司、雀巢(中国)有限公司、微软(中国)有限公司、宝马集团等榜上有名。

问:你认同这种排名吗?

资料来源:改编自"2020—2021年度在华跨国企业社会责任(CSR)研究报告",中国与全球化智库;"全球层面下的企业社会责任",香港中文大学商学院。见 http://www.cog.org.cn/wp-content/uploads。

本章小结

在国际资本预算等技术手段屡屡止步于国际直接投资决策时,跨国公司越来越偏好投资环境评价,希望寻找到好的境外投资项目,获得更大的发展空间。这也是20世纪70年代之后投资环境评价方法大行其道的原因。

国际直接投资环境是指影响对外直接投资决策以及结果的所有外部因素的集合,包括东道国的政治气候、法律制度、体制机制、地理环境、自然资源、基础设施、文化一元化程度、经济结构和发展水平、市场深度和广度、货币与金融政策等。国际直接投资活动具有相当大的不确定因素,这些外部因素又是投资者难以把握的,因此,在进行对外直接投资之前,跨国公司应该对东道国的投资环境进行评价。

当今世界,投资环境越来越复杂,远非20世纪六七十年代所能比。在进行FDI之前,跨国公司既要顾及东道国的国家层面风险,也要关注企业层面风险和全球层面的风险,因此,需要构建新框架来评估国际投资环境。

关键词

投资环境　冷热国法　投资环境评分法　国家风险评估法　国家风险评估指南　企业风险　国家风险　全球风险　投资协议

习 题

1. 根据冷热国法,一国的投资环境主要由哪些因素组成?
2. 跨国公司海外直接投资面临哪些企业风险?
3. 跨国公司海外直接投资面临哪些国家风险?
4. 跨国公司海外直接投资面临哪些全球风险?
5. 对冲企业层面风险的主要做法有哪些?
6. 应对全球风险应有的态度是什么?
7. 公司 FDI 前,需进行投资环境评价,以降低投资风险。以下的公司经营战略预计可降低企业层面风险的损害。战略一:当地采购;战略二:运输控制;战略三:市场控制;战略四:品牌名称和商标控制。

要求:请说明每种战略是如何降低损害的。

8. 假如某跨国企业拟在英国或德国建立一家子公司,该子公司所需资金由东道国的银行提供大部分贷款。在考虑了税收和汇率的影响后,该跨国企业认为,其从英国的子公司获得的收入超过来自德国子公司的收入。又假定英国和德国的政治稳定,初始投资相同。因此,该跨国企业选择在英国投资建厂。

请问你是否赞成?并给出理由。

第十一章 国际长期融资管理

📖 【学习要点】

1. 为什么跨国公司发行国际债券融资时更青睐欧洲债券？
2. 跨国公司如何用好 DR、多重挂牌？

跨国公司直接面对国际资本市场，拥有更大的长期融资灵活性。但是，受汇率、两国利率差异以及税制差异等因素的影响，跨国公司的长期融资决策变得棘手。除了比较和分析融资方式之外，跨国公司还要考虑使用何种币种进行融资，以及关注利率波动对融资成本的影响等。本章介绍国际金融市场结构、国际长期融资的主要方式及其运作。

第一节 国际金融市场结构

伴随着企业经营国际化，国际金融市场也发生了很大变化。20世纪80年代以后，世界经济和金融形势发生了巨大变化，在推动国际金融市场迅速发展的同时，又促使国际金融市场在内部结构和功能上发生了一系列变化。跨国公司与国际金融市场之间的关系也越来越密切。本节主要介绍各类金融市场的特征、机制、运作以及跨国公司对它们的利用。

一、国际金融市场①的形成和发展

第一次世界大战以前，英国自由资本主义迅速发展并向海外极度扩张，英国经济实力跃居世界首位。英国伦敦在当时集中了世界上大部分财富，英镑也成为世界上主要国际储备货币和国际结算货币，伦敦以其政治稳定、经济繁荣和较完备的金融制度等优越的金融条件率先成为世界最大的国际金融市场。

第一次世界大战爆发至第二次世界大战结束后，英国经济持续遭受重创，伦敦国际金融市场的作用逐步被削弱，英镑地位不断下降。美国转而成为世界最大的资金供应者，美元成为各国的储备货币和重要的国际结算货币，美国纽约金融市场迅速崛起，并超过伦敦成为世界最大的国际金融市场。同一时期，瑞士因免受战争灾难以及具有良好的金融环境，凭借瑞士法郎能够自由兑换的优势，瑞士苏黎世金融市场上自由外汇②交易和黄金交易非常活跃，金融市场得到迅速发展。在这一阶段，纽约、伦敦和苏黎世成为世界三大国际金融市场。

---

① 金融市场是资金融通的场所，意指因经常发生多边资金借贷关系而形成的资金供求的市场。从这一含义引申，如果金融市场上资金借贷关系发生在本国居民之间，就是国内金融市场；如果这种借贷关系涉及其他国家(非居民)或超越国境，成为国际性的资金借贷，即为国际金融市场。因此，国际金融市场就是居民与非居民之间，或者非居民与非居民之间，按照市场机制进行货币资金融通和交易的场所或营运网络。

② 自由外汇，又称"现汇"或"自由兑换外汇"。

20世纪60年代以后,美国国际收支出现持续的巨额逆差,动摇了美国信用并迫使美国政府采取一系列金融管制措施。金融管制进一步刺激美元大量外逃,美国境外的国际金融市场得以飞速发展,不仅在欧洲形成了规模巨大的欧洲美元市场,而且亚洲和世界其他地区也建立起了国际金融市场。国际金融市场不再局限于少数国家,而是快速扩展到巴黎、法兰克福、阿姆斯特丹、卢森堡、新加坡、中国香港等,甚至是一些鲜为人知的地方,如加勒比海地区的开曼群岛和中东的巴林等地,也相继形成重要的国际金融市场。

20世纪80年代和90年代,国际金融环境动荡不定,利率和汇率的频繁波动和世界政治经济形势的变化使国际融资风险急剧增加,金融竞争日益激烈,各国政府为了加强本国的国际金融地位和实力,积极推行金融自由化,放松金融管制。例如,1986年,伦敦股票交易所开始接纳外国公司作为正式成员,在伦敦的外国商业银行的分支机构可以成为交易所的会员。这一做法使伦敦拥有世界最具活力、最开放的资本市场。

金融市场管制的解除以及金融服务业竞争水平的提高促使国际金融创新活动持续而广泛地发展,国际金融创新又推动国际融资的证券化和金融的自由化,并形成诸如外汇期货和期权市场、国际股票市场、国际债券市场、外国股票指数期货和期权市场、欧洲票据市场以及一些新的离岸金融市场等。国际金融创新还加速了国际金融市场的一体化,使以前在地理上和金融业务上彼此分割的一些主要金融市场,通过金融创新活动而紧密地联系在一起,它们相互影响和促进,广泛应用先进的技术,形成了一个全球性的金融市场。例如,中国公司或中国概念公司(如中国移动、中国联通、阿里、京东、拼多多等)可以直接在美国纽约证券交易所和纳斯达克股票交易所挂牌上市,而美国的公司也可以在伦敦股票交易所挂牌上市。

与此同时,一些新兴经济体,如墨西哥、泰国和马来西亚等,在对外开放的进程中大力引进和发展离岸金融业务,纷纷建立离岸金融市场,力求通过吸引更多的外资,加速国内经济的发展,并取得了举世瞩目的成绩。

二、国际金融市场一体化

由上文可知,国际金融市场一体化是一个渐进的过程。国际金融市场一体化有三层含义:一是各国银行和金融机构跨国经营而形成的各国金融市场的关键链,如中国银行在海外(如纽约、伦敦)设有分行,这些海外分行就是关键链;二是各金融市场之间形成的关联链,极大地促进了各国金融市场之间的金融交易量的增长;三是各国金融市场的利率决定机制相互影响,表现为相同金融工具在不同金融市场上的价格趋于一致,即市场分割消失。国际金融市场一体化的形成主要路径有两条。

第一,金融活动一体化。表现为需要尽可能去除国际金融领域中的各种壁垒和障碍,各国在金融市场、机构、工具乃至货币上具有较大甚至很大的趋同性。

第二,金融制度一体化。即形成多个相关国家必须遵守的制度,但这会涉及国家的利益和主权,因此,主权国家对此都非常审慎。

国际金融市场一体化是一把双刃剑,有积极的一面,也有消极的一面。

从积极面看,首先,国际金融市场一体化提高了金融市场效率;其次,促进了金融创新;再次,提高了资产配置效率;最后,促进了国际贸易发展。

从消极面看,首先,资本自由流动导致金融资产价格(尤其是汇率)过度波动,降低金融市场稳定性;其次,各国金融市场之间的传染效应致使国际金融体系的系统风险上升,加大了金融市场脆弱性,如1997年东南亚金融危机、2008年全球金融危机就是金融市场脆弱性的表现;最后,国际金融市场一体化削弱了各国货币政策的自主性,金融监管体系失效的风险提高。

三、国际金融市场的结构

金融市场是关于金融资产或金融负债的市场,它有许多分类方法。按市场是否受到一国管制进行分类,金融市场可以分为国内金融市场、国际金融市场和境外金融市场三部分(见图11-1)。

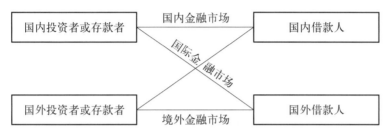

图11-1 国际金融市场的构成

由图11-1可知,在国内金融市场上,金融合约按国内本位币发行,在国内销售,并受国内监管当局监管。在境外金融市场上,金融合约按东道国本位币发行,在东道国销售,并受东道国当局监管。在国际金融市场上,金融合约在一国境外销售,并同时受一个以上国家监管部门监管(如发行外国债券),或不受任何国家监管部门的管制(如发行欧洲债券)。

国际金融市场的主体是指国际金融市场的交易者或参与者。客体是指国际金融市场的交易对象,分自由外汇和金融工具。组织形式是指将国际金融市场的主体和客体联系起来进行交易的方式,具体有两种组织形式:一是以固定场所为交易依托的组织形式;二是以营运网络为交易依托的组织形式。

国际金融市场结构取决于对其考察的角度,不同的考察角度得出不同的结构模式。若从经营业务种类角度考察,可将其划分为资金市场(包括国际货币市场、国际信贷市场)、外汇市场、证券市场(包括国际债券市场和国际股票市场)和黄金市场;若从资金融通期限角度考察,又可划分为短期资金融通的国际货币市场和长期资金融通的国际资本市场。具体可参见表11-1。

表11-1 国际金融市场的结构

分 类	构 成	交易对象	备 注
按经营业务种类划分	资金市场	长、短期资金	——
	外汇市场	外汇	买卖、存放与借贷
按经营业务种类划分	证券市场	各种有价证券	间接投资
	黄金市场	黄金	——

续表

分　类	构　成	交易对象	备　注
按资金融通期限划分	货币市场	短期资金	期限在1年以内
	资本市场	长期资金	期限在1年以上

由表11-1可知，在第一种划分类别中，资金市场包括离岸银行业务市场、离岸票据市场、离岸信贷市场，证券市场包括外国债券市场、离岸债券市场和国际股票市场；在第二种划分类别中，货币市场包括离岸银行业务市场、离岸票据市场等，资本市场包括离岸信贷市场、外国债券市场、离岸债券市场、国际股票市场等。

四、跨国公司与国际金融市场的关系

国际金融市场提供了优质的金融服务和更大的投融资灵活性，跨国公司在寻求资金时不必受限于国内金融市场，其投资也不仅限于国内市场上发行的金融资产。因此，跨国公司越来越依赖国际金融市场，既可以在全球范围内以低成本得到资金，又可以在国际范围内为其闲置资本提供储存生息和投资获利的机会。

（一）跨国公司的投资活动与国际金融市场紧密相关

不同国家的金融资产（如存款和有价证券）投资者，如个人、公司和政府等，在运用闲置资金进行金融资产投资时，常常会遇见本国缺乏相对足够、相对适宜的投资渠道的情况，因此，他们有去海外寻求相对足够、相对适宜的投资渠道的强力动机。

跨国公司在国际金融市场上进行投资的动机很多。例如，由于经济政策、贸易限制等经济条件的不同，跨国公司在国际金融市场上可能实现比在国内金融市场更为满意的业绩，高投资回报会引发跨国公司关注和投资国际金融市场。又如，某一种外国货币对本国货币有升值可能，跨国公司在购买以这种外国货币计价的金融证券时，必然考虑了其币值变动的影响。另外，跨国公司在国际金融市场上进行投资时，还会考虑国际金融市场投资组合的多样化以降低非系统性风险。追逐利润以及规避风险的动因会使跨国公司更愿意在国际金融市场上进行组合投资。

（二）跨国公司的融资活动与国际金融市场紧密相关

不同国家的实物资产（如固定资产和存货）投资者，如跨国公司或政府等，在进行实物资产投资时，往往会面临自有资金不足、存在投资资金缺口，又苦于在本国难以获得相对足够、相对适宜的融资渠道的窘境。因此，他们有去国际金融市场寻求相对足够、相对适宜的融资渠道的意愿。

跨国公司在国际金融市场上进行融资的动机很多，如国内金融市场和国际金融市场存在利率差异。一国由于经济的高速增长急需大量资金，而该国金融市场又由于资金需求方的大量存在而形成了较高利率，与国际金融市场的同期低利率存在明显利差。在其他条件不变的情况下，存在资金缺口的跨国公司一定会选择从较低利率的国外市场融资。又如，汇

率变动。如果预期某一外国货币存在贬值可能,投资者借入该种外国货币就可以降低实际融资成本。理由是,跨国公司在还本付息时所需的本国货币相对减少,取得了一笔汇兑收益,这在一定程度上抵消了资金的部分使用成本。因此,在国际金融市场上,跨国公司的融资便利性、融资灵活性大大增强。另外,国际收支逆差的国家也可能成为国际金融市场的融资者,以解决其国际支付能力不足的困难。

可见,国际金融市场为不同国家的投资者和融资者的财富创造要求和规避风险需求提供了相互满足、彼此匹配的机制。国际金融市场上的中介机构(包括商业银行和投资银行)在间接融资和直接融资的机制下,通过提供不同期限、不同货币、不同金额、不同利率、不同融资主体的金融工具,通过提供承诺、担保、代理、中介、咨询等全方位的金融服务,既可以为投资者提供丰富多彩的投资手段,使他们在安全性、流动性和营利性之间做出最佳抉择,又可以为融资者提供多种多样的融资渠道,使他们可以根据自己的偏好做出最佳选择。这样,国际金融市场实际上就成为在全球范围内将一国的储蓄转化为另一国的投资的中介。

第二节 跨国公司长期融资的路径和原则

通常,企业长期资金主要用来进行长期项目投资[①],跨国公司也不例外。跨国公司拥有在国内资本市场和国际资本市场两个平台上进行融资的空间和能力,其中,国际资本市场是跨国公司特有的融资平台。从自身的发展以及维持国际竞争力角度看,跨国公司越来越依赖国际资本市场。国际资本市场由国际股票市场、国际债券市场和国际信贷市场等组成。跨国公司长期融资决策是一项非常复杂和困难的工作,它涉及一般融资决策的原则。面对汇率风险和利率风险,跨国公司在融资过程中会大量运用套期保值方式,寻求在低风险条件下实现融资成本最小化的路径。本节介绍跨国公司的长期融资特点以及在融资决策过程中所要考虑的重要原则。

一、国际长期融资的路径

通常,跨国公司的融资是有一定的路径和顺序的,如先国内资本市场融资、后国际资本市场融资。长期融资的顺序如图11-2所示。

图11-2 国际长期融资的顺序

由图11-2可知,随着公司经营国际化,会越来越多地依赖国际资本市场。首先,跨国公司会尝试在不知名的国际债券市场发行国际债券融资,一旦公司成为知名企业后,就会在目

---

① 也有一部分长期资金用于永久性流动资产投资。

标市场或欧洲债券市场发行国际债券融资；其次，会尝试在一些不知名的股票市场发行国际股票融资，之后考虑在目标市场（如美国纽约证券交易所、伦敦股票交易所）发行国际股票（如 ADR 或 GDR）。

然而，也有不按照图 11-2 所示的顺序"出牌"的企业。例如，中国的一批跨国公司（如中石化、中石油、中国移动等）跳过不知名的国际股票市场，直接在目标市场（纽约证券交易所）通过发行 ADR 挂牌。

二、国际长期融资原则

（一）有效使用杠杆

根据资本结构理论，杠杆对公司价值的影响巨大。因此，在长期融资决策中应该善用杠杆原理。

第一，由利息税盾效应大小决定是否进行债务融资。利息税盾效应由举债引发，它能够为公司带来价值增值。由于利息税盾效应大小与所得税税率高低有关，因此，如果公司处于实施高税率的国家和地区，那么，在融资灵活性较大的情况下，跨国公司可考虑采用债务融资。对于处于低税率国家的公司，增加债券并非出于获取利息税盾效应的考虑。

第二，高风险企业应该减少或避免债务融资。风险包括经营风险和财务风险，因此，高风险意味着公司现金流量不稳定，还款压力大，支付能力差，债务融资可能会加剧公司的财务困难。因此，高风险企业应该尽量避免或减少债务融资。低风险公司具有较为稳定的销售收入和利润，拥有持续稳定的现金流，因此，此类公司可适当加大杠杆，同时还可以享受利息税盾效应。

第三，公司价值受无形资产、社会经济因素影响巨大的公司不应该偏好债务融资。如果公司价值受无形资产影响巨大，那么，公司的价值主要来自商誉等。如果公司价值受社会因素影响巨大，那么，公司的价值主要来自社会和经济的景气度。因此，这些公司的资产特征是，实质资产（有形资产）的比例较小，具有"轻资产"特点。一旦公司在经营上面临困境，或宏观经济环境恶化时，公司面临财务危机的概率增大，过多的债务将加剧公司的财务困难。

第四，稳定增长企业和成熟企业可以使用债务融资安排资金。稳定增长企业和成熟企业的财务特征为，企业的销售增长率和利润增长率稳定，利润和现金流充裕，现金支付能力较强。因此，无论从融资的便利性、利息税盾效应，还是从公司最终还款能力看，这类公司可以适当加大杠杆。

（二）在选择资本成本最低的外币资本时注意规避货币风险

在国际资本市场上进行资金融通时，跨国公司应该基于资本成本最小化原则。国际资本市场为跨国公司以资本成本最小化为原则选择融资方式提供了可能，但是，由于融资者将面临外币升值的风险，因此，跨国公司同时需要规避货币风险。

货币风险的品种较多，如本书前几章介绍过的会计风险、交易风险和经济风险。尽管会计风险不会对公司的收入和成本产生实质性的影响，但它的存在有时会对公司价值产生间接且较为负面的影响。交易风险是交易过程中所形成的交易合约因未来汇率非预期变动所形成的未来履约风险。经济风险是汇率的非预期变动造成公司的成本和收入结构变动,直接影响公司价值,进而威胁公司竞争力的风险。因此,融资者应该先辨别汇率风险的类型,然后选用合适的外币标价进行资金融通,同时采用金融市场工具或非金融市场工具对冲货币风险。

以规避汇率风险为目标的国际融资决策对公司的益处将是多方面的:一是以低成本获得资金融通;二是降低出现财务困境的概率;三是加大公司的财务杠杆;四是提高国际竞争力。

(三) 按财务风险的大小选择利率形式

如果公司未来现金流入的稳定性与债务本金和利息支付的稳定性不匹配,那么,公司就有可能发生技术性违约或技术性支付困难,其面临财务困境的概率增大。因此,为了使得公司未来现金流入与债务本金和利息的支付匹配,在举债融资时,公司必须在固定利率和浮动利率之间进行选择。通常的做法是,现金流入稳定的公司选择固定利率,而现金流入不稳定的公司则选择浮动利率。

公司营业收入是跨国公司经营现金流入的主要来源,营业收入的稳定与否决定了其经营现金流入的稳定性。在营业收入稳定性以及对影响因素的敏感度上,不同公司会存在差异。如果企业的营业收入稳定,选择固定利率将会降低企业的财务风险;反之,选择浮动利率是可取的。如果公司的营业收入对利率、物价指数和经济循环等因素的变动非常敏感,则应该选择浮动利率。但是,在实践中,企业在选择利率形式上可能偏离以上原则。如果浮动利率预计低于固定利率,即便收入不稳定,公司也有可能为了实现低成本融资而选择浮动利率。然而,这种选择需要配以利率风险的规避措施。

(四) 合理使用衍生工具

如果国际资本市场是完善的,那么,任何一种债券都可以用相同的成本来复制,使得原来债券与复制债券之间没有套利机会。但是,国际资本市场是不完全的,例如,存在本国市场的相对利益、对外国投资者和融资者的限制多于本国融资和投资者、各国的利率结构不同、不同借款者的相对优势等,这些因素使得有些债券经常以较低的成本被复制,形成了套利机会。

互换合约是复制原来债券的一种方法,同时,也是一种套利工具。互换合约已成为当今国际资本市场的重要衍生工具,跨国公司可以利用国际资本市场不完全性所产生的相对优势进行融资,通过互换合约获得理想的融资条件。其效果是:一方面获得了融资成本最低的资本;另一方面规避了金融风险。

第三节　国际债券融资

国际债券一般可分为外国债券、欧洲债券和全球债券,它们在新债发行、转手交易等方面的运作存在差异。

一、国际债券的种类和形式

(一) 国际债券种类

1. 外国债券

外国债券是指由外国借款人在某一国资本市场上以该国货币所发行的债券。例如,在美国销售的以美元标价的债券(也称扬基债券);在日本销售的以日元标价的债券(也称武士债券);在英国销售的以英镑标价的债券(也称斗牛犬债券),在中国境内销售的人民币债券(也称熊猫债券)。

外国债券受外币所属国相关法规的影响和规制,新债发行和转手交易需要参照外币所属国国内债券规则进行运作,因此,具有很大的国别差异。例如,若中国公司同时在美国发美元债券和在英国发英镑债券,那么,中国公司需分别按美国和英国相关债券管理规则进行运作。

2. 欧洲债券

欧洲债券是指由借款人在某一国资本市场上以第三国货币所发行的债券。例如,美元欧洲债券、欧洲美元债券、日元欧洲债券、欧洲日元债券、瑞士欧洲债券等。

欧洲债券的最大特点是,发行人通常不会受外币所属国债券管理规则的直接影响和规制,因此,欧洲债券受到更多跨国公司的青睐。据统计,全世界每年发放的国际债券中,欧洲债券占80%以上,欧洲债券市场是最有效率、最富有创造性的债券市场。中国的跨国公司(包括金融和房地产企业)也偏爱欧洲债券(见表11-2)。例如,腾讯公司于2020年5月在亚洲最新的大规模美元债券发售中筹集60亿美元,是中国企业2020年前5个月中规模最大的美元债券发售。

表11-2 2015—2023 中国企业发行的离岸债券　　　　单位:亿美元

年　份	金　额
2015	734.18
2016	794.98
2017	2 079.56
2018	1 770.38
2019	2 575.50
2020	2 820.71
2021	2 320.37
2022	1 689.22
2023	1 767.00

注:数据包括欧洲债券和全球债券,但欧洲债券占比约为70%—80%。

3. 全球债券

全球债券是指融资者同时在不同国家(包括本国)发行,且可用包括本国货币在内的任何国家货币计价的债券。与欧洲债券不同,全球债券可以用发行地所在国货币计价。例如,作为全球债券,中资企业发行的人民币债券不仅可以在中国发行,也可以在境外发行。又如,2022年,中资企业以人民币计价发行了278.2亿等值美元的全球债券。

(二) 常见形式

外国债券、欧洲债券和全球债券是三类国际债券,但是,它们在国际债券市场上交易的债券品种很多,国际债券市场比国内债券市场更具创新性,时有新的债券品种出现。常见的债券品种有六种,它们经常出现在外国债券市场和欧洲债券市场上,被广泛接受。

1. 零息债券

零息债券是指在到期前无须支付债券利息的一种债券,以折价发行。该债券最早由投行推出,并被投资银行大肆使用。例如,在收购案中,发行零息债券可以满足收购方的资金需求。由于零息债券特殊的付息特点,使得收购方在收购完成后,无须面临巨大的付息压力。零息债券的另一种形式是本息剥离债券(stripped bonds),即债券息票和本金分离,产生了一系列单独以息票或本金表示的零息债券。

2. 固定利率债券和浮动利率债券

固定利率债券的利率固定不变,该债券也称为纯债券。浮动利率债券是指在某一个固定的时间,根据某种短期利率(如 LIBOR、SHIBOR 等)或根据长期利率的均值进行调整的一种债券。

3. 可转换浮动利率债券

可转换浮动利率债券是指在某一时期之后,债券持有人可以向债券发行人交换固定利率债券的一种债券。该债券嵌入了一个可转换期权,投资者可以根据未来利率水平决定是否行权或转换。

4. 具有提前收回条款债券和回售债券

具有提前收回条款债券是指在一定时期之后,该债券发行人可以动用债券契约中的提前收回条款赎回所发行的债券。回售债券是指在某一时期之后,债券持有人能够按照某一价格回售给债券发行者的债券。这两种债券各嵌入了一个期权,其中,发行人拥有提前收回期权,而投资者拥有回售期权,他们可以根据利率未来走势来决定是否行权。

5. 可转换债券

可转换债券(convertible bond,简称 CB)是指债券持有者可以在将来某一时期之后,将其所拥有的债券转换成债券发行者的一定数量的股票。这种公司债券最早见于英国,在国际债券市场上颇为流行,"可转换"常被视为债券促销的一种"诱饵"。

6. 指数债券

指数债券是指债券的利率或本金根据通胀率、消费者物价指数、证券指数等进行调整的债券。与通货膨胀指数挂钩的债券、与股票指数联系的债券是较常见的指数债券。该类债券的特点是：在到期偿还本金时，本金是不确定的，而是以股票指数或通胀指数为依据作上下调整。例如，在清偿与通胀指数挂钩的债券本金时，如果确实发生了通胀，那么，债券发行者应该以高于债券本金的数额清偿；反之，则以低于本金的数额清偿。

（三）欧洲债券的特殊形式

相比于外国债券市场，欧洲债券市场是一个更具国际化和创造性的市场，欧洲债券在新品种的推进上也快于外国债券。双币债券、部分支付债券、资产背书债券等通常是被人津津乐道的一些欧洲债券品种。

1. 双币债券

双币债券(dual-currency bonds)由日本人首创。它的特点是，跨国公司以某一种货币发行，且定期支付该货币利息，但是，在债券到期日则以另一种货币偿还本金。在这一基础上，衍生出其他类型的带有双币债券特点的债券，如"具有双币选择权的欧洲债券"(eurobonds with currency option)和"双币可转换欧洲债券"(eurobonds currency convertible bonds)。具有双币选择权的欧洲债券赋予投资者一份期权，即允许投资者可以按照某一预定的汇率，选择以债券计价货币之外的某一种外币收取利息和本金，这种债券可以为投资者规避汇率风险。双币可转换欧洲债券也赋予投资者一份期权，例如，一家日本企业发行标价货币为美元的双币可转换欧洲债券，投资者可以视情况决定是否行权，如果该日本公司（发行人）股价上升，那么，债券投资者很可能会按某一预定转换比率，将债券转换成发行公司股票。双币债券是可转换债券的一种特例。

2. 部分支付债券

部分支付债券的特点在于，在发行时允许投资者支付部分债券的买价，一段时间后再清偿余下的债券款项。这种债券为投资者提供了一种值得投资的品种，为投资者提供了套利空间。例如，当某国的利率升高时，该国货币可能会贬值。此时，投资者只要支付部分款项，就可以买下这种货币的债券。一方面，投资者获得了这种高利率债券；另一方面，该国货币的贬值使得债券投资者只要花较少的本国货币就能清偿余下的款项。

3. 资产背书欧洲债券

资产背书欧洲债券(assets-backed eurobonds)与美国政府住房贷款证券化①的原理类似，以发行人的某项资产作为抵押而发行的债券。该债券销售是否顺利有赖于债券信用等级的高低，而信用等级高低则取决于该债券的抵押数量以及是否有第三方进行担保。如果债券的发行采用超额抵押以及由第三方提供担保，那么，这种债券的信用等级将会很高。只有信用等级高的债券才会购销两旺。

---

① 美国政府以抵押贷款的方式资助百姓购房，考虑到贷款资金巨大，美国政府为了保证这项工作的持续性，将原有的贷款和贷款利率作为抵押，创造出新的债券来融通资金。

二、国际债券的发行

(一) 债券发行和承销

1. 外国债券发行和承销

外国债券一般由外币所属国国内银团承销,通常先由国内银行承销,然后再转销给投资者。外国债券可以通过公募或私募的方式实现资金融通,但是,公募形式常常受到限制。例如,有些国家规定,外国债券不得以公募形式发行,但允许采用私募形式,直接将外国债券出售给少数投资者。在发行外国债券之前,必须向外币所属国证券管理部门登记注册。显然,外国债券发行和承销带有很大的国别差异。又如,中资机构在美国发行美元债券一般须在 SEC 注册或按 144A 规则发行,即遵循发行地的法律与监管要求。其中,SEC 注册属于公开发行方式,144A 属于私募发行。再如,2014 年 11 月 20 日,阿里巴巴在美国发行 22.5 亿美元的债券,期限为 10 年,主要用于替换银团贷款和增加对美投资,其中摩根、花旗、德意志都是阿里巴巴公司债交易的承销商。阿里巴巴发行的债券发行采取 144A 规则。

若外资机构在中国发行人民币债券(熊猫债),则需遵循中国的法律与监管要求。熊猫债通常指境外机构在中国境内银行间债券市场(由中国人民银行主管)或交易所债券市场(由证监会主管)发行的人民币计价的债券。从 2022 年的熊猫债发行数据来看,银行间债券市场是熊猫债发行的主要场所,占总体发行量的近 97%。熊猫债发行适用中国法律,境外发行人按照交易商协会以及境内债券发行的信息披露规则执行。对于银行间债券市场的熊猫债,按照境外非金融企业债务融资工具注册文件表格注册和披露,募集说明书按照 FM 表格式准备。交易所熊猫债按照公司债券的信息披露和发行文件要求准备。发行流程见表 11-3。

表 11-3 熊猫债发行流程

注册/发行材料准备阶段	确定主承销商及各中介机构
	召开项目启动会
	协调各中介机构准备各项申报文件
	签署承销协议并组建承销团
申报发行注册或核准阶段	制作全套材料并上报交易商协会或交易所
	推进注册并根据协会或交易所意见修改材料
	获得发行注册通知书或核准
路演阶段	制作推介材料
	主承销商配合发行人向投资者推介
发行阶段	开立发债专户,公告发行文件
	簿记建档发行
	缴款
	挂牌交易

2024年6月5日,全球大型综合性化学品制造企业德国巴斯夫集团发行首单20亿元人民币熊猫债,成为又一家进入中国债券市场的跨国企业发行人,中国银行和汇丰银行是牵头主承销商。

2. 欧洲债券发行和承销
(1) 发行规则

欧洲债券,即以发行人和发行地国家之外的第三国货币为面值货币发行的债券,监管则更为宽松。以中资美元债为例,若中资机构在美国境外向非美投资者以私募方式发行美元债,则通常只须遵循RegS条例,从而形成了不同于SEC注册或按144A规则的第三种发行模式或监管模式。RegS规则是中资美元债最主要的发行模式。据Wind数据,截至2022年1月,所有1 256只明确了发行方式的现存中资美元债券中,绝大部分(1 206只债券)采用RegS条例的发行方式。

目前,中资机构境外发行美元债券的市场规则主要有S条例(RegulationS,或称RegS条例)与144A规则。表11-4对此进行了归纳。

表11-4 SEC注册、RegS条例和144A规则的异同及适用

	SEC注册	RegS条例	144A规则
发行对象	美国境内合格机构投资者(QIB)、亚洲和欧洲机构投资者、美国个人投资者	美国境外投资者(亚洲和欧洲机构投资者)	美国境内合格机构投资者(QIB)、亚洲和欧洲机构投资者
性　质	公开发行	非公开发行	美国境外发行
发行区域	全球发行	全球发行	美国境外发行
规　定	符合1933年《证券法》规定的公开发行债券条例	在美国境外发行,符合SEC第S号条例的发行方式,不能向美国投资者发行,不受SEC的监管	可以在美国之外发行,也可以向美国的合格机构投资者发行,符合美国证券法第144A条款
适用法律	使用纽约法律和SEC的相关监管规则	可以选择英国法或香港法或纽约法,并按照相关的法律进行监管	美国证监会1990年通过的144A规则,使用纽约法律和SEC的相关监管规则,发行人可以依据144A规则豁免SEC的登记要求
评　级	需要评级	不强制评级,最好1—2个评级机构给予评级,欧洲的一些发行人可在没有评级的情况下依靠他们的品牌名称进入市场	不强制评级,最好2个评级机构给予评级
所需时间	8周左右	5—7周	6—10周

续　表

	SEC 注册	RegS 条例	144A 规则
信息披露要求	最严格：需遵循 SEC 证券法规定的持续性披露义务	最宽松：较容易的披露要求和法律意见要求，是否需 SAS 72 式的有反面保证的安慰函可以选择	介于 SEC 和 RegS 之间：需要 10b-5 法律意见以及 SAS 72 式的有反面保证的安慰函
财报要求	必须列出本地准则和美国准则之间的差异	不需要列出本地准则和美国准则之间的差异	必须列出本地准则和美国准则之间的差异
发行规模	5亿—60亿美元	2亿—10亿美元	5亿—30亿美元
年　限	5—30年	3—10年	5—30年
发行利率	低	高	中

注：亚洲和欧洲机构投资者包括基金管理公司、资产管理公司、商业银行、中央银行、养老金、保险公司及散户。

资料来源：美国证券交易委员会。

关于 144A 规则。鉴于美国国内的机构投资者拥有更强的理解、预测、管理证券市场风险的能力，为方便数量越来越多的成熟机构投资者投资，SEC 于 1990 年颁布 144A 豁免条例，允许证券发行人、转让人在向美国合格机构投资者出售、转售证券时，无须按 SEC 规则登记。按 144A 规则发行债券的信息披露要求低于按 SEC 规则发行的要求，而合格机构投资者主要包括大型的基金管理公司、资产管理公司、商业银行、养老金以及保险公司等。2010 年以前，中资美元债主要以 144A 规则发行，理由是当时美国境内的机构投资者还是中资美元债的主要融资来源。2010 年以后，来自亚洲的资金开始快速增长，美国的投资机构也在亚洲设立了越来越多的分支，对 144A 规则的需求逐渐减弱。

关于 RegS 条例。20 世纪 80 年代开始，跨国公司的快速发展与全球化进程的加快，国际市场上的美元债发行人希望为资本流动争取一个更加宽松的信息披露模式。此外，面临来自伦敦等欧洲证券市场的竞争，为避免处于竞争劣势，也为了便于美国公司发行离岸债券，美国的政策制定者最终选择在美国国内市场之外规范一个新的离岸美元债市场，而不是通过降低信息披露门槛来帮助国际发行人在 SEC 注册。1990 年，美国颁布 RegulationS（RegS）条例，如果证券的发行、交易主要活动不发生在美国境内且证券不会回流到美国国内市场，那么，该证券的发行可以无须按 SEC 规则注册。非美国公司也可以基于 RegS 条例发行面向美国境外美元投资者的离岸债券。

（2）承销方式

欧洲债券的发行是一项非常复杂繁重的事务，由国际承销银团（underwriting syndicate）承办，国际承销银团是由投资银行、商业银行和专门从事公众发行的商业银行的分支机构组成的集团。一般由一家或多家银行（也称主承销商，leader manager）牵头，组织一个世界范围内的承销集团，又称发行辛迪加或承销辛迪加。在 2008 年全球经济危机之前，花旗集团、德意志银行、瑞银集团、高盛集团、美林、汇丰、雷曼兄弟、巴克莱、美洲银行、摩根士丹利、摩根大通等是欧洲债券的顶级承销商。

欧洲债券的承销辛迪加集团一般由三类银行组成：主承销商(也称牵头行)、承销行和促销行。其中，牵头行负责与借款人协商合同条款、确定市场状况以及管理债券的发行工作，它应对债券的承销负主要责任。承销行和促销行的任务是负责把债券推销给投资者，两者的区别在于：承销行以事先商定的价格从牵头行购得债券，若日后不能以更高的价格出售，损失由承销行自负；而促销行纯粹是销售代理机构，只收取销售佣金，若债券不能以既定价格出售，则可以退回牵头行。传统的欧洲债券辛迪加结构见图11-3所示。

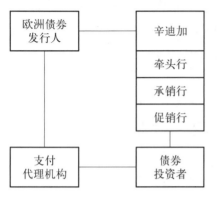

图 11-3　欧洲债券辛迪加结构

组织好承销辛迪加以后，辛迪加向借款人(即债券发行人)提供一个实盘，债券即可发行，承销商用自己的资金从债券发行人处折价购入债券。承销辛迪加往往还组织一个更大的认购集团，通过这样一个庞大的由商业银行、经纪人和投行组成的集团，安排发行销售。

此外，发行欧洲债券还须委托一家银行作为支付代理机构，主要替借款人负责对投资者按期付息和到期还本，以及经营偿债基金等工作。例如，2024年5月31日东方资产发行6.5亿美元高级无抵押定息债券，期限为5年，票面利率为5.75%，上市地点为港交所，债券用途为一般业务用途。东方资产管理公司发行的债券面向美国境外的投资者。这只中资美元债为欧洲债券，因此，发行适用RegS条例，中银国际、花旗银行和渣打银行等14家金融机构是此次债券发行的全球协调人，上述14家机构和农银国际、瑞银(UBS)等18家金融机构同时作为债券联席簿记行及联席承销商。

(二) 国际债券评级

由于债券的信用等级和债券的发行联系紧密，因此，为了促使国际债券在一级市场上达到购销两旺，也为了保证一定的融资规模，跨国公司非常关注国际债券的信用等级。跨国公司拟发行的国际债券需要由权威的评估公司评级，美国的标准-普尔和穆迪、法国的惠誉(Fitch)、日本的债券研究机构所和日本投资服务所、加拿大的债券信用等级服务公司、中国的中诚信等都是世界著名的信用评级机构。例如，如果外国融资者拟在美国发行外国债券(如在SEC注册)，那么，美国证券管理机构会要求该债券须经过标准-普尔或穆迪进行信用等级评鉴。通常这种信用评级带有强制性。

国际债券信用评级的核心是对债券发行者[①]的支付能力进行当前评价，重点考察债券发行者的还款意愿和还款能力。下面，我们以标准-普尔的信用评级方法为例加以说明。

表11-5中所列示的各类信用等级仅仅表示借款人(债券发行人)流动性风险的高低、法定优惠权的大小、债务合法性以及可强制执行性等。根据标准-普尔的信用评级提示：第一，信用评级不考虑担保人或保证人的信用以及增强债务信用的手段；第二，信用评级不是推荐购买、持有或出售债券的评价；第三，信用评级不是债券市场价格合适性的评价；第四，由于未来的不确定性，信用评级可能仅仅反映较短时间内债券发行人的信用；第五，国家风险是对任何国际债券发行人或国际债券进行评级时的重要内容。

---

① 对债券发行者的主体信用评级和对债券的评级存在差别，两者的信用等级可以不相等。例如，债券发行者的信用等级为BBB，若其所发行的债券有额外的抵押和担保，那么，该债券的信用等级可以高于发行者的信用等级BBB。

表 11-5　标准-普尔对公司债券发行人的信用等级定义和描述

信用等级	信用等级定义和描述
AAA	表明债务人有极强的还款意愿和能力
AA	表明债务人有很强的还款意愿和能力
A	表明债务人还款能力强,但易受环境和经济条件变化的影响
BBB	表明债务人有足够的还款能力,环境和经济条件的变化会使其还款能力减弱
BB	表明债务人与其他更低级别的债务人相比,其债务保障性稍高。但是,它面临严重的长期不确定性,而且如果处于不利的商业、财务或经济条件之中,债务人会失去还款能力
B	表明债务人比"BB"等级债务人更易失去还款能力,但是,它目前具备履行偿还债务能力。不利的商业、财务或经济条件很可能削弱其还款的意愿和能力
CCC	表明债务人目前履行债务的能力非常脆弱,并且要依赖良好的商业、财务或经济条件才能维持这种还款能力
CC	表明债务人目前还款能力极度脆弱
"+"或"-"	从"AA"到"CCC"等级分别可以用"+"或"-"进行修正,以表示该债券人与处于同一级别的其他债券人之间的差异
R	表明债务人因财务问题正处于监管之下。由于监管未结束,债务人只能对部分债务履行还款义务
SD 或 D	如果债务人的违约是经常性的,并且债务人无法支付其所有或大部分债务时,就会被评为"D"级;如果债务人已经在某项债务上选择性违约,并且该债务人将来在其他债务上会继续这种状况时,就会被评为"SD"
N.R.	表示债务人未进行信用评级

资料来源:切奥尔·S. 尤恩,布鲁斯·G. 雷斯尼克. 国际财务管理(原书第8版)[M]. 赵银德,刘瑞文,赵叶灵,译. 北京:机械工业出版社,2018.

由于主权政府偿还外部债务的能力弱于国内债务,因此,国际债券发行者偿还外币债务的能力远低于偿还本币债务。在对国际债券发行人或国际债券进行评级时,须考虑主权(国家)风险。标准普尔在评估主权风险时所考察的内容见表 11-6。

表 11-6　标准-普尔在评估主权风险时所考察的内容

政治风险	政治环境的稳定性与合理性 大众对政治的参与程度 经济政策决策和目标的透明度 公共安全 地理性政治风险

续　表

收入与经济结构	市场经济的繁荣程度、多样化程度和市场化程度 收入差距大小 信用的可获得性 非金融私人领域的竞争性和获利能力 公共领域的效率 贸易保护主义和其他非市场影响 劳动力灵活性
经济增长前景	储蓄和投资的规模和构成 经济增长率和增长模式
财政灵活性	国家政府收入、支出、盈余/赤字的趋势 收入的途径和效率 支出的效果和存在的问题 财务报告的及时性、全面性和透明度 养老金负担
国家债务负担	国家债务总额和净额分别占 GDP 的比重 财政收入中用于支付利息的部分 债务币种构成以及到期日的分布 当地资本市场的广度与深度
境外债务和或有债务	非金融性公共领域企业的规模和状况 金融领域的繁荣程度
货币弹性	经济周期中的价格行为 货币与信用扩张 汇率制度与金融目标的一致性 制度因素（如央行的独立性） 货币政策工具的范围和效率
外部流动性	财政政策和货币政策对外部账户的影响 经常账户的结构 资本流动的组成 储备金的充足性
公共领域外部债务	公共领域外部债务的总额与净额（包括结构性债务）占经常账户收入的比重 到期日分布、当前债务结构、对利率变化的敏感度 获得优惠贷款的途径 债务还本付息的负担
私人领域外部债务	金融领域外部债务的总额和净额（包括结构性债务）占经常账户收入的比重 非金融性的私人领域的外部债务总额和净额占经常账户收入的比重 到期日分布、当前债务结构、对利率变化的敏感度 获得优惠贷款的途径 债务还本付息的负担

资料来源：切奥尔·S. 尤恩，布鲁斯·G. 雷斯尼克. 国际财务管理（原书第 8 版）[M]. 赵银德，刘瑞文，赵叶灵，译. 北京：机械工业出版社，2018.

由于有严格的信用评级制度以及欧洲债券较高的发行门槛条件,因此,欧洲债券的信用等级普遍较高。据估计,70%以上欧洲债券的信用等级在"AA"以上。

> **专栏 11-1**
>
> **苹果缺钱吗?**
>
> 传统上,苹果公司一般在美国发行美元债券融资,但是从 2014 年开始,苹果改变了做法。2014 年 11 月,苹果公司发行了 28 亿欧元债券,这是该公司首次发行非美元债券。苹果公司此次共发行了两种债券:14 亿欧元的 8 年期债券,年利率为 1%;14 亿欧元的 12 年期债券,年利率为 1.6%。债券评级为 AA。
>
> 2013 年后,苹果公司开始大幅度回购公司股票,将公司的一部分现金回报分给股东,苹果公司主要通过发行债券来获得回购股票的资金。迄今为止,其已累计发行了 500 亿美元的长期债券。
>
> 2015 年 2 月,苹果公司第一次在瑞士发行瑞士法郎债券。同年 6 月,苹果公司又在日本发行日元债券,7 月苹果公司第一次在英国发行英镑债券。据统计,在苹果公司发行的所有公司债券中,16.25%属于海外发行的非美元债券。
>
> 2015 年 8 月,苹果公司再度在海外进行债券融资。据路透社报道,苹果公司在澳大利亚完成债券发行,一共融资 22.5 亿澳元,相当于 16 亿美元。其中,4 年期债券的年收益率为 2.88%,7 年期债券的年收益率为 3.71%。
>
> 苹果公司拥有 2 000 多亿美元的现金和现金等价物,可以说是全世界最不缺钱的公司之一。
>
> 问:苹果为何还要通过发行债券来融资呢?请给出可能的解释。

三、国际债券转手交易

在二级市场上,国际债券交易的方式可以分为两种,即经纪商交易方式和柜台交易方式。在柜台交易方式下,买卖交易并不在一个固定的交易场所进行,可以通过电话、电脑网络进行。在经纪商交易方式下,所有交易的买卖订单均通过经纪商在交易所进行。

外国债券在二级市场上的交易方式可以比照货币所属国国内债券的交易方式。例如,法国、意大利和丹麦等国采用经纪商交易;德国、英国、日本和荷兰等国采用柜台交易;美国的外国债券在纽约股票交易所交易。显然,外国债券的转手交易带有明显的国别差异,因此,了解各国国内债券二级市场的特点有助于全面理解外国债券的转手交易规则。

欧洲债券除部分由投资者和法人机构持有外,其余部分均进入二级市场进行交易。信用等级越高的欧洲债券,其交易越活跃。欧洲债券的二级市场是由全球欧洲债券经纪商所组成的交易系统,该系统被称为国际债券经纪商委员会(AIBD)①,它的做市商、经纪商和相关的金融机构遍及全球,其会员已超过 800 个。在欧洲债券二级市场上,主要交易发生在伦

---

① 该组织设在苏黎世,是一家自我管理的组织。

敦以及欧洲其他主要的金融中心,如苏黎世、卢森堡、法兰克福和阿姆斯特丹。中资美元债二级市场交易集中在场外电子平台,如彭博等。采用做市商制度,投资者可以点击选择报价、交易及成交,可以公开或者匿名询价。各种交易安排较为灵活,市场流动性充裕,价格信号功能较强,有利于迅速揭示市场风险。

目前,欧洲债券有两个主要的交易结算系统。一个是欧洲清算中心(Euroclear),设在布鲁塞尔。该中心由比利时的摩根担保(Morgan Guaranty)创立,世界上大部分欧洲债券交易额都是由该系统清算。另一个是国际清算银行,设在卢森堡。该结算系统由德国证券及衍生工具交易所、世达国际结算系统等合并而成。两种交易清算系统的规则基本一致,每个会员都在其所属的结算系统设有债券账户和现金账户,所有交易的清算都以每日的交易净额为清算的基础。在清算时,系统会自动将证券凭证的所有权从卖方债券账户转移至买方债券账户,同时,将资金从买方现金账户转至卖方现金账户,整个清算过程不涉及债券和现金的实质性交换。清算系统向其会员收取交易清算费和账户保管费。

事实上,欧洲债券二级市场与外币所属国国内债券二级市场之间存在着相关性,表现在欧洲债券的价格与外币所属国国内债券价格存在着一种正相关关系,这种关系已被很多公司所发行的国内债券和欧洲债券的价格走势所证明。但由于两个市场的投资者受政府法规与其他规则的限制,无法进行自由的套利活动,因此,欧洲债券市场和国内债券市场的价格走势并不完全一致。从与国内债券市场的相关性看,欧洲债券市场不是一个完全独立的市场,外币所属国的政府或央行还是可以对欧洲债券产生间接影响。从某种意义上说,欧洲债券市场是外币所属国国内债券市场的一个延伸。

第四节 国际股票融资

自1611年荷兰商人在阿姆斯特丹进行股票交易,形成世界第一个有组织的交易市场以来,股票市场已有400多年的历史了。然而,在20世纪80年代以前,受证券法规的制约,各国的股票市场基本处于一种相对封闭和被分割的状态,投资者只能买卖在本国股票交易所挂牌的品种。20世纪80年代以来,金融自由化和一体化浪潮推进了股票发行市场和转手交易市场的国际化。不过,与一体化程度很高的欧洲货币市场和欧洲债券市场相比,国际股票市场仍深受相关国家金融法规约束。

一、股票市场的国别差异

(一)股票市场规模比较

发达经济体国家和地区的股票市场规模远大于新兴市场国家的股票市场规模。如果用股票市值(剔除一些非正常年份,如2000年和2008年的股灾)来衡量股票市场规模,那么,发达经济体国家和地区近十年来的股票市值占全球股票市值的比重不会低于80%。据保守估计,近十年来,中国香港地区、意大利、荷兰、瑞士、加拿大等国股票市场的年均市值都超过了5 000亿美元,法国和德国股票市场的年平均市值超过1万亿美元,英国股票市场的年均市值超过了2万亿美元,日本股票市场的年均市值超过2.5万亿美元,美国股票市场的年均市值甚至超过了12万亿美元。

相比之下,新兴市场国家和地区的股票市场起步较晚,总体规模较小,市值占全球股票总市值的比重不到20%。近十年来,新兴股票市场发展迅猛,但年均股票市值超过1 000亿美元的国家和地区尚不超过10个。其中,墨西哥、印度、马来西亚三国的年均股票市值超过1 000亿美元,巴西、南非两国的年均股票市值超过2 000亿美元,韩国和中国台湾地区的年均股票市值均接近3 000亿万美元。中国内地股票市场发展速度最快,股票市值逐年递增,目前,股票市值已超过部分发达经济体国家和地区股票市场的市值。中国内地股票市场已成为新兴股票市场中不容小觑的一个市场。

(二) 股票市场流动性比较

总体来说,发达经济体国家和地区的股票市场保持较高的流动性,即投资者可以快速地以接近当前报价的价格进行股票交易。如果用一段时间(如1年)内股票交易额与股票市场规模或与总市值的比率(也称周转率)表示流动性,那么,该比率越高,说明股票周转速度越快,股票在二级市场上容易转手。近十年来,发达经济体国家和地区规模较大的股票市场的流动性都比较高,周转率都不低于50%。其中,丹麦、芬兰、希腊、爱尔兰、挪威、葡萄牙、澳大利亚、中国香港地区、日本、新西兰、新加坡、加拿大、法国等国家和地区的周转率都超过50%;德国、荷兰、西班牙、瑞典、美国的周转率都超过100%,美国在不少年份更是接近甚至超过200%,显示出极强的流动性。

相比之下,新兴股票市场的流动性总体较低,且差异很大。近十年来,大部分发展中国家和地区的股票市场缺乏流动性,只有中国内地、印度、韩国、中国台湾地区、土耳其等国家和地区的股票市场表现出较强的流动性。

(三) 股票市场的市场集中度比较

发达经济体国家和地区股票市场的市场集中度较为分散,而新兴市场国家和地区股票市场的市场集中度较高。股票市场集中度可以用各国或各地区股票市场上10只最大股票的市值合计数除以该国家或地区股票总市值来表示。国外研究机构的研究表明,新兴市场国家和地区股票市场的市场集中度普遍较高。例如,以2003年为研究窗口,在33个新兴股票市场中,有25个股票市场的市场集中度超过40%。

(四) 股票发行审核制度比较

发行审核制度主要有注册制和核准制两种。注册制是指发行人在公开发行之前,按法律规定向证券发行主管机关提交与发行有关的文件,在一定期限内,主管机构未提出异议,发行人的证券发行注册就算成功的一种审核制度。例如,美国、日本的股票发行采用注册制。核准制是指证券监管部门对证券发行既要进行形式审查,又要进行实质审查,除审查发行所提交的文件的完整性和真实性之外,还要审查该证券是否符合法律、法规所规定的实质条件,发行人只有符合这些条件后方可获准发行。例如,许多欧陆国家的股票发行采用核准制。

(五) 证券法规比较

20世纪90年代以来,主要发达经济体国家纷纷从证券法向金融服务法转型。其主要特点有为：一是将证券扩展至包括传统证券在内的各种金融商品；二是将证券投资者视为消费者；三是从规范证券发行和交易转变为规范证券中介机构等金融服务者的行为。

英国向来不太注重成文法，其新股发行参照《公司法》中的相关规定。为了对零碎的证券法规进行集中表述，1986年，英国率先制定了《金融服务法》，该法案标志着商业银行可以涉足证券投资领域。1998年，英国颁布《金融服务和市场法案》（该法案于2000年正式获得批准），是规范英国金融业的"基本法"，它包括金融监管服务局（FSA）、对金融行为和经营者的规范、交易规范、市场规范四个主要部分。

在美国，1933年的《证券法》和1934年的《证券交易法》奠定了美国证券法的基础。美国又先后制定了《金融服务现代化法》（1999年）和《公众公司会计改革与公司责任法》（2002年）两部重要法律。其中，《金融服务现代化法》打破了分业经营的壁垒；《公众公司会计改革与公司责任法》又称《萨班斯-奥克斯利法案》，大幅修改了《证券法》和《证券交易法》中的相关条款，要求建立独立的会计监察委员会，负责制定审计准则，对独立会计公司进行监督、明确管理者的受托责任以及法律责任。

1948年开始，日本仿效美国，陆续制定了《证券交易法》《关于规制商品投资相关事业的法律》《不动产特定事业共同法》以及《关于投资信托和投资法人的法律》。这些法律明确规定：证券管理机构有权采用注册、核准等措施监督金融从业人员的活动，金融从业者须承担信息披露的义务。2000年，日本专门制定了《金融商品销售法》，该法规定，在销售银行、信托、证券、期货或其他具有投资性质的金融商品时，金融从业者应当承担说明义务，并应承担适当销售义务。2006年，日本颁布了《金融商品交易法》，该法进一步扩大了金融商品的范围，详细规定了金融从业者的说明义务，明确规定金融从业者要根据投资者的知识、经验、财产状况以及交易目的等因素履行说明义务。

（六）证券管理机构的差异

在美国，证券管理机构是隶属于政府的证券管理委员会。在日本，证券管理机构是日本财政部。在德国，证券管理机构是由多家银行组成的股票同业局。在法国，证券管理机构是法国证券管理局。

二、国际股票发行

从上文的国别比较可以看出，美国、日本、英国、德国和法国的股票市场是世界最主要的股票市场，也是跨国公司通过发放股票进行融资的重要场所。20世纪80年代后，证券交易国际化为国际股票融资提供了更大的空间。

（一）国外多重挂牌上市

国外多重挂牌上市，也称交叉上市，是指跨国公司除了在本国股票交易所挂牌上市之外，还向某一国家或地区股票交易所申请挂牌上市或向多个外国股票交易所申请挂牌上市。

跨国公司选择多重挂牌上市的主要原因有：第一，在全球寻求低成本资金；第二，跨国公司可以借此提高国际声誉，改进产品的国际形象；第三，在发达经济体国家的股票交易所上市可以改善公司治理结构。然而，跨国公司将为此付出相应的成本，如挂牌费用和审计费用、会计调整所发生的成本[①]、受到更严厉的市场监管等。同时,跨国公司没法保证其股票在多个股票市场上都保持较高的流动性以及维持良好的市场表现,由此影响了融资国际化。

已有的统计数据显示,发达经济体国家和地区的股票交易所一般都接受外国公司挂牌上市,其中,纳斯达克证券交易所、纽约证券交易所、伦敦证券交易所、泛欧证券交易所、瑞士交易所、卢森堡股票交易所是世界最受跨国投资者青睐的多重挂牌的场所。近年来,日本东京股票交易所、新加坡证券交易所以及一些新兴股票市场(如韩国)加大了接受国外企业挂牌上市的力度。因此,跨国公司通过多重挂牌上市的空间和选择面都扩大了。不少中国跨国公司是多重挂牌的实践者和获益者(见表11-7)。

表 11-7 中国企业海外上市

上市年份	香港联合交易所	纳斯达克证券交易所	纽约证券交易所	美国证券交易所	新加坡证券交易所	法兰克福证券交易所	伦敦证券交易所	东京证券交易所	合计(个)
1968					1				1
1972	2								2
1973	7								7
1979					1				1
1980	7								7
1981	1				1				2
1982	1								1
1984	1								1
1986	1								1
1988	3								3
1990	3								3
1991	6								6
1992	8				1				9
1993	11		1		3				15
1994	16		1		2				19
1995	2				2				4

[①] 在他国挂牌上市须遵循当地的证券管理法规和会计制度,国际企业必须进行会计调整。

续表

上市年份	香港联合交易所	纳斯达克证券交易所	纽约证券交易所	美国证券交易所	新加坡证券交易所	法兰克福证券交易所	伦敦证券交易所	东京证券交易所	合计(个)
1996	12		1						13
1997	27		3		5		3		38
1998	4		1		4				9
1999	8	1	1		6	1			17
2000	10	5	3	1	5		2		26
2001	11		2		5				18
2002	13		1		3		1		18
2003	21	1	1		11				34
2004	19	8	2		28		3	1	61
2005	14	10	1	1	21		3		50
2006	23	10	3	1	25		14		76
2007	15	30	19	1	24	7	8	2	106
2008	11	17	4	3	12	5	4		56
2009	9	35	10	6	9	4	3		76
2010	24	42	21	4	6	9	3		109
2011	15	8	10			5			38
2012	14	3	1			7	3		28
2013	27	6	4			1			38
2014	35	11	7		1	5			59
2015	52	10	2			1			65
2016	49	9	3						61
2017	58	17	10						85
2018	92	18	16	3		1			130
合计	632	241	128	20	176	46	47	3	1 293

注：数据没有剔除中途退市的公司数。
数据来源：CSMAR 数据服务中心。

表 11-7 显示,截至 2018 年,中国海外上市公司数量已达 1 293 家。其中不少公司采取多重挂牌,或采用 A+H 模式,即同时在内地股票交易所(如上交所或深交所)以及香港联合交易所同时挂牌;或采用 A+ADR 模式,同时在内地股票交易所以及美国纽约证券交易所或纳斯达克证券交易所同时挂牌。

2018 年,中国证监会启动了"沪伦通"。沪伦通是指上海证券交易所与伦敦证券交易所之间的一种互联互通机制,是指符合条件的两地上市公司,依照对方市场的法律法规,发行存托凭证(DR)并在对方市场上市交易。同时,通过存托凭证与基础证券(即标的股票)之间的跨境转换机制安排,实现两地市场的互联互通。沪伦通包括东、西两个业务方向。东向业务是指伦交所上市公司的标的股票,通过跨境转换等方式转换成中国存托凭证(CDR),在上交所挂牌交易;西向业务是指上交所 A 股上市公司的标的股票转换成全球存托凭证(GDR),在伦交所挂牌交易。

2022 年 2 月,中国证监会正式发布《境内外证券市场互联互通存托凭证业务监管规定》,优化沪伦通存托凭证机制,同时将德国和瑞士纳入境内外证券交易所互联互通存托凭证业务适用范围,境内 GDR 发行主体也从上交所上市公司扩展到了深交所上市公司。因此,中国上市公司多重挂牌的选择余地更大了。目前,海外上市的中国企业数量远超表 11-7 中的总数。

专栏 11-2

杉杉股份(600886)分拆上市杉杉品牌

杉杉股份于 1996 年在上海证券交易所挂牌,主营服装。1999 年,杉杉股份开始涉足新能源,渐渐发展成集新能源、服装、融资租赁、创投的公司。2018 年,公司将杉杉品牌分拆出来,在香港联合证券交易所挂牌上市。

问:你认为杉杉股份此举算不算多重挂牌?此举可能意图有哪些?

(二) 存托凭证

存托凭证(Depositary Receipts,简称 DR_s)是指可以转让流通、代表投资者对一定数量外国股票(标的股票)拥有所有权的收据凭证。根据发行地的不同,存托凭证可以分为美国存托凭证(ADR)、全球存托凭证(GDR)和中国存托凭证(CDR)[①]等。其中,美国存托凭证出现最早,运作最为规范,发行规模和流通量最大,最具代表性。表 11-7 中,在美国纽约证券交易所以及纳斯达克证券交易所挂牌的中资或中国概念企业,都采用 ADR 模式。因此,下文仅介绍美国存托凭证。

早在 1927 年,JP 摩根银行就发明了存托凭证,迄今为止,总共有数千只美国存托凭证,其中在美国多家股票交易所上市的有上千只,其余的均在场外市场交易。美国存托凭证被分为有担保和无担保两类[②],但主要以有担保存托凭证为主,有担保存托凭证共有四种类型。

[①] CDR 是非中国公司在中国发行的存托凭证,中国政府在"沪伦通"中开始尝试使用 CDR。
[②] 有无担保指是否有担保银行。美国证券管理委员会只允许有担保存托凭证在美国股票交易所挂牌。

第一级存托凭证。它是指发行方不在美国市场上筹集新的权益资本,不能在股票交易所挂牌上市的存托凭证。发行方需以表F-6向美国证券管理委员会(SEC)登记注册,并可根据规则12g3-2提出信息披露要求豁免。美国SEC对第一级存托凭证的监管要求很少。第一级美国存托凭证适用于国际知名度低但业绩良好的非美国企业,它们通常在渐渐适应了美国法律制度之后,再试图升级为第二级和第三级存托凭证。因此,第一级存托凭证是数量最多的一类存托凭证。发行第一级存托凭证可以满足发行者提高国际声誉、增强其标的股票流动性的目的。

第二级存托凭证。它是指发行方不在美国市场上筹集新的权益资本,但可以在美国股票交易所(纽约证券交易所、美国股票交易所和纳斯达克证券交易所)挂牌上市的存托凭证。发行方除了需以表F-6向SEC登记注册之外,还要提供要求的注册说明书以及以表20-F形式定期提供年度财务报告(需对财务报告进行适当调整以符合美国一般公认会计准则)。非美国企业通过发行第二级存托凭证,可以提升国际知名度,熟悉美国资本市场的规则,其缺陷是无法筹集资金。发行第二级存托凭证可以满足现有股东限售等目的。

第三级存托凭证。它是指发行方可在美国市场公开发行融资,并可以在美国股票交易所(纽约证券交易所、美国股票交易所和纳斯达克证券交易所)挂牌上市的存托凭证。美国证监会对其监管要求不亚于对本土企业的监管要求。在向美国SEC登记注册时,须同时提交表F-1和表F-6,表F-1要求发行人对公开说明书的内容进行详细披露,如资金用途、定价等。第三级存托凭证适用于国际知名度较高、业绩良好、熟悉美国法律制度、需筹集大量资金的非美国企业。

144A规则存托凭证。它是一种面向合格机构投资者(如养老金和保险公司)通过非公开方式发行的美国存托凭证。这种存托凭证的SEC方面以及公认会计准则方面的要求较少,发行方无须向美国SEC登记注册,可以不履行美国SEC所规定的一般的注册登记程序和信息披露要求。但美国SEC认为,此类存托凭证的投资人应当有权获得发行公司的一些尚未向公众渠道披露的必要信息。144A规则存托凭证的主要缺点是非常缺乏流动性,因为此类存托凭证是交由具备资质的机构买家管理的私人募集权益,并只能在具备资质的机构买家之间交易。144A规则存托凭证只能在美国证券商会专为私募所设计的一套计算机交易系统(Private Offerings,Resales and Trading through Automated Linkages,PORTAL)上进行交易。此类存托凭证适用于急需融资但又不愿过度披露信息的非美国公司。

那么,第一级、第二级和第三级美国存托凭证是如何创立的呢?美国存托凭证由美国存托银行签发,替外国公司在其股票市场上买卖、登记和转让,而ADR所代表的外国公司股票(标的股票)委托外国的一家银行(通常是美国某银行在外国的联行或代理行)保管。外国公司支付股息时将股息交给保管银行,后者转交给发行ADR的美国存托银行。美国存托银行再将外币股息换成美元后支付给ADR的持有者。

由表11-7可知,中国企业在美国三大交易所挂牌的股票均采用了ADR方式,如在美国挂牌的中石化、中石油、中国移动等知名跨国企业。

图11-4显示了ADR的一般程序。以美国第三级ADR为例,ADR的程序依次为:(1)外国公司首先向美国证券管理委员会(SEC)登记注册;(2)与美国存托银行(如花旗银行、纽约银行)签订存托协议;(3)由存托银行在外国公司所在国选定保管银行;(4)外国公司将标的股票存入保管银行;(5)美国存托银行接受保管行的存托证明;(6)(7)投资者交款、存托银

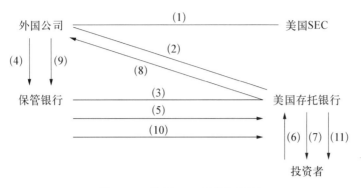

图 11-4 发行 ADR 融资程序图

行签发代表一定数量外国公司标的股票的 ADR;(8)存托银行将股款交外国公司;(9)外国公司定期将股息付给保管银行;(10)保管银行将股息转给存托银行;(11)由存托银行向投资者支付股息。

一份美国存托凭证并非与外国公司的一股股票等值,它通常代表外国公司一定数量的股票。也就是说,一份美国存托凭证通常相当于外国公司的若干股股票。此外,美国存托凭证也可以被设计成一个外国股票的组合。目前,除了美国之外,新加坡、英国、荷兰等国也允许外国公司在它们国家发放存托凭证。

中国公司在 1993—1995 年试水 ADR,当时,标的股票在上海 B 股市场的一些公司(如轮胎橡胶、二纺机、仪征化纤)等开始申请向美国发行第一级 ADR,目的是扩大其海外影响以及增加 B 股市场流动性。可以说,2004 年之前,鲜有中国公司在美国发行第三级 ADR。自 2004 年开始,中国一批高科技公司(大多属于业务在国内但上市主体在国外的公司,俗称"中概股")以及大型国企开始在美国发行第三级 ADR,真正开启了通过 ADR 实现海外融资和上市之门。例如,网易、百度、携程、分众传媒等中资公司或中概公司先后在 NASDQ 上市,上海石化、华能国际、南方航空、中国移动、中国联通、中石化、中国电信等先后在纽约证券交易所挂牌。

专栏 11-3

新浪构建 VIE 结构在美国发行 ADR

20 世纪 90 年代,由于中国政府禁止或限制境外投资者投资电信、媒体和科技(TMT)产业的很多项目,因此,有牌照的新浪陷入两难。一方面,企业需要融资,但因难以在短期内实现盈利而拿不到银行的贷款,更别说国内 IPO;另一方面,外资又对这些领域充满了浓厚的投资兴趣。为寻求海外融资,新浪找到了一条变通的途径,俗称新浪模式,其做法如下:

第一,公司的创始人或是与之相关的管理团队设置一个离岸公司。一般而言,单独在维珍群岛设立 BVI 公司(选择 BVI 公司,是因其具有注册简单、高度保密的优势)。

第二,该公司与 VC、PE 及其他的股东,再共同成立一个公司(注册地为开曼群岛的公司),作为在美国上市(ADR)的主体。

第三,上市公司的主体在中国香港设立一个壳公司(香港利方投资控股),并持有该香港公司 100%的股权。

第四,香港公司在中国内地设立一个全资或控股子公司(WFOE),即北京四通利方外商投资企业。

第五,该 WFOE 与国内运营业务(新浪信息服务)的实体签订一系列协议,具体包括《股权质押协议》《业务经营协议》《股权处置协议》《独家咨询和服务协议》《借款协议》等。通过这些协议,注册在开曼群岛的母公司最终控制中国的内资公司及其股东,使其可以按照外资母公司的意愿经营内资企业、分配和转移利润,最终在完税后将经营利润转移至境外母公司(即设在开曼群岛的上市主体)。

新浪模式具有示范效应,之后,一大批企业(如阿里、京东等)都采用了该模式在美国发行 ADR。

问:中国企业为何要构建 VIE 模式赴美国上市?它们究竟是外国公司还是中国公司?

(三)全球记名股票

全球记名股票是指一种可以在全球交易的股票。这类股票可以完全互换,投资者在一家股票交易所购买全球记名股票后,可以在另一家股票交易所出售。全球记名股票首次出现在 20 世纪末,标志性事件是戴姆斯-奔驰公司和克莱斯勒公司的合并。

戴姆斯-奔驰公司和克莱斯勒公司原先分别在法兰克福股票交易所和纽约证券交易所挂牌上市,两家公司合并之后,为了使得合并后公司股票可以完全互换、便于结算,需要建立全球性的登记和结算系统。

全球记名股票是跨国并购的产物。1998 年后,越来越多的跨国并购采用换股方式。由于合并后公司的股东分散在世界各地,因此,如何保持股东拥有相同的地位和权利是这种并购方式下产生的特殊问题。如果这些问题不解决,跨国并购就不能顺利进行。于是,全球记名股票就产生了,它试图确保公司全部股东的地位、权利相等,真正做到"同股同权"。

一旦形成安全、有效、快捷、成本低廉的全球性登记和结算系统,全球记名股票的前景会更宽广。西方有学者称,欧洲债券的今天就是全球记名股票的明天。

(四)欧洲股票

欧洲股票(European stock)是指在股票面值货币所在国以外的国家发行上市交易的股票。例如,为了获得美元资金,中国某一家跨国公司在中国和美国境外所发行的股票被称为欧洲股票。

欧洲股票是 20 世纪 80 年代产生于欧洲的一种国际股票形式,欧洲股票的发行方式与欧洲债券相似,即通过国际承销银团在世界范围内发行欧洲股票;欧洲股票不受外币所属国证券法规的约束,仅仅受国际证券经纪商协会的交易法规约束。

但是,它与欧洲债券也有不少差异,最大的差异是尚未形成一个单一的欧洲股票市场。在欧洲,泛欧证券交易所被认为是近年来欧洲股票市场的一种安排,该交易所由欧洲的一些股票交易所合并而成。由于缺乏共同遵循的证券管理条例,因此,单一的欧洲股票市场的形成尚需时日。

专栏 11-4

瑞士成为中国企业 GDR 发行热门地

互联互通存托凭证机制

2018 年,中国证监会发布了《关于上海证券交易所与伦敦证券交易所互联互通存托凭证业务的监管规定(试行)》,正式建立了上交所与伦交所互联互通的机制(简称"沪伦通")。2019 年 6 月,中国上市公司华泰证券的全球存托凭证(Global Depository Receipts, GDR)在伦交所发行,成为沪伦通下首单 GDR。

那么,何为 GDR? GDR 是指上市公司根据存托协议将公司股份寄托在国外的银行,由后者发出单据作为寄存证明,这些单据即为全球存托凭证。通过买卖这些凭证,国际投资者可以间接投资该公司的股票。

2022 年 2 月,中国证监会正式发布《境内外证券市场互联互通存托凭证业务监管规定》,优化沪伦通存托凭证机制,同时将德国和瑞士纳入境内外证券交易所互联互通存托凭证业务适用范围,境内 GDR 发行主体也从上交所上市公司扩展到了深交所上市公司。

中国证监会在 2023 年 2 月 17 日发布了《境内企业境外发行证券和上市管理试行办法》,新规的实施对 GDR 发行涉及的境内流程、申报文件、审核要点等做出了一些调整,相关实施细节有待继续推进。

瑞士成为中国上市公司发行 GDR 的热门地

2022 年 7 月 28 日,中瑞证券市场互联互通存托凭证业务正式开通。当天,科达制造、杉杉股份、格林美、国轩高科 4 家 A 股上市公司发行的 GDR 在瑞士证券交易所(SIX)上市,这是首批中国企业在瑞士发行的 GDR,存托银行均为花旗银行。

截至 2023 年 5 月 5 日,共有 18 家中国企业在海外发行 GDR,其中有 13 家在瑞士证券交易所(SIX),总市值超过 750 亿美元,这些公司主要属于可再生能源、回收、化工、工业自动化和生命科学领域。同时,还有 35 家中国企业正在推进海外发行 GDR 事宜,有 32 家的拟发行地点都在瑞士证券交易所。

为何瑞士证券交易所成为 GDR 热门地? 有三点理由:

第一,瑞士认可中国的会计准则,中国企业去瑞士发行 GDR,不需要额外做境外审计。

第二,瑞士相对中立,对中国和全球投资者来说投资环境很友好。

第三,2022 年 5 月,瑞交所监管委员会发布公告拟修改发行和交易规则,为中国 GDR 发行人提供准入,同时瑞交所计划针对 GDR 设置新的交易板块。

环境主题趋热,海外投资者重视 ESG 表现

值得注意的是,欧洲是一个机构资金占据主导地位的市场,向来看重上市企业财务稳健和可持续发展,ESG 在最近十余年越来越成为欧洲投资人关心的重点。关于这方面的公司治理,瑞士证券交易所有硬性要求。

为此,中国 A 股上市公司在考虑 GDR 计划时,应将企业发展放在全球体系下进行规划,熟悉并理解成熟经济体的 ESG 标准和政策,将企业的经营理念和产品概念与欧洲投资者的关注点相契合,助力企业的长期可持续发展。

在瑞士成功发行 GDR 的 13 家中国 A 股上市公司均发布过 ESG 报告或者社会责任报告。

问:中国证监会引导 A 股上市公司发行 GDR 的理由是什么?

资料来源:改变自刘益. 瑞士成为中国企业 GDR 发行热门地,海外投资者看重 ESG 表现[EB/OL]. https://baijiahao.baidu.com/s?id=1765327936564821238&wfr=spider&for=pc.

第五节 国际信贷市场

国际信贷市场是国际资本市场的一个重要组成部分。跨国公司和国内公司有时通过本国金融机构的定期贷款,或者通过在本国市场发行债券(中期债务票据)获得中长期资金。但是,跨国公司还可以通过位于外国市场上的国际银行得到中长期资金。例如,欧洲信用贷款[1],常见的欧洲信用贷款期限为 5 年。

一、国际信贷市场的特点

(一)可满足大额贷款需要

国际上众多的商业银行和银行集团,均可作为国际信贷的资金供应者。由于国际资本市场上资本十分充裕,银行既可以利用证券方式融资,又可以在欧洲货币市场上筹措到大量可用资金,使得国际信贷市场的资金来源十分充裕,贷款数额能充分满足借款人的需要。每笔国际信贷一般在上千万美元以上,辛迪加贷款可达上亿美元。

(二)贷款方式灵活

借款人可根据需要借到资本,期限与数额可由借款人选定后与银行协商。还本付息的方式也比较灵活,包括欧洲中长期信贷在内的国际信贷还可以通过金融中介机构发行债券的方式来转贷给借款人。

(三)贷款手续简便

国际信贷的贷款手续比较简便,安排融资时间较短,且无附加条件。在贷款资金的用途上不受贷款银行的限制,贷款用途可由借款人自己安排,因此,国际信贷也称为自由外汇贷款。

---

[1] 欧洲银行一年或更长时间的贷款通常称为欧洲信贷或欧洲信用贷款。

（四）借款成本较高

国际信贷的利率一般比其他信贷形式要高,且利率属于市场利率,随市场变化而定,受国际资本市场供求和环境的变化影响较大。此外,借款人还需承担其他各项附加费用,借款成本较高。

（五）浮动利率计息

利率是国际金融市场上变动最敏感的因素,它随国际金融市场格局和世界政治经济形势的变化而变化,国际信贷的利率结构及其变动也不例外。国际信贷的利率往往是以LIBOR为基础再加上一个附加利率(基点)构成的,所选择的LIBOR的利率期限一般为3—6个月。例如,欧洲信用贷款一般每6个月调整其贷款利率,并固定于"LIBOR加3%",超过LIBOR所付的升水取决于借款方的信用风险。

二、国际信贷的主要形式

按照贷款来源不同,中长期国际贷款可以细分为外国政府贷款、国际金融组织贷款以及中长期国际商业贷款等多种。考虑到任何企业在接受外国政府贷款和国际金融组织贷款方面是偶发的、不连续的,因此,本章所讨论的国际贷款专指中长期国际商业贷款。

（一）中长期国际商业贷款

中长期国际商业贷款是指由外国银行或金融机构提供期限在1—7年(含1年)的自由外汇贷款,借款人通过获得国际商业贷款实现资金融通的目的。与其他长期贷款相比较,该贷款在资金使用上的限制较少、供应充足,贷款契约较为宽松。中长期国际商业贷款在欧洲较为流行,主要有双边贷款和银团贷款两种。

双边贷款由某国的一家商业银行独家承贷,与另一个国家的企业签订贷款协议并提供贷款。双边贷款的期限较短,一般为3—5年,贷款额的上限也较低。

银团贷款又称辛迪加贷款,是国际信贷的重要方式之一。20世纪70年代以后,银团贷款的发展较快,其又可以分成直接和间接两种。

直接银团贷款是指由银团内来自若干国家的各成员银行委托一家银行为代理行,向借款人发放、回收和管理贷款。间接银团贷款是指一家牵头行将贷款的份额转售给来自不同国家的其他成员银行,全部的贷款工作由牵头行负责。银团由许多扮演不同角色的银行组成,它们有各自的分工。

牵头行是银团的组织者,负责安排有关贷款协议、法律文件等工作。如果银团贷款规模巨大,可能存在多个牵头行,即主牵头行和副牵头行。经理行负责安排召集各行参加银团。众多的参与行参加银团并按照一定的比例回购贷款。代理行受银团委托,负责银行贷款的发放、回收和贷款管理工作。除代理行外,其他成员银行均提供贷款,其中,牵头行的贷款比重最大。

从融资者角度看,它们需承担四项费用。

第一,利息费用。银团贷款的利率有固定和浮动两种,固定利率是按协议双方商定的某一个利率水平,浮动利率是以LIBOR为基准,加上借贷双方商定的利差(基点)作为附加利率,附加利率的大小视借款人的资信状况等因素而定,最低为0.2%左右。

第二,前端费用(front end fees)。参加费和管理费是前端费用的组成部分。前端费用在签订贷款协议之后由借款人一次性支付,这种费用一般为贷款总金额的0.25%—0.5%。参加费由出资银行根据出资比例分享,管理费由牵头行和经理行分享。

第三,承担费。每年对年度内借款人未使用贷款按一定费率(通常在0.375%—0.5%)计付,以补偿银行预备资金的利息损失。

第四,代理行的年费。年费一年支付一次,补偿代理行组织银团贷款过程中发生的有关事务性和其他的开支。

> **专栏 11-5**
>
> ### 奇虎360完成私有化过程中的借款
>
> 2015年6月17日,奇虎360董事会收到周鸿祎等提出的非约束性私有化要约,以51.33美元/股(折合77美元/ADS)的价格购买非其持有的全部普通股股份。
>
> 为了完成私有化,专门搭建了一个私有化交易平台。2015年10月,在开曼群岛成立True Thrive和New Summit公司,作为收购奇虎360的境外主体。同时,2015年11月和12月,分别在国内成立奇信通达(注册资本1 000万元)和奇信志成(注册资本1 000万元),奇信通达和奇信志成作为私有化的境内主体,便于之后在国内借壳上市。上述交易完成后,私有化交易主体架构如图11-5所示。
>
>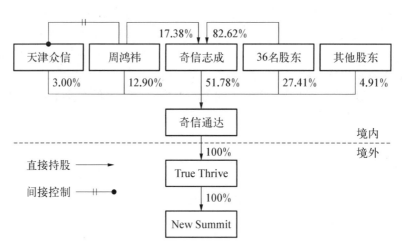
>
> **图 11-5 奇虎360私有化交易主体架构**
>
> 注:其他股东指齐向东、天津聚信和天津天信;天津众信的普通合伙人为天津众信股权投资管理有限公司,其控股股东为周鸿祎,持有该公司99%的股权。
>
> 2015年12月11日,境内主体拿到了发改委签发的境外收购或竞标项目信息报告确认函。2015年12月18日,奇虎360与奇信志成、奇信通达、True Thrive和New Summit等签订并购协议,中国买方团(包括中信国安信息产业有限公司、平安置业等36家投资人)签署了股权承诺书。

2016年3月30日,奇虎360召开临时股东大会,审议通过了并购协议及其项下奇虎360的私有化方案。

2016年5月27日,奇信志成与招商银行深圳分行、上海浦发银行深圳分行、兴业银行北京分行、中信银行总行营业部、北京银行深圳分行、北京农商行签订了《奇虎360私有化银团贷款合同》。根据合同规定,贷款总额为30亿美元等值人民币(201.3亿元人民币),期限7年,借款用途为奇虎360私有化,偿还期为2018年12月至2023年6月,分10期,每半年偿还本金。

2016年7月,作为本次私有化交易境外主体的True Thrive,与招商银行、招商银行香港分行、招商银行纽约分行、招商银行卢森堡分行、招商银行伦敦分行、招商银行新加坡分行签订银团授信协议,招商银行及其上述分行共同提供不超过31.16亿美元的一次性授信额度,用于True Thrive收购奇虎360的流通股、回购可转换债券以及支付相关费用,授信期为12个月,自2016年7月14日起至2017年7月13日止,借款利率为3个月伦敦银行同业拆放利率(LIBOR)加100基点,借款偿还期为2017年1月至2017年5月,分19笔偿还。

2016年7月11日,奇信通达与招商银行天津分行签署担保协议和质押合同,奇信通达向招商银行天津分行申请开具29亿美元的保函/备用信用证;招商银行天津分行同意就True Thrive境外融资一事向招商银行离岸金融中心出具编号为"2016年保字第G09001号"的保函/备用信用证,并在29亿美元限额内承担保证责任,同时,奇信通达以人民币1 964 198万元结构性存款作为抵押物,为True Thrive的美元借款提供担保。奇信通达与招商银行还签订了远期合约以锁定风险。

问:你觉得用于奇虎360私有化的借款有何特点?为确保参与私有化的贷款资金的安全,银行是否还有其他的风险控制措施?

资料来源:陈劲松. 360私有化退市及VIE架构拆除与重组上市方案[EB/OL]. http://tisize.com/en/shuo/one/193.html.

(二)欧洲信贷

跨国公司可以通过位于外国市场上的欧洲银行得到中长期贷款,欧洲贷款和欧洲信用账户是欧洲信贷的主要形式。欧洲信贷的运作与国内信贷的运作非常相似。

欧洲贷款大多是以银团贷款的方式将资金贷给借款人,由于欧洲银行接受短期存款,有时据此提供长期贷款,对银行在利率上升时的业绩有不良的影响。因此,欧洲贷款采用浮动利率放贷,以降低利率风险。浮动利率贷款以某参考利率(LIBOR、PIBOR、SIBOR)加上一个固定基点对贷款进行定价。每隔相等的时间,利率将被重新调整一次。欧洲贷款通常采用银团贷款形式,因此,借款人将为此承担除利息之外的多种成本,如管理费、参与费等。

欧洲信用贷款账户是欧洲信贷的另一种贷款方式,是指欧洲银行以信用贷款账户的方式将贷款资金放给借款人的方式。这种账户有两种形式：一是信用贷款账户；二是循环信用账户。信用贷款账户由借款人与银行洽谈后设立,银行允诺在今后的一段时期(1—2年)内,授予借款人一定的借款限额。在有效借款期内和借款限额内,借款人可随时向银行借款,借款利率以浮动利率为主。与此同时,在有效期内,如果借款人的信用不符合借款契约上的规定,银行可随时取消该账户,无须承担法律责任。除利息成本之外,借款人使用这种借款方式所承担的成本还有两种：一是支付该账户的服务费；二是支付未使用的信用额度的承担费。

循环信用账户与信用贷款账户相似,最大的差异是循环信用账户的有效期更长,信用限额在贷款有效期内可循环或可周转。因此,可以将循环信用账户理解为是一系列短期信用账户的组合。

本章小结

伴随着企业经营国际化,国际金融市场也发生了很大变化。20世纪80年代以后,世界经济和金融形势发生了巨大变化,在推动国际金融市场迅速发展的同时,又促使国际金融市场在内部结构和功能上发生了一系列变化。

跨国公司拥有在国内资本市场和国外资本市场进行融资的能力,其中国外资本市场这一平台是跨国公司特有的融资平台。国际企业融资决策是国际企业非常重要的决策之一。

跨国公司融资决策是一项非常复杂和困难的工作,该决策不仅牵涉一般融资决策的原则,还必须关注以何种货币筹集资金才能实现融资成本最小化等问题。应该同时予以考虑国际企业的融资决策与汇率风险的规避,在低风险的条件下实现融资成本的最小化。

跨国公司发行债券时可能受利率风险和汇率风险的双重影响,其中利率风险可以借助利率互换合约进行规避,汇率风险则可以使用货币互换合约进行规避。

在20世纪80年代以前,受证券法规的制约,各国的股票市场基本上处于一种相对封闭和被分割的状态,投资者只能在本国市场买卖股票交易所推出的品种。20世纪80年代以来,金融自由化和一体化浪潮推进了股票发行市场和转手交易市场的国际化。不过,与一体化程度很高的欧洲货币市场和欧洲债券市场相比,国际股票市场仍深受相关国家金融法规约束。

跨国公司和国内公司有时通过本国金融机构的定期贷款,或者通过在本国市场发行债券(中期债务票据)获得中长期资金。但是,跨国公司也可以通过位于外国市场的国际银行得到中长期资金。

关键词

欧洲债券　外国债券　美国存托凭证　全球存托凭证　欧洲股票　交叉上市　全球记名股票　双边贷款　银团贷款　欧洲信贷　国际承销银团　沪伦通

习 题

1. 发放浮动利率欧洲债券的英国企业在决策时应该考虑哪些因素?
2. 请解释发放美元债券的英国跨国公司如何抵消一部分汇率风险。
3. 为什么欧洲债券更受跨国公司青睐?
4. 为什么大多数国际债券信用等级普遍较高?
5. 请说明跨国公司发放多货币标价债券的原因。
6. 请分析公司采取以下经济行为时可能获得的所有潜在收益:(1) 其股票在多个国家股票交易所同时挂牌;(2) 其股票为全球记名股票。
7. 某一家国际企业发行了 9% 的固定利率债券,但是它更愿意将这种融资方式换成浮动利率债券。这就涉及利率互换,该公司拟将 LIBOR+1% 的可变利率交换 9% 固定利率,该利率在今后的 3 年中每年年末支付。该公司预计未来 3 年年末的利率分别为 8.5%、8%、7.5%。请计算互换后该企业债务的融资成本。
8. 假定一家美国的国际企业基于英镑债券的低利率而发放票面利率为 8% 的英镑债券(美元债券的票面利率为 12%),3 年期,以票面额发行。如果该公司发放英镑债券,可融入 100 万英镑,如果发放美元债券,可融入 200 万美元。假定英镑的即期汇率为 1 英镑/2 美元,预计未来 3 年每年年末的汇率分别为 1 英镑/2.1 美元、1 英镑/2.2 美元和 1 英镑/2.3 美元。请计算该公司英镑债券的融资成本。

第十二章 国际资本配置策略

【学习要点】

1. 跨国公司的全球资本成本。
2. 跨国公司的目标资本结构及其调整手段。
3. 国际融资汇率风险及其对冲。

跨国公司拥有更广的融资平台、更强的融资灵活性,但是,跨国公司在融资管理策略和手段方面是否有高招呢?寻求最低的全球资本成本、构建目标资本结构、对冲风险(包括汇率风险、利率风险和政治风险)是跨国公司有效的融资管理策略和手段。

第一节 最小化全球资本成本

在全球配置资金,通过增加资本可得性来实现加权平均资本成本最小化,是跨国公司融资管理的重要策略之一。相比于国内企业,跨国公司能否获得更低的资本成本?如果可行,可能的原因或逻辑是什么?

一、企业资本成本的一般表达式

资本成本(cost of capital)是指资本的机会成本,也是投资者可以接受的最低回报率。如果公司有杠杆,那么,其税前加权平均资本成本可以简单表示为

$$r_{WACC} = r_b \times \frac{D}{S+D} + r_s \times \frac{S}{S+D} \tag{12-1}$$

式(12-1)中,r_{WACC} 表示税前加权平均资本成本,r_d 表示债务资本成本,r_s 表示权益资本成本,D 表示债务资本量,S 表示权益资本量,$D/(S+D)$ 表示债务资本占所有资本的比重,$S/(S+D)$ 表示权益资本占所有资本的比重,它们是计算加权平均资本成本时的权重。

在计算企业加权平均资本成本时,最大的困难是计算权益资本成本(r_s)。权益资本成本是股票(权益)投资者要求的期望收益率。假如市场是完善的,我们可以用资本资产定价模型(CAPM)[①]来估计权益资本成本。根据 CAPM 模型,投资组合中第 j 种金融资产的期望收益率可以表示为

$$\overline{r_j} = r_f + \beta_j (\overline{r_M} - r_f) \tag{12-2}$$

式(12-2)中,$\overline{r_M}$ 表示市场组合的期望收益率,r_f 表示无风险利率,β_j 表示投资组合中

---

① 其严格的假设条件以及推导过程可参见《公司金融》《投资学》教材中相关内容。

第 j 种金融资产的贝塔系数,表示第 j 种金融资产固有的系统性风险。

二、资本市场全球化条件下的资本成本

全球资本市场国际化,使得许多企业有可能获得比本国资本市场更低成本的资金,那么,如何理解其基本逻辑呢?

(一)国际资产定价模型

在资本市场国际化条件下,可使用国际资产定价模型(IAPM)来确定权益资本成本。IAPM 模型是传统 CAPM 模型的延续,其需新增两个假设:一是购买力平价假说;二是外币价格和实际利率在每个国家对所有人的作用都是相同的。在无摩擦市场中,购买力平价可确保市场一体化,投资具有相同的消费篮子,通胀在每个国家都按同一基准计量。

国际资产定价模型与传统资本资产定价模型的差异在于,市场组合是一个由所有风险资产组成的全球分散的投资组合,各种资产的权重按照现行汇率下的市场价值确定。在 IAPM 模型中,风险厌恶的投资者可同时持有由特定货币标价的套期保值组合(由无风险的国内资产和国外资产组成),其作用类似于 CAPM 模型中的无风险资产。这种套期保值组合由无风险国内资产和国外资产组成,假如每种货币的通货膨胀率不变,那么,投资者所持有的套期保值组合可视为 CAPM 模型中的无风险资产。

在完全一体化的资本市场上,投资者可以在国际资本市场上进行组合投资。在 IAPM 模型中,一项资产的系统风险反映该资产对世界市场组合价值变动的敏感度,权益资本成本可表示为

$$\overline{r_j} = r_f + \beta_j^W(\overline{r_W} - r_f) \tag{12-3}$$

在式(12-3)中,$\overline{r_W}$ 表示世界市场组合的期望收益率,r_f 表示无风险利率,β_j^W 表示投资组合中第 j 种金融资产的世界贝塔系数。

当资本市场一体化时,市场投资组合是世界上所有资产组成的"世界"市场投资组合,相同的未来现金流量在不同的国家的定价是相同的,不同国家的投资者对系统风险的估计是一致的。

在完全一体化的资本市场上,所有资产都是可国际交易的资产(international tradable assets),组合中的每种资产都可以根据世界系统风险来定价,既可按式(12-3)来定价,也可按式(12-4)的变形来定价,即

$$\overline{r_j} = r_f + (\overline{r_W} - r_f)\frac{\text{Cov}(r_j, r_W)}{\text{Var}(r_W)} \tag{12-4}$$

式(12-4)中,W 表示由本国和外国市场投资组合构成的世界市场组合的总市值,$\text{Cov}(r_j, r_W)$ 表示第 j 种资产与世界市场组合的未来收益之间的协方差。

(二)β_j^W 和更低全球资本成本之间的逻辑

由于系统性风险是企业股票预期收益率相对世界市场组合指数的总波动性,以及企业预期收益率波动性与市场指数预期收益率相关程度的函数,即

$$\beta_j^W = \rho_{jW}\sigma_j/\sigma_W \tag{12-5}$$

式(12-5)中，β_j^W 表示资产 j 的系统性风险指标；ρ_{jW} 表示资产 j 与市场组合的相关关系，σ_j 表示资产 j 预期收益率的标准差，σ_W 表示世界市场组合预期收益率的标准差。

相较于国内市场组合，世界市场组合具有更强的风险分散效应，资产 j 与世界市场组合的 ρ_{jW} 更低，因此，其贝塔值也更小。

事实上，国际资本市场介于绝对封闭和完全一体化之间，完全一体化或完全封闭的国际资本市场并不存在。因此，要真正理解跨国公司资本成本的构成和特点，还需要从了解跨国公司资本成本的影响因素以及各国资本成本的差异性等入手。

三、各国资本成本的差异分析

事实上，各国的资本成本存在差异，包括债务资本成本和权益资本成本。这种差异若被好好利用，跨国公司就能以较低的资本成本获得其所需资金。

(一) 债务资本成本差异

债务资本成本的国别差异主要源于无风险利率和风险溢价的国别差异。尽管 20 世纪 80 年代以后，世界各国的债务资本成本水平开始有趋同现象，但是，其差异仍然存在。

第一，无风险利率由资金供求决定，因此，无风险利率的国别差异由影响资金供求的诸多因素决定。税制差异将影响公司对资金的需求以及影响储蓄的供给，最终将影响基础利率。例如，投资税收减免会刺激公司对资金的需求，而取消利息税会鼓励储蓄。各国人口状况存在差异，老龄化的国家将倾向于多储蓄，因此，相对于青年人居多的国家来说，老龄化国家的利率较低。各国的经济状况以及发展程度不一，通货膨胀预期也不同。在经济欠发达国家和地区，高通胀预期将使债权人要求较高的无风险利率。各国央行执行不同的货币政策，宽松的货币政策可能带来较低的基础利率。

第二，风险溢价的大小取决于债务人不能履行义务的风险程度。风险溢价的国别差异源于债权人与债务人的关系、政府干预的程度、各国经济状况等方面的差异。在债权人与债务人关系较为密切的国家[①]里，债务人可以较为轻松地从银行获得资金，甚至当债务人面临财务困境时，它仍有可能从银行获得贷款。从这个意义上讲，债务人、银行、客户等会共同积极面对借款人的财务困境，债务人破产风险降低。因此，在债权人与债务人的关系较为密切的国家中，企业的风险溢价较低。各国政府对濒临破产的企业采取的政策不同，有些国家为濒临破产的企业提供资金或政策。例如，2008 年全球金融危机时，美国政府对通用汽车、花旗银行、美林等采取了资金救助。因此，这些国家的大企业实际承受的风险溢价较低，此所谓"大而不倒"。国家的经济状况是否稳定直接关系到公司的发展前景，国家的经济状况越稳定，公司不能清偿到期债务的概率越低，风险溢价也就越低。

学者们的研究结果支持了上文关于债务资本成本存在国别差异的推论。例如，麦考利(McCauley)和基墨(Zimmer)[②]在 1994 年以 1977—1992 年为研究窗口，对德国、日本、英国、美国企业的资本成本进行了比较研究。他们的研究表明，1982 年之前，4 个国家的税后实际

---

① 债权人和债务人的关系较为密切的国家主要有日本和德国，企业以间接融资为主，与银行关系密切。产业资本和金融资本的融合度较高。

② McCauley, R. N., Zimmer, S. A. Exchange Rates and International Differences in the Cost of Capital[C]// *Exchange Rates and Corporate Performance*. Washington DC: Beardbooks, 1994: 119-148.

债务成本[①]差异较大,总体上讲,德国和日本企业的债务成本高于英国和美国的企业。1982—1989年,除德国企业较低外,其他3个国家的企业债务成本比较接近。1989年之后,尽管存在差异,但4个国家的企业债务成本更趋于一致。

(二) 权益资本成本的差异

权益资本成本的国别差异主要源于各国在无风险利率以及投资机会的差异。事实上,权益资本成本是一种机会成本,是指在风险相同的条件下,企业股东通过投资所能获得的最大期望收益率[②]。

由于世界各国的投资机会各异,因此,跨国公司的权益资本成本将取决于相关国家的投资机会。如果一个国家拥有大量的投资机会,遍地是"黄金",则其潜在的收益可能较高,意味着企业权益资本的机会成本较高。

在成熟的资本市场上,学界普遍接受这样的观点,即市盈率与资本成本有关,权益资本成本可以用市盈率来估算。理由是市盈率的倒数就是权益资本投资回报率。一般来说,高市盈率表示在特定收益水平时出售股票将获取高价,意味着权益资本成本较低。

麦考利和基墨在1994年的研究也支持了这个结论。他们的研究表明:1982年之前,4个国家的权益成本差异较大,从高到低依次为英国、德国、美国和日本的企业;1980—1987年,除美国企业外,其他3个国家的企业权益资本成本均呈下降趋势;1988年之后,除美国之外,其他3个国家的企业权益成本均呈上涨趋势,但4个国家的企业权益成本逐渐趋于一致。

四、跨国公司是否一定能够获得更低的全球资本成本

(一) 跨国公司融资管理策略、资本可得性和资本成本

企业证券的市场流动性以及资本市场分割是影响企业资本成本的重要因素,如果实施恰当的融资管理策略,企业就能够吸引国际证券投资者,摆脱本国低流动性或分割的资本市场约束。于是,企业获取资本的能力将大大增强,并可能获取更低的全球资本成本。

1. 提高企业证券的市场流动性

企业证券的市场流动性有差异,既有低流动性的国内证券市场(如新兴经济体的证券市场),又有高流动性的国际证券市场(如成熟经济体的证券市场)。如果企业只能在流动性差的国内证券市场融资,其获得资本的能力相对较弱,承担的资本成本会相对较高;相反,如果企业能够有机会在高流动性证券市场融资,其资本成本就会相对较低,同时会引发国际投资者的投资兴趣和广泛参与。

处于低流动性资本市场的跨国公司有能力在美国或欧洲货币市场和资本市场筹集资金,提高市场流动性。例如,新兴经济体的公司(如京东、华泰证券、杉杉股份等)在美国直接发行ADR或去欧洲发行GDR筹集到了资金。又如,新兴经济体的公司可以在欧美设立子公司,然后通过该子公司进入欧美的资本市场。

---

① 这是指考虑通胀后的税后实际债务成本。
② 这种权益收益可用股东投资获得的无风险利率和溢价来推算。

2. 避开市场分割

市场分割是一种金融市场不完全,若两个证券市场(如成熟经济体证券市场和新兴经济体证券市场)的可比证券(具有相同的风险)具有不同的期望收益率,那么,就存在市场分割。市场分割主要源于政府约束(如一国订有阻止国外投资者持有本国证券的政府限制性规定)、制度惯例(如相对较高的个人所得税税率和资本利得税税率)和投资者认知。

若企业只能在国内证券市场(新兴经济体证券市场)通过发行债券或股票融资,那么,其发行的证券将按照国内标准为证券定价;反之,若能够避开对本国证券市场的依赖,进入国际证券市场融资,那么,其债券或股票将按照国际标准获得充分定价,相对降低了资本成本。

不管"出生"于成熟经济体国家还是新兴经济体国家,合格的跨国公司(包括尚未成为跨国公司,但极具发展潜力的企业)有能力摆脱市场分割,从而提高其资本可得性,并降低加权平均资本成本。例如,20世纪90年代,一大批中资企业在成熟经济体的资本市场成功上市,实现了蜕变,既融到了资金,又快速地完成了现代企业制度改造。

(二)跨国公司的资本成本是否一定低于国内企业的资本成本

1. 企业特质、资本可得性和风险

上文已述,跨国公司在很多方面有别于国内企业。跨国公司的主要优势在于:更容易吸引国际投资者、更强的融资灵活性和经营灵活性、更大的规模效应。

第一,更容易吸引国际投资者。跨国公司通常是某行业的龙头企业(一国乃至全球),拥有优质的产品,具有不易复制的盈利模式和竞争优势,构建有牢固的产业链(甚至是全产业链)。因此,它发行的证券将会引发国际投资者的极大投资兴趣。此类企业容易进入国际证券市场进行融资,能够最大化资本可得性。

第二,国际经营多元化。尽管经营多元化的避险功能一直遭人诟病,但是,国际经营多元化可以稳定跨国公司的经营现金流量。国际经营多元化意味着跨国公司同时涉足多个国家的多个行业,其海外子公司分布于不同行业,具有相对独立性。因此,即便其中一家子公司遭受重创,跨国公司整体现金流量也能保持稳定,不至于出现大的波动和变数。国际经营多元化降低了跨国公司的风险。

第三,规模效应大。跨国公司的规模效应主要体现在两个方面:一是跨国公司可以凭借规模优势提升其信用等级;二是跨国公司可以凭借其规模优势获得融资便利和优惠。例如,举债规模大小和举债成本高低都与公司信用等级高低有关,跨国公司超大资金需求更容易获得债权人的支持。

显然,跨国公司以上特质可以提升其资本可得性,这是国内企业无法企及的。然而,跨国公司最大的问题在于,它承受的汇率风险更高、面临的政治风险更大。

第一,汇率风险高。跨国公司的现金流量受汇率波动的影响大,汇率风险越大,跨国公司未来各期现金流入的变化也越大,这种不确定性会推升跨国公司的资本成本,理由是跨国公司的股东和债权人将提出更高的要求收益率来补偿其承担的额外风险。

第二,政治风险的影响较大。跨国公司的海外子公司可能受到其东道国政府监管和征收的风险。尽管征收风险在全球市场一体化程度越来越高的今天发生的概率很小,但是,诸如东道国政府的态度等其他政治风险还是会对跨国公司产生负面影响。这种风险也会反映在跨国公司的资本成本中,对资本成本起着推升作用。

2. β_j^W 与 β_j 的比较以及解释

由公式(12-5)可知,β_j^W 是企业 j 股票预期收益率相对世界市场组合指数预期收益率的总波动性,以及企业预期收益率波动性与世界市场指数预期收益率相关程度的函数,即

$$\beta_j^W = \rho_{jW}\sigma_j/\sigma_W$$

β_j 是企业 j 股票预期收益率相对国内市场组合指数预期收益率的总波动性,以及企业预期收益率波动性与国内市场指数预期收益率相关程度的函数,即

$$\beta_j = \rho_{jM}\sigma_j/\sigma_M$$

第一,跨国公司资本成本低于国内企业资本成本的可能解释。相较于国内市场组合,世界市场组合具有更强的风险分散效应,资产 j 与世界市场组合的 ρ_{jW} 更低,进而拉低其 β_j^W。即便世界市场组合的风险溢酬 ($\overline{r_W} - r_f$) 更大,企业 j 也有可能获得相对较低的资本成本。

第二,跨国公司资本成本高于国内企业资本成本的可能解释。由于跨国公司面临更大的汇率风险和政治风险,因此,其预期收益率的标准差(σ_j)更大,进而推高 β_j^W。也就是说,若跨国公司承受的汇率风险和政治风险高于其风险分散效应以及资本可得性带来的好处,那么,跨国公司资本成本就可能高于国内企业资本成本。

可见,跨国公司在做大做强自身、摆脱低流动性或分割的资本市场约束的同时,尚需积极防范和规避汇率风险和政治风险,真正实现最大化资本可得性、最小化全球资本成本的目标。

第二节 构建目标资本结构

事实上,构建目标资本结构就是优化企业的资本配置。其有两个目的:一是最小化企业的资本成本;二是最大化企业的价值。就跨国公司而言,跨国公司资本结构的决定因素更多,也更复杂。相比国内企业的资本结构,需增加一些重要变量,如资本可得性、现金流分散化程度、外汇风险和国际组合投资者的期望[1]。

一、目标资本结构

(一)目标资本结构的一般定义

1. 何为目标资本结构

当资本结构在创造股东价值方面的改进已非常有限时,即公司价值对杠杆的变动不敏感时,此时的资本结构便是目标资本结构。目标资本结构可用利息保障倍数和杠杆率(即债务资本/权益资本或债务资本/总资本)来度量。其中,利息保障倍数表示为

---

[1] 迈克尔·H. 莫菲特,阿瑟·I. 斯通希尔,戴维·K. 艾特曼. 跨国金融原理(第3版)[M]. 路蒙佳,译. 北京:中国人民大学出版社,2011:408.

$$\text{利息保障倍数} = EBIT(\text{或 }EBITDA)/I \tag{12-6}$$

式(12-6)中，$EBIT$ 是指当期利息前税前的经营利润，$EBITDA$ 是指当期利息前税前折旧摊销前的经营利润，I 是指当期利息费用，D 是指当期折旧费用、A 是指当期摊销费用。在经营利润一定的情况下，利息保障倍数越高，说明公司的杠杆水平越低；反之，则越高。

2. 目标资本结构是多因素均衡的结果

资本结构受管理者动机、信息等企业内部因素以及税收、破产成本等企业外部因素的综合影响，因此，在实践中，公司目标资本结构可以理解为是对这些因素广义均衡的结果。

第一，在构建目标资本结构时，须权衡利息税盾效应和破产成本对公司价值的影响。例如，在公司初创期，公司经营风险很大，亏损和净现金流为负值是常态，因此，此时采用高杠杆或提高杠杆既无法实现利息税盾效应，又会增加公司的财务风险。在公司成熟期，公司经营风险较小，公司拥有充沛的现金流和稳定的利润，因此，此时提高杠杆既无违约风险，还可以实现利息税盾效应。

第二，在构建目标资本结构时，需考虑如何抑制管理者不良动机，减少代理成本。例如，管理者具有做大的冲动，表现为投资过度，为此，可适当引入债务，利用债务须按时还本付息的刚性要求来约束管理者行为，抑制管理者不良动机，减少代理成本和浪费。

第三，在构建目标资本结构时，还要关注引入债务后的两个负面影响。一个负面影响是高杠杆使得公司财务灵活性大大降低，当公司业务恶化时，公司可能被迫通过减少投资、削减研发预算、减少现金股利支付等手段来应对。另一个负面影响是引发债权人和股东之间的冲突，债权人为了保全债权，会通过提高利率或增加债务契约的限制性条款来对冲风险，从而增加了公司融资成本，降低了公司经营灵活性。

(二) 跨国公司的目标资本结构

跨国公司通常由母公司和若干子公司(包括海外子公司)构成，显然，跨国公司的目标资本结构是指基于企业整体的最优资本结构，而非针对每家子公司而言。

1. 跨国公司偏好的目标资本结构

公司信用评级取决于三大类要素：公司规模、杠杆高低和盈利水平。国外的研究显示，欧美超过70%的大公司(市值不低于10亿美元)其信用等级在A+至BBB−，利息保障倍数的区间为5—11倍。在这一区间内，除极端情况外，公司价值对杠杆变动不太敏感，但公司价值对这一区间之外的杠杆变动敏感性强。若利息保障倍数低于5倍，高杠杆可能难以维系，业务恶化和代理冲突会抵销利息税盾效应，增加破产概率。若利息保障倍数高过11倍，低杠杆就会使公司错失大量的利息税盾效应。也就是说，在5—11倍的利息保障倍数区间内，信用等级在A+至BBB−的公司在通过调杠杆来创造股东价值方面的改进已非常有限。

可见，对信用等级处于A+至BBB−的欧美大公司而言，5—11倍的利息保障倍数区间可以视为目标资本结构的区间。因此，我们就能够理解以下信用评级公司的调级行为。若公司的利息保障倍数掉落在这一区间之外，公司就有可能被调级。公司信用评级具有长期稳定性，大多数公司不会轻易进出这个区间，不愿意为此改变外部投资者对公司的正面看法和评价。因此,公司的目标资本结构不会轻易发生改变,具有相对稳定性。

2. 跨国公司目标资本结构趋于同质化的原因

为什么这么多的跨国公司具有相似的目标资本结构呢?我们可以从影响跨国公司目标资本结构的因素入手来寻求答案。在决定目标资本结构的区间时,资本可得性、现金流量稳定性、外汇风险以及国际证券投资者的期望都是绕不过去的决定性因素。也就是说,跨国公司具有相似的特质。

第一,现金流量相对稳定。跨国公司的现金流是国际分散化的,因此,现金流量稳定可以使跨国公司具有持续稳定的支付能力,这种能力保证了公司可以承受更多的债务;反之,现金流量不稳定的跨国公司会面临违约风险。规模大、信誉好、经营多样化的跨国公司可以维持更稳定的现金流量,因此,跨国公司的这一特质常常决定了它可以承受杠杆率较高的资本结构。

第二,拥有在全球资本市场配置资本的意愿。为最小化其全球资本成本,跨国公司有意愿也有能力在全球资本市场上配置资本,这意味着它们愿意遵循接近于成熟经济体的标准(包括杠杆水平的标准)。因此,如果跨国公司的杠杆比率超过了上限(如成熟经济体工商企业的杠杆上限大体为50%),那么,它可能就失去在全球资本市场上进行再融资的能力。

第三,信用风险相抵较低以及再融资能力相对较强。跨国公司的信用风险相对较低,这种判断源于这样的事实,即跨国公司规模大、可担保资产多、信誉高(也可理解为投资级企业),再融资能力强、融资灵活性大。由此带来的便利是,它们更加能够获得银行长期信贷支持以及债券市场的支持。因此,跨国公司通常具有更强的资金选择能力,以及更多的后备资金。

第四,高盈利、高成长性以及灵活的收益处置权。跨国公司的盈利水平较高,可将大量利润进行留存,它们筹集包括债务在内的外部资金的动力和热情相对较低,其资本结构保持在较低杠杆水平上。当然,如果盈利水平较低,那么,跨国公司对债务等外部资金的需求会上升,从而可能保持高杠杆的资本结构。相对于国内企业,跨国公司具有较好的成长性,这些公司倾向于保持高杠杆的资本结构。

第五,拥有对冲外汇风险的手段。跨国公司在全球资本市场上融资的最大隐患是面临汇率风险,当汇率发生波动时,用本币计量的资本成本可能远高于名义资本成本。例如,一家中国跨国公司借入一笔美元外汇借款,利率为5%,期限为1年,如果美元走高,那么,用人民币计算的实际借款利率会高过5%,增加杠杆带来了外汇风险。跨国公司拥有两种能力来对冲外汇风险:一是利用内部管理来降低外汇风险;二是运用金融市场工具来对冲外汇风险。

二、跨国公司目标资本结构的构建和管理

跨国公司在构建目标资本结构时,除了具有同质化倾向外,还有一定的异质性。在运营过程中,跨国公司的目标资本结构常常会发生一定程度的偏离,需要及时调整。但是,调整资本结构是有代价的。

(一) 构建跨国公司的目标资本结构

1. 跨国公司目标资本结构的标杆

每家公司在确立目标资本结构时,需要找到其目标资本结构的标杆。如果存在运转良

好的资本市场或存在优质的信用评级机构,那么,每家公司可以较容易地找到目标资本结构的标杆。

(1) 比照公司法

在资本市场上选定一个或若干个财务特征(如投资回报率等)和经营特征(如增长率等)非常相似的上市公司(也称比照公司)。一般而言,增长率越高,公司对现金的需求就越大,收益率越高,对现金的需求就越低。因此,若公司(拟构建目标资本结构的公司)的这些因素与业内的比照公司相似,那么,它就可以将比照公司的资本结构作为标杆来构建其目标资本结构,不应该拒绝来自有效资本结构带来的益处。

(2) 基于信用评级

资本结构与信用等级具有相关性,因此,我们可以获得另一种目标资本结构的标杆。具体而言,可以在特定行业中选取某一类投资级公司,如 AA、A、BBB,了解和确认这类公司达到此类评级的诸多条件,尤其是资产负债率和利息保障倍数所处的区间。据此,既可以了解某一类投资级公司的目标资本结构,又可以知晓偏离目标资本结构后对信用评级的影响。然后,对号入座,确认拟构建目标资本结构公司的资产负债率和利息保障倍数。

2. 体现自身的特点

公司目标资本结构应该具有这样的特质:一方面,公司可以享受来自有效资本结构带来的好处;另一方面,适合公司自身的特点,且留有余地。

第一,目标资本结构应该为公司留足财务灵活性。财务灵活性是指公司的富余举债能力,如果公司实际利息保障倍数越靠近目标利息保障倍数区间的上限,就说明公司越拥有富裕举债能力。为保持竞争地位,公司会面临技术改造、产品升级、转型、并购等,存在大量的持续性资本支出预期,因此,公司不能用足杠杆,以确保公司拥有一定的富余举债能力来满足未来之需。

第二,目标资本结构有助于保持公司财务稳健性。公司财务稳健性是指公司承受未来不确定性风险的能力,未来充满不确定性,公司很可能会面临业务低迷和行业不景气,合理的目标资本结构能使公司具备承受业务低迷和行业不景气的能力。

值得注意的是,公司面临很多融资约束,如维持信用等级需要、股利黏性效应、不违约承诺等,因此,究竟保持多大的财务灵活性以及多强的财务稳健性绝非易事,这是公司在设计和管理资本结构时的重点和难点。

(二) 管理目标资本结构

跨国公司在海外拥有一定数量的子公司。由于这些海外子公司的融资偏好、融资灵活性受东道国的影响巨大,因此,为了维持目标资本结构,跨国公司必须在全球范围内调整资本配置,母公司和相关子公司的杠杆水平必将受影响。

1. 跨国公司目标资本结构发生偏离的原因

东道国影响跨国公司海外子公司融资偏好的因素较多,下面逐项分析一些全球性因素是如何对跨国公司资本结构造成影响的。

(1) 东道国的国家风险

东道国的国家风险存在差异,如果海外子公司正处于高度国家风险境地时,如面临征收风险,那么,跨国公司会要求其海外子公司采取规避国家风险的融资策略。一方面,要求子公司将税后利润更多的转移给母公司;另一方面,加大在当地债务市场的举债力度,如向东道国银行举债。通过此举,跨国公司可以从外部融资中获得"隐性"保险利益,降低被征收的风险。但是,对跨国公司资本结构造成的影响是,子公司的杠杆增加,母公司杠杆相对下降。

(2) 东道国的利率水平

尽管全球一体化程度越来越高,但是,资本市场还是被严重分割。其表现之一是,各国的利率水平存在差异。如果东道国利率较低,那么,子公司可以在东道国以较低成本获得外部资金,并通过减少留存的做法将更多收益汇回母公司。在金融市场有一定分割的情况下,如果子公司所在国的利率水平较高,那么,母公司会要求子公司加大利润留存比例,自己则更多地依赖本国金融市场的资金。

(3) 东道国的货币实力

汇率预期有助于跨国公司进行资本配置。如果子公司所在国货币相对于母公司所在国货币升值,那么,子公司留存更多的收益被视为上策,而母公司则加大外部融资,同时,母公司所在国货币贬值的压力会促使其加大对子公司再投资的力度。

(4) 东道国的税制

东道国的税制主要涉及预提税和公司所得税。如果东道国对子公司汇回收益课以高额的预提税,那么,母公司可能会通过较高的转移价格等手段,将更多的利润移出子公司,造成子公司留存收益减少。于是,子公司将更加依赖外部融资来弥补其资金缺口。从避税的角度看,子公司应该选择在东道国举债融资,取得融资和避税的双重效果。如果东道国所得税税率超过母公司所在国所得税税率,那么,母公司也将采取较高的转移价格来转移利润。如果子公司也由此加大外部资金融通力度的话,则债务融资是首选。

我们可以就以上提及的诸多因素(包括一些未提及的因素)与跨国公司融资选择的关系进行归纳整理。在其他因素不变的情况下,单个因素对跨国公司融资选择造成的影响见表12-1。

表12-1　全球因素对跨国公司融资的影响

国 际 因 素	子公司外部债务融资额	母公司内部资金融资	母公司外部融资额
东道国的国家风险较高	更高	更高	更低
东道国的利率水平较高	更低	更低	更高
预计东道国货币贬值	更高	更高	更低
东道国政府资本冻结	更低	更低	更高
东道国预提税高	更高	更高	更低
东道国公司所得税高	更高	更高	更低
母公司对子公司债务担保	更高	更高	更低

资料来源:杰费·马杜拉.国际财务管理[M].杨淑娥,张俊瑞,译.大连:东北财经大学出版社,2000:552.

由表12-1可知,当预计东道国货币贬值时,为避免汇率风险,子公司会减少留存,并将更多利润转给母公司,资金缺口更多依赖东道国债务市场,从而推升了其杠杆水平。由于母公司获得更多的转移利润(内源资金),因此,它外部融资(如举债)的需求下降。至于其他国际因素变化引发的母子公司融资方式变化的逻辑,读者可以试着进行分析。

值得注意的是,子公司增加或减少的债务有时不会被母公司减少或增加的债务完全抵消。假如母公司不缺钱,其经营活动所需的资金完全由内部资金来供给。于是,致使子公司更多使用债务资金的全球因素将推升该跨国公司的整体杠杆水平。也就是说,使子公司增加债务的全球因素将使该跨国公司面临一个较高杠杆的资本结构。

2. 目标资本结构的动态调整

以上影响资本结构的因素说明,仅从一家子公司或仅从母公司的融资行为所受到的影响看,跨国公司的资本结构可能会偏离其目标资本结构,但是,跨国公司在特定的条件下仍然能够达到全球范围内的目标资本结构(至少在形式上能够做到)。下面举例说明跨国公司实现全球范围内目标资本结构的途径。

假设一家母公司在中国的跨国公司拥有两家海外子公司,分别为英国子公司和美国子公司。如果英国证券监管当局限制该跨国公司的英国子公司在英国发行股票,那么,该子公司可能更多地发行公司债券或举借银行信贷来融通资金,由此形成了高杠杆的资本结构。仅从英国子公司受到的融资限制看,跨国公司整体的杠杆水平将走高,资本结构将偏离其目标资本结构。然而,由于美国允许外国公司发行股票并在当地上市交易,因此,跨国公司可以同时要求美国子公司更多地采用权益融资的方式融通资金,使跨国公司走高的杠杆水平得以恢复。跨国公司在全球范围内进行债务重构,重新回归目标资本结构。

假如英国允许该跨国公司的英国子公司在英国发行股票并挂牌上市,又假定英国子公司在当地的投资项目在2年内不会产生正值的净现金流量,内源资金不足。对英国子公司而言,权益融资是最佳选择,既解决了资金缺口,又可以避免今后两年面临较大的偿债压力,从而拉低了跨国公司的杠杆。为了回归目标资本结构,跨国公司可以要求其美国子公司更多地使用债务融资。

3. 债务重构的代价

基于上述分析,我们可以得出这样的结论:子公司的杠杆水平灵活多变,因此,我们无法要求以及不该要求子公司的资本结构都要与整个跨国公司全球范围内的目标资本结构保持一致。尽管跨国公司可以在全球范围通过债务重构回归目标资本结构,但是,这种做法是有代价的,即跨国公司的债务发生了重构,跨国公司可能由此承担较高的资本成本。理由有三项。

第一,债务重构增加了利率风险。上文提及了中国跨国公司在全球范围内协调两家海外子公司的融资行为,但是,这种协调重构了跨国公司的债务结构。在金融市场被分割的情形下,资金供求矛盾、子公司与当地金融机构的关系等会使美国子公司和英国子公司承担的实际利率产生差异。因此,债务重构后,英国和美国两地的利率差异给跨国公司带来了利率风险。

第二,债务重构加大了汇率风险。债务重构之后,美国和英国两家子公司的净风险暴露一定会发生变化,因此,与此相随的汇率风险有可能随着净风险暴露变动而变动,跨国公司的汇率风险加大了。

第三,债务重构引发了机会成本。跨国公司的债务重构将迫使一些子公司转出内源资金(是指子公司将更多的利润转移给母公司或其他子公司)。由于世界各国的投资机会不同,因此,子公司被迫转出的内源资金可能承受较大的机会成本。例如,假如英国拥有大量的投资机会,英国子公司被迫转出内源资金的后果是错过了更好的投资机会,跨国公司将承受较大的机会成本。

专栏 12-1

跨国公司海外子公司的外部融资

一家中资家电跨国公司,在泰国设有一家子公司。该子公司生产的电视机,主要满足泰国市场需求,劳动力和主要原材料在当地采购。该子公司有三条外部融资渠道:当地权益(即东道国股东和合资方的注入资本)、从母公司所在国借款、从母公司以外的国家借款。

当下,这家中国跨国公司的资本结构整体上偏离了目标资本结构,即杠杆总体上偏高。母公司给出的调整方式如下:要求子公司将更多的利润转移给母公司,由此减少的留存收益,由子公司通过举债方式或增股的方式予以解决。

若子公司通过举债方式解决留存收益减少带来的资金缺口,那么,它既可以在泰国,也可回中国借款。

若子公司通过增股方式解决留存收益减少带来的资金缺口,那么,它可以通过定向增发股份的方式募集资金。

问:你觉得子公司该不该将更多的利润转给母公司?如果一定要转,合理解决子公司资金缺口的做法是什么?这些做法的相关成本又是什么?

第三节 融资风险的对冲策略

由于同一种融资渠道的挂牌利率在各国存在差异,汇率变动对外币融资的成本会产生影响,因此,利率和汇率是影响融资成本的关键因素,也是影响跨国公司长期资金选择的关键因素。于是,在进行国际融资的同时,运用衍生工具对冲利率和汇率风险已成为"标配"。

一、汇率变动对资本成本的影响以及外币标价和本币标价的选择

如果外国市场的挂牌利率低于本国市场利率,那么,跨国公司会考虑选择外币融资。但是,由于融资成本是以本位币计量的,因此,汇率波动将会对外币融资的资本成本产生重要影响。下面我们从三个极端的角度解释汇率波动与资本成本的关系,进而比较说明不同标价的选择。

(一) 平稳外币融资分析

为了更好地理解平稳外币融资对资本成本的影响,我们分别测算以本币和外币标价的公司债券的资本成本,进而进行比较。

例 12-1 假定美国某跨国公司急需借款 10 万美元,该公司选择发行公司债券的方式筹措资金,借款期限为 2 年。公司可按两种标价发行债券:一是按面值出售以美元标价的公司债券,票面利率为 14%,每年底付息一次;二是按面值出售以欧元标价的公司债券,票面利率为 10%,每年底付息一次。假定欧元的即期汇率为 1.2 美元,且汇率保持不变。

美国公司在选择公司债券标价货币时,面临的最大困难是无法预计欧元汇率的走势。这种不确定性直接影响按面值出售以欧元标价的公司债券的实际成本。如果欧元汇率走势很平稳,相对于美元的比价不变,那么,我们很容易测算两种融资方式的实际成本,以判断孰高孰低,见表12-2。

表 12-2 用以美元和欧元标价的公司债券进行融资的融资成本比较

融资方式	第一年末	第二年末	年化融资成本
美元标价债券(14%)	$14 000	$114 000	14%
欧元标价债券(10%)	€8 333	€91 666.7	
汇率(欧元/美元)	1.2	1.2	
美元支付额	$10 000	$110 000	10%

表 12-2 中,最后一列就是两种不同融资方式的年融资成本(用美元表示的到期收益率),在汇率不变的情况下,融资者发行以欧元标价的公司债券所承受的融资成本较小。但是,在现实经济生活中,希望欧元保持稳定不变是不切实际的。因此,发行外币标价的公司债券的潜在收益必须与汇率变动的潜在风险相均衡。

(二) 软币融资分析

外币持续贬值会减少外币借款者的本币现金流出。承例 12-1,假定欧元的即期汇率为 1 欧元/1.2 美元,第一年末贬至 1 欧元/1.1 美元,第二年末再次贬至 1 欧元/1.05 美元。在欧元不断贬值的情况下,不同货币标价公司债券的现金流以及相应的融资成本见表12-3。

表 12-3 用以美元和欧元标价的公司债券进行融资的融资成本比较

融资方式	第一年末	第二年末	年化融资成本
美元标价债券(14%)	$14 000	$114 000	14%
欧元标价债券(10%)	€8 333	€91 666.7	
汇率(欧元/美元)	1.1	1.05	
美元支付额	$9 166.7	$96 250	3%

表 12-3 中,现金流以及融资成本的差异显示,以欧元标价的公司债券的年化资本成本约为 3%,大大低于用美元标价的公司债券的年化资本成本,因此,用欧元标价的公司债券进行融资的潜在收益非常明显。

(三) 坚挺外币融资分析

外币不断升值会增加外币借款者的本币资金流出。承例 12-1,假定欧元即期汇率 1.2 美元,第一年末升至 1 欧元/1.3 美元,第二年末再次升至 1 欧元/1.4 美元。在这种情况下,不同货币标价公司债券的现金流以及相应的融资成本见表 12-4。

表 12-4 用以美元和欧元标价的公司债券进行融资的融资成本比较

融资方式	第一年末	第二年末	年化融资成本
美元标价债券(14%)	$14 000	$114 000	14%
欧元标价债券(10%)	€8 333	€91 666.7	
汇率(欧元/美元)	1.3	1.4	
美元支付额	$10 833	$128 333	19%

表 12-4 显示,以欧元标价的公司债券的年化资本成本约为 19%,高于用美元标价的公司债券的年化资本成本。因此,以欧元标价的公司债券引起的美元流出远高于以美元标价的公司债券引起的美元流出,发行以欧元标价的公司债券会给该美国公司带来的潜在收益小于所承受的汇率风险。

如果公司债券期限较长,那么,最后一个支付期对以外币标价公司债券的资本成本起决定性作用。最后一期的现金流出最多,包括本金和最后一期利息,这将直接影响以外币标价公司债券的实际融资成本。预测汇率的长期变动很难,最后一期预期汇率可靠性将大打折扣。也正是这个原因,在无法估计汇率未来波动的风险时,跨国公司慑于用外币标价发行公司债券。

(四) 外币标价法的比较

以上讨论的情形同样适用于股票融资,跨国公司究竟选择何种货币标价的决策是基于融资成本和风险之间的均衡。从理论上讲,评价货币标价可行性的方法是预测融资者支付利息和本金或现金股利时的汇率,并根据预期汇率来测算兑换外币所需的本国货币金额。但是,由于很难准确预测汇率,因此,这种方法对货币标价决策不利。相反,汇率概率法和模拟法更有助于融资者进行货币标价选择。

1. 汇率概率法的路径

首先,测算支付给债权人本息或支付给股东现金股利时各期汇率的概率分布,汇率的各期预测值可以通过将每一个可能的汇率和其相应的概率相乘,并加总各个乘积来确定。然后,用各期汇率的预测值来预测各期必须支付给债权人或股东的本币现金流出额。最后,基于以上现金流对融资成本进行预测,在债券或股票的存续期内,就得到了一个年资本成本的预测值,将这个外币标价的资本成本与本币标价的股票或债券融资成本进行比较来最终确定是否以外币标价发行债券或股票。

2. 汇率模拟法的路径

跨国公司首先将汇率的概率分布输入计算机模拟程序,然后,该程序将从每年的汇率概率分布中随机抽取一个可能值,并以此汇率为基础计算每期必须支付的用本币来计量的现金流出量和年融资成本。将以上过程重复数十次或数百次,目的是产生年融资成本的概率分布,由此可以得出外币标价的债券或股票的资本成本比本币标价的债券或股票的融资成本低或高的概率。因此,从这个意义上讲,汇率模拟法较汇率概率法更有效。

二、减少风险

以上关于外币标价的讨论基于融资者承受的外币风险都是相同的这一假设之上。但是,汇率和利率的波动对不同的融资者产生不同的影响,也就是说,融资者对汇率和利率波动的敏感度是有差异的。因此,如何减少风险是融资者所要面对的。

(一) 外币标价的选择和风险规避

外币标价决策是为了寻找低成本的融资方式,由此形成的汇率风险可由外币期权合约、抵消性现金流入、远期合约等手段①加以规避。

1. 外币期权合约

外币期权合约属于金融期权合约的范畴,外币期权合约为借款者提供了一种规避汇率风险的手段。当外币变动对借款者不利时,借款者通过行权来消除汇率风险。而当外币的变动对借款者有利时,借款者不会行权,可以获取外币升值和贬值的所有潜在利益。外币期权合约有外币买入(看涨)期权和外币卖出(看跌)期权两种合约。

外币买入期权是指该期权的持有人在合约到期之前,可以按照合约所约定的汇率(执行价)从该期权的出售方购入一定数量的履约外币。如果履约外币的即期价格高于执行价格时,买权的价值上升,该期权的持有者将行权获利。如果履约外币的价格低于执行价格时,直至到期,持有者的损失仅为购买该买权的价格(期权费)。外币买入期权买入者的损益结构见图12-1。

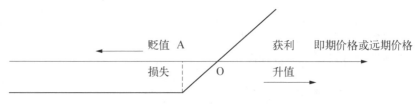

图12-1 外币买入期权买入者的损益结构

---

① 货币互换也是规避汇率风险的主要方式之一,相关内容在后有安排。

图 12-1 中,O 为盈亏平衡点,A 为执行价格或履约价格。外币买入期权买卖双方的损益结构恰好相反,见图 12-2。

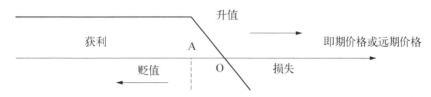

图 12-2　外币买入期权卖出者的损益结构

外币卖出期权是指该期权的持有者在合约到期之前,可以按照合约上所约定的执行价格向合约购买者出售一定数量的履约外币。如果履约外币的即期价格低于执行价格时,该期权的持有者将获利;反之,不行权。

外币期权合约最早出现在美国费城股票交易所,目前,芝加哥、伦敦、新加坡等地都有外币期权合约的交易场所。在交易所上市的外币期权合约可以分为欧式期权和美式期权,它们在执行买卖权利的时限上有不同的规定,欧式期权要求买方到期才能执行权利,而美式期权允许买方在合约到期之前拥有外币买卖的权利。因此,美式期权的价格高于欧式期权的价格。从规避汇率风险的角度出发,由于欧式期权的成本低,欧式期权的使用比美式期权更为普遍,其规避风险的成本较小。

对跨国公司而言,当它处于付款人地位时,外币贬值对其有利,但是,它担心外币升值,因此,跨国公司此时可考虑使用外币期权合约中的外币买入期权来规避汇率风险。

2. 抵消性现金流入

跨国公司以外币标价来发行公司债券是因为该公司债券的名义利率水平较低,但是,外币升值将使融资者面临汇率风险。如何做到既按时支付低利息,又不承担汇率风险呢?跨国公司可以运用抵消性现金流入的做法,即用同种外币或相关性很大的另一种外币的现金性收入来抵消与外币标价债券相关的现金流出。例如,美国某公司发行了澳元债券,在支付该债券的本息时,该公司可以用其澳元现金性收入来偿付。如果欧元和英镑与澳元极具相关性,那么,该美国公司也可用其欧元或英镑现金性收入来偿付。但是,这种做法的困难在于,该跨国公司无法将外币债券的现金流出和公司同种或相关外币的现金流入(现金性收入)在时间和金额上对配得十分完美。也就是说,无法将风险敞口完全消减,这也是该方法的致命缺陷。

3. 远期合约①

当某外币标价债券的名义利率比本币标价债券的名义利率低时,公司可以考虑发行以该外币标价的债券,同时,用远期合约来规避汇率风险。由于远期市场可以满足几年甚至更长时间的需要,因此,这种规避汇率风险的方法似乎具有可操作性。

例 12-2　假如美国的 P&G 公司在澳大利亚发行了面值为 2 500 万澳元、票面利率为

---

① 远期合约有短期远期合约市场和长期远期合约之分,一年以及一年以上的远期合约被称为长期远期合约。本处特指长期远期合约。

3%的债券,3年期,每年付息一次,到期还本。澳元的即期汇率为1澳元/0.8美元。

美国P&G公司为了规避澳元升值风险,同花旗银行签订一份为期3年的长期远期合约,3年到期95/150。于是,在该澳元债券到期时,公司可以按约定价格买进澳元来清偿债券本息。

长期远期合约有其自身缺陷,因此在具体运用上存在较大的困难。其主要缺陷以及在运用上的困难有两类。

第一,长期远期合约市场不活跃。当银行受理长期远期外汇合约时,为了规避长期远期外汇合约的汇率风险,需要进行即期和远期合约的交易。由于长期远期合约市场不活跃,很难找到交易的另一方,因此,促成即期和远期的交易不易。在这种情况下,银行受理这类合约的意愿将下降。

第二,背信风险较高。由于长期远期合约时间跨度较长,因此,即便跨国公司在合约初期的信用良好,但在以后较长的合约时间内,跨国公司具有很大的不确定性,其信用会下降甚至濒临破产,致使其无法履约。同时,长期汇率的波动无法预知,履约货币可能因为大幅升值或贬值致使跨国公司造成重大损失而背信。远期合约交易没有保证金制度,这为背信提供了可能。

(二)多种货币组合融资

我们在上文讨论了跨国公司如何选择最可行的债券或股票的标价货币,以及如何规避汇率风险敞口。由于长期融资存续期太长,其不确定性太大,因此,仅仅选择一种货币作为标价货币是不够安全的,多种货币组合融资更有安全感,融资者进行多种货币融资可以减少汇率风险。

例12-3 假如中国石化公司计划发行债券,并考虑了以下多种方案。第一种方案是发行以人民币标价的公司债券,票面利率为12%,按票面发行;第二种方案是以美元标价发行公司债券,票面利率为7%,按票面发行;第三种方案是发行部分以美元标价的公司债券,同时发行部分以日元标价的公司债券,日元票面利率为7%,按票面发行。该企业目前没有美元和日元的净暴露头寸。

对中国石化公司来说,以本币标价的债券名义利率与以日元或美元标价的债券名义利率之间存在巨大的差异。对于方案一和方案二来说:如果美元相对于人民币升值,以美元标价的债券实际成本就有可能比以人民币标价的债券融资成本高。对于方案三来说:如果日元汇率和美元汇率不高度相关,那么,两种货币组合融资的实际成本小于方案一和方案二的融资成本将是大概率事件。如果日元汇率和美元汇率变动呈负相关关系,那么,以日元标价的债券实际成本和以美元标价的债券实际成本不会同时高于以人民币标价的债券融资成本。因此,第三种方案最有可能使融资成本低于只在国内发行以人民币标价的债券融资成本。

然而,高昂的交易成本是多种货币组合融资的软肋,于是,市场上出现了基于多种货币组合融资原理的一些变通方法。例如,混合货币债券,混合货币债券用混合货币来标价,混合货币是一种固定的货币组合,可用一种货币记账单位表示。又如,欧洲货币单位(ECU)和特别提款权(SDR)。欧洲货币单位与欧洲货币的币值加权相关联,特别提款权目前被确定为美元、欧元、人民币、日元、英镑的一个加权组合,它们被用于债券和银行存款标价并为各种服务计价。在欧洲债券市场,混合货币债券比单一货币标价更受青睐。

(三) 用互换合约进行套期保值

跨国公司发行债券时可能受利率风险和汇率风险的双重影响,其中,利率风险可以借助利率互换合约进行规避,汇率风险则可以使用货币互换合约进行规避。

1. 利率互换

利率互换合约是指互换双方同意在未来连续数个期间内为对方支付利息的合约。欧洲债券市场的发展使得利率互换备受重视,债券发行人可以用利率互换或基点利率互换对未来债券利息支付结构进行调整,一来可以降低利率风险,二来可以改变原来不理想的债务结构,从而优化资本结构。

利率互换通常是固定/浮动利率互换或浮动/固定利率互换。前者以固定利率交换 6 个月[①]的浮动利率,后者以 6 个月的浮动利率交换固定利率。利息基于某一同种货币进行计算。现举例说明。

例 12-4 假定英国英美烟草公司已发行 3 年期、利率为 LIBOR 加 20 个基点的美元债券。美国菲利普-莫利斯公司已发放 3 年期、利率为 T(美国国债利率)加上 1%。如果英美烟草公司想以到期日固定利率债券融资,可以获得的利率为 T 加上 1.1%;菲利普-莫利斯公司想以同样到期日的浮动利率债券融资,可获得的利率为 LIBOR。

本例中,两家公司的需求将促成利率互换,如果菲利普-莫利斯公司同意每半年按 LIBOR 支付给英美烟草公司利息,同时,英美烟草公司愿意按 T 加上 1.1% 支付菲利普-莫利斯公司利息。那么,我们可以算出两家公司的融资成本。

英美烟草公司的融资成本为

$$(\text{LIBOR}+0.2\%)+(T+1.1\%)-\text{LIBOR}=T+1.3\%$$

显然,英美烟草公司通过利率互换后形成的融资成本比独自进行固定利率债券融资的成本高出 0.2%。

菲利普-莫利斯公司的融资成本为

$$(T+1\%)+\text{LIBOR}-(T+1.1\%)=\text{LIBOR}-0.1\%$$

显然,菲利普-莫利斯公司通过利率互换后形成的融资成本比独自进行浮动利率债券融资的成本低了 0.1%。

与利率互换不同的是,基点利率互换是指浮动利率与另一浮动利率之间的互换。最常见的基点利率互换是以 6 个月期 LIBOR 利率相互交换,也有以 6 个月期的 LIBOR 交换 3 个月期或 1 个月期的 LIBOR。举例说明如下。

例 12-5 美国强生公司向德意志银行申请贷款,德意志银行以美国基本放款利率 P 加上 1% 将美元贷款贷给美国强生公司。又假定德意志银行的欧洲美元资金来自欧洲存款市场,为此,德意志银行因为向美国强生公司提供贷款而可能承担基点风险。

德意志银行可以通过基点利率互换来规避风险。如果花旗银行有意充当基点利率互换的对手时,它们首先会就基点利率互换内容进行协商。如果合约约定,德意志银行支付给花旗银

[①] 浮动利率一般以 6 个月期 LIOBOR 为主。

行 P 加上 0.8%，花旗银行给德意志银行 LIBOR，那么，德意志银行的实际贷款利率计算如下：

$$(P+1\%)+\text{LIBOR}-(P+0.8\%)=\text{LIBOR}+0.2\%$$

德意志银行的贷款由美国基本放款利率转换成浮动利率（LIBOR），与德意志银行以浮动利率（LIBOR）吸收欧洲存款的结构相符。如果德意志银行吸收的欧洲存款利率为 LIBOR，则德意志银行的贷款利润为 0.2%。

2. 货币互换

一般而言，典型的货币互换合约是指交易双方在合约的初期和终期交换等值的外币本金，同时，合约的一方可能需要承担另一方利息的一种合约。通常，货币互换合约既涉及双方的利率交换，又涉及不同货币的交换。例如，美国公司在澳大利亚发行澳元零息债券进行融资，然后将所得款转换成美元资金。一旦澳元升值，美国公司将为此付出更多的美元现金流来还本付息，因此，美国公司可以通过货币互换合约来锁定风险敞口。该互换合约有三个内容：一是期初互换（公司将所获澳元按约定汇率换成美元）；二是期末互换（公司将期初换得的美元按澳元债券总面额换回澳元，履行偿付义务）；三是公司向交易对手支付债券期间内的利息。由于参与货币互换的金融中介会收取一定佣金（佣金一次性支付），因此，佣金成了该美国公司进行货币互换的主要成本。

常见的货币互换合约主要有两种：一是基于固定利率交换浮动利率的货币互换；二是基于固定利率交换固定利率的货币互换。在基于固定利率交换浮动利率的货币互换中，信誉良好的跨国公司以固定利率与银行交换浮动利率，或者用浮动利率交换固定利率。

情况一：基于固定利率交换浮动利率的货币互换

例 12-6 假定英国联合利华公司为了拓展中国市场，需融资 3 000 万美元，该公司按 LIBOR 加 20 个基本点借入等值英镑资金，期限为 3 年。但是，英国联合利华公司还是愿意以较低的固定利率直接筹措美元资金。

对英国联合利华公司来说，应该寻找一家银行换取固定利率的美元资金。如果花旗银行向英国联合利华公司提供较为优惠的条件，例如，花旗银行以 3 000 万美元与英国联合利华公司交换 3 000 万美元的等值英镑资金，支付固定利率 6%，收取 LIBOR 加上 30 个基点。经过换汇后，英国联合利华公司的债务情况为：第一，以等值英镑资金与花旗银行交换取得美元 3 000 万元；第二，换汇后的利率为固定利率。

筹集英镑：支付 LIBOR $+ 0.2\%$

换率：6%

收取：LIBOR $+ 0.3\%$

换汇后的利率 $=(\text{LIBOR}+0.2\%)+6\%-(\text{LIBOR}+0.3\%)=5.9\%$

显然，英国联合利华公司取得了所需要的固定利率美元资金和较低的固定利率。

情况二：基于固定利率交换固定利率的货币互换

在基于固定利率和固定利率交换的货币互换中，银行设有交换率标价表（也称利率与货币互换报价）[①]，如同外币的买价和卖价一样给出了银行愿意收取的利率和支付的利率。

---

① 如果公司所要求的利率偏离了交换率标价表内的利率时，银行必须根据客户的要求重新计算收取和支付的利率。

例 12-7 假设美国可口可乐公司举借了期限为 3 年期、固定利率为 5.56% 的美元债券。现在,该公司拟将固定利率美元债券转换成欧元固定利率债券,以配合该公司欧元销售收入。为此,它寻求本国美洲银行的帮助。美洲银行利率与货币互换报价见表 12-5。

表 12-5 利率与货币互换报价　　　　　　　　　　　　　单位:%

年　份	欧　元		美　元	
	买　价	卖　价	买　价	卖　价
1	2.99	3.02	5.24	5.26
2	3.08	3.12	5.43	5.46
3	3.24	3.28	5.56	5.59
4	3.44	3.48	5.65	5.68
5	3.63	3.67	5.73	5.76

由表 12-5 可知,美洲银行愿意支付的利率是 5.56%,即较低的利率(买价),而愿意收取的利率是 3.28%,即较高的利率(卖价)。

美洲银行根据报价表决定换汇利率如下:

第一,可口可乐公司从美洲银行收取 5.56% 的利率,以美元债务计算;

第二,可口可乐公司支付美洲银行 3.28% 的利率,以欧元债务额度(等值美元)计算。

经过上述互换后,可口可乐公司取得了 3 年期、固定利率的欧元债券,利率为 3.28%。

互换合约可以附有不同的选择权,回购互换、回售互换、可延长互换、鸡尾酒互换等是主要的附有不同选择权的互换合约。回购互换合约允许合约出售者在互换合约到期之前中止合约而不受处罚;回售互换合约允许合约的购买者在互换合约到期之前中止合约而不受罚;可延长互换合约允许双方在合约中止时延长合约至将来某一时间点;鸡尾酒互换合约设计多家公司与银行之间进行的多种货币和利率互换。

专栏 12-2

柯达公司运用互换工具消除汇率风险

1987 年 3 月,柯达公司希望通过国外非美元融资,筹集 7 500 万美元资金,国际债券市场利率为 7.5%,低于美国国内债券市场 1.25 个百分点。

(1) 1987 年 5 月 12 日,美林证券承销发行总面值为 2 亿澳元的零息债券,发行价格为面值的 54.125%。扣除 1.125% 的发行费用,柯达公司实得 1.06 亿澳元。

(2) 美林与柯达达成互换协议:期初,美林将按照即期汇率 A$1=$0.705 9,兑成 7 500 万美元。然后,每隔半年,柯达公司按照 7.35% 的年利率支付给美林固定利息,共计 10 期。期末,柯达再用 7 500 美元从美林处换回 2 亿澳元用以还本付息。

(3) 美林与澳大利亚 A 银行签订价值为 7 000 万澳元的远期合约,远期汇率为 A$1=

$0.5286，即债券到期日用3 700万美元从A银行兑成7 000万澳元。

（4）美林与澳大利亚B银行签订货币互换协议：期初美林按照即期汇率A＄1＝＄0.7059，用6 800万澳元从B银行换回4 800万美元，在未来5年期间，每隔半年美林按照LIBOR减40个基本点的浮动利率支付B银行美元利息，本金为4 800万美元；期末，美林再用4 800万美元从B银行换回1.3亿澳元。

（5）美林与C企业签订利率互换协议，名义本金为4 800万美元。每隔半年，美林按照7.85%的年利率支付给C企业固定利息，计188.4万美元，对方则按LIBOR支付给美林浮动利息。

（6）为了轧平期初美元和澳元头寸，美林在即期市场卖出3 800万澳元，得到2 700万美元。

问：你觉得柯达公司规避汇率风险的具体做法是什么？为及时履行与柯达签订的互换合约，美林做了哪些准备工作，又承担了哪些风险？

本章小结

在全球配置资金，通过增加资本可得性来实现加权平均资本成本最小化，是跨国公司融资管理的重要策略之一。

构建目标资本结构就是优化企业的融资。其有两个目的：一是最小化企业的资本成本；二是最大化企业的价值。就跨国公司而言，跨国公司资本结构的决定因素更多、更复杂。相比国内企业的资本结构，需增加一些重要变量，如资本可得性、现金流分散化程度、外汇风险和国际组合投资者的期望。

跨国公司资本结构决策受许多因素影响，正是由于这些因素的作用，使得跨国公司的融资方式选择复杂化。

跨国公司的资本结构会偏离其目标资本结构，但是，跨国公司在特定的条件下仍然能够在全球范围内实施债务重构，重塑目标资本结构。

国际资产定价模型与传统资本资产定价模型的差异在于，市场组合是一个由所有风险资产组成的全球分散的组合投资，各种资产的权重按照现行汇率下的市场价值确定。在IAPM模型中，投资者可同时持有特定货币的套期保值组合（由无风险的国内资产和国外资产组成），其作用类似于CAPM模型中的无风险资产。

降低融资成本、减少风险以及优化资本结构是长期融资管理的主要内容。跨国公司的长期融资灵活性很强，但其融资成本的不确定性也大。由于同一种融资渠道的挂牌利率在各国存在差异，汇率变动对外币融资的实际成本也会产生影响，因此，利率和汇率因素是影响实际融资成本的关键因素，也是影响跨国公司长期资金选择的关键因素。

第十二章 国际资本配置策略

关键词

目标资本结构　债务重构　资本成本　债务融资　权益融资　不可国际交易资产　可国际交易资产　世界市场组合　国际资产定价模型　市场分割　货币互换　利率互换

习 题

1. 某一家跨国企业的经营重点在国内的时候,它的债务水平较低。当它将业务拓展至其他国家时,从公司整体来看,增加了财务杠杆,请问什么因素使得该公司的财务杠杆水平上升?

2. 简述跨国企业的特征以及对资本成本的影响。

3. 假设某一家跨国企业是发达国家的企业,它在经济欠发达国家建立了一家子公司。子公司所在国的通胀率一直高达100%,且没有股票市场,其所需资金绝大部分来自年利率为40%的银行贷款。为此,该跨国企业决定,子公司的资金全部由母公司提供,为此可以节省利息支出。该策略是否有利?

4. 假定某跨国企业的营利性较好,该公司的股东决定加大利润留存,在几个经济欠发达国家和地区进行再投资。但是,该企业希望在东道国利用负债来拓展业务,以减少国家风险。请给出该企业可能的解决方案。

5. 总部位于北京的一家中国跨国公司过去3年的年销售额超过100亿美元,设无风险利率为3%,所得税税率为24%,市场风险溢酬为7%,该公司与两家比照公司的相关财务数据见下表。

	甲公司	乙公司	中国跨国公司
销售额	50亿美元	80亿美元	100亿美元
股票贝塔值	0.86	0.78	?
信用评级	AA	A	AA
债务资本成本	7%	8%	7.1%
债务/总资本	34%	40%	30%
国际销售/销售总额	10%	30%	50%

要求:

(1) 计算甲公司和乙公司的 WACC。

(2) 推测中国跨国公司的股票贝塔值以及 WACC。

6. 总部位于上海的一家中国跨国公司,需筹集一笔资金,总计300万美元。公司有两种选择：

第一，从纽约借入3 000万美元，年利率8%，期限1年。

第二，从香港借入2.1亿港元，年利率7.5%，目前港元与美元比价为HKD7=USD1，期限1年。

要求：

（1）你觉得哪种借款的实际成本更低？

（2）期末汇率为多少时，该公司两种借款的实际成本是无差别的？

7. 某金融机构研究部计算了巴西国家石油公司和中石油公司的加权平均资本成本，假设两家公司的所得税税率均为30%。评价计算中运用的假设见下表。

	巴西国家石油公司	中石油公司
无风险利率	4.8%	3%
主权风险	7%	3%
股票风险溢价	4.5%	7%
股票市场成本	16.3%	13%
股票贝塔值	0.87	0.9
债务资本成本	8.4%	7%
债务/总资本	0.333	0.45
WACC	13.7%	10.3%

要求：你觉得该机构在评价计算两家公司WACC的过程中，存在哪些问题？

第十三章
国际证券投资管理

【学习要点】

1. 国际证券组合投资的分散化效应。
2. 国际证券组合投资的汇率风险。
3. 国际证券投资策略和管理。
4. 为何跨国公司不直接下场进行国际证券组合投资？

随着全球金融市场一体化程度的提高，跨国公司越来越多地依赖国际资本市场。国际资本市场已经成为跨国公司重要的融资和投资场所。有数据显示，若按美元衡量，目前全球国际证券组合投资已超过国际直接投资(FDI)。本章介绍国际证券组合投资的基本原理，以及跨国公司钟情于国际证券组合投资的理由和做法。

第一节　国际证券组合投资的收益和风险

根据马柯维茨的资产组合原理，以既定风险获得最大收益是投资组合选择的原则，同样适用于跨国公司的国际证券组合投资。那么，跨国公司可以从国际证券组合投资的分散化中获得多少好处呢？

一、国际证券投资的收益和风险

（一）国际证券投资的收益率

如果收益率以年度收益率表示，那么，外国证券的本币收益率为

$$r_d = \frac{P_t^d - P_{t-1}^d}{P_{t-1}^d} = [(P_t^f \times e_t^{d/f})/(P_{t-1}^f \times e_{t-1}^{d/f})] - 1 \tag{13-1}$$

式(13-1)中，P_t^d 表示 t 时期外国证券的本币价格，P_{t-1}^d 表示 $t-1$ 时期外国证券的本币价格，P_t^f 表示 t 时期外国证券的价格，P_{t-1}^f 表示 $t-1$ 时期外国证券的价格，$e_t^{d/f}$ 表示 t 时期的即期汇率，$e_{t-1}^{d/f}$ 表示 $t-1$ 时期的即期汇率。

又由于 t 时期后即期汇率的变动百分比可表示为

$$s_t^{d/f} = e_t^{d/f}/e_{t-1}^{d/f} - 1 \tag{13-2}$$

将式(13-2)代入式(13-1)后，可得到外国证券本币收益率的另一个表达式，即

$$r_d = r_f + s_t^{d/f} + r_f \times s_t^{d/f} \tag{13-3}$$

由式(13-3)可知,外国证券的收益率可以分解成三个部分:外币收益率、即期汇率变动百分比、外币收益率与即期汇率变动百分比之间的关系。

那么,外国证券的预期收益率由三部分构成:外国证券的预期外币收益率、外币价值的预期变化(也称即期汇率的期望年变动率)以及预期外币收益率和外币价值的预期变化的积。即

$$E[r_d] = E[r_f] + E[s_t^{d/f}] + E[r_f \times s_t^{d/f}] \tag{13-4}$$

例13-1 假设投资于中国股票市场的期望报酬率为12%,投资美国同等风险股票的期望报酬率为12%,目前的即期汇率USD1 = RMB6.7,预计一年后的预期即期汇率为USD1 = RMB6.73。

1年后即期汇率的期望年变动率为

$(6.73 - 6.7)/6.7 = 0.0045$

在美国投资的总期望收益率为

$12\% + 0.45\% + 12\% \times 0.0045 = 12.5\%$

可见,在美国投资的总期望收益率高于12%,更加诱人。但是,必须注意的是,即期汇率期望年变动率有可能出现负值。一旦出现负值,在美国投资的总期望收益率将低于12%。那么,如何估算含有汇率风险的外国证券投资风险呢?

(二) 外国证券收益率的方差

由于外国证券的本币收益率由三部分组成,因此,外国证券收益率的方差可以参照投资组合方差①的计算过程,即

$$\begin{aligned} \mathrm{Var}(r_d) = &\mathrm{Var}(r_f) + \mathrm{Var}(s_t^{d/f}) + \mathrm{Var}(r_f, s_t^{d/f}) \\ &+ 2\mathrm{Cov}(r_f, s_t^{d/f}) + 2\mathrm{Cov}(s_t^{d/f}, r_f s_t^{d/f}) + 2\mathrm{Cov}(r_f, r_f s_t^{d/f}) \end{aligned} \tag{13-5}$$

式(13-5)显示,汇率变动会影响国外证券投资的风险,它可以通过三种渠道影响国外证券投资的风险:

第一,汇率自身的变化,即 $\mathrm{Var}(s_t^{d/f})$;

第二,汇率与国外证券市场收益率的协方差,即 $\mathrm{Cov}(r_f, s_t^{d/f})$;

第三,叉积项的贡献程度,即 $\mathrm{Var}(r_f, s_t^{d/f})$、$\mathrm{Cov}(s_t^{d/f}, r_f s_t^{d/f})$ 和 $\mathrm{Cov}(r_f, r_f s_t^{d/f})$。

二、国际证券的相关性以及风险分散化程度

一般而言,在投资组合中,证券投资收益的相关性越低,证券组合的风险就越小,组合的风险分散化效应就越好。因此,投资者可以通过持有由不相关程度高的证券构成的证券组合来分散风险,消除非系统性风险,实现证券组合的投资目标。

理论上,国际证券之间的相关性远低于国内证券之间的相关性,也就是说,不同国家证券收益之间的相关性比国内证券收益之间的相关性要低。原因有二。

第一,一国的政治、体制、经济等因素对他国证券的影响远低于对本国证券的影响,即便对他国的证券产生影响,其影响程度也存在很大差异。一国政治动荡对其邻国的证券市场

---

① 关于方差、协方差、相关系数等统计变量的计算方式以及内涵,可参见《投资学》教材中关于"投资组合理论"的相关内容。

或许可能产生影响,但对其他国家的影响可能就非常有限了。一国体制改革可能对相关国家产生影响,但决不会波及所有国家。各国经济周期的差异性降低了国际证券之间的相关性。

第二,国际证券投资收益除了与外国证券市场回报大小有关外,还与即期汇率的变化相关。但由于股票市场与汇率变动之间的正相关关系不大,因此,这也加大了国内证券市场与国际证券市场的不相关程度。

国外的实证研究也支持国际证券组合的相关性远低于国内证券组合的相关性的结论。Eun 和 Resnick(1984)[1]以 1973—1982 年为时段,以美元为基准,根据周收益数据分别计算了美国、英国、日本、德国等 8 个国家股票收益之间的相关系数。现从中选取 4 个国家股票收益的相关系数予以说明(见表 13-1)。

表 13-1 美国等 4 国股票收益间的相关系数

股票市场	美 国	英 国	日 本	德 国
美 国	0.439	0.279	0.137	0.170
英 国		0.698	0.209	0.299
日 本			0.416	0.300
德 国				0.653

表 13-1 显示,美国、英国、日本和德国 4 个国家国内股票收益间的相关性较高,均超过 0.4。而这些国家股票收益间的相关性则较低,如美国国内股票的相关系数为 0.439,与其他国家的相关性远低于其国内股票间的相关性,平均相关系数都在 0.28 以下,其中,美国股票市场与日本股票市场和德国股票市场的相关系数分别仅为 0.137 和 0.170。

因此,无论从逻辑判断,还是从实证结果看,国际证券组合投资能够显著降低证券投资风险,具有更强的风险分散效应。我们可以借助图 13-1 更直观地描述国际证券组合投资的分散风险效果。

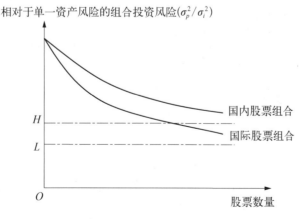

图 13-1 国内和国际股票组合投资风险散化比较

---

[1] Eun, Cheol S. & Resnick, Bruce G. Estimating the Correlation Structure of International Share Prices[J]. *Journal of Finance*, 1984, 39(5): 1311-1324.

图 13-1 显示,随着组合中股票数量的增加,证券组合投资的方差会降低。当增加国内证券组合中股票数量时,国内证券投资组合的方差将降到仅占某一国内股票方差的 H。也就是说,国内某一股票 $(1-H)$ 的方差可以通过国内大型证券组合投资予以消除。当证券投资组合扩展至国际股票时,国际证券投资组合的方差将降至仅占某一国内股票方差的 L,国内某一股票 $(1-L)$ 的方差可以通过国际大型证券组合投资分散掉。观察图 13-1 可以发现,由于 H 大于 L,因此,一个风险充分分散的国际证券组合的风险较低。有数据显示,国内股票投资组合的风险 2—3 倍于国际股票组合的风险。

三、国际证券组合的选择原则

从风险厌恶角度看,假如投资者预期能获得较高的收益,且能够得到充分的风险补偿,那么,他们就愿意承担额外风险。国际证券组合的选择也应该按此原则进行,只是将考察对象扩展至国际主要证券市场而已。

(一) 观察世界主要证券市场收益和风险的特征

世界各主要证券市场的收益和风险特征各异,为了更好地加以考察,可以同时用收益均值以及夏普绩效值(Sharp Performance Measure,简称 SHP)来观察各国证券市场的收益,用标准差(SD)以及国际贝塔系数(β)来描述风险特征。通常,收益均值可以采用月收益的均值,也可以采用年收益的均值,国际贝塔系数表示一个国家的证券市场对国际证券市场波动的敏感度。

夏普绩效值代表每一标准差风险所带来的额外收益,也就是超过无风险利率以上的部分,即

$$SHP = (\bar{R}_i - R_f)/\sigma_i \tag{13-6}$$

式(13-6)中,$\bar{R}_i$ 和 σ_i 分别表示第 i 个证券市场的收益均值和标准差,R_f 表示无风险利率,短期国债月利率或年利率可视作无风险利率的近似值。

夏普绩效值由金融学家夏普发明,其目的是用来评估股票、债券和投资组合的业绩。夏普绩效值越大,长期内该投资的期望表现就越好。

为便于说明,我们从摩根士丹利 2003 年关于世界主要证券市场的研究报告中,选择德国、日本、英国和美国 4 个国家的证券市场的相关数据予以说明(见表 13-2)。

表 13-2 以美元标价的 4 国股票收益和风险(1970—2002 年)

国别	均值	标准差	β	SHP	相关系数			
					德国	日本	英国	美国
德国	12.5%	30.0%	1.05	0.18	N.R.			
日本	15.4%	36.5%	1.39	0.23	0.364	N.R		
英国	14.6%	29.4%	1.14	0.25	0.451	0.369	N.R	
美国	11.8%	17.8%	0.87	0.26	0.443	0.304	0.522	N.R

注:均值和标准差分别表示年收益率的均值和标准差,夏普绩效值根据美国 30 天国库券的年收益率计算,相关系数和 β 系数则按每月收益的变化情况进行衡量。

表13-2显示,年平均收益率在美国的11.8%到日本的15.4%之间波动;标准差的变动范围是17.8%—36.5%,其中,最低为美国,最高为日本;美国证券市场的国际β系数最低,表明它对国际证券市场最不敏感,日本证券市场的国际β系数最高,表明它对国际证券市场最敏感;夏普绩效值在0.18—0.26区间内,其中,美国最高,表明既定风险下所获收益最大,英国和日本次之,德国最低。

(二) 选择最优国际证券组合

在对上述4国证券市场收益和风险进行观察和描述的基础上,我们可以得到4国证券市场的历史业绩分布图,见图13-2。

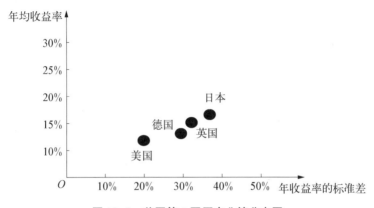

图13-2 美国等4国历史业绩分布图

在图13-2中,我们标注了美国等4国证券市场的历史业绩分布,同理,我们可以在图中添加更多国家证券市场(包括诸如澳大利亚、法国、瑞士、新加坡、中国大陆、中国香港、印度等在内的其他发达经济体国家和地区证券市场以及新兴市场国家和地区的证券市场)的历史业绩。我们就可以得到国际证券组合投资的可行集和有效集(见图13-3),并找到最优国际证券组合(OIP)。

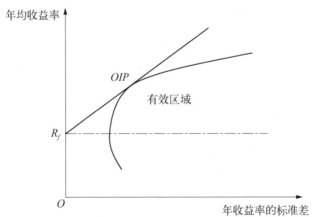

图13-3 国际证券组合投资有效集

图13-3显示,在不引入无风险资产情形下,曲线右下方(包含曲线)区域是国际证券投资组合所有可能的集合(可行集)。如果将无风险资金引入国际证券投资组合,那么,我们就

能够找到国际证券组合的有效集,就是以无风险利率为出发点向弧线所作的切线。切线与弧线的切点就是最优国际证券组合。例如,美国学者以美元标价(或称国际基准货币)对1980—2001年国际主要证券市场收益和风险特征进行观察后,找到了最优国际证券组合,涉及中国香港、意大利、荷兰、瑞典、美国5个证券市场,各证券市场的投资比率分别为1.61%、1.14%、29.96%、26.4%、40.84%。

由于不同国家的投资者在观察各国证券市场收益和风险特征时,所使用的标价货币存在差异,因此,如果使用不同的标价货币进行计量,同一国证券市场的收益和风险特征会出现差异。这就可以解释为什么不同国家的投资者会有不一样的最优国际证券组合选择。

(三) 国际证券组合与国内证券组合的绩效差异

寻求国际最优证券组合的目的是以更小的风险获得既定收益,或在风险既定的情形下寻求绩效最高的证券投资组合。那么,如何比较国际证券组合与国内证券组合的绩效差异呢?

我们通常可以用夏普绩效值的增量(ΔSHP)或证券组合收益的增加值($\Delta \bar{R}$)来评估国际证券组合与国内证券组合的收益差异。

夏普绩效值的增量可以表示为

$$\Delta SHP = SHP(OIP) - SHP(DP) \tag{13-7}$$

式(13-7)中,$SHP(OIP)$表示最优国际证券组合的夏普绩效值,$SHP(DP)$表示国内证券组合的夏普绩效值。

证券组合收益的增加值($\Delta \bar{R}$)可以表示为

$$\Delta \bar{R} = \Delta SHP \times \sigma_{DP} \tag{13-8}$$

式(13-8)中,σ_{DP}表示国内证券组合的标准差。

为说明国际证券组合与国内证券组合的绩效差异,下文仍选取美国学者的部分相关研究成果(见表13-3)予以说明。

表13-3 按投资者定居国家和地区统计的国际证券组合与国内证券组合的绩效差异(1998—2001年)

投资者所在国	国内组合			最优国际组合			国际投资者的超额收益			
	均值	SD	SHP	均值	SD	SHP	ΔSHP	增减	ΔR	增减
德国	1.14%	5.85%	0.111	1.59%	5.02%	0.218	0.107	96%	0.63%	7.56%
日本	0.60%	5.16%	0.045	1.31%	5.35%	0.179	0.134	298%	0.75%	9.00%
英国	1.36%	4.85%	0.122	1.67%	5.01%	0.180	0.058	48%	0.28%	3.36%
美国	1.26%	4.43%	0.161	1.42%	4.51%	0.193	0.032	20%	0.14%	1.68%

注:均值和标准差分别表示月收益率的均值和标准差,夏普绩效值根据美国30天国库券的月收益率估算。

表13-3从德国、日本、英国和美国4国投资者角度列示了国内证券组合投资收益和最优国际证券组合投资收益的估计值。以德国为例,其最优国际证券组合投资的月收益均值和标准差分别为1.59%和5.02%,而德国国内证券组合投资的月收益率和标准差分别为1.14%和5.85%。最优国际证券组合的风险略低于德国国内证券组合的风险,但收益远高于国内证券组合的收益。在与国内证券组合投资相同的风险水平下,德国投资者可以获得每月0.626%的超额收益,即增加的年收益率为7.56%,或者获得夏普绩效值的增量为0.107。显然,对德国投资者而言,最优国际证券组合的绩效更大,更有吸引力。基于这样的分析思路,日本、德国和美国的投资者也会得到同样的判断。

第二节 国际证券组合投资的汇率风险

上文已述,国际证券组合投资优于国内证券组合投资的主要原因是国际证券市场间的相关性较低,具有更大的风险分散效应。但是,国际证券组合投资会增加汇率风险。那么,汇率风险是如何影响国际证券组合投资的呢?

一、无汇率风险的证券组合投资风险

如果投资者在国内证券市场组建投资组合,那么,它是一个由 n 种金融资产构成的投资组合,其中,在第 i 种金融资产上的投资额占总投资额的权重为 ω_i,每种金融资产的期望收益率、方差以及协方差已知,则该投资组合的收益率 $\tilde{r}_{DP}$ 为

$$\tilde{r}_{DP} = \omega_1 \tilde{r}_1 + \omega_2 \tilde{r}_2 + \cdots + \omega_n \tilde{r}_n = \sum_{i=1}^{n} \omega_i \tilde{r}_i \tag{13-9}$$

该投资组合的期望收益率 $\bar{r}_{DP}$ 为

$$\bar{r}_{DP} = E(\tilde{r}) = \omega_1 \bar{r}_1 + \omega_2 \bar{r}_2 + \cdots + \omega_n \bar{r}_n = \sum_{i=1}^{n} \omega_i \bar{r}_i \tag{13-10}$$

该投资组合的方差为

$$\sigma_{DP}^2 = Var(\tilde{r}) = \sum_{i=1}^{n} \sum_{j=1}^{n} \omega_i \omega_j \sigma_{ij} \tag{13-11}$$

二、国际证券组合投资的风险

国际证券组合投资的风险应该包括汇率风险,因此,不规避汇率风险的国际证券组合的风险可能会高于国内证券组合的风险。

为了进一步说明国际证券组合风险的结构,现举例说明。假如某中国投资者分别投资于国内和国外的三个证券市场(中国、英国和美国),三个证券市场的相关资料见表13-4。

表13-4显示,投资比重是指投资者在不同证券市场的投资额占总投资额的比重,$e_{1/2}$ 和 $e_{1/3}$ 分别表示在某一时期内英镑对人民币以及美元对人民币即期汇率变动的百分比(即期汇率的期望年变动率)。

表 13-4 国际组合投资

国 别	投资比重	投资期望收益率	即期汇率变动百分比	符 号
中 国	ω_1	$\bar{r}_1$		1
英 国	ω_2	$\bar{r}_2$	$e_{1/2}$	2
美 国	ω_3	$\bar{r}_3$	$e_{1/3}$	3

注：汇率采用直接标价法。

因此，如果国际证券组合的收益率仅包含投资收益率和即期汇率变动百分比，那么，可以用加权平均法计算国际证券组合的期望收益率，即

$$\bar{r}_{DP} = \omega_1 \bar{r}_1 + \omega_2 (e_{1/2} + \bar{r}_2) + \omega_3 (e_{1/3} + \bar{r}_3) \tag{13-12}$$

在式(13-12)中，$(e_{1/2}+\bar{r}_2)$ 表示英国证券市场的期望收益率，$(e_{1/3}+\bar{r}_3)$ 表示美国证券市场的期望收益率。

利用式(13-12)，可以计算在汇率风险下国际证券组合的方差（总风险），即

$$\begin{aligned}\sigma^2_{OIP} =\ & \sigma^2_{DP} + [\omega_2^2 \text{Var}(e_{1/2}) + \omega_3^2 \text{Var}(e_{1/3})] + 2\omega_2\omega_3 \text{Cov}(e_{1/2}, e_{1/3}) \\ & + [2\omega_2^2 \text{Cov}(e_{1/2}, \bar{r}_2) + 2\omega_3^2 \text{Cov}(e_{1/3}, \bar{r}_3) + 2\omega_1\omega_2 \text{Cov}(e_{1/2}, \bar{r}_1) \\ & + 2\omega_1\omega_3 \text{Cov}(e_{1/3}, \bar{r}_1) + 2\omega_2\omega_3 \text{Cov}(e_{1/2}, \bar{r}_3) + 2\omega_2\omega_3 \text{Cov}(e_{1/3}, \bar{r}_2)] \end{aligned} \tag{13-13}$$

式(13-13)中，σ^2_{DP} 表示无汇率风险下的国际组合风险，即

$$\begin{aligned}\sigma^2_{DP} =\ & \omega_1^2 \text{Var}(r_1) + \omega_2^2 \text{Var}(r_2) + \omega_3^3 \text{Var}(r_3) + 2\omega_1\omega_2 \text{Cov}(r_1, r_2) \\ & + 2\omega_1\omega_3 \text{Cov}(r_1, r_3) + 2\omega_2\omega_3 \text{Cov}(r_2, r_3) \end{aligned} \tag{13-14}$$

对比式(13-13)和式(13-14)，我们可以清晰地看出，汇率风险从三个方面影响国际证券组合的风险：

第一，汇率变动本身的风险，即式(13-13)中的第二项；

第二，不同外币汇率间相互变动的风险，即式(13-13)中的第三项；

第三，各国间汇率变动与各国证券收益率的共变关系形成的风险，即式(13-13)中的后六项。

例 13-2 设2002—2011年，美元对世界主要货币的汇率变化（每月汇率）见表13-5，同期美国股票市场月度收益率标准差为16%。

表 13-5 美元对世界主要货币的汇率变化（2002—2011年）

标准差(%,年化)				
	欧 洲	英 国	瑞 士	日 本
	11.04	9.32	11.94	9.13

续 表

协方差				
	欧 洲	英 国	瑞 士	日 本
英国	0.63	1		
瑞士	0.83	0.51	1	
日本	0.27	0.08	0.42	1

利用1个月的LIBOR计算的年均收益率(%)				
国 家	货 币	以当地货币计算的年收益率	以美元计算的年收益率	汇率变化的实际获利
美国	美元	2.18	2.18	
欧洲	欧元	2.38	6.77	4.38
英国	英镑	3.51	4.6	1.09
瑞士	瑞士法郎	0.90	7.36	6.46
日本	日元	0.24	5.99	5.75

资料来源：滋维·博迪,亚历克斯·凯恩,艾伦·J.马库斯.投资学(第10版)[M].汪昌云,张永冀,译.北京：机械工业出版社,2017：670.

由表13-5中的主要货币对美元的汇率月度比率变动的标准差可知,4个国家的货币风险不低,月度汇率比率变动的标准差分别为11.04%、9.32%、11.94%、9.13%。与美国股票市场月度收益率标准差16%相比,占比不低于57%,也就是说,仅汇率风险就至少相当于股票风险的57%。

由表13-5中的主要货币对美元的汇率之间的协方差可知,部分汇率风险可以通过构建一个良好的国际证券组合被分散掉。

由表13-5中的各国货币市场年收益率可知,汇率变动对收益率的影响大。例如,以英镑计价的月LIBOR年化收益率为3.51%,以美元计价的月LIBOR年化收益率为2.18%,根据利率平价原理,意味着投资者预期英镑相对于美元将贬值1.33%。但实际上,英镑相对美元一年升值了1.09%,以美元计价的英镑投资的年化收益率达到4.6%。

可见,我们在进行国际证券组合投资时,需要权衡风险分散效应与汇率风险。如果风险分散效应远高于汇率风险,那么,构建国际证券投资组合是个好选项。如果汇率风险比较大,那么,在构建国际证券投资组合时,需要对汇率风险进行规避或进行套期保值；否则,这种国际证券组合是非最优组合(见图13-4)。

国外的相关研究显示,外国债券的投资风险很大程度上来自汇率变动的不确定性,表现为汇率自身变动的方差较高。以美国投资者为例,他们以美元为标价来计算英国债券市场收益率变动的方差时,证券市场收益率变动的方差仅占市场组合方差的30%,也即是说组合方差的70%与汇率风险有关。在大多数国家的债券市场中,汇率的波动都大于债券市场收

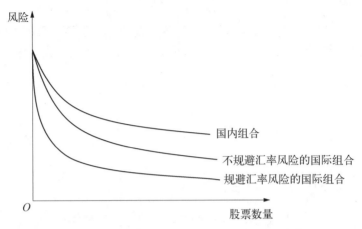

图 13-4 规避和不规避汇率风险的组合风险

益的波动。因此,国际债券组合必须引入对汇率进行套期保值的工具。外国股票的投资风险主要来自股票市场收益率的波动,表示汇率自身变动的方差不高。例如,仍以美国投资者为例,他们以美元为标价计算英国股票市场收益率变动的方差占市场组合方差的 70%,也就是说,只有 30% 与汇率不确定性有关,恰好与债市相反。因此,尽管汇率变化的波动弱于股票市场收益的波动,但是,它仍然是国际证券组合投资风险的重要影响因素。

三、不同证券组合的收益和风险分析

证券组合的构成会影响组合的收益和风险特征,一般来说,按证券组合构成进行分类,证券组合可以分成六类(见表 13-6)。

表 13-6 证券组合的类别

序 号	类 别	是否受汇率影响	相 关 性
1	国内债券组合	否	较强
2	国内股票组合	否	较强
3	国内债券和股票组合	否	比类别 2 低
4	国际债券组合	是	比类别 1 低
5	国际股票组合	是	比类别 2 低
6	国际股票和债券组合	是	比类别 5 低

表 13-6 显示,类别 4、5、6 属国际证券组合。现就国际证券组合的收益和风险特征进行对比。

(一) 国际债券组合

国际债券组合目前未受到投资者的重视。理由主要集中在两个方面:一是投资者尚无

法真正认识到汇率风险对这种组合的影响;二是国际债券尤其是欧洲债券的相关性很高。也就是说,国际债券组合投资的风险分散化效果有限,无法弥补汇率变动对组合收益产生的负面影响。

已有的研究表明,在国际债券组合投资中,有两个现象值得关注:一是投资者在进行国际债券组合投资时,对本国债券的投资所占比重较大;二是比较重视对汇率风险进行套期保值。有国外学者认为,欧元出现后,国际债券相关市场的收益风险特征发生了改变。由于欧洲许多国家的债券统一用欧元标价和交易,因此,这些国家债券市场的风险和收益特征趋同化现象将越来越突出。国际债券组合的选择空间将缩小,非欧元面值的债券将成为投资者追逐的对象。

(二) 国际股票组合

国际股票组合一直受到投资者青睐。由于各国的经济运营、经济政策等相对独立,各国股票市场之间的相关程度较低。因此,在不考虑汇率风险的情况下,投资者可以享受到国际股票组合高度分散风险效应所带来的好处。

事实上,国际股票组合受到了汇率变动的影响,组合风险会由此提高。根据已有的研究,汇率变动给国际股票组合带来的风险有限,国际股票之间低相关性带来的分散风险的好处完全可以弥补汇率变动的负面影响,并且,投资者还可以利用金融市场工具来控制汇率风险。

(三) 国际股票与债券组合

国际股票与债券组合越来越被投资者所接受。由于国内债券市场和国际股票市场相关程度很低,国内股票市场(或国际股票市场)和国际债券市场的相关程度也不高。因此,投资者从由国际股票和债券构成的组合中获得分散风险的好处是不言而喻的。

有研究表明,国际股票与债券组合的风险分散效应远大于单一的国际股票组合。尽管汇率变动会加大由国际债券与国际股票组成的组合的风险,但是,国际组合风险分散的效应远大于因汇率变动所增加的风险。

我们可以借助图13-5更直观地了解国际股票与债券组合以及国际股票组合的风险和收益之间的关系。

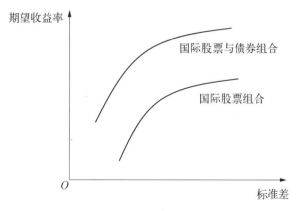

图13-5 国际股票与债券组合的收益和风险

由图 13-5 可知，如果能够对汇率风险进行套期保值，那么，在既定的风险水平下，投资者将会获得更大的收益。

四、国际证券组合的汇率风险规避策略

国际证券组合的汇率风险可以采用远期合约、货币期货合约、货币期权合约、货币互换合约等金融市场工具来规避（可参见本书第九章）。但是，由于国际证券组合的投资价值具有不确定性，即外汇风险敞口具有不确定性，它会随着相关国家股市和债市行情的变动而波动。因此，投资者很难做到完全套期保值。

理论上讲，我们可以借助多元回归分析方法来估计需要套期保值的国际证券组合价值。如果国际证券组合中涉及 N 个国家的证券市场，则可建立以下函数关系，即

$$\Delta p_t = \alpha + \beta_1 e_{1t} + \beta_2 e_{2t} + \cdots + \beta_N e_{Nt} + \varepsilon_t \tag{13-15}$$

式（13-15）中，Δp_t 表示 t 期以本位币计量的国际证券组合价值的变动百分比，即 $\ln(P_{t+1}/P_t)$，e_{1t} 表示第一国货币 t 期的汇率变动百分比，e_{2t} 表示第二国货币 t 期的汇率变动百分比，e_{Nt} 表示第 N 国货币 t 期的汇率变动百分比。β 系数表示国际证券组合价值对 N 种外币汇率变动的敏感度。

因此，如果能够计算出 β 值，我们就可以得到规避汇率风险的百分比，如 $\beta_1=0.2$，那么，国际组合证券投资者可据此确定第一国外币资产的风险敞口，即 20% 的国际证券组合价值，然后，将它折合成以第一国货币表示的等值金额，最后，通过买入或卖出以第一国货币标价的远期合约或其他衍生产品来规避汇率风险。

第三节 跨国公司的意愿和做法

有数据显示，国际证券组合投资的信息成本和交易成本逐年下降，因此，投资者越来越钟情于国际证券组合投资。国际投资者是最幸运的，他们的选项较多。例如，可以通过买卖 ADR、购买共同基金和国家基金、交易以外国证券市场价格为标的物的衍生品等方式来获得风险分散效应。本节包含两部分内容：一是国际证券组合投资的主要方法和策略；二是跨国公司进行国际证券组合投资的意愿和做法。

一、国际证券组合投资的主要方法和策略

投资国际证券的方法和策略有许多，投资于个别外国证券、投资于共同基金、利用其他国际投资工具是最常见的方法和策略。鉴于投资个别外国证券会面临巨大的信息和交易成本，为此，本书集中介绍后两类方法和策略。

（一）共同基金投资策略

共同基金集中了众多投资者的投资资金，是一类特殊的投资公司，由一个或数个职业组合投资经理操作。因此，共同基金投资策略的最大优势是，跨国公司可以避免投资个别外国证券所蒙受的巨额信息和交易成本。由于共同基金的类别很多，因此，共同基金投资策略可

进一步细化。

1. 国际共同基金投资策略

与国家基金仅投资一国证券市场不同,国际共同基金同时投资许多国家的证券市场。迄今为止,全世界共有数百种国际共同基金,其中,国际投资者共同基金、美林太平洋共同基金等是著名的国际共同基金。国际共同基金形式多样,既有开放和封闭之分,又有全球性和地区性之分。有些国际共同基金为指数基金,它采用被动投资策略,模仿或钉住某种股票指数,另一些国际共同基金则采用积极投资策略,通过有效配置资产来获益。因此,一国投资者(包括跨国公司)通过投资以本位币标价的国际共同基金,就能实现国际分散投资的目的。以美国为例,基于不同国家或地区指数组合的风险和收益的特征不同(见表13-7),例如,新兴市场国家的夏普绩效值非常突出。显然,这为包括国际共同基金在内的国际证券组合投资提供了机会。

表13-7 市场价值和各国市场指数组合与区域市场指数组合的比较

国家指数组合	市值(10亿美元)			2002—2011年(以美元计价的收益)		
	2001年	2006年	2011年	平均	标准差	夏普绩效值
美国	11 850	15 520	13 917	0.21	4.63	0.044 4
除美国以外的发达国家	10 756	22 065	18 487	0.48	5.48	0.086 9
新兴市场国家	1 230	5 319	5 765	1.35	6.86	0.197 1
发达国家+新兴市场国家	11 987	27 384	24 251	0.61	5.63	0.107 7
美国+发达国家	22 606	37 585	32 403	0.34	4.99	0.068 0
美国+新兴市场国家	13 080	20 839	19 681	0.36	4.94	0.073 6
全球	23 836	42 904	38 168	0.50	5.32	0.094 8
区域指数组合						
摩根士丹利远东指数(欧洲+澳洲+远东)				0.42	5.41	0.077 1
摩根士丹利新兴市场国家指数				1.21	7.00	0.173 4
摩根士丹利全球指数(除美国)				0.46	5.41	0.084 1
全球指数				0.31	4.90	0.063 7

资料来源:滋维·博迪,亚历克斯·凯恩,艾伦·J.马库斯.投资学(第10版)[M].汪昌云,张永冀,译.北京:机械工业出版社,2017:675.

对投资者来说,国际共同基金的优势非常突出。第一,降低了投资者(即单打独斗的投资者)的交易成本和信息成本;第二,绕过了相关国家的法律和制度壁垒(如有些国家证券市场只允许境外合格投资者进入);第三,国际共同基金专业人员能够提供更好的服务以及更多的投资收益。

如何评价这一国际证券组合投资策略？美国学者给出了较为全面的评价，在通过大样本研究了以美元标价的国际共同基金的收益和风险特征后发现，一些重要的国际共同基金的收益均值超过了美国股票指数(MNC)和标准普尔500指数(S&P500)的收益均值，国际共同基金的标准差均值略高于美国股票指数和标准普尔500指数的标准差均值，国际共同基金的β系数均值远低于美国股票指数和标准普尔500指数的β系数均值。因此，通过投资国际共同基金，投资者可以从国际分散投资中获益。

2. 封闭型国家基金投资策略

国家基金仅对一个国家的证券(通常为股票)进行投资，加拿大人基金(Canadian Fund)、日本共同基金(Japan Fund)等是著名的国家基金。大部分国家基金属封闭式基金，它们可以发行一定数量的股份，并在世界各股票交易所上市交易。迄今为止，约有30个国家和地区提供封闭式国家基金。例如，美国纽约证券交易所上市交易的封闭型国家基金包括巴西、德国、印度、意大利、日本、墨西哥等。这些封闭型国家基金跟踪 MSCI[①] 关于巴西、德国、印度、意大利、日本、墨西哥等国家和地区的指数。

对投资者来说，投资国家基金可以满足其多方面的需求。第一，可以避免直接进入个别国家证券市场所需承担的巨大交易和信息成本；第二，将国家基金作为其构建国际证券组合的内容；第三，进入以其他方式无法进入的尚处于市场分割状态的新兴证券市场(如中国、俄罗斯等国家的证券市场)。

投资者能否从国家基金投资中获益？是否可以通过投资国家基金实现国际分散投资的目的？美国学者 Chang 和 Eun 等(1995)[②] 也对此进行了大样本研究，他们发现，封闭型国家基金的收益和风险特征是：美国的国家基金收益对美国市场收益的敏感度高(β系数的均值较高)，但与国家基金所投资的东道国证券市场的收益的敏感度相对低些(β系数的均值较低)，且国家基金的相关性较低(具有很低的相关系数)。这种特殊的收益和风险特征说明，与单独投资个别外国证券市场相比较，投资美国国家基金好比投资美国国内证券。他们还发现，在美国的股票交易所(大部分美国国家基金在纽约证券交易所挂牌，少量则在美国股票交易所上市)挂牌的国家基金价格由交易所确定，但是，这些封闭型的美国国家基金的现金流入来自该基金所投资的美国境外某一国家证券市场的标的资产。因此，每份基金的价格与其标的净资产价值(NAV)存在很大的背离，如国家基金有非常普遍且明显的折价或溢价现象。

由国家基金组成的国际证券组合还是可以在一定程度上实现国际分散投资，且可以获益。这可以从两方面来理解：第一，从国外学者的大样本研究结果看，由国家基金组成的国

---

① MSCI(明晟)是美国指数编制公司，总部位于纽约，并在瑞士日内瓦及新加坡设立办事处，负责全球业务运作及在英国伦敦、日本东京、中国香港和美国旧金山设立区域性代表处。MSCI是一家股权、固定资产、对冲基金、股票市场指数的供应商，其旗下编制了多种指数。明晟指数(MSCI指数)是全球投资组合经理最多采用的基准指数。截至2020年12月，全球约14.5万亿美元的资产以MSCI指数为基准，全球前100个最大资产管理者中，97个都是MSCI的客户。超过1.1万亿美元ETF以MSCI指数为追踪标的。2018年3月14日，MSCI新增12个中国指数。该指数的变化可反映中国股市的整体表现，帮助投资者决策是否将资金投入中国股市。

② Chang, Eric C., Eun, Cheol S., and Kolodny Richard. International Diversification Through Closed-end Country Funds[J]. *Journal of Banking and Finance*, 1995, 19(7): 1237-1263.

际证券组合的夏普绩效值(SHP)远大于美国股票指数的夏普绩效值;第二,尽管国家基金投资的风险分散效果低于直接投资外国证券市场的效果,但是,考虑到巨额交易成本和信息成本,大部分投资者不会采取直接投资外国证券的做法。

3. 开放型国家基金投资策略

开放型国家基金初见于1996年,由美国股票交易所首创的一类有价证券。在美国,目前约有数十个开放型国家基金。它跟踪国外股票市场指数(如摩根士丹利资本国际指数以及标准普尔全球100指数),涉及的国家和地区主要有澳大利亚、奥地利、比利时、巴西、加拿大、中国大陆、德国、中国香港、意大利、日本、韩国、马来西亚、墨西哥、荷兰、新加坡、南非、西班牙、瑞典、瑞士、中国台湾地区、英国。

美国学者通过大样本研究后发现:与封闭型国家基金不同,每份开放型国家基金的价格不会严重背离其标的净资产的价值;美国开放型国家基金与标的国家股票指数之间存在很高的相关性,而与美国股票指数(如标准普尔500)之间存在很低的相关性。这种国家基金特殊的收益和风险特征说明:投资者通过持有标准普尔全球100指数基金,就可以获益,就可以实现国际证券分散化投资。

> **专栏 13-1**
>
> ### 中国将成亚太最大共同基金市场
>
> 尽管2015年中国股市出现巨幅震荡,但专注中国的共同基金的发行数量达到了创纪录水平,使得许多资产管理公司被指涌入一个将来难有强劲表现的市场。
>
> 据汤森路透理柏(Thomson Reuters Lipper)统计,2015年,专注中国的基金的发行数量超过830只,远高于2014年的406只。
>
> 中国股市在2015年经历了巨大波动,上市公司的市值几周内就蒸发数百亿美元。理柏的数据显示,投资中国股市的国际基金仅在2015年8月的一周内损失就高达22%——尽管大多数基金在全年基础上实现了正回报。
>
> 进入2016年,中国股市仍继续动荡。上周,在触发"熔断"机制后,沪深两大主要证券交易所在股价暴跌后两次提前收市。上周五,该机制被叫停。于是,出现了看多和看空两种声音。
>
> 汤森路透理柏的英国与爱尔兰研究主管杰克-莫勒(Jake Moeller)表示:"中国故事已经见顶。这些基金的发行正值(中国市场)顶峰时期。"
>
> 多家国际资产管理公司表示仍看好中国的增长机遇。经济增速放缓与动荡的交易环境都没有阻止他们进行投资。
>
> 安本资产管理(Aberdeen Asset Management)亚洲董事总经理休-扬(Hugh Young)称:"最近的事态并未改变我们对中国的长远看法。随着政府设法推动经济从出口导向转向由内需驱动,中国经济增速正在放缓。"
>
> "但我们毫不怀疑未来几十年中国仍将是全球经济的关键动力。"该机构2015年发

> 行了一只专注中国内地股市的基金。
>
> 霸菱资产管理公司(Baring Asset Management)的业务发展主管戴维·史蒂文森(David Stevenson)补充说:"如今,中国经济已大到不容忽视。作为资产管理公司,你就该拥有一只(中国基金)。"事实上,这家339亿英镑的基金公司管理着多只专注中国的基金。
>
> 史蒂文森表示,随着中国市场逐渐向国际投资者开放,全球资产管理公司发行专注中国的国际产品已经变得更加容易。
>
> 理柏的数据显示,2015年发行的专注中国的基金大多落户中国,将目标对准中国日益扩大的零售投资市场。
>
> 咨询公司Casey Quirk的亚太区主管Daniel Celeghin说:"2015年,本地在岸基金业实现了惊人增长。"
>
> 哲奔投资管理咨询(Z-Ben Advisors)的数据显示,中国共同基金业上季度增长了25%,中国将超越澳大利亚和日本,成为亚太地区最大的共同基金市场。
>
> 问:你认为专注于中国的共同基金该如何合理对冲风险?
>
> 资料来源:阿特拉克塔·穆尼. 中国将成亚太最大共同基金市场[N]. 新浪财经,2016-01-11. https://finance.sina.com.cn/world/gjcj/2016-1-11/doc-ifxnkvtn9744576.shtml.

(二) 其他投资策略

1. 对冲基金投资策略

对冲基金(hedge fund)起源于20世纪50年代的美国。它是由一名基金管理者或少数有限合伙者组成的私人合伙制形式的投资基金,是一种私人投资合作关系,不是一家投资公司。著名的对冲基金有1969年创立的索罗斯的量子基金(Quantum Fund)、1980年成立的罗伯逊的老虎基金(Jaguar Fund)、培根的摩尔全球基金(Moon Global Fund)。鉴于对冲基金存在国别差异,为便于理解,此处仅以美国为例。在美国,基金管理者按基金资产价值的1%—2%收取管理费,另按资本增值额(利润)的5%—25%收取业绩费。

对冲基金的投资领域较宽,采用灵活、动态的交易策略,积极利用杠杆、卖空机制和衍生工具,试图在任何市场行情下实现既定的投资目标。同时,对冲基金与各种股票市场指数之间的相关性很低。因此,对冲基金的收益和风险比较特别。其基本特征为:第一,对冲基金与各股票市场指数之间的相关程度低,第二,对冲基金在任何行情下逐利的押注式行为会引发新的风险。

对冲基金能否使投资者取得国际证券组合投资风险分散效应呢?从对冲基金的收益和风险特征可以看出,对冲基金具有风险分散效应,但投资者应该充分认识到对冲基金运作的风险。例如,大名鼎鼎的美国长期资本管理(LTCM)基金惨败的原因就是,其利用高杠杆赌高质量和低质量债务的国际利率会趋于一致,但事与愿违,该对冲基金在遭受巨亏后破产离场,基金的两位顾问(经济学诺贝尔奖获得者迈伦·斯科尔斯和罗伯特·默顿)也只能看着该基金渐行渐远。

2. 附权债券的投资策略

附权债券是指附有权益期权的国内或国际债券,可转换期权和认股权证是最常见的附有权益期权。

附有可转换期权的债券就是可转换债券,它允许持有人在未来一段时间内可按约定的转换价格将债券换成一定数量(约定数量)的普通股股票。可转换期权与标的债券不可分离。投资者除了可以获得固定收益外,还可以从可转换期权中获益,如附权债券可以增强国际证券组合的流动性和灵活性。

认股权证是指持有人可按事前约定的执行价格购买发行公司一定数量普通股股票的权利。认股权证可以从标的股票中分离出来,既可以行权,也可以出售。因此,持有认股权证的投资者,除了可以出售认股权证获益之外,也可以借此调整和丰富国际证券组合。

3. 股票指数期货和期权

目前,世界知名的各大交易所(包括证券交易所、期货交易所等)都从事着以多种国家股票指数(如德国 DAX、日本日经 225、美国标准普尔 500、中国沪深 300)为交易对象的指数期货、期权和互换合约。投资者通过股指期货、期权和互换交易,可以实现对国外股票指数投资的目的。

股票指数期货与货币期货做法相似,采用逐日盯市操作,为避免违约风险,交易所要求交易者按合约面值一定的比例缴纳初始保证金。

股票指数期权在交易所(如美国芝加哥期交所、美国证券交易所等)有上市交易的各类指数期权,如日本指数期权、墨西哥指数期权。投资者可以根据其不对称性来对特定国家市场的指数变化进行套保和投资。

二、跨国公司进行国际证券组合投资的意愿和做法

(一) 熟悉共同基金的投资风格或理念

从上文的叙述中,我们可以得到这样的启示,跨国公司的国际证券组合投资越来越依赖于投资共同基金等方式实现风险分散的目的。因此,了解各种基金的投资风格和管理理念有助于跨国公司有效进行国际证券组合投资。

如果按大类分,共同基金的投资风格或理念可简单分成保守和冒险两种,它们的投资理念和资产配置政策完全不同。通常,共同基金的投资风格和理念体现在其招股说明书中,共同基金的招股说明书明确了基金的投资对象、各种资产的持有比例、是否从事衍生交易来套期保值或进行投机等。因此,跨国公司可以从共同基金的招股说明书中了解该基金的投资理念,并根据需要投资相应的共同基金。

1. 保守型基金投资理念

保守型基金采取"买入并持有"的投资理念。保守型基金的执行成本低、风险小,其投资理念建立在"有效市场假说"和"组合投资风险分散化"的理论上。此类基金的资产配置政策为,在不同国家(或地区)以及不同资产类别间进行分散投资,利用组合投资风险分散化的效应来提高回报。

保守型基金试图跟踪某一特定证券市场指数，如摩根士丹利资本国际指数、标准普尔全球 100 指数等全球股票指数，以及标准普尔 500、日经 225、香港恒生指数等国家和地区指数。许多保守型基金持有与世界主要市场指数相同的股票投资组合，因此，保守型基金也称为指数基金，并根据其所跟踪的指数分为全球指数基金、国家或地区指数基金。

投资者可以将保守型基金作为基础单位来构建国际证券组合，但必须符合自身的投资理念和资产配置政策。

2. 冒险型基金投资理念

与保守型基金投资理念不同，冒险型基金的投资理念通过避免资产价值的下降来保证高收益和低风险。其特点为：一是根据市场预测，及时调整基金中的资产配置；二是选择性地投资于被市场低估的证券。

第一，冒险型基金投资理念可以使基金在合适的时间将资金配置到合适的资产上，进而实现高收益低风险的投资目标。这种有效资产配置成功与否建立在预测基础之上。如果能够预测将来某一类资产会升值，那么，通过有效资产配置就能实现投资目标。

由于预测值常与实际值相悖，因此，一旦资产是否升值以及何时升值的预测发生偏差或错误，积极的资产配置政策将遭到重创。此外，由于存在交易成本，因此，在相同的预期收益条件下，频繁地调整基金的资产配置会降低基金的预期收益水平。美国学者在进行大样本研究后发现，在相同的预期收益率水平下，随机调整基金资产配置的投资者比稳健型投资者承受更大的收益率标准差。

第二，冒险型基金投资理念可以使基金在合适的时候将资金配置在被市场低估的证券上。由于证券市场是不完全的，因此，证券价格常常被扭曲，或被高估或被低估。但是，对某证券价格是否失衡的判断必须建立在相关信息披露充分的基础之上。

在信息不对称情况下，证券发行公司的投资机会、融资灵活性、竞争地位、公司治理、新产品开发能力等信息并不能得到充分展示。因此，信息披露不充分很可能使冒险型基金持有预期收益率更低、风险更高的投资组合。

专栏 13-2

专注中国的活跃对冲基金数量 2012 年来首度下降

2012 年以来，专注中国的对冲基金数量逐年增加。2021 年中国离岸对冲基金几乎占亚洲新基金的一半。截至 2023 年 6 月，彭博数据库显示共有 417 家专注于中国的对冲基金，约 88% 专门从事股票多空交易。其中，2/5 偏向多头。市场上涨时，该策略往往效果更好。

值得注意的是，专注中国的活跃对冲基金截至 2023 年 6 月只推出了 5 只新基金，同时有 18 只基金被清算。报道指出，这是专注中国的活跃对冲基金的数量自 2012 年以来首次下降。

业界认为，专注中国的对冲基金有一些共同特点，即它们特别容易受到最新监管（如教辅行业的整顿）和地缘政治不利因素的影响。全球对冲基金数据库 Eurekahedge 数据显示,专注于中国的对冲基金,尤其是选股型基金,正面临前所未有的连续第二年亏损。超过 2/3 专注于中国的对冲基金在 2022 年出现亏损,36% 的基金下跌了 1/5 或更多。Preqin 数据显示,2023 年上半年,62% 的中国基金未能盈利。

问:如果你是一家境外跨国公司的 CFO,你会入股专注中国的对冲基金吗?

资料来源:专注中国的活跃对冲基金数量 2012 年来首度下降[N]. 联合早报,2023-08-14. https://www.quzaobao.com/news/China/202308/14969.html.

(二)了解各国会计信息计量和披露的国别差异

对跨国公司而言,不管是否借助共同基金来构建国际证券组合,了解相关国家会计信息在计量和披露方面存在的差异并恰当地进行财务分析,对构建有效的国际证券组合大有好处。随着世界经济一体化程度的提高,各国在会计信息计量和披露上的差异正在缩小。然而,由于各国的政治体制、经济体制、文化、法律制度存在差异,各国会计计量和披露的差异性不可能消失。因此,要真正明辨各国会计信息在计量和披露方面的差异并进行必要调整是非常困难的。也就是说,会计计量和披露方面的国别差异增加了财务分析的难度,给国际证券组合投资增加了额外成本。

1. 会计计量差异性及其对构建国际证券组合的影响

为便于说明,现仅就研发费用等五方面的会计计量的国别差异①展开讨论(见表 13-8)。

表 13-8 会计计量的国别差异

项 目	计 量 方 式			
	美 国	日 本	英 国	法 国
研发费用资本化	不允许资本化	在特定条件下允许资本化	在特定条件下允许资本化	在特定条件下允许资本化
固定资产:按重估价计	不允许	不允许	允许	允许
后进先出法	允许	允许	允许但很少	允许
融资租赁资本化	要求②	在特定条件下允许	要求	允许
计提养老金	要求	允许	要求	允许

资料来源:理查德·布朗利二世等:《公司财务报告》[M]. 奚卫华,等译. 北京:机械工业出版社,2005.

---

① 至于会计计量和披露方面更多的国别差异,读者可参见《国际会计》教材的相关内容。

② "要求"和"允许"是存在差异的。"要求"是指没有选择或灵活性,是指会计计量的唯一性;"允许"是指有选择余地或灵活性。

由表 13-8 可知,在研发费用处置方面,主要有两种计量方式:一是资本化;二是费用化。美国不允许研发费用资本化,而全部视作当期费用,但日本、英国和法国则留有余地。因此,相对而言,美国公司可能会高估当期成本或低估当期收益。在固定资产后续计量上,美国和日本不允许按重估价调整固定资产账面,而英国和法国则允许这种后续调整。因此,相对而言,美国和日本的公司的账面资产被低估。在存货计价方面,美国、日本和法国允许以后进先出法(LIFO)计量存货成本,但英国的做法显然有所不同。因此,相对而言,美国、日本和法国的公司在存货计量方面的会计灵活性强,它们借此操纵公司盈余的空间较大。在融资租赁资本化方面,美国和英国都要求融资租赁资本化,法国允许资本化,而日本仅在特定条件下允许。因此,相对而言,美国和英国的公司账面资产将被高估,法国的公司则在这方面的处理更富灵活性,而日本则会高估当期费用。在是否计提养老金方面,美国和英国要求计提,而日本和法国则允许计提,显然,日本和法国的公司具有会计灵活性。

在会计计量上,各国的会计灵活性存在很大的差异。会计灵活性大的国家,公司有了公允、恰当反映其财务状况以及盈利能力的手段,但是,公司借此操纵盈余的空间也增大了。因此,在构建国际证券组合时,应该慎重对待滥用会计灵活性的国家和地区的证券市场。

2. 会计披露差异性及其对构建国际证券组合的影响

从世界范围看,在会计信息披露的载体、披露内容等方面存在很大的国别差异。

第一,会计信息披露载体的国别差异。财务报告是会计信息的载体,按信息完整性、国民待遇等进行划分,财务报告有四种:一是对内对外一视同仁的财务报告;二是对外提供按该国或国际会计准则调整或重新编制的财务报告;三是在附注中增加国外信息使用者需要的补充信息;四是同时提供两套(其中一套适合国外使用者的财务报告)。因此,投资者获得完整性不一的财务报告将影响其对投资对象的分析和判断。

第二,披露内容的国别差异。根据充分披露原则,披露内容应该包括:公司最高管理层的信息;公司主要经营活动、营业回顾以及未来的发展和规划,股利政策,对政治和慈善事业的捐赠;公司经营状况,包括公司主要经济业务、产品和劳务方面已达到的水平、市场的前景;财务报表以及财务报表注释;审计报告等。遗憾的是,各国在会计信息披露的意愿和动机上存在差异,会计信息披露在完整性和充分性方面存在很大的国别差异。

第三,关于国际分部报告。跨国公司的合并报表无法揭示细节,为此,需要为信息使用者提供分部报告。分部报告可分为行业分部和地区分部报告。英国最早要求提供分部报告。1981 年,分部报告信息首次进入财务报告注释中,并要求分部报告信息必须经过外部审计。1990 年,综合了当时法定和股票交易所的要求,形成了标准会计实务说明书中的分部报告。在美国,财务会计准则委员会(FASB)要求企业年度财务报告中披露有关行业、国外经营与出口销售、主要客户的分部信息(非上市公司、中期财务报告除外)。例如,行业分部披露的要求是,收入、营业损益或可辨认的资产中至少有一项占企业所有分部收入、营业损益、可辨认资产总额的 10% 以上者。该部分会计信息可在财务报告注释中披露或以单独表格披露。又如,地区分部披露的要求是,一个地区来自非关联方的销售收入至少占合并收入的 10%,或可辨认资产至少占合并资产 10% 以上者。值得注意的是,不是所有国家都有分部报告要求,因此,这方面信息的缺失也会增加国际投资者的额外成本。

不同国家的公司在选择信息披露方面的利己行为给国际证券组合投资者增加了额外成

本。那么,在会计信息计量和披露时,相关公司究竟遇到怎样的压力、动力和阻力呢?

第一,压力。外部压力会提升跨国公司会计信息披露的质量。跨国公司的资金来源越来越多地依赖于国际金融市场,国际金融市场有严格的信息披露制度,因此,为了赢得国际金融市场的好感,跨国公司会努力迎合关于会计信息披露的要求。随着全球金融市场一体化程度的提高,各国监管机构普遍加强对信息披露的管制。

第二,动力。由于市场不完全以及信息不对称,因此,一些企业尤其是业绩出色的企业往往具有积极披露会计信息的意愿和动力,以便将其良好的未来预期通过会计信息披露传递出去。

第三,阻力。披露会计信息的阻力主要来自两个方面。一是来自跨国公司内部处理会计信息的成本以及由信息披露所引发的诉讼成本和竞争劣势。跨国公司在会计信息计量和披露方面的支出不菲,上市公司尤甚;一旦会计信息计量和披露出现不实或错弊,公司将不得已卷入诉讼案中;公司在充分披露原则下,在向外界传递好的一面的同时,其竞争劣势也暴露无遗。二是来自国际财务报告编表的技术要求。跨国公司在会计信息披露之前,会面临会计准则选择、报告语言选择以及审计等复杂的技术要求。

本章小结

随着全球金融市场一体化程度的提高,跨国公司越来越多地依赖于国际资本市场。国际资本市场已经成为跨国公司重要的融资和投资场所,跨国公司在国际资本市场上的证券组合投资增长显著。若按美元衡量,目前全球国际证券组合投资已超过国际直接投资(FDI)。

根据马柯维茨的资产组合原理,以最小风险获得既定收益是投资组合选择的原则,它同样适用于跨国公司的国际证券组合投资。

国际证券组合投资优于国内组合投资的主要原因是国际证券市场的相关性较低,但是,国际证券组合投资会增加汇率风险。

投资国际证券的方法和策略有许多,投资于个别外国证券、投资于共同基金、利用其他国际投资工具是最常见的方法和策略。

跨国公司的国际证券组合投资越来越依赖于共同基金等方式实现风险分散。因此,了解各种基金的投资风险和管理策略有助于跨国公司有效进行国际证券组合投资。

如果按大类分,共同基金的投资风格或理念有保守和冒险两种,它们的投资理念和资产配置政策完全不同。

要真正理解各国会计信息在计量和披露方面的差异并进行必要调整是非常困难的。会计计量和披露方面的国别差异增加了财务分析的难度,给国际证券组合投资增加了额外成本。

关键词

国际证券组合　收益和风险特征　夏普绩效值　最优国际证券组合　投资策略　国际共同基金　对冲基金　封闭型国家基金　开放型国家基金　附权债券

习 题

1. 为什么国际证券收益的相关性小于国内证券收益的相关性？
2. 什么是夏普绩效值？
3. 请解释汇率变动对国际证券组合投资风险的影响。
4. 为什么封闭型国家基金以折价或溢价进行交易？
5. 稳健型投资理念和积极型投资理念的主要差异有哪些？
6. 会计信息披露的国别差异是如何影响国际证券投资效果的？
7. 假设2024年初，英国的年利率为5%，德国的年利率为3%。当时的即期汇率为€1/£0.9。某对冲基金经理认为，相对于德国，投资英国的实际利息优势不太可能被英镑的贬值所抵消。因此，他建议在德国借入200万欧元，然后投资于英国。2024年底，到期即期汇率为€1/£1。试计算该经理可获得多少收益？
8. 假设美国某跨国公司拟选择两个股票市场进行国际证券组合投资，相关资料见下表。

股 票 市 场	收益均值（月）	标 准 差
美国股票市场	1.3%	6%
德国股票市场	1.33%	5.5%

又假定美国股票市场和德国股票市场的相关系数为0.48，该跨国公司按4∶6将资金分别投资于美国股市和德国股市。

要求：计算该国际证券组合的期望收益率和风险标准差。

参考文献

中文部分

1. 艾伦·C. 夏皮罗. 跨国公司财务管理基础(第 5 版)[M]. 蒋屏,浦军,译. 北京:中国人民大学出版社,2006.
2. 艾伦·E. 布朗奇. 国际贸易实务(第 5 版)[M]. 孔雁,蔡荣生,译. 北京:清华大学出版社,2007.
3. 艾玛·A. 穆萨. 汇率预测:技术与应用[M]. 刘君,李红枫,范占军,等译. 北京:经济管理出版社,2004.
4. 彼得·S. 罗斯,米尔顿·H. 马奎斯. 金融市场学(原书第 10 版)[M]. 陆军,等译. 北京:机械工业出版社,2009.
5. 布鲁诺·索尔尼克,丹尼斯·麦克利维. 国际投资(第 5 版)[M]. 郭宁,译校. 北京:中国人民大学出版社,2007.
6. 陈彪如,马之騆. 国际金融市场[M]. 上海:复旦大学出版社,1998.
7. 陈松南. 金融分析:投资、融资策略与衍生创新[M]. 上海:复旦大学出版社,2001.
8. 弗雷德里克·S. 米什金,斯坦利·G. 埃金斯. 金融市场与机构(第 5 版)[M]. 贾玉革,等,译校. 北京:中国人民大学出版社,2007.
9. 国家外汇管理局. 企业汇率风险管理指引. 2024.
10. 姜波克. 国际金融学[M]. 北京:高等教育出版社,1999.
11. 杰费·马杜拉. 国际财务管理[M]. 杨淑娥,张俊瑞,译. 大连:东北财经大学出版社,2000.
12. 杰夫·马杜拉. 金融市场与机构(原书第 8 版)[M]. 何丽芬,译. 北京:机械工业出版社,2010.
13. 科特·C. 巴特勒. 跨国财务(原书第 3 版)[M]. 赵银德,张华,等译. 北京:机械工业出版社,2005.
14. 汉智. 外汇、货币及衍生品市场的风险管理[M]. 周凯,张益,王芥琴,等译. 成都:西南财经大学出版社,2009.
15. 李相国,王化成. 国际财务管理[M]. 北京:中国人民大学出版社,1996.
16. 卢福财. 企业融资效率分析[M]. 北京:经济管理出版社,2001.

17. 间定军,周德魁,刘良云. 国际投资[M]. 北京:清华大学出版社,2005.
18. 罗伯特·L. 麦克唐纳. 衍生品市场基础[M]. 任婕茹,戴晓彬,译. 北京:机械工业出版社,2009.
19. 迈克尔·H. 莫菲特,阿瑟·I. 斯通希尔,戴维·K. 艾特曼. 跨国金融原理(第3版)[M]. 路蒙佳,译. 北京:中国人民大学出版社,2011.
20. 茅宁. 国际企业理财理论与方法:投资·融资·税务[M]. 北京:中国社会科学出版社,1996.
21. 切奥尔·S. 尤恩,布鲁斯·G. 雷斯尼克. 国际财务管理(原书第8版)[M]. 赵银德,刘瑞文,赵叶灵,译. 北京:机械工业出版社,2018.
22. 沈艺锋. 资本结构理论史[M]. 北京:经济科学出版社,1999.
23. 托马斯·A. 普格尔. 国际贸易(原书第15版)[M]. 赵曙东,沈艳枝,译. 北京:中国人民大学出版社,2014.
24. 吴丛生,郭振游,田利辉. 国际财务管理:理论与中国实务[M]. 北京:北京大学出版社,2006.
25. 约翰·J. 斯蒂芬斯. 用金融衍生工具管理货币风险[M]. 徐杰,译. 北京:中国人民大学出版社,2004.
26. 周首华,陆正飞,汤谷良. 现代财务理论前沿专题[M]. 大连:东北财经大学出版社,2000.
27. 滋维·博迪,亚历克斯·凯恩,艾伦·J. 马库斯. 投资学(原书第10版)[M]. 汪昌云,张永冀,译. 北京:机械工业出版社,2017.

英文部分

1. Adler Michael & Dumas Bernard. Exposure to Currency Risk: Definition and Measurement [J]. *Financial Management*, 1984(Summer), 13(2): 41-50.
2. Chang, Eric C., Eun, Cheol S., Kolodny Richard. International Diversification through Closed-End Country Funds[J]. *Journal of Banking and Finance*, 1995, 19(7): 1237-1263.
3. Cornell, W. Bradford & Dietrich, J. Kimball. The Efficiency of the Market for Foreign Exchange under Floating Exchange Rates[J]. *The Review of Economics and Statistics*, 1978, 60(1): 111-120.
4. Cornell, W. Bradford. Spot rates, Forward Rates and Exchange Market Efficiency[J]. *Journal of Financial Economics*, 1977, 5(1): 55-65.
5. Eun, Cheol S. & Resnick, Bruce G. Estimating the Correlation Structure of International Share Prices[J]. *Journal of Finance*, 1984, 39(5): 1311-1324.
6. Garner, C. K. & Shapiro, A. C. A Practical Method for Assessing Foreign Exchange

Risk[J]. *Midland Corporate Finance Journal*, 1984(Fall), 2(3):6-17.

7. Giddy, Ian H. The Foreign Exchange Option as a Hedging Tool[J]. *Midland Corporate Finance Journal*, 1983(Fall):32-42.

8. Goodman, S. H. Foreign Exchange Rate Forecasting Techniques: Implications for Business and Policy[J]. *Journal of Finance*, 1979, 34(5):415-427.

9. Kenneth Froot, Richard Thaler. Anomalies: Foreign Exchange[J]. *Journal of Economic Perspectives*, 1990, 4(3):179-192.

10. Levich, Richard M. Analyzing the Accuracy of Foreign Exchange Advisory Services: Theory and Evidence. NBER Working Paper No.w0336, 1979(4).

11. McCauley, R. N., Zimmer, S. A. Exchange Rates and International Differences in the Cost of Capital[C]//*Exchange Rates and Corporate Performance*. Washington DC: Beardbooks, 1994:119-148.

12. Robbins, Sydney M., Stobaugh, Robert B. *Money in the Multinational Enterprise*[M]. New York: Basic Books, 1973.

13. Zenoff, David B. Remitting Funds from Foreign Affiliates[J]. *Financial Executive*, 1968(3):46-63.

图书在版编目(CIP)数据

新编国际金融管理学/朱叶编著. --上海：复旦大学出版社,2025.3.--(创优经管核心课程系列).
ISBN 978-7-309-17699-5
Ⅰ.F831.2
中国国家版本馆 CIP 数据核字第 2024CP3541 号

新编国际金融管理学
XINBIAN GUOJI JINRONG GUANLI XUE
朱　叶　编著
责任编辑/鲍雯妍

复旦大学出版社有限公司出版发行
上海市国权路 579 号　邮编：200433
网址：fupnet@fudanpress.com　　http://www.fudanpress.com
门市零售：86-21-65102580　　团体订购：86-21-65104505
出版部电话：86-21-65642845
上海新艺印刷有限公司

开本 787 毫米×1092 毫米　1/16　印张 19.75　字数 481 千字
2025 年 3 月第 1 版第 1 次印刷

ISBN 978-7-309-17699-5/F·3081
定价：59.00 元

如有印装质量问题,请向复旦大学出版社有限公司出版部调换。
版权所有　　侵权必究